【臺灣現當代作家
研究資料彙編】29

張秀亞

國立台灣文學館
出版

部長序

　　文學既是社會縮影也是靈魂核心，累積研究論述及文獻史料，不僅可厚實文學發展根基，觀照當代人文的思想脈絡，更能指引未來的社會發展。臺灣文學歷經數百年的綿延與沉澱，蓄積豐沛的能量，也呈現生氣盎然的多元創作面貌。近一甲子的臺灣現當代文學發展，就是華文世界人文心靈最溫暖的寫照。

　　緣此，國立臺灣文學館自 2010 年啟動《臺灣現當代作家研究資料彙編》，鉅細靡遺進行珍貴的文學史料蒐集研究，意義深遠。這項計畫歷時三年多，由文學館結合學界、出版社、作家一同參與，組成陣容浩大的編輯群與顧問團隊，梳理臺灣文學長河裡的各方涓流，共匯集 50 位臺灣現當代重要作家的生平、年表與作品評論資料，選錄其代表性的評論文章，彙編成冊，完整呈現作家的人文映記、文學成就及相關研究，成果豐碩。

　　由於內容浩瀚、需多所佐證，本套叢書共分三階段陸續出版，先是 2011 年推出以臺灣新文學之父賴和為首的 13 位作家研究資料彙編，接著於 2012 年完成張我軍、潘人木等 12 位作家的研究資料彙編；及至 2013 年 12 月，適逢國立臺灣文學館十周年館慶之際，更纂輯了姜貴、張秀亞、陳秀喜、艾雯、王鼎鈞、洛夫、余光中、羅門、商禽、瘂弦、司馬中原、林文月、鄭愁予、陳冠學、黃春明、白先勇、白萩、陳若曦、郭松棻、七等生、王文興、王禎和、楊牧共 23 位作家的研究資料，皇皇巨著，為臺灣文學之巍巍巨觀留下具里程碑的文字見證。這套選粹體現了臺灣文學研究總體成果中，極為優質的論述著作，有助於臺灣文學發展的擴展化與深刻化，質量兼具。在此，特別對參與編輯、撰寫、諮詢的文學界朋友們表達謝意，也向全世界愛好文學的讀者，推介此一深具人文啟發且實用的臺灣現當代文學工具書，彼此激勵，為更美好的臺灣人文環境共同努力。

文化部部長　龍應台

館長序

　　所有一切有關文學的討論，最終都得回歸到創作主體（作家）及其創作文本（作品）。文本以文字書寫，刊載在媒體上（報紙、雜誌、網站等），或以印刷方式形成紙本圖書；從接受端來看，當然以後者為要，原因是經過編輯過程，作者或其代理人以最佳的方式選編，常會考慮讀者的接受狀況，亦以美術方式集中呈現，其形貌也必然會有可觀者。

　　從研究的角度來看，它正是核心文獻。研究生在寫論文的時候，每在緒論中以一節篇幅作「文獻探討」，一般都只探討研究文獻，仍在周邊，而非核心。所以作家之研究資料，包括他這個人和他所寫的作品，如何鉅細靡遺彙編一處，是研究最基礎的工作；其次才是他作品的活動場域以及別人如何看待他的相關資料。前者指的是發表他作品的報刊及其他再傳播的方式或媒介，後者指的是有關作家及其作品的訪問、報導、著作目錄、年表、文評、書評、專論、綜述、專書、選編等，有系統蒐輯、編目，擇其要者結集，從中發現作家及其作品被接受的狀況，清理其發展，這其實是文學經典化**真正的**過程；也必須在這種情況下，作家研究才有可能進一步開展。

　　針對個別作家所進行的資料工作隨時都在發生，但那是屬於個人的事，做得好或不好，關鍵在他的資料能力；將一群有資料能力的學者組織起來，通過某種有效的制度性運作，想必能完成有關作家研究資料彙編的人文工程，可以全面展示某個歷史時期有關作家研究的集體成就，這是國立臺灣文學館從 2010 年啟動「臺灣現當代

作家研究資料彙編」（50 冊）的一些基本想法，和另外兩個大計畫：「臺灣文學史長編」（33 冊）、「臺灣古典作家精選集」（38 冊），相互呼應，期能將臺灣文學的豐富性展示出來，將「臺灣文學」這個學科挖深識廣；作為文化部的附屬機構，我們在國家文化建設的整體工程中，在「文學」作為一個公共事務的理念之下，我們紮紮實實做了有利文化發展的事，這是我們所能提供給社會大眾的另類服務，也是我們朝向臺灣文學研究中心理想前進的努力。

我們在四年間分二批出版的這 50 本臺灣現當代作家研究資料彙編，從賴和（1894～1943）到楊牧（1940～），從割臺之際出生、活躍於日據下的作家，到日據之末出生、活躍於戰後臺灣文壇的作家；當然也包含 1949 年左右離開大陸，而在臺灣文壇發光發熱的作家。他們只是臺灣作家的一小部分，由承辦單位組成的專業顧問群多次會商議決；這個計畫，我們希望能夠在精細檢討之後，持續推動下去。

顧問群基本上是臺灣文學史專業的組合，每位作家重要評論文章選刊及研究綜述的撰寫者，都是對於該作家有長期研究的專家。這是學界人力的大動員，承辦本計畫的臺灣文學發展基金會長期致力臺灣文學史料的蒐輯整理，具有強大的學術及社會力量，本計畫能夠順利推動且如期完成，必須感謝他們組成的編輯團隊，以及眾多參與其事的學界朋友。

國立臺灣文學館館長　　李瑞騰

編序

◎封德屏

緣起

　　1995 年 10 月 25 日，在臺灣師範大學教育大樓的 201 室，一場以「面對臺灣文學」為題的座談會，在座諸位學者分別就臺灣文學的定義、發展、研究，以及文學史的寫法等，提出宏文高論，而時任國家圖書館編纂張錦郎的「臺灣文學需要什麼樣的工具書」，輕鬆幽默的言詞，鞭辟入裡的思維，更贏得在座者的共鳴。

　　張先生以一個圖書館工作人員自謙，認真專業地為臺灣這幾十年來究竟出版了多少有關臺灣文學的工具書，做地毯式的調查和多方面的訪問。同時條理分明地針對研究者、學生，列出了十項工具書的類型，哪些是現在亟需的，哪些是現在就可以做的，哪些是未來一步一步累積可以達成的，分別做了專業的建議及討論。

　　當時的文建會二處科長游淑靜，參與了整個座談會，會後她劍及履及的開始了文學工具書的委託工作，從 1996 年的《臺灣文學年鑑》起始，一年一本的編下去，一直到現在，保存延續了臺灣文學發展的基本樣貌。接著是《中華民國作家作品目錄》的新編，《臺灣文壇大事紀要》的續編，補助國家圖書館「當代文學史料影像全文系統」的建置，這些工具書、資料庫的接續完成，至少在當時對臺灣文學的研究，做到一些輔助的功能。

　　2003 年 10 月，籌備多年的「台灣文學館」正式開幕運轉。同年五月《文訊》改隸「財團法人台灣文學發展基金會」，為了發揮更大的動能，開

始更積極、更有效率地將過去累積至今持續在做的文學史料整理出來，讓豐厚的文藝資源與更多人共享。

於是再次的請教張錦郎先生，張先生認為文學書目、作家作品目錄、文學年鑑、文學辭典皆已完成或正在進行，現在重點應該放在有關「臺灣現當代作家評論資料目錄」的編輯工作上。

很幸運的，這個計畫的發想得到當時臺灣文學館林瑞明館長的支持，於是緊鑼密鼓的展開一切準備工作：籌組編輯團隊、召開顧問會議、擬定工作手冊、撰寫計畫書等等。

張錦郎先生花了許多時間編訂工作手冊，每一位作家的評論資料目錄分為：

（一）生平資料：可分作者自述，旁人論述及訪談，文學獎的紀錄。

（二）作品評論資料：可分作品綜論，單行本作品評論，其他作品（包括單篇作品）評論，與其他作家比較等。

此外，對重要評論加以摘要解說，譬如專書、專輯、學術會議論文集或學位論文等，凡臺灣以外地區之報刊及出版社，於書名或報刊後加註，如中國大陸、香港、新加坡等。此外，資料蒐集範圍除臺灣外，也兼及中國大陸、香港、新加坡、日本、韓國及歐美等地資料，除利用國內蒐集管道外，同時委託當地學者或研究者，擔任資料蒐集工作。

清楚記得，時任顧問的學者專家們，都十分高興這個專案的啓動，但確定收錄哪些作家名單時，也有不同的思考及看法。經過充分的討論後，終於取得基本的共識：除以一般的「文學成就」為觀察及考量作家的標準外，並以研究的迫切性與資料獲得之難易度為綜合考量。譬如說，在第一階段時，作家的選擇除文學成就外，先考量迫切性及研究性，迫切性是指已故又是日治時期臺籍作家為優先，研究性是指作品已出土或已譯成中文為優先。若是作品不少而評論少，或作品評論皆少，可暫時不考慮。此外，還要稍微顧及文類的均衡等等。基本的共識達成後，顧問群共同挑選出 310 位作家，從鄭坤五、賴和、陳虛谷以降，一直到吳錦發、陳黎、蘇

偉貞，共分三個階段進行。

張錦郎先生修訂的編輯體例，從事學術研究的顧問們，一方面讚嘆「此目錄必然能成爲類似文獻工作的範例」，但又深恐「費力耗時，恐拖延了結案時間」，要如何克服「有限時間，高度理想」的編輯方式，對工作團隊確實是一大挑戰。於是顧問們群策群力，除了每人依研究領域、研究專長認領部分作家外（可交叉認領），每個顧問亦推薦或召集研究生襄助，以期能在教學研究工作外，爲此目錄盡一份心力。

「臺灣現當代作家評論資料目錄」專案計畫，自 2004 年 4 月開始，至 2009 年 10 月結束，分三個階段歷時五年六個月，共發現、搜尋、記錄了十餘萬筆作家評論資料。共經歷了三位專職研究助理，近三十位兼任研究助理。這些研究助理從開始熟悉體例，到學習如何尋找資料，是一條漫長卻實用的學習過程。

接續

「臺灣現當代作家評論資料目錄」的專案完成，當代重要作家的研究，更可以在這個基礎上，開出亮麗的花朵。於是就有了「臺灣現當代作家研究資料彙編暨資料庫建置計畫」的誕生。爲了便於查詢與應用，資料庫的完成勢在必行，而除了資料庫的建置外，這個計畫再從 310 位作家中精選 50 位，每人彙編一本研究資料，內容有作家圖片集，包括生平重要影像、文學活動照片、手稿及文物，小傳、作品目錄及提要、文學年表。另外每本書分別聘請一位最適當的學者或研究者負責編選，除了負責撰寫八千至一萬字的作家研究綜述外，再從龐雜的評論資料中挑選具有代表性的評論文章，平均 12～14 萬字，最後再附該作家的評論資料目錄，以期完整呈現該作家的生平、創作、研究概況，其歷史地位與影響。

由於經費及時間因素，除了資料庫的建置，資料彙編方面，50 位作家分三個階段完成。第一階段出版了 15 位作家，第二階段出版了 12 位作家，此次第三階段則出版了 23 位作家資料彙編。雖然已有過前兩階段的實

務經驗，但相較於前兩階段，此次幾乎多出版將近一倍的數量，使工作小組在編輯過程中，仍然面臨了相當大的困難與挑戰。

　　首先，必須掌握每位編選者進度這件事，就是極大的挑戰。於是編輯小組在等待編選者閱讀選文的同時，開始蒐集整理作家生平照片、手稿，重編作家年表，重寫作家小傳，尋找作家出版品的正確版本、版次，重新撰寫提要。這是一個極其複雜的工程。還好有認真負責的雅嫺、崔婷、欣怡，以及編輯老手秀卿幫忙，讓整個專案延續了一貫的品質及進度。

　　在智慧權威、老練成熟的學者專家面前，這些初生之犢的年輕助理展現了大無畏的精神，施展了編輯教戰手冊中的第一招——緊迫盯人。看他們如此生吞活剝地貫徹我所傳授的編輯要法，心裡確實七上八下，但礙於工作繁雜，實在無法事必躬親，也只好讓他們各顯身手了。

　　縱使這些新手使出了全部力氣，無奈工作的難度指數仍然偏高，雖有前兩階段的經驗，但面對不同的編選者，不同的編選風格，進度仍然不很順利，再加上此次同時進行 23 位作家的編纂作業，在與各編選者及各冊傳主往來聯繫的過程中，更是有許多龐雜而繁瑣的細節。此時就得靠意志力及精神鼓舞了。我對著年輕的同仁曉以大義，告訴他們正在光榮地參與一個重要的文學工程，絕對不可輕言放棄。

成果

　　雖然過程是如此艱辛，如此一言難盡，可是終究看到豐美的成果。每位編選者雖然忙碌，但面對自己負責的作家資料彙編，卻是一貫地認真堅持。他們每人必須面對上千或數百筆作家評論資料，挑選重要或關鍵性的評論文章，全面閱讀，然後依照編選原則，挑選評論文章。助理們此時不僅提供老師們所需要的支援，統計字數，最重要的是得找到各篇選文作者，取得同意轉載的授權。在第一階段進度流程初估時，我們錯估了此項工作的難度，因為許多評論文章，發表至今已有數十年的光景，部分作者行蹤難查，還得輾轉透過出版社、學校、服務單位，尋得蛛絲馬跡，再鍥

而不捨地追蹤。有了第一階段的血淚教訓，第二階段關於授權方面，我們更是如臨深淵、如履薄冰，希望不要重蹈覆轍，第三階段也遵循前兩階段的經驗，在面對授權作業時更是戰戰兢兢，不敢懈怠。

　　除了挑選評論文章煞費苦心外，每個作家生平重要照片，我們也是採高標準的方式去蒐集，過世作家家屬、友人、研究者或是當初出版著作的出版社，都是我們徵詢的對象。認真誠懇而禮貌的態度，讓我們獲得許多從未出土的資料及照片，也贏得了許多珍貴的友誼。許多作家都協助提供照片手稿等相關資料，如王鼎鈞、洛夫、余光中、羅門、瘂弦、司馬中原、林文月、鄭愁予、黃春明及其子黃國珍、白先勇及與其合作多年的攝影師許培鴻、白萩及其夫人、陳若曦、七等生、王文興、楊牧及其夫人夏盈盈。已不在世的作家，其家屬及友人在編輯過程中，也給予我們許多協助及鼓勵，如姜貴的長子王爲鐮、張秀亞的女兒于德蘭、艾雯的女兒朱恬恬、陳秀喜的女兒張瑛瑛、商禽的女兒羅珊珊、陳冠學的後輩友人陳文銓與郭漢辰、郭松棻的夫人李渝、王禎和的夫人林碧燕，藉由這個機會，與他們一起回憶、欣賞他們親人或父祖、前輩，可敬可愛的文學人生。此外，還有張默、岩上、閻純德、李高雄、丘彥明、朱雙一、吳姍姍、鄭穎、舊香居書店吳雅慧等作家及研究者，熱心地幫忙我們尋找難以聯繫的授權者，辨識因年代久遠而難以記錄年代、地點、事件的作家照片，釐清文學年表資料及作家作品的版本問題，我們從他們身上學習到更多史料研究可貴的精神及經驗。

　　但如何在規定的時間內，完成第三階段 23 本資料彙編的編輯出版工作，對工作小組來說，確實是一大考驗。每一冊的主編老師，都是目前國內現當代台灣文學教學及研究的重要人物，因此每位主編都十分忙碌。有鑑於前兩階段的經驗，以及現有工作小組的人力，決定分批完稿，每個人負責 2～4 本，三位組長的責任額甚至超過 4～5 本。每一本的責任編輯，必須在這一年多的時間內，與他們所負責資料彙編的主角——傳主及主編老師，共生共榮。從作家作品的收集及整理開始，必須要掌握該作家一生

作品的每一次的出版，以及盡量收集不同的版本；整理作家年表，除了作家、研究者已撰述好的年表外，也必須再從訪談、自傳、評論目錄，從作品出版等線索，再做比對及增刪。再來就是緊盯每位把「研究綜述」放在所有進度最後一關的主編們，每隔一段時間提醒他們，或順便把新增的評論目錄寄給他們（每隔一段時間就有新的相關論文或學位論文出現），讓他們隨時與他們所主編的這本書，產生聯想，希望有助於「研究綜述」撰寫的進度。

以上的工作說起來，好像並不十分困難，身為總策劃的我起初心裡也十分篤定的認為，事情儘管艱困，最後還是應該順利完成。然而，這句雲淡風輕的話，聽在此次身歷其境參與工作的同仁耳中，一定會恨得牙癢癢的。「夜長夢多」這個形容詞拿來形容這件工作，真是太恰當也沒有了。因為整個工作期程超過一年，在這段漫長的歲月中，因等待、因其他人力無法抗拒的因素，衍伸出來的問題，層出不窮，更有許多是始料未及的。譬如，每本書的的選文，主編老師本來已經選好了，也經過授權了，為了抓緊時間，負責編輯的助理們甚至連順序、頁碼都排好了，就等主編老師的大作了，這時主編突然發現有新的文章、新的資料產生：再增加兩三篇選文吧！為了達到更好更完備的目標，工作小組當然全力以赴，聯絡，授權，打字，校對，重編順序等等工作，再度展開。

此次第三階段共需完成 23 位作家研究資料彙編，年齡層較上兩個階段已年輕許多，因此到最後的疑難雜症，還有連主編或研究者都不太清楚的部分，譬如年表中的某一件事、某一個年代、某一篇文章、某一個得獎記錄，作家本人絕對是一個最好的諮詢對象，於是幾乎我們每本書都找到了作家本人，對解決某些問題來說，這是一個好的線索，但既然看了，關心了，參與了，就可能有不同的看法，選文、年表、照片，甚至是我們整本書的體例。於是又是一場翻天覆地的大更動，對整本書的品質來說，應該是好的，但對經過一年多琢磨、修改已近入完稿階段的編輯團隊來說，這不啻是一大挑戰。

1990 年開始，各地縣市文化中心（文化局），對在地作家作品集的整理出版，以及台灣文學館成立後對日治時期作家以迄當代重要作家全集的編纂，對臺灣文學之作家研究，也有了很好的促進作用。如《楊逵全集》、《林亨泰全集》、《鍾肇政全集》、《張文環全集》、《呂赫若日記》、《張秀亞全集》、《葉石濤全集》、《龍瑛宗全集》、《葉笛全集》、《鍾理和全集》、《錦連全集》、《楊雲萍全集》、《鍾鐵民全集》等，如雨後春筍般持續展開。

經過近二十年的努力，臺灣文學的研究與出版，也到了可以驗收或檢討成果的階段。這個說法，當然不是要停下腳步，而是可以從「臺灣現當代作家評論資料目錄」所呈現的 310 位作家、10 萬筆資料中去檢視。檢視的標的，除了從作家作品的質量、時代意義及代表性去衡量外、也可以從作家的世代、性別、文類中，去挖掘還有待開墾及努力之處。因此在這樣的堅實基礎上，這套「臺灣現當代作家研究資料彙編」，每位編選者除了概述作家的研究面向外，均有些觀察與建議。希望就已然的研究成果中，去發現不足與缺憾，研究者可以在這些不足與缺憾之處下功夫，而盡量避免在相同議題上重複。當然這都需要經過一段時間去發現、去彌補、去重建，因此，有關臺灣文學研究的調查與研究，就格外顯得重要了。

期待

感謝臺灣文學館持續支持推動這兩個專案的進行。「臺灣現當代作家評論資料目錄」的完成，呈現的是臺灣文學研究的總體成果；「臺灣現當代作家研究資料彙編」套書的出版，則是呈現成果中最精華最優質的一面，同時對未來的研究面向與路徑，做最好的建議。我們可以很清楚的體會，這是一條綿長優美的臺灣文學接力賽，我們十分榮幸能參與其中，我們更珍惜在傳承接力的過程，與我們相遇的每一個人，每一件讓我們真心感動的事。我們更期待這個接力賽，能有更多人加入。誠如張恆豪所說「從高音獨唱到多元交響」，這是每一個人所期待的。

編輯體例

一、本書編選之目的，為呈現張秀亞生平、著作及研究成果，以作為臺灣
　　文學相關研究、教學之參考資料。

二、全書共五輯，各輯內容及體例說明如下：

　　輯一：圖片集。選刊作家各個時期的生活或參與文學活動的照片、著
　　　　　作書影、手稿（包括創作、日記、書信）、文物。

　　輯二：生平及作品，包括三部分：

　　　　　1.小傳：主要內容包括作家本名、重要筆名，生卒年月日，籍
　　　　　　貫，及創作風格、文學成就等。

　　　　　2.作品目錄及提要：依照作品文類（論述、詩、散文、小說、
　　　　　　劇本、報導文學、傳記、日記、書信、兒童文學、合集）及
　　　　　　出版順序，並撰為提要。不收錄作家翻譯或編選之作品。

　　　　　3.文學年表：考訂作家生平所進行的文學創作、文學活動相關
　　　　　　之記要，依年月順序繫之。

　　輯三：研究綜述。綜論作家作品研究的概況，並展現研究成果與價值
　　　　　的論文。

　　輯四：重要文章選刊。選收國內外具代表性的相關研究論文及報導。

　　輯五：研究評論資料目錄。收錄至 2013 年 6 月底止，有關研究、論述
　　　　　臺灣現當代作家生平和作品評論文獻。語文以中文為主，兼及
　　　　　日文和英文資料。所收文獻資料，以臺灣出版為主，酌收中國
　　　　　大陸、香港、日本和歐美國家的出版品。內容包含三部分：

　　　　　1.「作家生平、作品評論專書與學位論文」下分為專書與學位
　　　　　　論文。

　　　　　2.「作家生平資料篇目」下分為「自述」、「他述」、「訪談」、
　　　　　　「年表」、「其他」。

　　　　　3.「作品評論篇目」下分為「綜論」、「分論」、「作品評論目
　　　　　　錄、索引」、「其他」。

目次

輯一◎圖片集

影像◎手稿◎文物

1934年，時年15歲的張秀亞。
（于德蘭提供）

1930年代中後期，高中時期的張秀亞。
（于德蘭提供）

1940年，張秀亞（中排左五）受洗成為天主教徒，與師長及同學合影。（于德蘭提供）

約1941年，張秀亞（前排左二）與北平輔仁大學「文苑社」同學合影。（丁德蘭提供）

1942年，張秀亞（前排左二）大學畢業前夕與師長同學合影。（于德蘭提供）

1943年，張秀亞與于犁伯（第二排中央）結婚，攝於重慶
貞原天主教堂。（于德蘭提供）

約1945年，張秀亞與丈夫于犁伯、兒子于金山攝於重慶。
（丁德蘭提供）

約1946年，時任北平輔仁大學英文講
師的張秀亞。（于德蘭提供）

1949年，張秀亞與子金山、女德蘭合影。
（于德蘭提供）

1955年12月9日，張秀亞（中排左二）與兒女受邀赴女詩人沉思（後排右一）家午餐，攝於臺北沉思寓所。前排左起：于德蘭、于金山。（文訊文藝資料中心）

約1955年，張秀亞指導女兒于德蘭念書，攝於臺中寓所。（于德蘭提供）

1950年代中期，張秀亞於臺中寓所庭院小立。（于德蘭提供）

1958年，時任靜宜女子英專（今靜宜大學）英文系教授的張秀亞。（于德蘭提供）

1960年，張秀亞與《婦友》月刊編輯委員們應中央婦女工作會之邀，進行「談兒童教育」廣播座談，於廣播結束後留影。左起：張秀亞、琦君、徐鍾珮、姚葳、葉蘋、王文漪。（于德蘭提供）

1964年夏，張秀亞移居臺北，文友林海音（左）與王怡之（右）來訪。
（于德蘭提供）

1966年11月12日，張秀亞獲頒第一屆中山文藝獎，於臺北國賓飯店代表
全體得獎人致答詞。前排左起：王夢鷗、繁露、嚴家淦、王雲五、張
秀亞、葉蟬貞、吳子深。（于德蘭提供）

1966年，文友王怡之（左）攜花祝賀張秀亞獲中山文藝獎。（于德蘭提供）

1967年，張秀亞於臺北輔仁大學授課時留影。（于德蘭提供）

1960年代後期，張秀亞與女兒及其美國學生看訪羅門夫婦，攝於臺北羅門寓所。左二起：于德蘭、張秀亞、張秀亞的學生、蓉子、羅門。（文訊文藝資料中心）

1960年代後期，張秀亞招待文友參訪輔仁大
學。左起：劉成思、張秀亞、琦君、林海音。
（于德蘭提供）

1970年6月，張秀亞與文友赴於臺北中山樓所舉辦的「中
國古畫討論會」，看訪凌叔華。前排左起：謝冰瑩、
凌叔華、林海音；後排左起：王怡之、張秀亞、琦君。
（于德蘭提供）

1971年，張秀亞與兒女合影，攝於美國費城長
木公園。（于德蘭提供）

1973年，張秀亞為撰寫《西洋藝術史綱》赴美考察文教，
攝於美國大都會博物館。（于德蘭提供）

1973年，張秀亞於美國新澤西西東
大學講學，與校方負責人及亞洲學
系主任祖炳民（右）合影。（于德
蘭提供）

1975年，張秀亞與女兒于德蘭（右）拜望家中兄長
于斌樞機主教（中），攝於樞機主教公署。（翻攝
自《甜蜜的星光》，光啟文化）

約1978年，張秀亞與家人合影於洛杉磯博物館。
左起：于德蘭、外孫葉瑞正、張秀亞。（于德蘭
提供）

1970年代後期，文友王藍拜訪張秀亞於美國女兒寓所，並於現場作畫相贈。
左起：女婿葉聖桃、王藍、張秀亞、丁德蘭。（文訊文藝資料中心）

1980年代初期，張秀亞、朱榮智（左一），及其輔大學生蕭蕭（右一）、羅青（右二）合影於臺北。（文訊文藝資料中心）

1982年11月,張秀亞應邀出席行政院文建會、中國婦女寫作協會與中央日報社
合辦的「女作家著作展」。前排左起:小民、張秀亞、張明、蓉子、邱七七;
後排左起:公孫嬿、王琰如。(文訊文藝資料中心)

1984年,張秀亞應邀出席「文訊雜誌社」舉辦的新春聯誼。前排左起:李宗
慈、趙淑敏、小民;後排左起:王文漪、胡有瑞、蘇淑年、蘇雪林、林佩
芬、張秀亞、呂潤璧、荻宜。(文訊文藝資料中心)

1986年4月2日，張秀亞與文友出席蘇雪林壽宴。前排左起：艾雯、佛明、蘇雪林、葉蟬貞、林海音、蘇淑午。後排右起：郭晉秀、王琰如、姚宜瑛、張秀亞、王明書、潘人木。（文訊文藝資料中心）

1990年代初期，張秀亞與孫輩合影於美國女兒寓所。前排左起：葉瑞聲、于之淇、于之荷、葉瑞正。（翻攝自《甜蜜的星光》，光啟文化）

1990年代初期，張秀亞攝於臺北新店寓所。（于德蘭提供）

1998年暑假，來自臺北的文友拜訪張秀亞於美國女兒寓所。前排左起：
張錯、張秀亞、封德屏；後排左起：女婿葉聖桃、林黛嫚、于德蘭、張
錯夫人、焦桐。（文訊文藝資料中心）

2001年11月9日，張秀亞生前文友琦君（右）與
樸月，一同出席於國民黨中央黨部舉行的「留
下一個永恆的花季——張秀亞教授追思紀念
會」。（文訊文藝資料中心）

2005年3月24日，《張秀亞全集》（共15卷）由國家臺
灣文學館出版，於臺北市長官邸文藝沙龍舉行新書發
表會。左起：于金山、單國璽、于德蘭、林瑞明、瘂
弦、王榮文。（文訊文藝資料中心）

2005年10月1日，臺南國家臺灣文學館舉辦「永不凋謝的三色菫——張秀亞文學
研討會」，會中座談人及與會者合影。左起：張瑞芬、桑品載、瘂弦、趙雲、
賴瑞鎣、封德屏、于德蘭。（文訊文藝資料中心）

張秀亞位於臺北的書房一角。（翻攝自《甜蜜的星光》，光啟文化）

張秀亞中年自畫像。
（于德蘭提供）

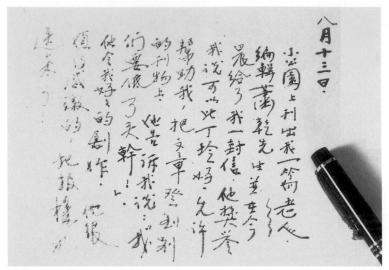

張秀亞日記一隅。
1935年8月13日，張秀亞16歲時，短篇小說〈老人〉刊登於天津《大公報》，並收到主編蕭乾來信鼓勵。她於日記中記錄感動雀躍的心情。（于德蘭提供）

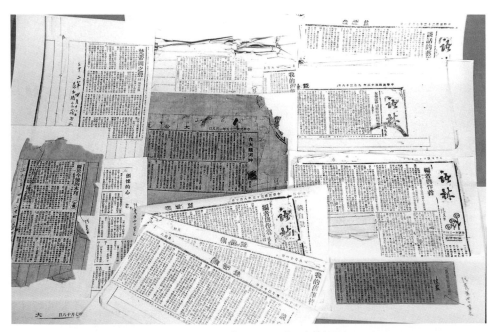

1943～1946年，張秀亞主編重慶《益世報》副刊「語林」。（于德蘭提供）

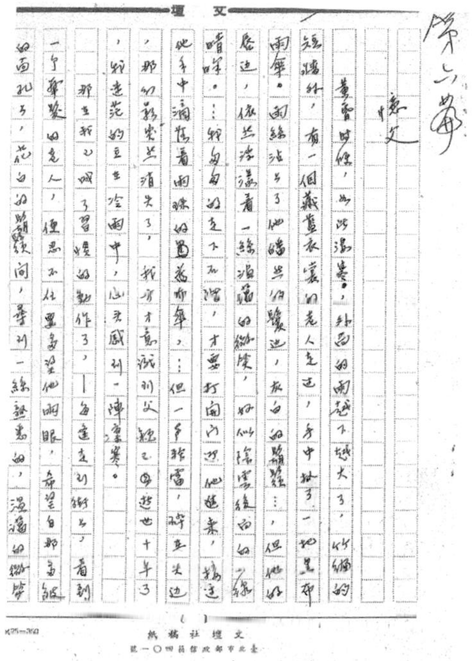

約1955年，張秀亞〈憶父〉手稿。（于德蘭提供）

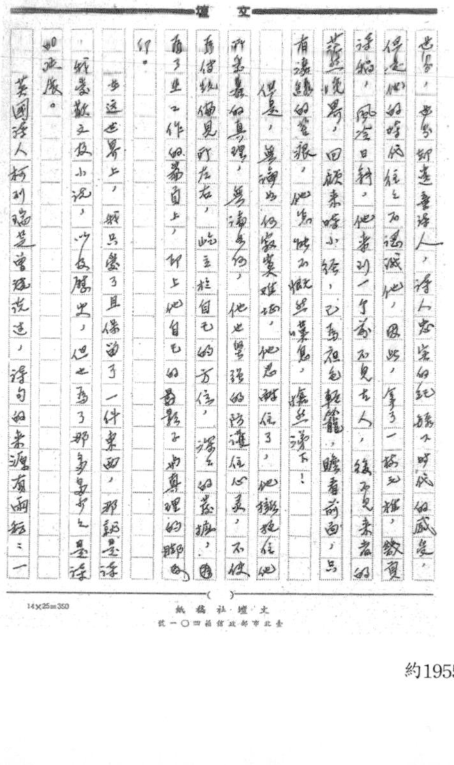

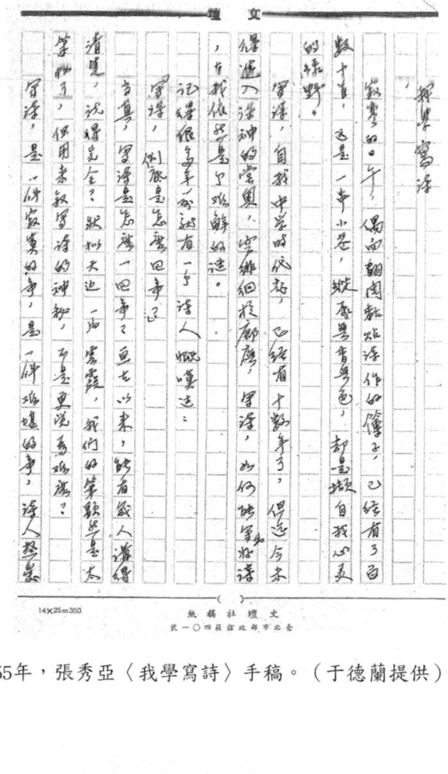

約1955年，張秀亞〈我學寫詩〉手稿。（于德蘭提供）

1957年，作曲家黃友棣以張秀亞詩作〈秋夕〉，
譜寫成歌曲《秋夕湖上》。（于德蘭提供）

1987年2月，張秀亞〈詩句〉手稿。（于德蘭提供）

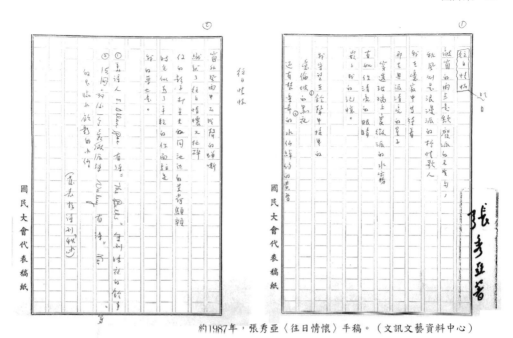

約1987年，張秀亞〈往日情懷〉手稿。（文訊文藝資料中心）

1999年3月7日，張秀亞致林海音信函，祝賀得獎。（于德蘭提供）

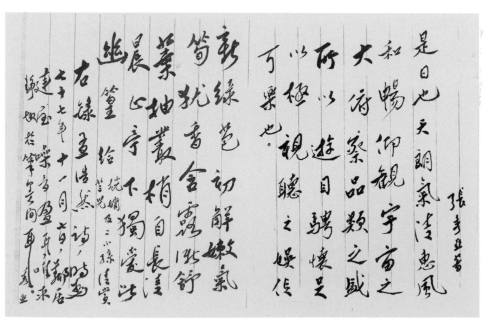

抵臺初期，張秀亞致謝冰瑩信函，信中提及自己的感情觀與文學觀。
（于德蘭提供）

是日也天朗氣清惠風
和暢仰觀宇宙之
大府察品類之盛
所以遊目騁懷足
以極視聽之娛信
可樂也。

張秀亞書

新綠芭初解嫩氣
筍抽香含露沘舒
藥地叢梢自長清
晨犹宇下獨爱沘
幽篁給簹筅覺在三小孫清賞

右錄重清然詩時鄰居
七十七年十一月吉旦，雄多
敬書于築秀亝寅，唯求
敫塗級若筆筅向亙氛亞

張秀亞書法作品。（于德蘭提供）

輯二◎生平及作品

小傳◎作品◎年表

小傳

張秀亞（1919～2001）

張秀亞，女，筆名陳藍、張亞藍、心井等。籍貫河北滄縣。1919 年 9 月 16 日生。1948 年來臺，2001 年 6 月 29 日辭世，享年 82 歲。

北平輔仁大學西洋語文學系畢業（英國文學系），北平輔仁大學歷史學碩士。曾於中日戰爭期間主編重慶《益世報》文藝副刊「語林」，戰後返回輔仁大學擔任教職，並當選首屆國民大會代表。來臺後曾任教於臺中靜宜英專（今靜宜大學）、臺北輔仁大學，並受邀至美國新澤西州西東大學講學。曾獲中國文藝協會首屆文藝獎章「散文創作獎」、中央婦女工作委員會首屆文藝長詩獎章、中山文藝首屆散文獎、亞洲華文作家文藝基金會文學貢獻獎、中國文藝協會榮譽文藝獎章、美國中華文化協會文學成就獎等。

張秀亞創作文類以散文為主，兼有詩、小說、翻譯及評論，屬於早慧型作家，中學時期即開始發表創作於《大公報》、《益世報》、《國聞週報》等報刊。早期散文以婚姻與憶舊為創作主題，如《三色菫》、《牧羊女》、《凡妮的手冊》。到了 1962 年出版的《北窗下》，以精緻的詩筆與純淨的語言，奠定她一代美文大師的地位。張瑞芬認為張秀亞的抒情散文，「質量俱優，在臺灣女性散文中建立了半世紀來難以超越的藝術高度。」1970 年代，其散文加重了哲理性沉思、文學藝術評論及讀書心得，《書房一角》、《人生小景》內容夾敘夾議，展現其晚年人生哲學。

張秀亞的詩歌主題大多歌詠自然，描寫花草風露、季節遞嬗，蕭蕭以

「純心靈的浪漫主義詩風」歸納其詩歌特色。在小說創作上，啓蒙自《新月》、《語絲》等中國北方的文學刊物。17 歲出版的處女作短篇小說集《在大龍河畔》，在藝術上承襲京派的文學風格，以詩化的寫實技巧，描寫平民百姓的生活與北方風情，讓她獲得「北方最年輕作家」的稱譽。來臺後逐漸取法歐美現代派意識流，深受珍・奧斯汀、曼殊菲爾與吳爾芙等女性作家影響，《情感的花朵》、《女兒行》開始具實驗性的嘗試，剖析人物內心幽微的情思。

　　翻譯是張秀亞另一項重要成就，她認爲「佳妙的譯品，實在也等於一篇完美的創作」。（張秀亞，1964 年）作品遍及文學經典、藝術評論與天主教人物傳記，其中以翻譯《回憶錄》及吳爾芙《自己的房間》最爲讀者熟知。她亦曾執筆《西洋藝術史綱》，以 11 冊巨秩剖析西洋藝術史發展。這一套史綱的出版，也讓當時臺灣一般大眾對於西洋上古與中古美術史有了更進一步的了解與認識。

　　張秀亞一生致力創作，七十多年來筆耕不輟。其散文、詩、小說及翻譯的豐碩成果，使她擁有「全才之筆」、「著作等身」的美譽。這些多樣豐沛的作品，無不展現出她對於真、善、美的一往情深。瘂弦認爲張秀亞傳承五四以來美文一脈，「在臺灣婦女寫作運動中，無疑是一位重要的燃燈者」。來臺後的張秀亞在美文版圖的苦心經營，接續了現代散文「美文」的書寫傳統，並影響日後臺灣女性散文書寫風格，成爲臺灣現當代散文審美的典範。

作品目錄及提要

【論述】

西洋藝術史綱（與雷文炳合著）

臺中：光啟出版社
1964 年 4 月～1978 年 10 月，30 開

共 11 冊，分 16 部。爲西方藝術發展史，範圍涵蓋自西元前一萬五、六千年的史前藝術，至西元 13、14 世紀的哥特藝術。文字深入淺出，補足當時臺灣對於西洋上古與中古美術史之不足。第 11 冊改由郵購出版社出版。正文前皆有張秀亞、雷文炳〈總序〉。

西洋藝術史綱・第一冊

臺中：光啟出版社
1964 年 4 月，30 開，204 頁

本書論述歐洲史前、兩河流域與地中海地區的藝術發展。全書共三部：1.史前的藝術；2.近東古代的藝術；3.克里特的藝術。

西洋藝術史綱・第二冊

臺中：光啟出版社
1965 年 4 月，30 開，233 頁

本書爲第四部，專論「埃及的藝術」，描述埃及上古時期～西元 4 世紀藝術發展。

西洋藝術史綱・第三冊

臺中：光啟出版社
1966 年 9 月，30 開，275 頁

本書爲第五部，專論「希臘藝術」，描述希臘西元前 3～4 世紀末藝術發展。

西洋藝術史綱·第四冊
臺中：光啟出版社
1968 年 12 月，30 開，189 頁

本書論述羅馬文化藝術蓬勃發展前，歐洲其他地區藝術發展，及羅馬文化的前行「伊特魯里安文化」之藝術。全書共二部：1.羅馬文化前的藝術；2.伊特魯里安的藝術。

西洋藝術史綱·第五冊
臺中：光啟出版社
1969 年 6 月，30 開，236 頁

本書爲第八部，專論「羅馬的藝術」，從建築、雕刻、浮雕各領域探討羅馬帝國時期的藝術發展。

西洋藝術史綱·第六冊
臺中：光啟出版社
1970 年 9 月，30 開，196 頁

本書爲第九部，專論「基督文化的初期藝術」，敘述基督文化藝術的興起，與在希臘、羅馬各地的發展。

西洋藝術史綱·第七冊
臺中：光啟出版社
1970 年 11 月，30 開，264 頁

本書爲第十部，專論「拜占庭藝術」，將此時的藝術發展分成兩期，分別論述建築、繪畫、雕刻與浮雕等各領域的藝術發展。

西洋藝術史綱·第八冊
臺中：光啟出版社
1971 年 1 月，30 開，238 頁

本書論述「阿薩栖茲朝代」、「薩薩尼朝代」波斯藝術與回教各朝代藝術發展。全書共二部：1.波斯的藝術；2.回教的藝術。

西洋藝術史綱・第九冊
臺中：光啟出版社
1971 年 3 月，30 開，282 頁

本書論述日耳曼民族的藝術，與愛爾蘭、英國、西班牙、義大利等各地在中古世紀前期的藝術發展。全書共二部：1.北蠻的藝術；2.中古前期的藝術。

西洋藝術史綱・第十冊
臺中：光啟出版社
1977 年 10 月，30 開，329 頁

本書為第 15 部，專論「羅曼尼斯克藝術」，敘述羅曼尼斯克藝術在建築、雕刻、壁畫、彩色玻璃各領域的藝術發展。

西洋藝術史綱　第十一冊
臺中：郵購出版社
1978 年 10 月，30 開，335 頁

本書為第 16 部，專論「哥特藝術」，論述西元 13～14 世紀，哥特藝術在建築、雕刻、壁畫等各領域的藝術發展。

【詩】

水上琴聲
彰化：樂天出版社
1956 年 12 月，32 開，76 頁

本書為作者第一本出版詩集，以唯美浪漫的筆調，書寫愛情與大自然。全書收錄〈秋日小唱〉、〈陽光〉、〈林鳥〉等 24 首。

秋池畔
臺中：光啟出版社
1966 年 12 月，30 開，117 頁

臺中：光啟出版社
1969 年，32 開，117 頁

本書爲《水上琴聲》更名出版，並新增詩作。全書收錄〈陽光〉、〈秋日小唱〉、〈林鳥〉、〈秋夕〉等 34 首。正文前新增何欣〈張秀亞的詩（代序）〉，正文後新增張秀亞〈《秋池畔》後記〉。

光啟出版社 1966

光啟出版社 1969

【散文】

三色菫
臺北：重光文藝出版社
1952 年 6 月，32 開，84 頁

臺北：爾雅出版社
1981 年 7 月，32 開，165 頁
爾雅叢書 98

本書爲作者早年於中國大陸與來臺初期作品，內容反映並記錄該時期的生活點滴。全書收錄〈種花記〉、〈遷居〉、〈雯娜的悲劇〉等 18 篇。正文後有張秀亞〈苦奈樹（代跋）——我的生活與文藝道路〉、陳紀瀅〈《三色菫》讀後記〉。
爾雅版：刪去〈燕子〉一篇，新增〈母親篇之二〉一篇。正文前新增張秀亞〈一株心靈的植物（代序）〉，正文後新增附錄〈張秀亞寫作年表〉。

重光文藝出版社
1952

爾雅出版社 1981

虹橋書店 1953

光啟出版社 1960

牧羊女

臺北：虹橋書店
1953 年 8 月，32 開，118 頁
虹橋文藝叢書

臺中：光啟出版社
1960 年 11 月，32 開，118 頁
文藝叢書 9

本書爲作者來臺初期的生活、心情寫真，內容包括婚姻的挫折
與對友人的懷念等。全書分三輯，收錄〈短簡〉、〈父與女〉、
〈結婚十年——爲盈與青寫〉等 19 篇。正文前有張秀亞〈前
記〉，正文後附錄張秀亞〈我的編輯經驗〉、張秀亞〈談散
文〉。
光啟版：正文前新增張秀亞〈再版序言〉。

凡妮的手冊

高雄：大業書店
1955 年 3 月，32 開，100 頁
今日文叢第二輯

本書爲發表於《中央日報》副刊「凡妮的手冊」專欄文章之結
集。以「凡妮」做爲作者的代名詞，描寫對自然變化的讚歎、
友情與母愛的歌頌。全書收錄〈工作，莫傷悲〉、〈我要的是完
整〉、〈田園之歌〉等 24 篇。正文前有張秀亞〈自序〉。

愛的輕歌

臺北：論壇出版社
1984 年 9 月，新 25 開，148 頁
更美文庫 1010

本書爲《凡妮的手冊》更名出版。刪去〈工作，莫悲傷〉、〈田
園之歌〉、〈要做女貞德〉三篇，新增〈客舍手記〉、〈談朱自清
作品〉二篇。正文前新增張秀亞〈前記〉及張康〈我讀《凡妮
的手冊》〉。

懷念
高雄：大業書店
1955 年 10 月，32 開，96 頁
今日文叢第三輯

本書以憂傷纏綿的筆觸，描寫愛情的挫折與舊日回憶等。全書
分四輯，收錄〈懷念〉、〈等待〉、〈絮語〉等 15 篇。正文前有
張秀亞〈作品與時代（代序）〉。

杏黃月
臺北：林白出版社
1985 年 12 月，新 25 開，175 頁
島嶼文庫 20

本書爲《懷念》更名出版。新增〈秋興〉、〈郁達夫的〈遲桂
花〉及其他〉、〈才高氣清的文徵明〉三篇。正文前新增張秀亞
〈自序〉。

湖上
臺中：光啟出版社
1957 年 3 月，32 開，152 頁
文藝叢書 3

本書有意跳脫感傷懷抱，改寫生活片段與人生感悟，並在風格
上一改過去唯美抒情，轉爲平實。全書收錄〈春天的歌〉、〈童
心〉、〈窗〉、〈書齋〉等 32 篇。正文前有張秀亞〈自序〉，正文
後附錄張秀亞〈我的寫作經驗〉、張秀亞〈關於如何寫散文〉。
1958 年再版時正文前新增〈再版題記〉。1961 年三版時正文前
新增〈三版的話〉。1964 年五版時正文前新增〈寫在五版前〉。
1966 年六版時正文前新增〈寫在第六版付印的前夕〉。1970 年
十版時，正文前新增〈寫在第十版前面〉。

三民書局 1958

三民書局 1908

愛琳的日記

臺北：三民書局
1958 年 5 月，32 開，122 頁

臺北：三民書局
1968 年 8 月，32 開，124 頁

本書記錄作者在臺中木屋生活的點滴。全書收錄〈老屋與貓〉、〈湖上的小詩〉、〈鄉居〉等 21 篇。正文前有張秀亞〈題詞〉、張秀亞〈寫作二十年（代序）〉。正文後有張秀亞〈談文藝創作（代跋）〉。
1968 年四版時正文前新增〈寫在《愛琳的日記》四版付印前夕〉。

少女的書

臺北：婦友社
1961 年 8 月，32 開，76 頁
婦友叢書 1

本書為發表於《婦友》月刊「少女手冊」專欄文章之結集，內容以少女為談話對象，表達對各種人生疑問的經驗談。全書收錄〈談生活〉、〈談愛好〉、〈談詩〉等 12 篇。正文前有錢劍秋〈序〉。

兩個聖誕節

臺中：光啟出版社
1961 年 10 月，10×14.7 公分，頁 39

本書敘述聖誕節的故事。全書收錄〈地上的聖誕節〉與〈心中的聖誕節〉共二篇。

北窗下

臺中：光啟出版社
1962 年 5 月，30 開，206 頁
文藝叢書 12

臺中：光啟出版社
1974 年 11 月，32 開，206 頁
文藝叢書 12

臺北：爾雅出版社
2005 年 10 月，25 開，253 頁

本書爲發表於《中央日報》副刊「北窗下」專欄文章之結集。全書收錄〈星光〉、
〈黎明〉、〈雲〉、〈遠方〉、〈生命的頌歌〉等 69 篇。正文前有張秀亞〈前記〉。
1963 年三版時正文前新增〈三版題記〉。1966 年五版時正文前新增〈第五版的
話〉。1971 年十版時正文前新增〈「北窗下」十版題記〉。1978 年二十版時正文前新
增〈寫在第二十版的前面〉。
爾雅版：正文前新增于德蘭〈甜蜜的星光──寄給母親〉，正文後新增于德蘭〈秋
夕湖上永恆之歌，永不沉落的星辰──懷念母親〉。

光啟出版社 1962

光啟出版社 1974

爾雅出版社 2005

張秀亞散文集

高雄：大業書店
1962 年，32 開，198 頁

本書爲《凡妮的手冊》與《懷念》合訂本。

光啟出版社 1965

光啟出版社 1974

曼陀羅

臺中：光啟出版社
1965 年 5 月，30 開，335 頁
文藝叢書 19

臺中：光啟出版社
1974 年 1 月，32 開，335 頁
文藝叢書 19

本書為生活的感悟、對孩子的愛與文學論
述。全書分三輯，收錄〈生活是情趣──寄
林嫻〉、〈幕啓・幕落〉、〈畫午〉、〈午後〉等
34 篇。正文後附錄張秀亞〈後記〉。

三民書局 1966

三民書局 2006

我與文學

臺中：三民書局
1966 年 12 月，40 開，233 頁
三民文庫 3

臺北：三民書局
2006 年 6 月，25 開，224 頁
人文叢書文學類 3

本書為抒情小品與讀書・寫作心得。全書分
三輯，收錄〈春天的聲音〉、〈貓〉、〈雨
夜〉、〈月圓──為砂勝越旅臺同學會會刊
寫〉、〈春〉等 55 篇。正文前有張秀亞〈《我
與文學》前記〉。
2006 年三民版：正文前新增于德蘭〈重讀
母親的《我與文學》〉。

光啟出版社 1969

光啟出版社 1978

心寄何處

臺中：光啟出版社
1969 年 9 月，30 開，230 頁
文藝叢書 31

臺中：光啟出版社
1978 年 1 月，32 開，230 頁
文藝叢書 31

本書為發表於《中央日報》副刊散文之結
集，內容為文藝、時事評論。全書分為「心
寄何處」、「給少女們」兩輯，收錄〈自

知〉、〈心與鏡〉、〈天女散花〉、〈一根繩子〉等 47 篇。正文前有張秀亞〈自序〉，正文後附錄張秀亞〈散文概論〉。

光啟出版社 1970

光啟出版社 1980

書房一角

臺中：光啟出版社
1970 年 6 月，30 開，215 頁
文藝叢書 33

臺中：光啟出版社
1980 年 2 月，32 開，215 頁
文藝叢書 33

本書為文藝評論與生活雜感文集。全書分二輯，收錄〈書房的一角〉、〈郁達夫及其〈遲桂花〉〉、〈《海濱故人》廬隱〉等 18 篇。正文前有張秀亞〈前記〉。

水仙辭

臺北：三民書局
1973 年 2 月，40 開，171 頁
三民文庫 166

本書為生活雜感、文藝評論與回憶之作。全書收錄〈人行道〉、〈水仙辭〉、〈春寒〉等 33 篇。正文前有張秀亞〈前記〉，正文後附錄程榕寧〈女作家張秀亞〉。

天香庭院

臺北：先知出版社
1973 年 7 月，32 開，204 頁
先知文學 8

本書為宗教小品文集。全書收錄〈秋燈〉、〈今夕何夕〉、〈道與文〉等 13 篇。正文前有張秀亞〈自序〉，正文後有張秀亞〈後記〉。

水芙蓉出版社 1978　　晨星出版社 1985

人生小景

臺北：水芙蓉出版社
1978 年 6 月，32 開，180 頁
水芙蓉書庫 110

臺中：晨星出版社
1985 年 9 月，32 開，212 頁
晨星文庫 4

本書為文藝雜感與寫作生涯的敘述。全書分
三輯，收錄〈水仙的神話〉、〈閒居記趣〉、
〈去年月圓時——寄給孩子們〉、〈心之曲〉
等 34 篇。正文前有張秀亞〈山居〉、張秀亞〈創造散文的新風格——代序〉，正文
後附錄林小巒〈以文藝綴飾人生，使思想成為一支歌——訪女作家張秀亞〉。
晨星版：刪去〈山居〉、〈創造散文的新風格——代序〉、〈頌歌——曠代偉人總統
蔣公〉三篇，新增〈楚辭及水蠆花的聯想〉及〈窗外的黃蟬〉二篇。正文前新增張
秀亞〈我寫作道路上的足跡——代序〉。

寫作是藝術

臺北：東大圖書公司
1978 年 8 月，25 開，133 頁
滄海叢刊

本書論述寫作技巧、藝文評論與人生哲理。全書分四輯，收錄
〈寫作是藝術〉、〈中國文學中表現的正氣〉、〈千里姻緣〉等 27
篇。正文前有張秀亞〈自序〉，正文後附錄陳敏華〈訪張秀亞
女士談新詩〉。

詩人的小木屋

臺中：光啟出版社
1978 年 9 月，32 開，195 頁
文藝叢刊 58

本書為藝文評論與回憶之作。全書分四輯，收錄〈詩人的小木
屋〉、〈夢、風雨、墨痕〉、〈清蔭〉、〈呆子，你的名字是聖者〉
等 37 篇。正文前有張秀亞〈自序〉。

湖水・秋燈

臺北：九歌出版社
1979 年 7 月，32 開，201 頁
九歌文庫 23

本書以「湖水・秋燈」代表美與光明，描寫生活的片斷與人生
感悟。全書分三輯，收錄〈湖水・秋燈——學校生活追記〉、
〈水之湄〉、〈色彩・音響的世界〉、〈梅花・小菀和我〉等 45
篇。正文前有張秀亞〈前記〉，正文後附錄文奇〈張秀亞的
〈慈湖謁陵〉〉、張秀亞〈慈湖謁陵記〉、林淑蘭〈筆觸輕靈的
張秀亞〉、周安儀〈用愛心寫人生的張秀亞〉。

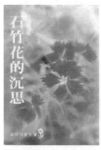

道聲出版社 1979   群眾出版社 1995

石竹花的沉思

臺北：道聲出版社
1979 年 8 月，32 開，191 頁
道聲百合文庫 95

北京：群眾出版社
1995 年 1 月，14×20.3 公分，168 頁
臺灣名家散文叢書第一輯

本書爲生活隨筆、藝文評論與讀書心得。全
書分「散文的石竹花」、「文學藝術的迴廊」
與「窗前讀寫小記」三部分，收錄〈石竹花
的沉思〉、〈鐘樓・河水・葡萄藤〉、〈母親・
磁飯碗・雛鳥們〉、〈放假的小小佈告牌〉等 41 篇。正文前有張秀亞〈前記〉，正文
後附錄封德屏〈以文字作水墨畫的藝術家——訪作家張秀亞〉、小民〈崇高的平凡
美——張秀亞及她的作品〉。
群眾版：內容與道聲版相同。

白鴿・紫丁花

臺北：九歌出版社
1981 年 7 月，32 開，215 頁
九歌文庫 71

本書爲作者生活的感悟與讀書的雜感，兼有回憶之作。全書分
三輯，收錄〈談散文寫作〉、〈與紫丁香的明晨之約〉、〈油燈碗
與花〉、〈夢與真〉等 47 篇。正文前有張秀亞〈前記〉，正文後
附錄祁志凱、高永霖〈訪問天資高曠的女作家張秀亞〉。

海棠樹下小窗前

香港：星島出版社
1984 年 6 月，32 開，178 頁

本書是作者海外發行的散文集。全書收錄〈我的筆耕生涯〉、
〈寫給青年朋友的信——談寫作〉、〈漫談寫作〉、〈寫作取材的
角度〉等 48 篇。正文前有〈編者的話〉。

月依依／何香久編

北京：人民日報出版社
1996 年 10 月，14×20.3 公分，354 頁
名人名家書系

本書爲作者散文選集，並增收新作。全書分「你去問雨吧」、
「水之湄」、「在康乃馨的芬芳裡」、「一支迷迭香」、「愉快的晚
餐」、「詩人的小木屋」六輯，收錄〈春天三章〉、〈生命的頌
歌〉、〈色彩‧音響的世界〉、〈秋日小札〉、〈你去問雨吧〉。正
文前有張秀亞〈我爲什麼要寫作（代序）〉等 88 篇，正文後有
何香久〈靈魂之約（編後記）〉。

荷塘之憶

西安：陝西人民出版社
1998 年 5 月，14×20.3 公分，290 頁
域外著名華文女作家散文自選集

本書爲作者集結回憶懷舊作品的自選集。全書收錄〈荷塘之
憶〉、〈書房的一角〉、〈父與女〉、〈來時的道路（節選）〉、
〈貓〉等 66 篇。正文前有張秀亞〈不算序文〉，正文後有張秀
亞〈主要著作目錄〉。

張秀亞人生情感散文／張曉風主編

長沙：湖南文藝出版社
1998 年 9 月，14×20.3 公分，314 頁
臺灣著名女作家人生情感散文系列

本書為作者歷年散文出版品精選。全書分為「給少女們」、「真與美」、「雯娜的悲劇」、「心靈踱步」、「湖水・秋燈」、「牧羊女」、「母親篇」、「田園」八部分，收錄〈談婚姻〉、〈談愛好〉、〈談畫〉、〈談靜〉、〈談風度〉等 70 篇。

與紫丁香有約／汪平編

臺北：九歌出版社
2002 年 3 月，25 開，283 頁
名家名著選 3

本書精選《湖水・秋燈》與《白鴿・紫丁香》文章集結而成。全書分為「湖水・秋燈　燃亮記憶的燈盞」、「與紫丁香有約心靈之愛・生命之光」、「北窗之下　讀書偶拾記趣」三輯，收錄〈湖水・秋燈——學校生活追記〉、〈水之湄〉、〈梅花・小宛和我〉、〈遙寄〉、〈油燈晚與花〉等 71 篇。正文前有汪平〈張秀亞其文其人〉。

種花記／封德屏編

南京：江蘇文藝出版社
2007 年 8 月，18 開，317 頁
百合文叢

本書為作者散文精選集。全書分為「荷塘之歌」、「依依夢裡無處尋」、「秋日小札」、「晚香玉」、「代擬的情書」、「字句中的音樂」六部分，收錄〈雪・紫丁香〉、〈山與水〉、〈沒有荷葉〉、〈古城的市招〉、〈海棠花〉等 75 篇。正文前有張秀亞〈寫作・寫作（代序）〉，正文後有封德屏〈詩化散文的典範——代編後記〉。

張秀亞散文精選／綠蒂主編

臺北：臺灣商務印書館
2008 年 6 月，25 開，175 頁
現代文學典藏

本書為作者散文精選集。全書分為「深情」、「愛好大自然」、「文友與書」三卷，收錄〈父與女〉、〈風雨中〉、〈寫給小若瑟〉、〈慈母〉等 16 篇。正文前有于德蘭〈如夢中的星光——母親的作品〉。

【小說】

在大龍河畔

天津：海風社
1936 年 12 月，32 開，196 頁
海風叢書之 1

短篇小說集。本書為作者首次出版作品。全書收錄〈山鷹〉、〈碾〉、〈偎依〉、〈二月杪〉、〈瞎眼精〉、〈在大龍河畔〉、〈欺騙〉、〈老人〉、〈杏子〉、〈父親〉、〈家〉、〈母親〉、〈蔓草〉共 13 篇。正文前有張秀亞〈自序〉，正文後有張秀亞〈我的自白〉。

皈依

山東：保祿印書館
1941 年 1 月，32 開，46 頁

中篇小說。描寫女主角「珍」皈依天主教的過程。全書分八章：1.海濱；2.別離；3.寄箋；4.歸來；5.洪水；6.返鄉；7.重逢；8.奉獻。正文前有張秀亞〈作者自傳〉、張秀亞〈自序〉。

幸福的泉源

山東：保祿印書館
1941 年 10 月，32 開，73 頁

中篇小說。描寫男主角「士琦」引領女主角「文菁」信仰天主的經過。全書分 16 章：1.三月小園；2.事隔兩年；3.心在誰邊；4.溫暖的友誼；5.寸心寄明月；6.水邊的微語；7.朦朧的愛情；8.狹小的心靈；9.懺悔的清淚；10.暫時的隔絕；11.理想的家庭；12.顫動的心弦；13.開啓了心門；14.兩封情書；15.美麗的清晨；16.快樂的消息。正文前有張秀亞〈寫在前面〉。

珂蘿佐女郎

重慶：紅藍出版社
1944 年 10 月，32 開，147 頁
紅藍文藝叢書 2

短篇小說集。本書寫於抗戰時期，反映作者此時的生命經驗。全書收錄〈珂蘿佐女郎〉、〈夢之花〉、〈未完成的傑作〉、〈一個故事的索隱〉、〈北國一詩人〉、〈動物園〉共六篇。正文前有張秀亞〈寫在前面〉。

臺灣商務印書館　　　晨星出版社 1983
1953

尋夢草

臺北：臺灣商務印書館
1953 年 9 月，32 開，78 頁

臺北：晨星出版社
1983 年 9 月，32 開，137 頁

短篇小說集。本書題材多爲愛情，帶有無可奈何的悲劇色彩。全書收錄〈藝術與愛情〉、〈誤會〉、〈美・距離〉、〈天鵝之歌〉、〈幻影〉、〈畸零人〉、〈魏吉修女〉、〈鸚鵡的故事〉、〈饒恕〉、〈代擬的情書〉、〈命運女神〉共 11 篇。正文前有張秀亞〈《尋夢草》前記〉。
晨星版：內容與商務版同。

藝術與愛情

臺北：三民書局
1970 年 1 月，40 開，189 頁
三民文庫 71

短篇小說集。本書為《尋夢草》更名出版。全書收錄〈藝術與愛情〉、〈誤會〉、〈美·距離〉、〈天鵝之歌〉、〈幻影〉、〈畸零人〉、〈魏吉修女〉、〈鸚鵡的故事〉、〈饒恕〉、〈代擬的情書〉、〈命運女神〉、〈舐犢〉、〈喂——〉共 13 篇。正文前新增王怡之〈關於張秀亞——代序〉，正文後新增附錄〈黑貓〉（翻譯）、〈尤拉麗的房子〉（翻譯）、〈談小說〉、〈一本傑作〉。

七弦琴

高雄：大業書店
1954 年 1 月，12.5×17.5 公分，85 頁
今日文叢第 4 種

短篇小說集。本書為作者嘗試跳脫自傳體小說書寫形式之作與嘗試現代派文學技巧。全書收錄〈秋山圖〉、〈夕陽〉、〈疑雲〉、〈同情與愛情〉、〈圍牆〉、〈琵琶湖〉、〈永恆的惆悵〉共七篇。正文前有張秀亞〈作者自序〉。

感情的花朵

臺北：文壇社
1956 年 1 月，32 開，66 頁
文壇叢書 51

短篇小說集。本書為作者重提京派筆法之作。全書收錄〈洄瀾〉、〈萊茜〉、〈暮年〉、〈娥姐〉、〈感情的花朵〉、〈靜靜的日午〉共六篇。正文前有張秀亞〈前記〉。

女兒行

臺中：光啟出版社
1958 年 8 月，32 開，113 頁
小說叢刊之七

臺中：光啟出版社
1959 年 6 月，32 開，114 頁
小說叢刊之七

短篇小說集。本書題材以愛情為主，並探測幽微的人性情感。
全書收錄〈裴的來書〉、〈老校工的羊〉、〈氣球〉、〈雪〉、〈小珉
的幻想〉、〈女兒行〉、〈春晚〉、〈湖濱〉、〈白夜〉、〈晴陰〉共十
篇。正文前有張秀亞〈談小說——代序〉。
1959 年再版時正文後新增〈再版題記〉。

三民書局 1969

那飄去的雲

臺北：三民書局
1969 年 7 月，40 開，199 頁
三民文庫 56

臺北：三民書局
2005 年 1 月，新 25 開，231 頁
三民叢刊 77

短篇小說集。本書為《女兒行》更名出版，並新增篇目。全書
分為「愛情的故事」與「孩子的心」二輯，收錄〈兩粒砂〉、
〈池邊〉、〈山楂花〉、〈春晚〉、〈畫媒〉、〈四月裡的湖水〉、〈甬
道〉、〈冬天的太陽〉、〈白夜〉、〈不相遇的星球〉、〈晴陰〉、〈老
校工的羊〉、〈氣球〉、〈雪祭〉、〈小珉〉、〈養鴨者〉共 16 篇。
正文前有張秀亞〈自序〉。

三民書局 2005

【傳記】

現任的教宗是誰？
臺中：光啟出版社
1959 年 7 月，32 開，56 頁

本書介紹教宗若望 23 世生平與生活。全書分七章：1.拜加茅與羅馬；2.蘇菲雅之行；3.伊斯坦堡與雅典；4.巴黎；5.威尼斯；6.膺選為教宗；7.若望 23 世的素描。正文前有張秀亞〈前記〉。

愛火炎炎
臺中：光啟出版社
1967 年 9 月，32 開，176 頁

本書為天主教拯亡會創始人瑪麗亞傳記，描述其生平與創立拯亡會之過程，是作者據舊有傳記改寫而成。正文前有徐誠斌〈序〉、張秀亞〈我重寫《愛火炎炎》〉，

【合集】

張秀亞選集
高雄：大業書店
1964 年 8 月，32 開，96 頁

本書為短篇小說《七弦琴》與散文《凡妮的手冊》、《懷念》三書合訂本。

張秀亞自選集

臺北：皇冠出版社
1970 年 10 月，32 開，259 頁
皇冠叢書第 328 種

本書為散文、小說與詩合集。全書分三輯，收錄散文〈真與美〉、〈旅程〉等 21 篇；小說〈靜靜的日午〉、〈洄瀾〉、〈雪球〉、〈女兒行〉、〈女神 Clotho〉、〈風〉、〈幕啓‧幕落〉共七篇；詩〈貝殼〉、〈憶什刹海〉等 5 首。正文前有張秀亞〈寫在《自選集》前面〉，正文後有張秀亞填詞，黃友棣譜曲的《秋夕湖上》樂譜。

秀亞自選集

臺北：黎明文化公司
1975 年 1 月，32 開，220 頁
中國新文學叢刊 18

本書為散文與小說合集，收錄散文〈種花記〉、〈過秦嶺〉、〈書房的一角〉等 28 篇；短篇小說〈老校工的羊〉、〈晴陰〉、〈代擬的情書〉、〈藝術與愛情〉共四篇。正文前有素描、生活照片、手跡與小傳，正文後附錄詩作〈水上琴聲〉與〈作品書目〉。

我的水墨小品／詹崇新插畫

臺北：道聲出版社
1978 年 6 月，32 開，120 頁
道聲百合文庫

本書結合詩與隨筆，是作者不刻意為文下的感興作品。全書收錄〈印象〉、〈小白花——之一〉、〈小白花——之二〉、〈白色小花〉等 42 篇。正文前有張秀亞〈自序〉。

張秀亞選集

香港：香港文學研究社
1979 年，25 開，156 頁
中國現代文選叢書

本書為小說與散文合集。收錄散文〈種花記〉、〈雪‧紫丁香〉、〈沒有荷花〉、〈父與女〉等 31 篇；短篇小說〈代擬的情書〉、〈藝術與心靈〉二篇。正文前有梅子〈《張秀亞選集》前言〉。

愛的又一日

臺北：光復書局
1987 年 4 月，新 25 開，148 頁
春暉叢書 2

本書以自然四季爲寫作主題。全書分爲「詩」、「散文詩‧關於詩及詩人」二輯，收錄詩作〈憶念〉、〈往日情懷〉、〈琴弦上溜走的故事〉、〈橋〉等 40 首；散文〈迴廊〉、〈母與子———一張畫引起的聯想〉等七篇。正文前有張秀亞〈愛的又一日——題解〉、張秀亞〈詩序〉，正文後附錄莊秀美〈返景入森林——訪女作家張秀亞女士〉、〈張秀亞寫作年表〉、〈張秀亞書目〉。

張秀亞作品選／趙立忠、田宏選編

西安：陝西人民出版社
1987 年 6 月，14×20.3 公分，444 頁

本書收錄作者之散文、小說、詩、文學經驗談與藝文評論。全書分「散文」、「小說」、「詩」、「窗前讀寫小記」、「文學藝術的迴廊」五輯，收錄散文〈花〉、〈春天三章〉、〈龍膽花〉、〈玉簪花，多麼鮮潔〉、〈草〉等 77 篇；小說〈舐犢〉、〈養鴨者〉、〈老校工的羊〉、〈小珉〉、〈栗色馬〉、〈幕啓‧幕落〉、〈槲寄生〉、〈曼陀羅〉、〈舊箋〉、〈春晚〉、〈娥姐〉、〈不相遇星球〉、〈誤會〉、〈鸚鵡的故事〉、〈靜靜的日午〉、〈幻影〉、〈風〉、〈女神 Clotho〉、〈藝術與愛情〉、〈洄瀾〉、〈黑貓〉（翻譯）、〈尤拉麗的房子〉（翻譯）共 22 篇；詩〈病起〉、〈秋池畔〉、〈雨中吟〉等 15 首；論述文章〈兩種小說〉、〈談小說〉、〈創造散文的新風格〉等 15 篇。正文前有嚴文井《張秀亞作品選》小引〉，正文後有趙立忠、田宏〈張秀亞簡介〉與〈張秀亞作品一覽表〉。

杏黃月／劉屏編

武漢：長江文藝出版社
1993 年 10 月，14×20.3 公分，264 頁
臺灣當代著名作家代表作大系

本書爲小說與散文合集。全書分二輯，收錄小說〈女神 Clotho〉、〈幕啓‧幕落〉、〈靜靜的日午〉、〈女兒行〉、〈誤會〉、〈春晚〉、〈不相遇的星球〉、〈天鵝之歌〉、〈白夜〉、〈甬道〉、〈鸚鵡的故事〉、〈老校工的羊〉、〈氣球〉、〈小珉〉、〈栗色馬〉共 15 篇；散文〈尋夢草〉、〈星光〉、〈山林之戀〉、〈水之湄〉

等 40 篇。正文前有劉屏〈序——走近張秀亞〉與〈張秀亞小傳〉，正文後有〈著作目錄〉。

張秀亞全集／封德屏主編
臺南：國家臺灣文學館
2005 年 3 月，25 開

共 15 冊，分七卷，按評論、詩、散文、小說、翻譯、藝術史、資料分卷。各冊書前皆有林瑞明〈序〉、瘂弦〈總論：張秀亞，臺灣婦女寫作的燃燈人——從早期學思生活的發軔到「美文」創作版圖的完成〉、封德屏〈編序〉、〈編輯體例〉。

張秀亞全集 1・詩卷
臺南：國家臺灣文學館
2005 年 3 月，25 開，485 頁

本書收錄《水上琴聲》、《秋池畔》、《我的水墨小品》、《愛的又一日》及未結集詩作。正文前有蕭蕭導讀〈張秀亞：純心靈的浪漫主義詩風〉。

張秀亞全集 2・散文卷一
臺南：國家臺灣文學館
2005 年 3 月，25 開，510 頁

本書收錄《三色菫》、《牧羊女》、《凡妮的手冊》、《懷念》之內容。正文前有張瑞芬導讀〈張秀亞的散文美學及其文學史意義〉。

張秀亞全集 3・散文卷二
臺南：國家臺灣文學館
2005 年 3 月，25 開，398 頁

本書收錄《湖上》、《愛琳的日記》、《少女的書》、《兩個聖誕節》之內容。

張秀亞全集 4・散文卷三

臺南：國家臺灣文學館
2005 年 3 月，25 開，404 頁

本書收錄《北窗下》、《曼陀羅》之內容。

張秀亞全集 5・散文卷四

臺南：國家臺灣文學館
2005 年 3 月，25 開，430 頁

本書收錄《我與文學》、《心寄何處》、《書房一角》之內容。

張秀亞全集 6・散文卷五

臺南：國家臺灣文學館
2005 年 3 月，25 開，415 頁

本書收錄《水仙辭》、《天香庭院》、《人生小景》之內容。

張秀亞全集 7・散文卷六

臺南：國家臺灣文學館
2005 年 3 月，25 開，378 頁

本書收錄《寫作是藝術》、《詩人的小木屋》、《湖水・秋燈》之內容。

張秀亞全集 8・散文卷七
臺南：國家臺灣文學館
2005 年 3 月，25 開，521 頁

本書收錄《石竹花的沉思》、《白鴿・紫丁花》、《海棠樹下小窗前》、《愛的輕歌》、《杏黃月》之內容。

張秀亞全集 9・散文卷八
臺南：國家臺灣文學館
2005 年 3 月，25 開，537 頁

本書收錄《張秀亞自選集》、《秀亞自選集》、《張秀亞作品選》、《杏黃月》、《月依依》、《荷塘之憶》、《張秀亞人生情感散文》、《與紫丁香有約》及未結集散文。

張秀亞全集 10・小說卷一
臺南：國家臺灣文學館
2005 年 3 月，25 開，482 頁

本書收錄《在大龍河畔》、《皈依》、《幸福的泉源》、《珂蘿佐女郎》、《尋夢草》之內容。正文前有范銘如導讀〈我觀察・我思味・我同情〉。

張秀亞全集 11・小說卷二
臺南：國家臺灣文學館
2005 年 3 月，25 開，516 頁

本書收錄《七弦琴》、《感情的花朵》、《女兒行》、《那飄去的雲》、《藝術與愛情》及未結集小說。

張秀亞全集 12・翻譯卷一

臺南：國家臺灣文學館

2005 年 3 月，25 開，628 頁

本書收錄《聖女之歌》、《自己的屋子》、《自己的房間》之內
容。正文前有高天恩〈奇麗的異色薔薇——張秀亞與文學翻
譯〉。

張秀亞全集 13・翻譯卷二

臺南：國家臺灣文學館

2005 年 3 月，25 開，610 頁

本書收錄《恨與愛》、《回憶錄》、《論藝術》及未結集翻譯。

張秀亞全集 14・藝術史卷

臺南：國家臺灣文學館

2005 年 3 月，25 開，495 頁

本書分 16 章，依據 11 冊《西洋藝術史綱》刪減而成。正文前
有賴瑞鎣導讀〈靈動的藝術大書〉。

張秀亞全集 15・資料卷

臺南：國家臺灣文學館

2005 年 3 月，25 開，534 頁

本書分為「照片與手稿」、「書信與日記」、「年表與目錄」、「文
學與創作」、「訪談與懷念」、「綜論與分論」六輯。正文前有應
鳳凰導讀〈張秀亞和她的時代〉，正文後附錄于德蘭〈關於張
振亞〉、〈張秀亞全集版本說明〉。

文學年表

1919 年　　9 月　　16 日，生於河北滄縣。父張里鵬，母陳芹，為家中么女。

1923 年　　本年　　全家隨父仕宦於河北邯鄲。

1926 年　　本年　　舉家遷居天津，入天津天主教貞淑小學。

1928 年　　本年　　開始於各大報紙之兒童週刊發表習作。

1931 年　　本年　　畢業於天主教貞淑小學。考入河北省女子師範學院，與女作家羅蘭、王怡之為同窗好友。

1934 年　　9 月　　19 日，發表詩作〈夏天的晚上〉於大津《益世報》「文學週刊」。

　　　　　11 月　　7 日，發表〈秋之夜〉於天津《益世報》「文學週刊」。
　　　　　　　　　開始以筆名「陳藍」、「張亞藍」發表作品於《大公報》、《益世報》、《國聞週報》等報刊。

1935 年　　1 月　　23 日，發表〈寂寞〉於天津《益世報》「文學週刊」。

　　　　　2 月　　27 日，發表詩作〈暮〉於天津《益世報》「文學週刊」。

　　　　　7 月　　18 日，發表短篇小說〈顫慄的心〉於天津《大公報》「文藝」副刊。
　　　　　　　　　25 日，發表詩作〈夜歸〉於天津《大公報》「小公園」副刊。

　　　　　8 月　　13 日，發表短篇小說〈老人〉於天津《大公報》「小公園」副刊。

　　　　　9 月　　11 日，發表短篇小說〈杏子〉於天津《大公報》「文藝」副刊。

	11 月	5 日，發表短篇小說〈瞎眼精〉於《國聞週報》第 12 卷 43 期。
1936 年	1 月	8 日，發表短篇小說〈在大龍河畔〉於天津《大公報》「文藝」副刊。
	6 月	12 日，發表詩作〈蜜蜂〉於天津《大公報》「文藝」副刊。
	8 月	7 日，發表短篇小說〈山鷹〉於天津《大公報》「文藝」副刊。
		23 日，發表詩作〈尋夢者的歎息〉於天津《大公報》「文藝」副刊。
		30 日，發表詩作〈花〉於天津《大公報》「文藝」副刊。
	10 月	26 日，發表短篇小說〈蔓草〉於《國聞週報》第 13 卷第 42 期。
	12 月	第一本短篇小說集《在大龍河畔》由天津海風社出版。
1937 年	3 月	20 日，發表〈荒園（散文詩）〉於《中央日報》「詩刊」第 6 期。
	5 月	16 日，發表詩作〈記憶〉於天津《大公報》「文藝」副刊。
	7 月	11 日 ，發表〈尋夢草〉於天津《大公報》「文藝」副刊。
1938 年	本年	考入北平輔仁大學中國文學系。
1939 年	12 月	10 日，發表短篇小說〈海鷗（第一部）〉於《輔仁文苑》第 2 輯。
	本年	為拓展文學眼界，以學年成績第一名轉系就讀輔仁大學西洋語文學系就讀。
		主編輔仁大學校園刊物《文苑》（自第 2 輯改名為《輔仁文苑》）及《輔大生活》。
1940 年	6 月	15 日，發表詩作〈散文詩——青苔詩集擇錄〉於《輔仁文苑》第 4 輯。
	本年	翻譯《聖誕海航》，由香港天主教真理教會出版。

受洗成爲天主教徒。

1941 年	1 月	發表詩作〈水上琴聲〉於《輔仁文苑》第 6 輯。
		中篇小說《皈依》由山東保祿印書館出版。
	4 月	發表〈花環〉於《輔仁文苑》第 7 輯。
	10 月	中篇小說《幸福的泉源》由山東保祿印書館出版。
	11 月	發表兒童文學〈夢中的故事〉於《輔仁文苑》第 9 輯。
1942 年	9 月	1 日,發表〈我皈依公教的經過〉於《公教白話報》第 25 年第 15 號。
	本年	畢業於輔仁大學西洋語文學系,並考入該校歷史研究所,同時應聘爲該校編譯員。
		不堪日軍壓迫,與同窗好友奔赴至重慶。
1943 年	本年	擔任重慶《益世報》「語林」副刊主編,至 1946 年。
		與于犁伯於重慶貞原天主堂結婚。
1944 年	10 月	短篇小說集《珂蘿佐女郎》由重慶紅藍出版社出版。
	本年	兒子于若瑟因醫療疏失,出生後即夭折。
1945 年	本年	兒子于金山出生。
1946 年	本年	中日戰爭結束,返回北平擔任輔仁大學英文講師。
1947 年	本年	翻譯《白衣修女》、《山窮水盡》,由香港天主教真理教會出版。
		女兒于德蘭出生。
		由新聞記者公會選爲行憲後首屆國民大會代表。
1948 年	本年	翻譯《同心曲》,由香港天主教真理教會出版。
		攜子女乘華聯輪來臺,於基隆港登岸,居住於臺中。
1949 年	本年	詩作〈她呵,我們的好母親〉獲婦聯會頒贈首屆新詩徵文首獎。後以「陳宛筠」署名,刊於 1950 年 11 月《中華婦女》第 1 卷第 5 期。
1950 年	10 月	4 日,發表詩作〈生活〉於《中央日報》副刊。

	11 月	27 日，發表〈女子與文學〉於《中央日報》副刊。
1951 年	6 月	12 日，發表〈種花記〉於《中央日報》副刊。
		28 日，發表〈同情〉於《中央日報》副刊。
		發表短篇小說〈三代〉於《中華婦女》第 1 卷第 11、12 期合刊。
	9 月	12 日，發表〈孩子與鳥〉於《中央日報》副刊。
	10 月	18 日，發表〈母親〉於《中央日報》「婦女與家庭」週刊第 94 期。
	12 月	8 日，發表短篇小說〈美的距離〉於《中央日報》副刊。
		19 日，發表〈旅程〉於《中央日報》副刊。
1952 年	2 月	13 日，發表〈雲〉於《中央日報》副刊。
	3 月	發表短篇小說〈訣〉於《中華婦女》第 2 卷第 7 期。
	5 月	發表短篇小說〈夜霧〉於《新文藝》第 5 期。
	6 月	《三色菫》由臺北重光文藝出版社出版。
		發表短篇小說〈夢中笛韻〉於《中華婦女》第 2 卷第 10 期。
	8 月	11 日，發表詩作〈音樂之雨〉於《自立晚報》「新詩」週刊第 40 期。
	9 月	28 日，發表〈父與女〉於「婦女與家庭」週刊第 136 期。
	11 月	29 日，發表詩作〈閑步〉於《中央日報》副刊。
		發表短篇小說〈楓葉與藍花〉於《暢流》第 6 卷第 6 期。
	12 月	1 日，發表詩作〈夜歸人〉於《自立晚報》「新詩」週刊第 56 期。
		18 日，發表詩作〈暮——和小蘭蘭等月亮〉於「婦女與家庭」週刊第 148 期。
	本年	翻譯魏菲（Franz Werfel）《聖女之歌》，由香港新生出版社出

版。

1953 年　1 月　3 日，發表〈牧羊女〉於《中央日報》副刊。

16 日，以「詩二首」爲題，發表〈蜜蜂〉、〈鳥〉於《自立晚報》「新詩」週刊第 64 期。

19 日，發表〈永恆的生命──我與宗教〉於《中國一周》第 143 期。

2 月　23 日，發表詩作〈有寄〉於《自立晚報》「新詩」週刊第 67 期。

3 月　5 日，發表短篇小說〈落葉〉於《華僑青年》第 5 期。

25 日，發表〈友情與愛情〉於《中央日報》「婦女與家庭」週刊第 161 期。

5 月　18 日，發表〈我譯《聖女之歌》〉於《中央日報》副刊。

6 月　15 日，以「詩二首」爲題，發表〈客至〉、〈晨曦〉、〈莎芙之歌〉於《自立晚報》「新詩」週刊第 82 期。

18 日，發表〈《牧羊女》序〉於《中央日報》副刊。

7 月　6 日，以「詩三首」爲題，發表〈花〉、〈歌聲〉、〈雨〉於《自立晚報》「新詩」週刊第 85 期。

8 月　24 日，發表詩作〈暮──一個故事中的插曲〉於《自立晚報》「新詩」週刊第 91 期。

《牧羊女》由臺北虹橋書店出版。

9 月　短篇小說集《尋夢草》由臺北臺灣商務印書館出版。

12 月　1 日，發表詩作〈秋日小唱〉於《中央日報》副刊。

開始於《中央日報》「婦女與家庭」週刊撰寫「凡妮的手冊」專欄，至 1954 年 12 月。

1954 年　1 月　16 日，發表〈琴韻心聲──我讀《琴心》〉於《中央日報》副刊。

短篇小說集《七弦琴》由高雄大業書店出版。

	2 月	15 日,以「散文兩章」為題,發表〈影子〉、〈寂寞之歌〉於《中國一周》第 199 期。
	6 月	發表〈樂師的夢〉於《中國勞工》第 87 期。
	7 月	發表短篇小說〈聽來的故事〉於《皇冠》第 5 期。
	10 月	擔任《婦友》月刊編輯委員。
1955 年	1 月	1 日,發表〈我寫《田園之歌》〉於《暢流》第 10 卷第 10 期。(後將《田園之歌》更名為《湖上》出版)。
	3 月	8 日,發表〈婦女節感言〉於《民聲日報》第 6 版。 20 日,發表〈一幅生動的浮世繪〉於《中央日報》副刊。 發表〈《凡妮的手冊》序〉於《幼獅文藝》第 9 期。 《凡妮的手冊》由高雄大業書店出版。
	5 月	發表〈故鄉〉於《中國勞工》第 109 期。
	10 月	《懷念》由高雄大業書店出版。
	11 月	發表短篇小說〈遲開的玫瑰〉於《中國勞工》第 121 期。
1956 年	1 月	短篇小說集《感情的花朵》由臺北文壇出版社出版。 由中國青年寫作學會舉辦之「十萬青年最喜閱讀文藝作品」票選結果公布,張秀亞以《三色堇》、《牧羊女》、《凡妮的手冊》入選散文類十書。
	7 月	2 日,發表〈再寄菁菁〉於《中國一周》第 323 期。
	11 月	發表〈憶〉於《中國勞工》第 145 期。
	12 月	詩集《水上琴聲》由彰化樂天出版社出版。
1957 年	3 月	《湖上》由臺中光啓出版社出版。
	本年	擔任為靜宜女子英專(今靜宜大學)英文系教授,講授翻譯課程。 作曲家黃友棣先生據〈秋夕〉一詩,譜寫成歌曲《秋夕湖上》。
1958 年	2 月	28 日,發表〈我試寫《湖上》〉於《中央日報》副刊。

	5 月	《愛琳的日記》由臺北三民書局出版。
	8 月	短篇小說集《女兒行》由臺中光啓出版社出版。
	本年	與雷文炳合編傳記《露德百年紀念》，由臺中光啓出版社出版。
1959 年	1 月	1 日，發表〈畫中人語〉於《自由談》第 10 卷第 1 期。
	7 月	《現任的教宗是誰？》由臺中光啓出版社出版。
1960 年	3 月	開始於《婦友》月刊撰寫「少女手冊」專欄，至 1961 年 2 月。
	5 月	4 日，獲中國文藝協會頒贈首屆文藝獎章「散文創作獎」。
		發表〈星〉、〈龍膽花〉於《作品》第 1 卷第 5 期。
		發表〈回家〉於《中外畫報》第 47 期。
	6 月	發表〈摘花記〉於《作品》第 1 卷第 6 期。
	8 月	20 日，發表〈我的生活〉於《徵信新聞報》「人間」副刊。
		翻譯莫瑞亞珂（François Mauriac）《恨與愛》，由臺中光啓出版社出版。
	11 月	《牧羊女》重排版由臺中光啓出版社出版。
	12 月	25 日，發表詩作〈聖誕詩〉於《聯合報》副刊。
1961 年	2 月	20 日，發表〈《花棚下》序〉於《中國一周》第 565 期。
	3 月	開始於《中央日報》副刊撰寫「北窗下」專欄，至本年 7 月。
	7 月	31 日，發表〈生命的戲劇〉於《中國一周》第 588 期。
	8 月	《少女的書》由臺北婦友社出版。
	10 月	《兩個聖誕節》由臺中光啓出版社出版。
	本年	翻譯《友情與聖愛》，由臺中光啓出版社出版。
1962 年	5 月	28 日，發表〈《牧笛》跋〉於《中國一周》第 631 期。
		《北窗下》由臺中光啓出版社出版。
	6 月	發表〈一個堅強的靈魂──介紹一本優美的傳記〉於《傳記

　　　　　　　文學》第 1 期。

　　　11 月　　翻譯聖女小德蘭（St. Therese of Lisieux）《回憶錄》，由臺中
　　　　　　　光啓出版社出版。

　　　　　　　獲中央婦女工作委員會頒贈首屆文藝獎章。

　　　本年　　《張秀亞散文集》由高雄大業書店出版。

1963 年　4 月　17 日，發表〈一天〉於《徵信新聞報》「人間」副刊。

　　　5 月　　翻譯凱樂（James Keller）《改造世界》，由臺中光啓出版社出
　　　　　　　版。

　　　6 月　　23 日，發表〈我讀《雷鳴遠神父傳》〉於《中央日報》副
　　　　　　　刊。

　　　10 月　　31 日，發表〈煙愁〉於《中央日報》副刊。

　　　11 月　　25 日，發表〈雨點譜成的樂曲〉於《中國一周》第 709 期。

1964 年　3 月　9 日，獲中國國民黨中央委員會頒贈榮譽獎章。

　　　4 月　　與雷文炳合著《西洋藝術史綱》第一冊，由臺中光啓出版社
　　　　　　　出版。

　　　5 月　　獲臺灣省婦女寫作協會頒贈文藝特殊貢獻優秀婦女獎。

　　　　　　　發表〈燕知草的作者〉於《現代學苑》第 1 卷第 2 期。

　　　7 月　　24 日，發表〈翻譯與創作〉於《中央日報》副刊。

　　　8 月　　《張秀亞選集》由高雄大業書店出版。

　　　本年　　遷居臺北。

　　　　　　　擔任臺北輔仁大學教授，講授「新文藝習作」，至 1970 年。

1965 年　3 月　發表〈詩・生活〉於《幼獅文藝》第 135 期。

　　　4 月　　15 日，發表〈《曼陀羅》後記〉於《中央日報》副刊。

　　　　　　　26 日，發表〈寄思妹〉於《臺灣新生報》「家庭生活」週刊
　　　　　　　第 323 期。

　　　　　　　與雷文炳合著《西洋藝術史綱》第二冊，由臺中光啓出版社
　　　　　　　出版。

	5 月	發表〈記一個鄉下孩子〉於《傳記文學》第 36 期。
		《曼陀羅》由臺中光啓出版社出版。
	10 月	發表〈月明中〉於《幼獅文藝》第 142 期。
	12 月	翻譯凱塞爾曼（Wendy Kesselman）《金嗓子與狐狸》，由臺北國語日報社出版。
		發表〈秋〉於《現代學苑》第 2 卷第 9 期。
1966 年	5 月	發表〈堤〉於《幼獅文藝》第 149 期。
	9 月	與雷文炳合著《西洋藝術史綱》第三冊，由臺中光啓出版社出版。
	11 月	12 日，以《北窗下》榮獲首屆中山文藝獎。
	12 月	詩集《秋池畔》由臺中光啓出版社出版。
		《我與文學》由臺北三民書局出版。
1967 年	1 月	5 日，發表〈寫作・寫作〉於《中央日報》副刊。
	3 月	發表〈郁達夫及其〈遲桂花〉〉於《純文學》第 1 卷第 3 期。
	5 月	4 日，應邀出席政治大學主辦之「文學座談會」，並與尉天驄、余光中分別主持散文、小說與新詩座談。
		發表〈《海濱故人》盧隱〉於《純文學》第 1 卷第 5 期。
	6 月	受聘爲中華學術院研士。
	9 月	《愛火炎炎》由臺中光啓出版社出版。
1968 年	4 月	開始以筆名「心井」發表短文於《中央日報》副刊。
	5 月	6 日，發表〈豈止一個詩人〉於《中央日報》副刊。
		18 日，發表〈一根繩子〉於《中央日報》副刊。
	6 月	2 日，發表〈美的原理〉於《中央日報》副刊。
	7 月	29 日，發表〈靈感之來〉於《中央日報》副刊。
	8 月	5 日，發表〈現代文學〉於《中央日報》副刊。
		20 日，發表〈心寄何處〉於《中央日報》副刊。

31 日，發表〈自如〉於《中央日報》副刊。

9 月　11 日，發表〈香車音樂〉於《中央日報》副刊。

25 日，發表〈文藝月旦〉於《中央日報》副刊。

10 月　1 日，發表〈巖穴之士〉於《中央日報》副刊。

13 日，發表〈作家的成長〉於《中央日報》副刊。

12 月　16 日，發表〈生命的歌頌〉於《中國一周》第 973 期。

與雷文炳合著《西洋藝術史綱》第四冊，由臺中光啓出版社出版。

1969 年　1 月　14 日，發表〈《愛琳的日記》序〉於《中央日報》副刊。

3 月　17 日，發表〈指環〉於《中國一周》第 986 期。

發表詩作〈懷鄉篇〉於《中央月刊》第 1 卷第 5 期。

6 月　與雷文炳合著《西洋藝術史綱》第五冊，由臺中光啓出版社出版。

7 月　短篇小說集《那飄去的雲》由臺北三民書局出版。

8 月　26 日，發表〈《心之所寄》自序〉於《中央日報》副刊。（後將《心之所寄》更名爲《心寄何處》出版）。

9 月　《心寄何處》由臺中光啓出版社出版。

發表短篇小說〈洄瀾〉於《作品》第 2 卷第 6 期。

1970 年　1 月　短篇小說集《藝術與愛情》由臺北三民書局出版。

發表〈記凌叔華〉於《幼獅文藝》第 193 期。

6 月　19 日，應邀出席臺灣電視公司舉辦之「亞洲作家所面臨的問題」座談會，與會者有彭歌、華嚴等。

應邀出席國際筆會舉辦之「第三屆亞洲作家會議」，並發表演講"Prose in Modern Days"（後譯爲〈談現代散文〉，收入《水仙辭》）。

《書房一角》由臺中光啓出版社出版。

	9 月	與雷文炳合著《西洋藝術史綱》第六冊，由臺中光啓出版社出版。
	10 月	《張秀亞自選集》由臺北皇冠出版社出版。
	11 月	與雷文炳合著《西洋藝術史綱》第七冊，由臺中光啓出版社出版。
	本年	擔任為輔仁大學文學研究所教授，講授「英美文學研究與翻譯」，至 1986 年退休。
1971 年	1 月	與雷文炳合著《西洋藝術史綱》第八冊，由臺中光啓出版社出版。
	3 月	與雷文炳合著《西洋藝術史綱》第九冊，由臺中光啓出版社出版。
	7 月	編譯《在華五十年——陶明修女傳》，由臺中光啓出版社出版。
1972 年	2 月	6 日，發表〈禮物籃〉於《中央日報》副刊。
	5 月	19 日，發表〈現代愚公〉於《中央日報》副刊。
	7 月	9 日，發表〈同進晚餐〉於《中央日報》副刊。
	10 月	翻譯卡西勒（E. Cassirer）《論藝術》，由臺北大地出版社出版。
1973 年	2 月	《水仙辭》由臺北三民書局出版。
	4 月	翻譯吳爾芙（Virginia Woolf）《自己的屋子》，由臺北純文學出版社出版。
	7 月	《天香庭院》由臺北先知出版社出版。
	本年	赴美考察文教，並於新澤西州西東大學講學。
1974 年	12 月	翻譯魏菲（Franz Werfel）《聖女之歌》，由臺北大地出版社出版。
1975 年	1 月	《秀亞自選集》由臺北黎明文化公司出版。
1977 年	6 月	13 日，發表〈千里姻緣——我的另一半〉於《中華日報》副

刊。

9 月　〈在大龍河畔的尋夢者〉（上、下）連載於《愛書人》第
51、52 期。

10 月　5 日，發表〈粉墨生涯〉於《中央日報》副刊。
與雷文炳合著《西洋藝術史綱》第十冊，由臺中光啓出版社
出版。

11 月　11 日，發表〈小學誦經〉於《中央日報》副刊。

12 月　3 日，發表〈買書〉於《中央日報》副刊。
25 日，發表〈殺風景〉於《中央日報》副刊。

1978 年　4 月　8 日，發表〈中西文字夾纏問題〉於《中央日報》副刊。

6 月　《人生小景》由臺北水芙蓉出版社出版。
《我的水墨小品》由臺北道聲出版社出版。

7 月　15 日，發表詩作〈橋〉於《秋水》詩刊第 19 期。

8 月　《寫作是藝術》由臺北東大圖書公司出版。

9 月　《詩人的小木屋》由臺中光啓出版社出版。

10 月　與雷文炳合著《西洋藝術史綱》第十一冊，由臺中郵購出版
社出版。

1979 年　4 月　15 日，發表詩作〈寂寞與花〉於《秋水》詩刊第 22 期。
30 日，應邀出席中國婦女寫作協會成立十週年紀念會，與會
者有林海音、艾雯、陳克環等。

6 月　21 日，發表〈《湖水・秋燈》前記〉於《中央日報》副刊。
27 日，發表〈我寫《石竹花的沉思》〉於《中央日報》「讀
書」第 60 期。

7 月　15 日，發表詩作〈湖水・秋燈〉、〈石竹花的沉思〉於《秋
水》詩刊第 23 期。
《湖水・秋燈》由臺北九歌出版社出版。

8 月　《石竹花的沉思》由臺北道聲出版社出版。

本年　　《張秀亞選集》由香港文學研究社出版。

1980 年　5 月　13 日,發表〈現代史詩〉於《中央日報》副刊。

　　　　7 月　15 日,發表〈琉璃鴿〉於《秋水》詩刊第 27 期。

1981 年　2 月　發表〈北窗之下──作者的心聲〉於《新文藝》第 299 期。

　　　　　　　發表詩作〈紫藤十字架〉於《秋水》詩刊第 29 期。

　　　　3 月　4 日,發表〈略談我散文寫作的經驗〉於《中央月刊》第 13
　　　　　　　卷第 5 期。

　　　　7 月　發表詩作〈病起〉於《秋水》詩刊第 31 期。

　　　　　　　《白鴿‧紫丁花》由臺北九歌出版社出版。

　　　　　　　《三色菫》重排版由臺北爾雅出版社出版。

　　　10 月　發表詩作〈琴弦上溜走的故事〉於《秋水》詩刊第 32 期。

　　　12 月　20 日,發表〈生活‧藝術〉於《中央日報》副刊。

1982 年　4 月　發表〈談寫作〉於《幼獅文藝》第 340 期。

　　　10 月　24 日,發表〈生命的長流中洄瀾與浪花〉於《中華日報》副
　　　　　　　刊。

　　　　　　　25 日,發表詩作〈「傳奇」中的話〉於《秋水》詩刊第 36
　　　　　　　期。

　　　11 月　應邀出席行政院文建會、中國婦女寫作協會與中央日報社合
　　　　　　　辦之「女作家著作展」。與會者有小民、公孫嬿、張明、王
　　　　　　　琰如、蓉子、邱七七等。

1983 年　1 月　24 日,發表詩作〈無題詩〉於《中央日報》「晨鐘」週刊。

　　　11 月　發表〈秋天的詩句〉於《益世》第 38 期。

　　　12 月　發表〈國外的通俗小說〉於《文訊雜誌》第 6 期。

1984 年　2 月　發表〈抗戰時期我的文藝生活〉於《文訊雜誌》第 7、8 期
　　　　　　　合刊。

　　　　4 月　21 日,應邀出席明道中學於中央日報社舉辦的「第四屆全國
　　　　　　　學生文學獎」決選會議,擔任評審委員。

　　　　　　　27 日，應邀出席《聯合報》副刊舉辦之「五十年代文學座談會」，與會者有尹雪曼、朱西甯、司馬中原、王靜芝、劉紹銘等。

　　　　6 月　《海棠樹下小窗前》，由香港星島出版社出版。

　　　　9 月　《愛的輕歌》由臺北論壇出版社出版。

　　　12 月　應邀出席輔仁大學創校 60 週年紀念會，獲頒首屆傑出校友獎。

1985 年　9 月　《人生小景》重排版由臺中晨星出版社出版。

　　　　7 月　發表〈奔赴山城——抗戰時期的回憶〉於《幼獅文藝》第 379 期。

　　　10 月　發表〈重來〉於《幼獅少年》第 108 期。

　　　　　　　29～30 日，〈迴旋曲——《藍與黑》的外在與內在的世界〉（上、下）連載於《中央日報》副刊。

　　　12 月　《杏黃月》由臺北林白出版社出版。

1986 年　3 月　13 日，發表〈芳鄰〉於《中華日報》副刊。

　　　　7 月　17～18 日，〈小花與茶〉（上、下）連載於《聯合報》副刊。

　　　12 月　8 日，發表詩作〈冬夜草二章〉於《中央日報》副刊。

1987 年　1 月　30 日，發表詩作〈名字〉於《秋水》詩刊第 53 期。

　　　　2 月　15 日，發表詩作〈詩句〉於《中央日報》海外版副刊。

　　　　3 月　28 日，發表詩作〈漂泊的音符〉於《中華日報》副刊。

　　　　4 月　《愛的又一日》由臺北光復書局出版。

　　　　5 月　19 日，發表〈日晷儀〉於《聯合報》副刊。

　　　　6 月　趙立忠、田宏選編《張秀亞作品選》，由西安陝西人民出版社出版。

　　　　8 月　19 日，發表〈靜夜回想——我與凌叔華〉於《聯合報》副刊。

　　　　9 月　翻譯郝思蘭（Caryll Houselander）《心曲笛韻》，由臺中光啟

出版社出版。

	10 月	7 日，發表〈月依依〉於《世界日報》副刊。
	11 月	20 日，以「往日情懷」為題，發表〈我愛那荷葉〉、〈喜鵲的涼枕〉、〈聽取蛙聲一片〉、〈花・葉・禱語〉於《世界日報》副刊。
	12 月	28～29 日，《自古城到山城》（上、下）連載於《世界日報》副刊。
1988 年	6 月	9 日，發表〈城牆〉於《中華日報》副刊。
	9 月	14 日，發表〈山坡上的石頭小屋〉於《聯合報》副刊。
1989 年	2 月	19 日，發表〈永恆的小燈〉於《中華日報》副刊。
	6 月	擔任《秋水》詩刊編輯顧問。
	10 月	21 日，應美國加州州立大學長堤分校李三寶博士之邀，將作品贈予該校，由校長 Dr. McCary（麥克瑞）代為接受。
1992 年	1 月	發表詩作〈詩心〉、〈畫荷〉於《秋水》詩刊第 72 期。
	4 月	發表詩作〈給一個畫夢的孩子〉於《秋水》詩刊第 73 期。
	9 月	30 日，發表〈文藝與我——心靈的莊嚴〉於《中華日報》副刊。
	本年	獲美國加州橙縣中華文化協會頒贈「文學成就獎」。
1993 年	10 月	劉屏編《杏黃月》，由武漢長江文藝出版社出版。
1994 年	本年	年初於臺大醫院進行膝關節手術，年底赴美定居休養。獲亞洲華文作家文藝基金會頒贈「文學貢獻獎」。
1995 年	1 月	《石竹花的沉思》由北京群眾出版社出版。
1996 年	4 月	發表詩作〈別後〉於《秋水》詩刊第 89 期。
	6 月	23 日，發表〈觀畫小擷〉於《聯合報》副刊。
	8 月	17 日，發表詩作〈老屋之憶〉於《聯合報》副刊。23 日，發表詩作〈鄉心〉於《中央日報》副刊。
	10 月	何香久編《月依依》，由北京人民日報出版社出版。

1997 年	1 月	發表詩作〈秋暮〉於《秋水》詩刊第 92 期。
	3 月	1 日，發表詩作〈船〉於《中華日報》副刊。
	8 月	5 日，發表詩作〈微語〉於《中央日報》副刊。
	10 月	5 日，發表〈不凋的葵花〉於《聯合報》副刊。
	12 月	5 日，發表詩作〈水仙花〉於《中央日報》副刊。
		27 日，發表詩作〈縱然〉於《中華日報》副刊。
1998 年	3 月	4 日，發表〈紅茶——憶山城〉於《聯合報》副刊。
		13 日，發表詩作〈深情‧依戀〉於《中華日報》副刊。
	4 月	發表詩作〈情感的史詩〉於《秋水》詩刊第 97 期。
	5 月	《荷塘之憶》由西安陝西人民出版社出版。
	9 月	張曉風主編《張秀亞人生感情散文》，由長沙湖南文藝出版社出版。
	10 月	發表詩作〈寄向雲天〉於《秋水》詩刊第 99 期。
1999 年	1 月	發表詩作〈花與歌〉於《乾坤》詩刊第 9 期。
	7 月	27 日，發表詩作〈失落‧尋覓〉於《中華日報》副刊。
		發表詩作〈白蓮與蘆笛——遙贈靜怡、心笛二位女詩人〉於《秋水》詩刊第 102 期。
	12 月	4 日，以「繽紛小品」為題，發表〈雛菊〉、〈黃蟬花〉、〈我和紫丁香失了約〉於《聯合報》副刊。
2000 年	1 月	翻譯吳爾芙（Virginia Woolf）《自己的房間》，由臺北天培文化出版。
	5 月	拍攝由作家王璞執導之「作家錄影傳記（上、下）」。
	本年	獲北美洛杉磯華文作家協會頒贈「文壇導師獎」。
2001 年	5 月	4 日，獲中國文藝協會榮譽文藝獎章，因身體不適不克返臺領獎，由林黛嫚代為領獎，並於當日緊急送入美國加州橙縣醫院。
	6 月	29 日，因器官衰竭逝世，享年 82 歲。

7月	14日,「張秀亞追思彌撒會」於加州舉行,後葬於洛杉磯羅蘭崗天主教「天堂母后」墓園。
	28日,「張秀亞追思彌撒會」於紐約華埠顯聖容堂舉行,紐約市議會頒贈褒揚令,表揚其一生文學成就。
8月	美國華裔議員吳振偉,於國會發言讚揚張秀亞其文學成就,並將其生平與文學成就列於美國國會紀錄以茲紀念。
11月	9日,于金山、于德蘭應邀出席文訊雜誌社主辦,中國婦女寫作協會、中國文藝協會、國家圖書館協辦「留下一個永恆的花季——張秀亞教授追思紀念會」,張秀亞獲中國國民黨追贈華夏一等獎章。

2002年	3月	汪平編《與紫丁香有約》,由臺北九歌出版社出版。
	7月	于金山、于德蘭於美國加州成立「張秀亞教授文學創作基金會」,鼓勵青年學子對文學喜好與研究,並致力於促進東西文學交流。
	10月	家屬捐贈照片、手稿、作品、文物及衣物予國家臺灣文學館(今國立臺灣文學館)。

2003年	1月	刊載〈心靈小語〉於《乾坤》詩刊第25期。
	6月	13日,刊載詩作〈玫瑰(外一首)〉、〈禾場〉於《聯合報》副刊。
		17日,刊載〈春之祭〉於《聯合報》副刊。
		〈張秀亞生平傳略〉,由臺北國史館編纂處錄入《國史館現藏民國人物傳記史料彙編》。
	9月	于德蘭主編《甜蜜的星光——憶念張秀亞女士的文學與生活》,由臺北光啟社文化事業出版。

| 2004年 | 6月 | 22日,刊載〈濛濛細雨〉於《聯合報》副刊。 |
| | | 29日,刊載〈童年〉於《聯合報》副刊。 |

　　　　　9 月　　應加州大學洛杉磯分校（UCLA）東亞圖書館徵集，家屬捐
　　　　　　　　　贈作品（包括詩、散文、小說、翻譯）供學子研究。
　　　　　　　　　應北京中國現代文學館前館長舒乙之邀，家屬捐贈照片及手
　　　　　　　　　稿數件供館藏。
　　　　　10 月　家屬捐贈張秀亞照片、手稿予臺北國家圖書館館藏。
2005 年　1 月　《那飄去的雲》重排版由臺北三民書局出版。
　　　　　3 月　20 日，刊載詩作〈古老的昨日〉、〈如今〉、〈記憶的錄影帶〉
　　　　　　　　　於《聯合報》副刊。
　　　　　　　　　24 日，封德屏主編《張秀亞全集》共 15 卷，由國家臺灣文
　　　　　　　　　學館出版，並於臺北市長官邸文藝沙龍舉行新書發表會，與
　　　　　　　　　會者有瘂弦、林瑞明、單國璽、封德屏、于金山、于德蘭
　　　　　　　　　等。
　　　　　10 月　1 日，由國家臺灣文學館主辦，財團法人臺灣文學發展基金
　　　　　　　　　會與文訊雜誌社承辦之「永不凋謝的三色堇——張秀亞文學
　　　　　　　　　研討會」於國家臺灣文學館舉行，與會者有瘂弦、何寄澎、
　　　　　　　　　封德屏、于金山、于德蘭、周芬伶、曾進豐、張瑞芬、簡弘
　　　　　　　　　毅、許琇禎、仇小屏等。
　　　　　　　　　《北窗下》重排版由臺北爾雅出版社出版。
　　　　　12 月　《永不凋謝的三色堇——張秀亞文學研討會論文集》由國家
　　　　　　　　　臺灣文學館出版。
2006 年　6 月　《我與文學》重排版由臺北三民書局出版。
2007 年　2 月　14 日，作曲家黃友棣據〈秋天的詩〉及〈叮嚀〉二詩譜寫成
　　　　　　　　　歌曲《晶亮的秋雲》，〈愛的又一日〉及〈一個字〉二詩，譜
　　　　　　　　　寫成歌曲《自那葉叢中》。
2007 年　8 月　封德屏編《種花記》，由南京江蘇文藝出版社出版。
　　　　　9 月　16 日，由數位讀者於美國洛城發起「張秀亞教授文苑」，成
　　　　　　　　　立當日為張秀亞冥誕，並舉行「張秀亞抒情詩文朗誦大

會」。

| 2008 年 | 6 月 | 綠蒂主編《張秀亞散文精選》，由臺北臺灣商務印書館出版。 |
| 2009 年 | 3 月 | 18 日，輔仁大學中文系舉辦「張秀亞教授紀念學術研討會」於輔仁大學文學院舉行。會中林明德教授發表專題演講「懷念全能作家張秀亞老師」。 |

參考資料：

・〈張秀亞女士平生傳略〉，胡建國主編，《國史館現藏民國人物傳記史料彙編・第二十六輯》，臺北：國史館，2003 年 6 月。

・于德蘭編，《甜蜜的星光——憶念張秀亞女士的文學與生活》，臺北：光啓社文化事業，2003 年 9 月。

・應鳳凰編纂；于德蘭增補，〈年表〉，封德屏主編《張秀亞全集》，臺南：國家臺灣文學館，2005 年 3 月。

輯三◎
研究綜述

張秀亞研究綜述

◎封德屏

一、前言

2005 年 3 月 24 日，下午兩點，一百多位老、中、青作家、學者、媒體工作者，齊聚在臺北市徐州路市長官邸的藝文沙龍，用熱烈的掌聲，為《張秀亞全集》*的新書發表會揭開序幕。費時一年多，動用了許多人力，在有限的經費下始完成的一套 15 巨冊的全集——包括詩卷（1 冊）、散文卷（8 冊）、小說卷（2 冊）、翻譯卷（2 冊）、藝術史卷（1 冊）、資料卷（1 冊），此刻正端置在舞臺深藍色絲絨臺布上，發出沉靜卻耀眼的光芒。特地從美國舊金山及洛杉磯返臺的張秀亞的一對兒女，從主辦單位手上接下這套全集時，眼睛泛著激動的淚光。他們親愛的母親三年前逝世，離開了他們，此刻卻感覺母親帶著微笑與大家相見，因為：「母親的生命融合在她的全集著作裡」。

15 冊全集出版後僅半年餘，2005 年 10 月 1 日，「張秀亞文學研討會」在臺南的國家臺灣文學館（今國立臺灣文學館）召開。此次會議共發表了周芬伶、曾進豐、簡弘毅、許琇禎、仇小屏、吳特偉、戴華萱、石曉楓、許芳儒九篇論文，另包括一場何寄澎的專題演講，以及由瘂弦主持、桑品載、張瑞芬、趙雲、賴瑞鎣與會的座談會。該年 12 月，《永不凋謝的三色菫——張秀亞文學研討會論文集》出版問世。以國家文學館來策畫出版

《張秀亞全集》由國家臺灣文學館策畫，財團法人臺灣文學發展基金會、文訊雜誌社承辦（臺南：國家臺灣文學館，2005 年 3 月）。

《張秀亞全集》及召開「張秀亞文學研討會」,當然有重大的意義。1950
年代的女作家,能獲得如此重視、備受禮遇的,除林海音、琦君外,張秀
亞尚屬第一人。

　　張秀亞(1919～2001),籍貫河北滄縣,中學時代即以「陳藍」、「張亞
藍」為筆名投稿,作品分別在《大公報》及《益世報》的副刊及文藝版發
表,17 歲即出版短篇小說集《在大龍河畔》。甫上北平輔仁大學,除主編
校刊《輔仁文苑》外,仍持續創作,並發表近五百行的長詩〈水上琴聲〉,
被譽為「北方最年輕的作家」。1948 年自大陸來臺,除先後在靜宜英專
(今靜宜大學)、輔仁大學任教外,並持續其數十年的創作生涯。她不僅勤
於筆耕,且創作文類豐富,詩、散文、小說、翻譯、藝術史,共著譯八十
餘部作品,且多本著作曾有二十刷以上的紀錄,作品被翻譯為韓文、法
文、英文,並有多篇獲選編入國中、高中及大學國文教材,其影響遍及一
代文藝青年。

　　在張秀亞創作眾多的文類中,散文占絕大多數,有 23 本之多。儘管小
說、詩及翻譯的質量也都不錯,但多數評者仍以「散文」這個文類的成
就,來論述張秀亞在文學創作上的表現。張秀亞也是少數對散文的創作及
文體,提出諸多觀念、看法及理論的作家,這些為數可觀的「散文觀」、
「散文理論」,對應她的散文創作作品,可清楚看出她的理論和實踐是吻合
的。日後逐漸更多的評論者及研究者,對張秀亞作品中各種文體的跨界、
融合及實驗,也就有了詩小說、詩散文,散文詩的發現及論述。

　　張秀亞一生創作不輟,共出版八十餘部作品,而其文類跨越詩、散
文、小說、翻譯及藝術史論,使她「著作等身」外,更擁有「全才之筆」
的美譽。雖然截至目前為止,包括自述、採訪、報導、綜論、分論的文
章,已有上千篇,但重要的論述大部分至 2005 年《張秀亞全集》完成、
「張秀亞文學研討會」召開後,才有比較全面或不同於以往的評論出現,
例如張秀亞散文理論的分析,張秀亞對文體越界、創新及實驗的論述等
等,顯而易見,全集的出版及研討會的召開,對作家研究的開展,有十分

具體的貢獻。

　　收錄在本書中有關張秀亞的主要論述分爲三個部分，其一是「張秀亞其人」，其二是「張秀亞的散文觀」，第三部分是「各個文類作品的評論」。

二、張秀亞其人

　　在這個部分，主要是採張秀亞本人的回憶、自述，以及別人的敘述或採訪。當然，要了解她的一生及其文學生活，可以參考她女兒丁德蘭編的《甜蜜的星光：懷念張秀亞女士的文學與生活（上、下）》，此套書共 800餘頁，選錄張秀亞的作品，書信、日記，以及她過世後的懷念文章。此外，應鳳凰導讀編選的《張秀亞全集・資料卷》，全書分六輯：照片與手稿、書信與日記、年表與目錄、文學與創作、訪談與懷念、綜論與分論，該書架構完整，25 開，共 534 頁，基本上已頗具研究參考價值。

　　礙於篇幅，這部分我們挑選張秀亞〈抗戰時期中我的文藝生活〉、〈大龍河畔的尋夢者〉兩篇。這兩篇文章基本上對於少年張秀亞、青年張秀亞的文藝啓蒙，學校教育與文學創作，有清楚的認識。其次，選了夏祖麗〈張秀亞在享受人生〉、鐘麗慧〈信望愛的張秀亞〉兩篇文章，字數雖然不長，但用採訪的方式，清楚流暢的寫出張秀亞兼顧中西文學、古典與現代的深厚學養，她對翻譯的看法，以及她的宗教啓蒙，宗教對張秀亞創作、生活，甚至人格的影響。而莊秀美的〈返景入深林──訪女作家張秀亞女士〉及黃秋芳的〈激流與風暴交奏出來的河唱──張秀亞女士心性中的柔與韌〉，是兩篇稍長的綜合性採訪，情景交融的現場採訪，不僅從年輕的文藝生活敘述到老，也由於採訪者用心，提問、對話間，時有精彩或關鍵的話語出現。莊秀美問出張秀亞對「詩、散文、小說」三種不同的「文學形式」的看法，並點出「詩」對張秀亞創作風格的影響；黃秋芳的八千多字，無疑是張秀亞一生文學歷程的濃縮，從童蒙對文學的熱情，到透徹澄明的晚年心境。接著是林海音的〈女子弄文誠可喜〉，短短一千餘字，將張秀亞的熱情待客、文友間的情誼，同一世代文人間的共同回憶，身爲文學

編輯人、出版人對作家的認識及看法，表露無遺；王怡之的〈逝水──秀亞，好想念妳〉，更把少年張秀亞描述得活靈活現；另一篇林黛嫚〈張秀亞不曾放下寫作的筆〉，更顯現張秀亞除了本身堅持在寫作的道路上，對一個寫作晚輩的鼓勵。

三、張秀亞創作理念及創作觀

　　檢視張秀亞創作，張秀亞是極少數寫下大量有關「創作自述」及「創作理論」的作家。幾乎每本書都有她的「序」、「前言」，或「跋」、「後記」，或自述其創作因緣的「自白」，或創作生活、歷程的描述。此外，她也會主動或受邀撰述對文類、文體的看法，尤其是對散文的看法，累積起來，數量十分可觀。從 1936 年 12 月出版第一本書《在大龍河畔》的〈自序〉開始，張秀亞發表有關文學創作及理論的文章超過一百篇以上，舉凡〈詩與我〉、〈我學寫詩〉、〈談現代散文〉、〈創造散文的新風格〉、〈我學寫小說〉、〈我的編輯經驗〉、〈抗戰時期中我的文藝生活〉等等，字數將近 20 萬字，這是研究張秀亞創作理念最佳的第一手資料。

　　這個部分精選六篇張秀亞有關寫作、詩、散文、小說、翻譯的文章，雖然數量不多，卻具體而微的顯現出張秀亞創作的歷程，以及創作各個文類的理念及堅持。

　　〈寫作‧寫作〉發表於 1967 年 1 月 5 日的《中央日報》副刊，在三千多字的篇幅中，張秀亞將從事寫作視為高貴莊嚴的事，她服膺福樓拜（G. Flaubert）那句話：「寧願死也不願潦草將事！」她也在此文中對「一個文藝工作者，是應投身於繁鬧的市場中，抑或是退居到心靈的內室」提出解答。她認為，作品的廣度與深度，如果不能兼而有之，還不如將題材濃縮，試著寫得真摯而深刻。所以，「寫自己所熟稔的，所深知的，所深深感覺到的，一直是我多年來寫作的信條。」文章中也一再強調文章用字之重要，字與字之間的奇妙組合，文字與音樂的關係，文章的節奏之美等，並說自己暇時常常讀書、觀畫，並以齊白石悠然意遠的輕筆淡墨，來比方一

篇言近旨遠的妙文。她認為寫一篇文章，宛如唱一支歌。文末，她對自我
的期許是：「在生命的旅途中，我願自己也以全部的心力唱出一支歌，能對
憂苦的人有慰心的力量，對沮喪的人有鼓舞的力量，唱一支歌也就夠
了。」

　　而〈我學寫詩〉則清楚看出張秀亞對詩的深情與執著，「在這世界上我
只愛了且保留了一件東西，那就是詩，我愛散文及小說，以及歷史，但也
為了那多多少少是詩的延展。」全篇文章絀述她愛詩、讀詩、寫詩的歷
程，可以看出「詩」的元素，對她創作的影響。

　　〈談散文〉這篇文章是張秀亞在 1953 年五四文藝節的廣播詞。全文分
為四項，一是散文的風格，張秀亞認為散文是最能代表作者心性、個性與
人格的，而思想即人格，風格即思想。換一句話說，也就是說風格即人
格。二是散文與其他文體的比較，她認為散文是一切的基礎，要想寫出好
的文學作品來，必先自散文入手，才能在寫作上有成就。然而她覺得最易
與散文混淆的，要算是詩了。雖然就其形式來說，散文是以散體寫成的，
而詩則是有韻律的，但決定散文與詩的分野的，卻絕非韻的問題：「一首不
叶韻的自由體，有時可以是一首好詩，而一篇詩意毫無的的叶韻文字，實
際上也仍然是一篇散文。」第三部分，他認為「散文是循邏輯路線發展的
思想與情緒，自自然然的形成了條理清晰，脈絡分明的文字」，「以思想為
主體，情感為核心，想像添羽翼，靈感染色彩，自然能成功一篇音調鏗
鏘，叶合雅麗的美妙文章」。第四部分則是她對幾位散文名家的評介，如梁
啟超、徐志摩、蘇雪林、吳爾芙、梅耐爾、契斯特頓等。這篇講稿，清楚
地呈現張秀亞對散文的定義及看法，對音調、韻律的要求，無形中塑造成
日後張秀亞散文的特色及風格。

　　〈創造散文的新風格〉一文，是張秀亞 1978 年 6 月出版《人生小景》
的代序。這是張秀亞第 16 本散文，當時她在臺灣作家行列中，在散文創作
上的表現上，都已有一定的位置，但她仍然追求創作的突破。在這篇文章
中她認為「今日的散文在遣詞造句及內蘊方面，已有了若干改變」，對此現

象她有幾點看法：

> ……新的散文已逐漸的擺脫了往昔純粹以時間為脈絡的寫法，而部分的
> 接受了時間與空間、幻想與現實的流動錯綜性。在描寫方面，不只是按
> 時間順序排列起來的貫串的事件，而更注重生活橫斷面的圖繪，心靈上
> 深度的掘發；不只是敘述，不只是鋪陳，而更注重分剖再分剖。

已逝作家林燿德認為張秀亞這段話，對散文的演化具有啟示性。也說
明了張秀亞意圖將意識流小說的哲學基礎和創作形式、散文文體相互融
合。林燿德認為，張秀亞念茲在茲的「新的散文」，與他提出的「破文類」
的思考可以對等參照、平行思考。「破文類」意即打破各文類的固有界域，
互相借取彼此之長以補原來之短，小說的虛構，詩的跳躍、戲劇的張力無
不可以滲入散文創作思維，使得散文的文類框線和「刻板印象」得以解除
魔咒。

在《尋夢草》這本書的〈前記〉，張秀亞對自己的小說做了嚴厲的批
評。她虛心受教及自我要求的精神，充分顯現出創作上高度的自覺。在此
文章中，她回憶師長友人對她小說的批評及建議，也反省自身：

> 我是才自夢中驚覺，一跂跌在現實的山坳，撫著受傷的手腳，餘悸猶
> 存。揣揣中我又揮筆了，有意無意的，願告訴讀者們我一點慘痛的經
> 驗。在匆遽、焦灼、急切中，我迫不及待的未曾利用藝術來滲透，卻直
> 截了當的說教了。……我的小說中，說明，多於敘述，敘述，又多於描
> 寫。藉了說明，我時或炫弄自己的小機智，間或愛掉個小書袋……。

對未來創作的方向，她也有很高的自我期許：

> 我曾鄭重的向一些朋友們說過，散文集《三色堇》之後，我將不再自灰

色的感想領域取材，而小說集《尋夢草》之後，再也不睡眼朦朧的吟唱曉風殘月……我勇敢的投入現實荊棘的懷抱。如果我這次的病症，一如我作品的病症，是由於夢與現實脫節而形成，我想，粉碎了夢之桎梏，正視現實，會使我的身心一齊走上康莊之路。……

較之這篇〈前記〉，收在張秀亞 1978 年出版《人生小景》中的〈我學寫小說〉一文，更清楚的展現她對小說的看法：

關於小說的內容，我以為不必尋找驚天動地的題材，人生本是一串錯誤、追悔、美德以及是非、善惡構成的，平凡簡單到無可再平凡簡單。忠於人生的作者，正不必故作驚人之筆，好的文學作品，都是使人自一粒微塵中見出大千世界，凡找驚天動地鏡頭，多非文學作品。小說中的動人處不在其敘述的事件震古鑠金，而在其象徵之深邃與代表之廣度。近代歐美小說，已發展到全無曲折故事與離奇情節，只是以犀利如解剖刀的筆法，使作者看到人生的橫斷面，而悟出人生之全景及義蘊。

四、有關張秀亞作品的綜論及分論

如果說，張秀亞的重要評論都出現在《張秀亞全集》完成，以及「張秀亞文學研討會」舉行後，應該不為過。2005 年 3 月國家臺灣文學館出版、封德屏主編《張秀亞全集》，一套 15 本，包含詩、散文、小說、翻譯、藝術史、資料卷，近千萬字。著名詩人、編輯家瘂弦在《文訊》2005 年 3 月號的雜誌「永不凋謝的三色堇」專題中，發表了一篇長達餘近一萬四千字的〈張秀亞，臺灣婦女寫作的燃燈人——從早期學思生活的發軔到「美文」創作版圖的完成〉，後來這篇文章收在全集中，做為全集的「導論」。這篇文章不啻是近數十年來，對張秀亞文學創作風格，特色及貢獻，最完整的論述之一。

　　瘂弦在起始的前段，將女性書寫自民國初期的五四新文學運動開始談起，日據時代，光復初期，以至 1950 年代的女性書寫，做一序論式的掃瞄。然後開始對張秀亞的創作源頭及創作歷程，作深入的剖析：在中學、大學時代閱讀受中西女作家作品的影響，尤其是 1920、1930 年代五四文壇的女作家，其中盧隱遣詞造句的功夫，將大量舊詩詞融入作品中，使張秀亞憬悟到「絕對白話文」的限制，如適度加入文言的成分，反而使文章發出新的光輝。此外談到和女作家冰心的比較，瘂弦認為從性質上分，張秀亞與冰心的「問題小說」不是同一種風格。張秀亞是「靜劇式」的，重視氛圍的「詩的小說」，冰心的是「情節劇式」、重視事件的「人的小說」。瘂弦認為冰心對張秀亞的影響較大的，應該是散文和詩。冰心泰戈爾（Rabindranath Tagore）風的小詩，童話《寄小讀者》，充滿對母愛和大自然的禮讚，在這方面，冰心和張秀亞有相同的氣質。冰心曾說：「文體方面我主張『白話文言化，中文西文化』」，瘂弦認為，張秀亞的語言形式思考和冰心極為接近，因此，前有「冰心體」，後有「秀亞體」，是評論界對她們二人在「文體」實驗和開創的高度肯定。

　　瘂弦認為「張秀亞是現代文學中『美文』的傳承者與發揚者。」1921年 6 月 8 日周作人在《晨報》上發表一篇名為〈美文〉的文章，建議作家們仿照外國藝術性技術的方式，去試寫一種做為詩與散文中間橋樑的感性散文，這是五四白話文學中美文的開始。張秀亞很少提到美文，但她對美文的探索和創造卻用力最深。在 1930 年代末期，以現實主義為標榜的左翼文學據於文壇主流，美文首當其衝受到打壓及批判。瘂弦認為把美文這支快要熄滅的火把帶到臺灣的，是張秀亞。她很少提「美文」兩字，然卻花數十年經之營之，只是早期對她的美文美學，研究的人不多。

　　瘂弦在此篇文章中，特舉張秀亞在一篇題為〈散文概論〉的文章，認為優美的散文應該具備「簡淨」、「純真」、「韻致」、「想像」四個審美條件。瘂弦以這四項特質，分別論述張秀亞的作品，他認為觀察張秀亞的作品，除了成功地繼承、發揚了她所景仰的前輩作家的長處，並從這四個審

美方向出發，開拓出另一個遼闊的美文世界。

　　文章結論處，瘂弦認爲以往一提到女性文學，總是把西方女性主義文學思潮進入後算作臺灣女性寫作的開始，這樣是不尊重張秀亞和她同輩女作家們對女性寫作的先期建設。他同時也呼籲評論界，對張秀亞的作品給予應有的重視，精研細讀，重新評估，重新認識張秀亞作品與時代的意義。

　　在《張秀亞全集》中，詩卷只占一本，在張秀亞八十幾本創作中，新詩只有薄薄的四本，也就是說在所有的文類中，新詩的量是最少的，但張秀亞不只在一篇文章中表示，她對詩的喜愛，以及詩對她創作的影響。評論家何欣〈張秀亞的詩〉，是收錄在張秀亞第二本詩集《秋池畔》的〈代序〉。何欣認爲張秀亞在本質上是一位抒情詩人，張秀亞在敘述創作過程時說……「心靈常陷於一種沉酣狀態，夢遊狀態，心靈卸卻了世俗的外衣，而返回於原始的混沌真純。」何欣認爲這正是一個眞正的詩人在傾吐自己心懷情感所必須的「狀態」，從這「狀態」中產生的詩「才能富詩意有詩境」，何欣又說：「也許是天生的氣質，也許是由於遭遇與經驗，張秀亞的散文中總是蒙著一層淡淡的哀傷，而她在這哀傷中培育了一種寧靜，一種樸實；也是由於這種心靈的寧靜與純樸，使她寫出了很多美麗的詩篇……」。

　　詩人蕭蕭，也同時是張秀亞教授輔仁大學時的學生，在〈張秀亞：純心靈的浪漫主義詩風〉一文中，開宗明義第一小節即謂「浪漫主義是所有文學的基調」，接著說：「從臺灣新詩史進化論的觀點來看，張秀亞老師的新詩創作從來不鼓起任何風浪，卻堅持在自我解放的心靈中追求性靈的至眞，人性的至善，自然與藝術的純美。即使在紀弦『現代派』的狂飆震雷中，依然瀟灑獨行。」蕭蕭謂「臺灣新詩美學的建構中，從來沒有人指稱或標舉『浪漫主義』這面旗幟，但浪漫主義的精神傾向與思想內涵，卻一直貫串在新詩創作裡。」所以蕭蕭認爲，臺灣新詩壇雖然沒有浪漫主義之名，確有浪漫主義之實。張秀亞也說：「詩裡面，我喜歡象徵派的。」卻並

未自覺自己的大多數作品其實是與浪漫主義聲息相通，氣味相投。這就是蕭蕭所謂「無『主義』的浪漫主義風采。」

　　文章第三節的標題，也是這篇文章的主標題：「張秀亞：純心靈的浪漫主義詩風」，一開始即引張秀亞再敘白萩詩集《蛾之死》時，曾說：「詩是感情的語言，思想的語言，但最好說它是靈魂的語言。詩原是一種綜合的藝術，它表現的是詩人對這個世界以及人生的讚美、詠歎、悲憫，總之它要寫的是靈魂的震顫。」蕭蕭認為，靈魂的震顫頗能道出那種非專屬感情、也非專屬思想的心靈感動，是一種有節制的浪漫主義，有親和力的象徵主義，這也就是張秀亞詩篇中所散發的「純心靈的浪漫主義詩風」。他同時以「心靈善真與自然聖潔的交疊美學」、「浪漫主義與宗教情懷的交疊美學」、「散文氣息與新詩意境的交疊美學」三個面向對張秀亞的詩作、詩美學，以至張秀亞的詩散文、散文詩做美學及創作上的比較及分析。

　　張瑞芬〈張秀亞的散文美學及其文學史意義〉一文，首先她將張秀亞定位為「五四、京派與美文傳統在臺灣的承繼」者，其次她認為張秀亞散文技藝有三個高峰：1962 年的《北窗下》，1973 年的《水仙辭》，1979 年的《湖水‧秋燈》，這使得張秀亞散文的高峰集中在 1960、1970 年代，而並非 1950 年代。《北窗下》的出現，標示著張秀亞初期散文實驗的結束。張瑞芬認為，在 1960 年代中後期，張秀亞散文最值得注意的，除散文理論的完備外，就是她現代主義的實驗。張瑞芬並舉〈杏黃月〉、〈獨行，在黃昏〉、〈十葉樹〉為其中翹楚。三篇散文，今昔跳接，時空幻化，基本上都用了小說的手法，內心意念流轉而呈現的意識流與超現實句法，又近於詩。這都與張秀亞 1978 年發表的〈創造散文的新風格〉中所主張，「新的散文側重人類的意識流，記錄不成行的思想斷片，探索靈魂的幽隱，心底的奇祕」吻合，形成一種跨越文類限制的散文新型態。此外，張瑞芬認為張秀亞是「散文理論的先行者」，很早她就確立了散文路向，也不斷的提出她頗為成熟的散文觀。1969 年《心寄何處》一書的附錄〈散文概論〉，堪稱至 1960 年代為止，張秀亞散文理論的總彙整。

　　封德屏〈張秀亞的散文理念及其創作性的詩化散文〉一文，首先分析張秀亞散文理念的建立。從 1953 年的〈談散文〉，1954 年的〈散文概論〉，1957 年的〈我的寫作經驗〉，一直到 1970 年 6 月，在第三屆亞洲作家會議中宣讀〈談現代散文〉，以及發表在 1978 年的〈創造散文的新風格〉等諸篇有關散文的論述文章，整理出下列幾項重要的創作理念，並與張秀亞作品相互印證：1.散文是最能代表作者個性與人格的文類。2.寫我們所深知的，寫我們所動心的。3.善用「父字煉金術」。4.不斷創造文類的新生命。尤其第四項，張秀亞有意打破散文文類的固有界限，使得散文文類的刻板印象，得以解除，而文類之間也可以截長補短，創造出文類的新生命。張秀亞此篇論文論述散文新風格的文章，不只呼應，更超越了余光中「現代散文」的主張，更與西方現代主義詩學契合。她所提出「新的散文」，也正是「現代散文」概念的延伸，並將散文的改造推廣到臺灣小說與詩歌結構的創作經驗。這種已逝的評論家林燿德認為的「隱性宣言」，縱使缺少文學社團、文學媒體，甚至文學運動在背後宣傳、支撐，有時只是以自己的「創作經驗談」方式呈現，但如果深究其義，即可發現，追求「現代性」一直是張秀亞散文發展過程中的重要主張。

　　封德屏文章第二部分有關張秀亞詩化散文的源考及實踐中提到，周作人在〈美文〉一文中提到「讀美文如讀美文詩，因為他實在是詩與散文中間的橋」。因此，散文追求詩化，是五四以來的創作現象。「詩化散文」由徐志摩開其端緒，以詩筆為文，奠定抒情美文的典範，張秀亞不但繼承，並將其特色發揚光大。張秀亞雖以散文聞名，其實她也是一位詩人，詩是她最早嘗試的文類。她總共出版了四本詩集，這和她散文集的數量不能相比，但不少詩集仍選進張秀亞的詩。鍾玲在《現代中國繆思——臺灣女詩人作品析論》中，把張秀亞歸入古典婉約派；鍾鼎文在讀完張秀亞詩集《秋池畔》後，以〈詩人未必以詩名〉，讚美張秀亞詩的造詣，鍾鼎文認為「詩，不一定存在於所謂的『詩』的形式之中，……；但形式上或是詩而實質上不一定是詩，所在多是。」又說：「不以詩名自詩人——有人以詩名

而不一定是詩人；有人不以詩名而自是詩人。」

　　張秀亞年輕的時候愛寫詩，也大量讀中西名詩作，她頻頻與詩深交，這種深厚藝術的、文學的，對詩的美感經驗及領悟，早已深植其心。「把現實的景物與作者豐富的想像相結合，而以含蓄的美的語言表達出來，又一種待讀者自行領會的含蓄的意境，才是好詩。」這是張秀亞早期對詩的概念。日後她有意或無意將對詩的概念，轉移到「散文」的創作來。她說「新的散文喜用象徵、想像、聯想、意象以及隱喻因而極富於『言在此而意在彼』的味道……」，在這裡，張秀亞「詩的概念」與「新的散文」要素是可以互通借用的。也許是對詩創作的體驗，自然而然影響到張秀亞的散文創作及散文觀。鄭明娳也說，創作是一種理性與感性、意識與潛意識同時運作的工程，有時作者未必能完全在知性中百分之百的操縱。因而，寫出來是偏向散文或者偏向詩，有時不是創作者能完全控制的。詩是張秀亞精神最高的向度，而散文卻是她寫作生活中不可或缺的文類。詩與散文，交互影響，交互滲透，是張秀亞文學生命裡一個重要特色。

　　范銘如〈我觀察・我思味・我同情〉一文，是對張秀亞小說創作的總體評論，文章雖然不長，卻言簡意賅的論述了張秀亞小說創作各個階段的改變與成果。張秀亞以散文見著於世，較少人注意她在小說上的表現。范銘如在文章第一段即說「張秀亞的寫作風格由模仿名家小說起步，其間歷經了一廂情願的理念化與幻想式的青年時期，最後逐漸行塑出一套具備作者自覺性的小說書寫技巧。換言之，她後期的小說是經過她自己——作家也是學者——對多方美學概念的淬取，不斷摸索改良下的成果。」

　　范銘如認為張秀亞的小說試煉在《七弦琴》中有顯著的跡象，她在〈自序〉裡說道：「這集子中沒有一個故事道及了我自己，這在我是一個轉變。我一向是慣於自述悲喜的，但在這集子裡已找不到我的自畫像。」這篇序裡她提到自己過往小說的問題，繼而談到作家們當前的任務，應該以如何創新形式為首要。范銘如認為，學者張秀亞醉心的並非傳統，寫實主義的敘述技巧與主旨內容，而是現代派的文學標準。因此她後期的小說，

缺乏現實的色彩不是耽溺於不食人間煙火的小女兒夢幻，而是一種刻意與現實脫節、轉向內在心理探索的文學嘗試。范銘如認為，張秀亞對英美現代派小說的推崇與追隨並沒有使她創作出純粹的現代主義作品，不管是形式或內涵，但她對小說創作的高度反思及挑戰自我習規的堅持，使她在後來的二部小說《感情的花朵》以及《女兒行》佳作迭出，可視為張秀亞小說文類中的代表作。

范銘如認為張秀亞自 1950 年代中葉起，對英美現當代文學，尤其是珍‧奧斯汀（Jane Austen）、曼殊菲爾（Katherine Mansfield）、以及吳爾芙（Virginia Woolf）等等女作家的文本推崇備至，她持續地在她的文學評論、散文及序言裡，倡導由日常切片透視靈魂內室的新批評式觀念，和她的小說實踐是相似的美學。在白先勇、王文興等人還未書寫出最具代表性的臺灣現代派小說以前，張秀亞的開拓性與貢獻實在值得我們激賞。

周芬伶〈夢之華 ——張秀亞詩小說與散文詩的文體實驗〉一文，是發表在 2005 年 10 月 1 日的「張秀亞文學研討會」上，周芬伶在論文摘要裡說：「張秀亞為出入散文、詩、小說、翻譯、評論五大文類的重要作家，她也創作為數甚多的散文詩，或實驗小說，她對越界書寫的貢獻少有人論及，本文分別從小說、詩、散文中挑出有越界精神與實驗意義的作品，說明其傳統又前衛的性格，兼及散文詩與詩小說的文類與文體討論。……散文詩與詩小說為新起文類，還剛進入理論討論與建立階段，藉張秀亞之散文詩與詩小說切入，更可掌握她的現代性。」

周芬伶在「前言」中為張秀亞的作品稍作歸類，她認為張秀亞最後四本小說，其中具有「詩小說」意味的數量不少；詩集四本，標題為散文詩的也有一些，散文 28 冊，採散文詩寫法的甚多。周芬伶認為，張秀亞的作品有時是詩散文，有時是散文詩，又時是詩小說。這三種如何區別？周芬伶認為詩小說是短篇小說的一種，散文詩是敘事型態的極短篇或散文；詩散文則以靜態抒情居多，為富於詩質的散文，三者的交集是詩，這說明張秀亞強烈的詩人氣質。

　　周芬伶在「詩小說與散文詩」一節中，一開始說「追溯詩小說與散文詩，不能不談到愛倫坡與波特萊爾」，「後來魯迅的《野草》深受波特萊爾、屠格涅夫影響，有人視為散文詩，有人視為詩小說，有人直接納入散文集。紀弦、瘂弦、林以亮都曾對散文詩有不同的看法，張秀亞不但不排斥這文類，還大力提倡，她在〈談散文詩〉一文中說：

> 散文詩此一體例，大概是舶來品，我國的古典文學作品中，好像還沒有跟它相似的「成品」，它和我國的那些篇不大講求格律的古詩也並無相同之處。粗看之下，覺得它款款道來，如同散文，而讀畢之後，才知其晶瑩圓潤，芳馥滿口，是一首「無名」而「有實」的詩歌。

周芬伶認為散文詩「實則它的始祖是詩，型態像散文，常含有小說企圖，可說是三合一的文體。」又說：「詩小說與散文詩在文類中是麻煩分子，也是曖昧分子，唯其麻煩曖昧才有討論空間，從字義來看詩小說是富於詩質的小說，散文詩是以散文形式寫成的詩，散文詩與詩小說是中間文類、綜合文類、也是實驗文類，尚未進入理論化，也未進入學術的殿堂，散文詩通常短一點，詩小說則長一點。喜歡這類寫作的都是具實驗性格的作家，張秀亞就是其一。」
　　其次，周芬伶列舉張秀亞小說〈靜靜的日午〉，是「作者是有自覺進行小說的實驗」，周芬伶認為這是一篇「具有現代主義風格的詩小說，描寫異化與疏離的現代人心靈，全文三千多字，有如川端康成的掌篇小說。」除此外，她還舉了〈斐的來信〉、〈白夜〉、〈晴陰〉等她認為具有實驗意義的幾篇小說。之後，周芬伶總結了張秀亞小說實驗的成就及特色：1.建構以詩人為主體的小說世界，不管是寫實或寫虛，作者都一再強調自己的詩人之心，詩人之眼。2.以書寫愛情為重心。3.從極保守到極前衛，技巧變化多端，從浪漫主義、寫實主義跨越到現代主義。是擁有高度自覺與理論基礎的作家。

　　周芬伶從張秀亞詩質成分很高的散文詩、散文詩理論中分析，總結張秀亞的散文詩有三種型態，一是以音韻為主的，如〈水上琴聲〉或〈樂師的夢〉，師從愛倫坡；一是以故事為主，為散文故事，師從屠格涅夫；一是以哲思為主的，師從索忍尼辛。

　　周芬伶認為「張秀亞的文體實驗，將現代散文推進一步，……她的散文觀一直站在比較前衛的位置，……文體實驗精神之用力與氣魄，不輸給維吉尼亞‧吳爾夫。」她更肯定張秀亞散文詩的表現，認為「散文詩是她的獨家行當，衡諸整個文學史，專門書寫散文詩而可以成為大家的，女性作家中除了她還有誰呢？」

　　高天恩〈奇麗的異色薔薇──張秀亞與文學翻譯〉一文中，一開始就為張秀亞的翻譯「平反」：「……也許由於在散文、詩，以及小說等不同文類上表現得太耀眼了，相形之下她在翻譯方面的卓越成就似乎迄未獲得應有的重視。」在張秀亞八十餘本創作裡，其中有 13 本都是西洋典籍的中譯。但在《張秀亞全集》的編纂中，由於篇幅所限，最後不得不忍痛割捨數本她的譯作。

　　1939 年，張秀亞 20 歲就讀北平輔仁大學西洋文學系時，翻譯《同心曲》；1952 年方 33 歲的張秀亞也推出了長達 34 萬字的弗朗茲‧魏菲（Franz Werfel）小說名著《聖女之歌》（*The Song of Bernadette*）中譯本。此後在她漫長、豐富的創作生涯中，亦有十數本翻譯經典作品出版，可見張秀亞畢生創作與翻譯「雙管齊下」。1964 年 7 月 24 日，張秀亞在《中央日報》副刊發表〈翻譯與創作〉一文，表達了她在四分之一世紀裡一邊創作一邊翻譯的過程當中所體會到的心得：她深信文學創作為了開拓新境界，除了「縱的繼承」，更須「他山之石」。她曾舉了許多中外文學史上，本國傑出作家如何受了異邦作者的影響而在作品風格及內容上得到提升的例子。張秀亞舉的第一個例子便是 19 世紀法國詩人波特萊爾：「人稱其詩句宛如寶石般光彩奪目，但實際上他卻是受了美國詩人愛倫坡的影響，他更曾將這位美國詩人的作品譯為法文。」高天恩認為，雖然張秀亞藉著翻

譯跟自己靈犀相通的外國作家而滋潤自己的風格與題材方面，她顯然由衷地願意師法波特萊爾。1970 年張秀亞在輔仁大學文學研究所開設「英美文學研究與翻譯」課程，當時她已年逾五十。是什麼原因促使她主動要教這門課？高天恩認為答案仍然在於她對文學創作及翻譯的相互關聯的真知灼見。張秀亞舉英國維多利亞時代文學為例，為何文學如此輝煌，原因之一就是「大量翻譯作品的出現」。她最心儀 18 世紀英國新古典主義詩人鮑波（Alexander Pope）從事翻譯荷馬史詩時，對讀者的忠告：「欲對荷馬心領神會，端賴白晝研讀，靜夜玩味」。因此，張秀亞在〈翻譯與創作〉文章結尾，語重而心長：

> 一些懷抱著理想且有此才能的作家詩人們啊，寫作而外更以鮑波般的謹嚴的態度來從事翻譯歐美的名著吧，你譯成一本名著，就等於在通向文藝復興的路徑上，鋪了一塊方磚，讓我們寫作、翻譯雙管齊下吧，不要蔑視翻譯的工作，須知佳妙的譯品，實在也等於一篇完美的創作。

高天恩認為，這段文字貼切地詮釋了張秀亞畢生孜孜不倦地翻譯西洋經典名著的動機與態度。

《張秀亞全集》第 14 卷「藝術史卷」，是委託賴瑞鎣從總數 11 冊、字數 155 萬的《西洋藝術史綱》中，濃縮成單冊僅 28 萬字的《藝術史卷》。1960 年開始，卜居在臺中的張秀亞，與雷文炳神父合作，由光啟出版社陸續出版《西洋藝術史綱》。據張秀亞〈我試寫西洋藝術史綱〉一文說，「……是由一位外籍的雷文炳神父指示我寫作的綱領，並供給我寫作的資料，只是由我執筆而已。」

賴瑞鎣認為，「1960 年代資訊尚未發達，在臺灣能夠取得西洋美術史相關的資料殊屬不易，鳳毛麟角的譯本中，對於中古時期以前的美術史若非缺蕪便是寥寥數語交代之，使得原本艱深難懂的上古和中古美術史更行

高深莫測。當此之時，張秀亞陸續出版了 11 冊的《西洋藝術史綱》，完成史前藝術、近東古代藝術、克里特藝術、埃及藝術、希臘藝術、羅馬文化前的歐洲藝術、伊特里魯安藝術、羅馬藝術、基督教文化的初期藝術、拜占庭藝術、波斯藝術、回教藝術、北蠻藝術、中古前期藝術、羅馬尼斯克藝術、歌特藝術，篇篇精彩、敘事詳盡，正好填補國內西洋上古和中古美術史文獻的不足。即使在今日，這套書依然具有相當的參考價值。」

　　以張秀亞的創作的豐沛質量，呈現在「評論目錄」的總數超過一千筆以上是不足為奇的。除了專書、全集外，迄今共有十本碩士論文是以「張秀亞」為討論重心的，包括陳芳明指導的羅淑芬、黃寶萱，陳成文指導的洪婉真、孫亦昀，李瑞騰指導的傅如絹，林晉士指導的張靖敏，周芬伶指導的余英馨、陳信元指導的游曉婷，游秀雲指導的黃雅芬，蔡謀芳指導的李佩吟等。據觀察，這些學位論文完成大都在《張秀亞全集》出版、「張秀亞文學研討會」舉辦後，顯然這兩項工作的完成，對張秀亞的學術研究，具有很大的幫助。這些學位論文，大抵環繞在張秀亞的散文研究，少數幾本是小說研究，其中比較不一樣的議題有：余英馨《張秀亞散文中的臺中書寫》、黃寶萱《張秀亞散文與臺灣現代主義文學》。

　　綜觀張秀亞一生豐富而持續的創作，不斷精益求精，突破自我，展現不同時期的寫作風貌；她對散文理論的剖析，對文體跨界的實驗及創見；她在翻譯及藝術史上的努力及貢獻，以及瘂弦所謂「臺灣婦女寫作的燃燈人」、「美文創作版圖的完成」，以及她在現代文學史承上啟下的作用等，在《張秀亞全集》出版的各卷導論中，以及「張秀亞文學研討會」發表的諸篇論文中，已有一些突破性的論文出現。但是我們相信，應該還有許多可以開闢的主題及空間，陸續對張秀亞的文學展開深入的研究，我們期待有精細的論述能夠展開，也不負對張秀亞一生多采多姿的文學表現了。

輯四◎
重要評論文章選刊

大龍河畔的尋夢者

◎張秀亞

七月中一天，文友海音姊打電話來，她說：在《聯合報》副刊上看到留美學人柳無忌教授的一篇文章——為詩人瘂弦編的《朱湘文集》寫的序，其中柳先生曾提到，好多年前他在天津主編《益世報》的「文學週刊」，在臺的張秀亞女士是該刊經常的寫稿人——最後這句話，柳先生還特別加了個括號。

我在電話中謝謝海音的見告，並對她說：「括弧中的一句話，這七個字真是個好題目。」海音在電話中發出她那格外清脆的笑聲：「你寫吧！」

事有湊巧，正好《愛書人》的主編盛意囑我寫：「我的第一本書」，這兩個「題目」，自有其密切的關聯性。因為，我的第一本書中的文字，大部分是在文壇前輩柳教授主編的刊物上發表過的。

我的第一本書的內容，乃是散文與小說的合集。包括 34 篇作品，前面有篇自序，後附一篇作者自白。

說來可笑，那時（民國 26 年）我正讀高中二年級，一日忽發奇想：「何不將自初三起到現在發表的較長作品結輯成冊，以紀念『寫作起步』呢？」但是，一個 16、17 歲的孩子的作品是沒有出版社肯印的。末了，還是慈愛的父親給了我 30 個銀洋，天津的一家書店「北方文化流通社」才算肯為我印銷。

至於書名「在大龍河畔」本是其中一篇小說的題目，這一篇並非什麼「得意之作」，只因這幾個字讀起來聲音響亮，且能給予人詩情畫意的聯想，因而就以它作書名了。

　　當時我並不是缺少自知之明──深知自己作品的稚拙，我曾在序中一再解釋這一點。這書的扉頁是我畫的，扉頁上的字也是出於自己的手筆，在序中我曾如是說：

　　　扉頁上幾根粗細不同的凌亂線條，表示出作者對自己著這集子的批評，
　　　希望著一些讀者，顧念這意義來讀它。

　　這本書終於出版了，它的銷路自然不會好，於是，我又覥然的向父親要了 20 元銀洋，（想起當時如此糟蹋父母的錢，真覺罪過。）在當時銷數最多的一家報紙的第一張的報頭下登了個廣告，希望銷路增加，收回一點成本；但是，這 20 塊白花花的銀洋，自然又是泡在水底了。

　　實際上，這書也銷了幾本，因為還引起過「批評」，我記得一位批評家在當時的《華北日報》上寫的一篇文評「最獲我心」，他（或者是她？）說：

　　　這本集子給人的感覺是頗為錯綜的，有些文句尚稱相當的富於技巧，使
　　　人忘了作者的年紀，但是書中含蘊的思想，則分明見出是一個入世不深
　　　的！

這評語說得相當客氣，換句話，那就是說這書的作者還未建立正確的世界觀與人生觀，對人生還不能提出一個透闢的、完全的解釋──一篇作品之優劣，一半原在於其內涵呵。

　　我那時正醉心於詩，我國的李太白、王維，法國的女詩人羅藹伊，以及象徵派詩人梵樂希作品的中譯本，是我最嗜讀之書，還記得在那所有名的建築典麗的女中的前院水池邊，常常手持一卷詩冊，在蕭蕭的白楊伴奏下，咿唔吟誦，另外一位高年級的窗友文英，也是一個愛詩並寫詩的人，她還常常在唸詩的時候，披上她那空白的寬圍巾，穿上她的水霧般的淺色

外衣同緋色的絨線鞋子，還把頭髮梳得高高的，模仿那玉頸如風信子的法國女詩人模樣呢！那段多幻想的時光使人難忘。的確，童稚與無知有時也是一宗幸福。

因為愛詩，我在寫作上遂也受了一些詩的影響，《在大龍河畔》這書中的一篇〈二月杪〉裡（此篇曾在當年《武漢日報》的文藝版上發表），曾有幾段如下：（我是以此文描寫那位詩友的，見原書頁 37～39）

春天還沒有來，雪用白鴿羽裝飾過這世界。

是玲瓏的一句詩，世界上代表美麗的一個符號：開遍了銀白雪花的地面，映著一片深藍──一個藍衣女孩背影，在雪光中閃動，和身邊細小的綠松樹，組成一個纖美的群束。

她悄悄的在雪地上走，影子也像一道銀灰色小河流，追著她在雪地上流……。

地面閃耀如銀子，皎白如月光，有紫霞色的煙做成飄帶，在那一抹青色上勾畫出波狀線，一道月光的小溪流自天上瀉來。

這道月光的小溪流自天上瀉來，將世界照映透明。

她的眼睛，在藍天霞雲中徘徊。

有延續性的憂鬱，像條神祕的線絲，在心上繚繞。

沉默浸透了她，安謐如一支小蠟燭，髮絲在風中展開，是一片夜色。

白的雪地，藍的衣裳，她在天地間是一個用藍墨水畫在白紙上的問號同驚嘆號吧？

晚上，有一地好月亮，皎黃如波斯磚。

頭上頂著一輪月，她想包好書回家。拜爾琴譜裡，夾著一張箋紙：

「小女孩，我夢見空氣中擁擠著燕鳴，雲彩和星點跌碎在草間，成了雜色的花，春天就要來，你心上秋天的布景，也該撤換，換個鮮綠顏色的最好。

成分裡不缺少鐵質的女孩子，不要懸有一顆鐵樣的心，要做個鐵樣結實

的人。

你知道我是那個可以做你姊姊的人。」

此刻，我一邊抄錄著這些句子，一邊覺得很可笑，這些句子顯而易見的是受了「詩」不少的影響。不過，詞句銜接之處，總像缺少點什麼，想想我那時的年齡，也許這一點是可以原諒的吧！

不過這本書的出版，在我並不是沒有收穫的，這本書銷售量並不大，但我贈送出去很多，藉此我結識了不少文壇上的名作家。其中有一位給我的鼓勵最多。在寫作的途程中，我應當呼她作老師。

這位老師教給我的，不只是如何寫作，還有生活的態度。她在一封信中，懇切的向我說：

在這個世界上，儘管有些年輕的孩子將自己比作鵬鳥，（天哪，那正是我自己說過的。）但你不可以那樣，因為狂妄的結果是「故步自封」，滿足與自我陶醉的結果是「文章缺點的永無改進」。你應該承認在寫作上只是個學徒，好好努力吧，孩子，我願與你互相勉勵著學習寫作。

她的一番話改變了我做人、寫作的態度，我開始肯到大鏡子面前看看自己那穿著中學制服的身影是多麼矮小，她也使我知道文學的國度是多麼遼闊；創作的海洋是何等浩瀚；而寫作成功的巔峰又是如何的高遠峻極。向著文學創作的理想殿堂，只能一步步的走上去，不容躁進，更不容倖進。從那以後，我開始在她的指導下走進了文學藝術的園林，知道那裡是多麼富麗。我更細心欣賞古今文學大師的傑作，也更用心揣摩「人心」這部大書了。

等到我考入大學之後，在學習、閱讀餘暇，她也鼓勵我多寫、試譯，在她給我一封信中說：

　　寫吧，譯吧，你的作品與譯品（只要是用心完成的），等於又為你的帽
　沿，加了一根美麗的翎羽！

　　她是我文藝道路上、以及生命道路上的老師，提起了她我有著無限的
感念。

　　如今，我的第一本的作品──《在大龍河畔》是收放在我書篋的最下
面，它在字句及內涵方面的幼稚與不成熟，使我自己亦覺汗顏，且由這本
書我了解古人的句子「愧其少作」的真正義蘊。

　　然而，我仍然要保留著這一本小冊子，因為它畢竟是我寫作的「起
點」。

　　感謝《愛書人》旬刊主持編務的朋友們讓我藉了寫這篇文章，得以回
憶一下我寫作的「原始時代」，使這多少年來蹉跎於寫作路途中的我，又有
了一個自己檢討的機會。這書的內容、封面，我自畫自寫的扉頁，在我今
後的寫作上，都將化作無情的鞭策者，我如何能寫出不使自己慚汗的作
品，對我乃是一嚴肅的課題。

選自《張秀亞全集 15・資料卷》
臺南・國家臺灣文學館，2005 年 3 月

抗戰時期中我的文藝生活

◎張秀亞

聽到《文訊》編輯部的文友們告訴我這個使人動心的父題，我的心靈似乎化爲一隻的蘆葉船，迴旋飄盪於抗戰時期的那段歲月裡。也許，我的一支細細的筆桿，可以視爲執在我手中的那只小小的桂木槳吧！這段時期，我擬自民國 20 年 9 月 19 日的上午算起——

那時，我還是個小學生，那天——民國 20 年 9 月 19 日清晨，在北方的大都市天津，正是一個可愛的淡藍亮麗的秋晨，陽光和煦的照著我黑短的頭髮，我快活的哼著小歌，揹著書包，沿著銀光粼粼的白河邊岸走向我的學校。

第一堂的預備鐘才敲過，教我們公民的王老師——那位瘦骨嶙峋，有如古畫中高士的前清廩生，夾著課本，面色凝重的走上了我們課室的講臺，他一反不日常態，將書本扔在一邊，緊握著拳頭，沉重有力的捶擊著講臺，全身顫抖著，以嘎啞蒼老的聲音說：「孩子們，知道嗎？——神州陸沉哪，日本軍閥昨天晚上攻占了我們瀋陽的北大營……。」說著，他的眼鏡片後，滲出了淚點……。——我們這位一向嚴肅的教師竟然老淚縱橫！我們一時怔住了，童稚的心靈，充滿了疑惑，慢慢的自他的敘述中我們知道了昨夕九一八事變的真相，愛國的烈焰，開始在我們的心中燃燒，我們都聽從老師的話：我們不要再哭了，我們要從事實際的愛國行動！課後，在教室中，我們開始寫短文，投向各報紙的「學生園地」，更寫了好多張愛國的標語在校園中張貼，另外利用課餘之暇，抱著比我們手臂還粗的、劃有銀洋厚薄的投錢口的大竹筒，不顧小腳板上磨起了泡泡，走遍附近的大

街小巷，挨戶挨家的去募捐，以支援愛國抗敵的前方將士們同義勇軍，自己也將衣袋裡預備用來買早點、書冊的大銅元，叮叮噹噹的塞進那竹筒中。

也許可以說，自那時起我們已開始了我們的「抗戰文藝」寫作了，雖則那是極端幼稚的，但出於一個孩子的手，也就讀來易於使人感動。

在那段時光裡，我偶爾翻讀到兄姊們國文課本中選的魏晉人的古體詩，愛不釋手，「吟哦」了多遍，更模仿著作了起來，猶記得其中有幾句是：

……
萬里膏腴地
盡入夷掌中
仰面長太息
俯首淚縱橫……

這首詩，曾被一位老師看到，他不僅為我拿到當地一家報刊上發表，更買了一張宣紙給我，要我用墨筆為他塗寫在紙上，懸於他的屋壁。幾年後，天津淪陷於日本軍閥之手，那老師一天來看我說：「孩子，老師對不起你，為了怕日軍被查到，我已將你為我寫的那張『字畫』撕了。」我並未嗔怪那位老師，只是我更體會出我那小詩愛國意識的強烈。

初中時代，我開始寫詩寫文，並向當時北方各大報的文藝刊物投稿，那首現收在我的詩集《秋池畔》中的〈夜歸〉，是在民國 23 年發表的，〈蜜蜂〉一首則發表於民國 24 年一家大報的「詩特刊」上面，同時刊出的記得有些位名詩人作品，那對於初學寫作的我，的確是一大鼓勵。另外，在民國 24、25 年的《益世報》「文學週刊」上，我也發表了一些散文、小說，及詩，前幾年那位當年主編該刊的柳無忌教授（現在美教書，有時作品在國內的《聯合報》副刊上發表，他在為詩人瘂弦先生寫的一篇序文中，還

曾提到了當年給他們寫稿的我。為了這事，文友林海音姊還特別打了個電話來呢），我就這樣的練習著，寫著。在我高中畢業前，一些短章散篇已寫了不少。那時我也常向天津《庸報》的「詩刊」投稿，（那是華北的一家大報，由魏景蒙先生的大文中，知道他曾任職於該報），其主編是一位頗有才氣的年輕詩人祥羽，他催促我寫詩更鼓勵我出版一本集子，我乃將在北方各報副刊以及《國聞週報》，和華中的《武漢日報》文藝版[1]上發表的作品，彙集起來，編為一個集子定名為「在大龍河畔」，那集子表現國族的意識之外，更表現出我對大自然的愛好，記得我在那書的序文中說：「我曾用一顆珍珠滾進幽潭，形容亂草間抽出的蟋蟀聲，……圈進古城牆的落日，青青的一枝柳條，都引起我的讚歎，使我感到了美……。」而字裡行間，已洋溢著我愛國心聲。

那集子的校對、印刷皆由那位詩人幫忙，而印書的費用 30 元銀洋，則是我向父親索來的。書由天津一家出版社「北方文化流通社」發行。前些年我卜居臺中時，在臺中師專執教的一位作家王逢吉教授，有一天對我說，他在學生時代曾買過一本《在大龍河畔》，在文友們當中，王教授而外，人概只有海外的一位女作家，常為皇冠撰文的林瑪利看過這本小書了。如今我的篋底，還留有一本，只是為了它的內容稚氣，我從不敢拿出來示人。

為我出那本集子幫忙甚多的詩人祥羽，是位才華橫溢，更富強烈愛國心的青年，他那時一邊在天津一所專校讀書，一邊編「詩刊」，鼓勵了不少的年輕作者，他著的詩集《風沙夜》，頗獲佳評，其中精采的詩句不少，他最得意的句子則是：

我有無窮憂鬱。

自白雲飛來。

---

[1]《武漢日報》的文藝版，當時由陳西瀅教授的夫人——名作家凌叔華女士主編。

　　那位詩人的年事尚輕，家庭美滿，寫作前景及事業前途一片燦爛，他哪裡來的那麼多憂鬱呢，我們想像得出：他那濃濃的憂鬱，是由於憂國憂時，那時日軍已占領了我們富饒廣大的東北，又漸漸的顯現出攫取華北的野心。祥羽的詩心中，燃燒著熾烈的愛國靈焰，他在民國 26 年完成了愛國的長詩〈白河〉，白河本是劃穿過天津的一道長水，他在詩中寫出那溶漾的清波，更反映出他愛國的赤誠，這首長達百行的長詩，一氣呵成，優美，悲壯而感人。民國 26 年 7 月中，古城附近的蘆溝橋邊，日軍發動七七事變的槍聲響了，我們全國上下的神聖抗戰序幕，於是展開。在日軍侵入天津後，在印刷廠中發現了這本油墨未乾，猶未印竣的愛國詩集，就將他關入牢獄，翌年他以二十幾歲的青色年紀，病死獄中，想到遠在他故鄉浙省，倚閭而望的他的雙親，令人黯然。一日我曾和幾位《庸報》「詩刊」寫過詩的朋友，一起到他學校去憑弔，他的窗前，那一小方花畦中，他手植的雞冠花開得那麼殷紅，像是血點一般，在陽光下搖曳著，似是哀惋著昔日在窗前對花凝思，振筆揮寫的年輕詩人。祥羽是我所知道的第一個以身殉國，以身殉詩的愛國詩人。在〈作品與時代〉一文中，我曾寫道：

　　　　一個作家（包括詩人），如果堪稱得起是真正的作家，不僅筆端充滿了正氣，他更有著挺直的脊椎骨。他整個的生命，只是對於絕對的真理與正義的追慕，他常常將個人的生命與作品的靈魂融溶為一，嘔心泣血，死而後已。到了必要的一剎那，除了淋漓的墨痕外，他更不惜以一腔鮮血，為他的作品下一註腳。

　　像那位詩人祥羽，可以說以生命印證了我的這一段話，這篇文章，我寫於民國 43 年，發表於《中央日報》副刊，寫此文中這一段時，祥羽的事蹟曾浮掠上我的心頭。

　　高中畢業後，我考入了古城中教會立的輔仁大學。那時，因了日軍鐵騎縱橫，所有愛國的刊物都已停刊，文壇上的富於國族之思的作家們，有

的輾轉奔赴前方，放下筆桿，直接投入與敵人戰鬥的行列。而有一天，我在校內一位外籍修女教授的書桌上，發現了一張英文報紙，上面寫著法國名作家紀德的一段話，說他願以筆桿代鋒鏑與壓境的敵人鏖戰，我讀了又讀，感動深深，希望自己的一支筆，也能表達愛國之思。

學校裡那時候正有不少位愛好文藝寫作更熱愛國家的同學，大家聚談了幾次，乃想辦一個內容純淨、富愛國意識的文學刊物，以策勵自己，也激發一般青年的愛國心。我們這些年輕人性急心熱，說做就做，當下更邀集了古城中燕京大學中的同學合作，記得當時燕大的一位文友就是現在於紐約負責《世界日報》的王繼樸，輔大的同學中的一位，就是曾任過我國駐華府大使館的武官，現住居於臺北的名作家公孫嬿（查顯琳），大家討論過了三、四次，這個刊物的編輯計畫便接近成熟，刊物取名「文苑」，名稱既定，我們就分頭向兩校教授約稿，另外，發起這刊物的「同仁」們，也得義務各交自己的「得意之作」一篇。至於印刷費用，則籲請教授們量力捐助，我們自己也掂量一下荷包，掏出自己可能拿出的數目。

創刊號不久就出版了，16 開的冊子，500 頁的厚度，內容很有幾篇有分量的文章，其中的〈《老殘遊記》補闕〉，極富學術價值，撰稿的那位劉教授，原是《老殘遊記》作者的後裔。另一篇則是熱愛中國文化的一位燕大教授謝迪克所撰的〈一個外國人眼中的《老殘遊記》〉（這位教授於珍珠港事變後，在古城遭到日軍的拘囚，他每天讀《聖經》、《資治通鑑》，砍劈木柴，度過了那段艱苦的時光）。此外，輔大的余嘉錫教授，乃遜清舉人，也是國內「書目學」的權威，這位國學大師，卻也偏愛新文藝。他除了在我的「書目答問」的考卷上畫了過高的分數以外，更鼓勵我們多從事文藝寫作，這與囑我多讀古文，少學「小說家言」的另一位戴君仁教授的見解，正好相反，那時的我呢，只是搖著筆寫我要寫的，並未感到「無所適從」，如今想起來也覺得是件有趣的事。儲皖峰教授是教我們文學史的，他除了為我們撰文外，更在這刊物的印刷費方面多所資助，另一位文字學家沈兼士教授，是大儒章太炎的及門得意弟子，他也曾為《文苑》寫過稿

子，外文系主任英千里教授對我們更是勗勉有加，漸漸的我們這個學生刊物，不僅是一些愛國青年心靈凝匯點，更羅致了不少位古城中有風骨、有氣節的學者、教授們。在那荒寒的北方大城中，這發光發熱的文藝刊物，儼然成了一把燦然的火炬，一位後來在羅馬宗教界任高職，曾在研究所教我們史學史的荷蘭籍學者胡魯士神父，在卸去輔大職位後，曾將整套的《文苑》（共十期）放在他的行篋內，隨他走遍歐陸，他珍視這刊物，爲了他代表著在敵騎下的陷區中，一些大學生引吭合唱的愛國之歌。胡神父本人也是熱愛我們中華民國的，他當年曾經爲了庇護一些愛國青年，而遭受到日軍的拷打。後來我們更知道，沈兼士教授（那時兼文學院長）及英千里主任，都受了當時設在重慶的我國教育部的囑命，要他們在淪陷區盡量的培植富於愛國情操、有志氣的可造就的青年，以爲國家儲才，於勝利光復後，爲國效力。我們這「文苑社」的同學，都受到兩位恩師的汲引，（當然，社外的同學受到鼓勵的亦多），沈師更常常直接間接的囑我們努力學文，埋首讀書，更求進境，不可自炫；英師更囑我在寫小說方面，可走心理分析的路子，他以過分誇大的言詞，獎飾我爲《文苑》創刊號寫的那篇小說〈命運女神〉（長 8000 字，爲我在讀大一時寫的，此篇的另一題目是「珂蘿佐女郎」，名作家王藍在抗戰時期，在名作家謝冰瑩女士主編的《黃河》雜誌上，也曾提到過這篇。）同時，更在授課之餘，特別分出時間，教我翻譯的技巧，使我在寫作之外，稍稍諳習了翻譯的藝術。

這時，也許可以說是我寫作的「初段」作品較多的時期，在大二時，我寫了中篇小說〈海的女兒〉中的一章〈幻想曲〉（見收在散文集《牧羊女》中），在一家教會出版社出版了中篇小說《皈依》，及兩本翻譯的小冊子；更寫了 330 行的長詩（現收入詩集《秋池畔》中），僥倖的引起當時各大學青年朋友們的愛好，大三時出版了中篇《幸福的泉源》，更翻譯了一些短篇。

公孫嬿這時也出版了他的第一本書《上元月》（詩集），當時，校內外愛國的大學生們從事寫作的不少，如來臺灣後創辦《文壇》的小說家穆中

南，那時正在古城的中國大學就讀，他在讀大三的時候，就出版了一本戲劇，輔大同學的另一部劇本《古城之冬》，也於此時完成了，那是以極其技巧的手法，描寫日軍占領下民生的艱苦，表面看來，似是不著痕跡，仔細玩味，才發現其中交織的血淚。那時候，好多愛國的文藝作品，多用藝術技巧爲「障眼法」，才得躲過了敵僞的檢查。

《文苑》定期出版，深受到讀者的喜愛，銷路也逐漸打開，由古城北平的各大學，逐漸擴展到津沽、唐山等地，這份愛國的刊物，卻因太受歡迎而遭到敵僞的嫉視了！

一天，我們在輔仁文苑社那間格門紙窗的辦公室中（《文苑》第 3 期後，即由輔大同學自辦了，校方好意的撥給了我們學校售書處對面的一間小屋爲社址。）接到了一張裝在大信封中的一紙「公文」，發文者是投敵的文人周作人主持的僞教育督辦總署，受文者是《文苑》全體編輯、負責人，這公文開頭先讚美了這刊物幾句，然後「總署」擬每月給予若干津貼以補助我們出版費用，並且要我們每個人填具三代宗親的名字，到總署去登記，以後將發給我們每人聘書一紙，可以按月支薪……。

看到這張「鬼符」似的公文，我們幾個人立即決定來個無言的抗議：「停刊」，因爲，我們絕不願那心血灌漑的刊物，受到任何的污染，那紙公文，也被我們撕得粉碎，投入火爐中化爲灰燼，我們的那份心情，豈只是悲痛憤慨幾個字所能形容！

後來我們仔細思量，乃知這可能是他們間接的扼殺此一在青年學生間深具影響力的刊物的手段，狡獪的他們當然知道我們絕不會接受他們的齷齪津貼的。

那刊物停刊後，我們每次外出，常常似乎有個灰影在跟蹤。當我畢業後，考入輔大研究所史學組，讀了一個學期後，日軍由於戰事失利，對陷區的控制益嚴，校中愛國的師友有不少被他們逮捕鋃鐺入獄[2]，一向支持、

---

[2]可參閱曾發表於《傳記文學》中英師的一篇記敘鐵窗中歲月的大文。

愛護我們的沈兼士院長，悄悄的留起鬍鬚，繞道西山，間關入蜀。而敵偽聞訊，誤以為他隱身西山的寺廟中，乃大事搜索廟宇，出家的僧侶，飽受了一陣刑問之苦。當時在那滿城胡騎的鬼蜮世界，研究所的碩士帽，出國深造的獎學金的誘惑，都對我失去了吸引力，我只是一心一意想站立在青天白日的旗影下，過我自由自在的生活，為艱苦抗戰期的國家，盡一己小小的微力。

我乃於民國 31 年冬，奔向了抗戰時期我國心臟地帶重慶。

如今每提起那段時光，我常常憶起了在古城啓程前，於校刊之一《輔仁生活》上（我也濫竽過此一刊物的編輯），我寫的一篇作品中的幾句：

> 她脫掉了白色的絲織手套，
> 讓雙手被日光吻得鷿黑，
> 為了有力可以划動雙槳，
> 向她理想的遠方航行。

我更常常忘不了掉那作品發表的當天下午，一位理學院同學寫來的一封短箋，這智慧的同學已猜出我文句中的含意了：

> 一個遠行的消息使我淚下如雨，
> 我有什麼理由不讓她走呢？
> 我只能說：
> 等日影斜在日晷儀上，
> 我乃為你這遠方歸來的人，
> 採摘新熟的果子。

他巧妙的以日影斜在日晷儀上，狀似日本軍閥的潰敗，這真可說是一封感人的短箋。

　　由於我在大四時於輔仁的校刊上寫過一篇〈永恆的生命〉（收入我的散文集《牧羊女》中），其中提到我領洗信教的經過，而這份刊物，又輾轉的由一位神父之手，遞到了愛國的宗教家于斌主教的眼前，那時那位住在重慶的教會中的藹然長者，也是極其關心那時陷區的有志的青年的，我那篇文章，竟在他老人家的心中留下了印象。

　　當我經過 60 天的顛簸，抵達山城重慶後四天，正大張著眼睛，興奮的觀覽者那朝氣蓬勃的陪都戰時風光，仔細思索著如何能在大時代的機輪上做一枚小螺絲釘，爲國家盡一點自己的微力時，于斌主教正派出兩位祕書（一位張姓祕書及一位現在美國的呂祕書），到處尋找我這初出茅蘆的、會寫點小文的學生了。想起他老人家對教會內外的提拔，使我感念無已。

　　經過主教的好意推薦，又經過了《益世報》楊慕時社長的當面筆試，那是要我以文言翻譯一篇教宗庇約十二的通諭，我得以進入了那家大報擔任副刊「語林」的主編，文學工作原是我的本行，我有心將那刊物編得不太令人失望，後來，我又得機拜識了張道藩先生（已故），同領導文運的陳紀瀅先生、趙友培先生、李辰冬師，和王平陵先生（已故），而我更有幸向謝冰瑩先生請教多次，（唯有蘇雪林先生那時在雲南任教，徐鍾珮姊當時正在英倫擔任《中央日報》的特派員，未能識荊，到了臺灣才有機會見到。）

　　有一天在文協開會時，巧遇王藍老弟，那時他正以一篇小說獲得文化運動委員會的文藝首獎，尹雪曼兄則也像是才走出大學之門未久，而已有好多作品問世了。葉蟬貞姊那時正在中央宣傳部任職，兼編《婦女共鳴》月刊，由於她好意的向我索稿甚急，以致我在和于犁伯結婚前夕，猶伏案爲她趕了一篇稿子，戰時的生活緊張、忙碌，而也不缺少生動有意趣的一面。

　　那一段在山城中度過的時光，真可說是勝友（良師）如雲，我可以向那些文壇先進們請教，與一些年紀相若的文友們更可談詩論文，文藝生活的天際線爲之開拓不少。每天黃昏時候，我才走進了我那編輯室。

　　雖在學校時候編過《文苑》與《輔仁生活》，但與作者們及廣大的讀者群接觸，還有自編《益世報》的副刊時開始，當時的來稿頗多，凡是思想純正，文筆優美的作品，我皆盡快的予以發表，我曾有一篇文字記敘我在編輯室中所體驗到的——

> 每天黃昏，我充滿了熱望與好奇，走進了那編輯室，我在那裡，頓覺得生活的天際線擴大了。我打開了來稿的信封，啟開了存稿的抽屜，也等於開啟了多少作者心靈的戶牖，在燈罩下，我和遠方近處的陌生人，開始了靈魂的對話。
>
> 揮筆的朋友們當中，也儘有一些藝術家，在稿紙上，展現出他們生命的小幅素描：那邊，在紙上畫出的林蔭路上，緩緩走過來那個可愛的中學生，他年輕的臉上，繪滿了憂鬱，日本軍閥毀壞了他美好的家園，刺殺了他的雙親，他和同學結伴，跑到庇護他身心的山城重慶，然而，即使在夢中，他也找不到那遙遙的綠蔭重疊的家園了，他課後坐在河邊的白石上望著一些同學的活潑身影，他大睜著含淚的眼睛，兀自喃喃著：「家呢？家呢？」
>
> 他在紙上以稚弱感人的喉音在一聲聲的逼問著我，我無言的起立徘徊，我思索著我對他的答語。憂鬱的故事而外，我也聽到了多少幽怨的聲音，一個青年朋友，為了一女友的轉身而去，對自己的命運也提出了控訴，這些篇章，自有其美麗與價值，但當我們舉國上下，為了收復失土與維護真理而誓師的時候，我們豈甘終日做個啼血的杜鵑？

以上所引，是我在民國 32 年 10 月 9 日寫的那篇文字中的幾段，接著，此文下面寫的是：

> 針對著那些作者，我在副刊的編者、作者與讀者一欄中說：
> 親愛的作者們，每天收到的大批來稿，說明了你們對這刊物的愛護與支

持，多少篇稿件上的哀抑的聲音，有時把我也帶到一個沉鬱的境界，節
省我們的精神，儲蓄我們的力量吧，頹廢與憂鬱是不健康的症候，歎息
與詛咒也不能幫助你完成理想，記住──
與其把眼淚飄在灑著鄉夢的枕邊，
不如把它瀦在心裡，化為力的泉源，
以我們莊嚴的工作，達成我們復國的使命，
我們不要只懷念失去的家園，
一個更重要的課題是：
「如何把它尋回來。」

多可喜呵，在我微弱的聲音裡，那副刊的稿件多得如一陣飛來的候鳥。很
多篇文章以昂揚的聲音，代替了淺斟低唱。他們讚美著為國殉身的烈士英
雄們，以熱血作美酒，灑在祖國的土地上。
　　更有些作者、讀者來信說：

當我讀到貴刊的編者、作者與讀者一欄時，那親切的文字使我們感動，
我們相信貴刊是一個取稿絕對公開的刊物。我們感知貴刊這欄文字代表
的是淳厚感情的交流，與坦白直率的切磋……

　　那時，我是個未讀完研究所的 24 歲的年輕人，初次任職，擔任了報紙
副刊主編，心中不無沉重之感，只有努力學習，黽勉以赴，山城為人文薈
萃之地，邀約名家稿子不難，而投稿來的作者們當中，不乏知名之士，如
今在臺北的手執寫，譯兩支彩筆的何欣先生，即是其中之一，他用的筆名
是「禾辛」，他當年在寫作之外，更常譯愛倫坡的作品。
　　那時我以年事過輕，絕少參加編輯人的各項活動，唯恐被人譏笑為
「小孩子」，到了臺灣後，當年為我主編的副刊寫過稿的好幾位作家在初次
相見之下，竟都望著我笑了：

「原來你就是那個在《益世報》副刊的專欄中署名秀亞的那個人哪！」

我負責《益世報》副刊的編務，直到抗戰勝利。後由一位作家繼續主持，王藍先生則是我以後的第二任該刊的主編，他在戰時的重慶，更辦了一個文藝出版社，取名「紅藍出版社」，印行有他自己的文集《美子的畫像》，及我的一本小說集《珂蘿佐女郎》。

勝利還鄉，我回到輔大任教，另外著手翻譯世界文學名著《聖女之歌》，全書 34 萬字，完成了譯文三分之二就來到了臺灣，又開始我另一段文學生涯了。

——選自《張秀亞全集 15．資料卷》

臺南：國家臺灣文學館，2005 年 3 月

張秀亞在享受人生

◎夏祖麗*

　　幾年以前，張秀亞翻譯過一篇文章：〈諦聽寂靜〉（ "Listening to Silence" ）。文章中說到寂靜的時光是人世間最微妙最感人的一刻，人們在忙碌的社會裡卻常常忽略了它。如果你能靜下心來，諦聽那雪片落下的聲音，那灰燼落下的聲音，那小鳥拍動翅膀的聲音，那草木往外生長的聲音，或是那秋天落葉的嘆息聲，你會覺得它們深切的啓發了你內心的靈感。

　　她的流利清新的文筆把那篇文章譯得生動感人極了，讓人嚮往不已。有許多人覺得這只是文人的幻想，或只是作家和詩人筆下的誇張描寫，其實在我們的現實生活裡不是沒有這種情形，只是一般人都忙碌著物質的生活，忽略了靈性的追求而已。

　　這種虛空到極點，轉覺萬籟有聲的境界，也正是張秀亞的生活寫照。當深夜時，她常常獨自坐在燈下，捧著一杯熱茶，手裡拿著一支筆，陶醉在自己的深思冥想中。她常說，人在真正的寂靜中會覺內心澄明，似乎與神有了默契。人在這時的感情特別深刻，這也是最好寫作的時候。

　　掀開書頁，讀幾篇好文章；打開琴蓋，奏一隻曲子；拿起一支筆，寫一首詩；打開顏色盒，畫下窗前的一枝新綠；或是望著遠方的一線天光，唱一首古老的歌，凝視群魚追逐那浸碎的白雲，看著鄰家的鴿子飛上天空……。這一切都是張秀亞最喜歡的情調，這也就是她的生活。

　　張秀亞的文友王怡之曾經說過：「在寫實主義和口語文學風行的今天，

---

*發表文章時爲《婦女雜誌》編輯，現爲文字工作者。

張秀亞卻兀自搖著唯美的象徵之筆,默默的寫她的微妙的詩情、淒迷的幻夢,使作品達到了清空靈妙的境界。」

在張秀亞的散文裡,常透露出一股哀怨和傷感,許多讀者都認爲她是憂鬱的。其實,這只是她寫作的風格的一面和善感的心性使然。在實際生活中,她是很樂觀的,篤信天主,用愛心去教育子女和學生,幽默而健談。

在張秀亞的文章裡常有著她的家鄉的影子,那是靠近河北渤海之濱的一個古城。她常說第一個慫恿她寫作的就是那蒼茫的原野,那波動而壯麗得近乎悽愴的景色。這就正如她所說的:「我寫作有兩個原則,一是寫使內心深受感動的印象,一是寫自己深刻知道的事情。」

她寫文章也喜歡引用一些古今中外文人或大哲學家的話。像在〈心寄何處〉這篇文章中,她曾用了一位外國學者何茲的話:「人心的形狀就如一片葉子,但有一邊卻少了一角,這一角當初是被我們的造物主切了下來,放到理想的境界中去了。就因爲我們每個人的心都缺了那麼一角,每天都覺得若有所失……。」她利用這麼一段話,這個巧妙的比喻來做整篇文章的主題,使讀者能很快的體會出其中深奧的涵義,讀者們得到的不只是作者個人的思想和觀念,更能洞察這個世界上其他角落的人的想法。

她也寫了一些詩和短篇小說。她的翻譯作品也很受讀者歡迎。她在北平輔仁大學外文系畢業後,又念輔仁大學研究所的史學組。後來,曾做過一陣子翻譯工作。現在,她在臺北輔仁大學的文學研究所教「現代文學研究與翻譯」。

她認爲要翻譯就先要中英文都能夠得心應手。翻譯有三個要件:要透徹了解整篇文章的文句,要研究時代的時代背景和作者的心理狀況,還要抓住字裡行間的那股神韻。

她說,各個國家的風土人情不同。我們中國人常說「江南」,它代表著中國的那一片山青水綠的地方,如果直譯成「江水之南」就沒有意義了;再說「駿馬」,它代表著中國塞北的風光,並不是像它表面僅指一匹日馳千

里的良馬而已。還有「西風」和「駿馬」一樣，代表著中國塞北的風光，也象徵著荒漠中的英雄，也許是指張騫，也許是指班定遠，這和西洋詩人所描寫的純粹西風的意境完全不同。反過來說，外國文人常喜歡拿夜鶯來做寫作題材。英國詩人濟慈就寫過一首有名的〈夜鶯歌〉，我們中國人對夜鶯卻沒有什麼特殊印象，這也就是中西文化不同的地方了。

中國文人和西方文人所描寫的是不是也有相同的意境呢？

她在杯子裡加了一點熱茶，捧起來啜飲了一口說：「有的，這種例子不少。像著名的田園詩人華茲華斯（William Wordsworth）寫的那首〈寂寞的收穫女郎〉的詩，那種在田野收穀的情形，和我們中國文人筆下的農村收成時打麥的情境很相像。」

她根據多年來翻譯的經驗，認為翻譯一定要知己知彼，否則常會陷入很可怕的錯誤。她舉出大家都很熟悉的希臘哲人蘇格拉底「償還公雞」的故事來做例子。蘇格拉底在臨終時曾特別告訴家人及生徒：他曾借了鄰人的一隻公雞，不要忘了還給鄰人。這個故事傳誦千載，連後代的小學生們都知道蘇格拉底是一個守信的人，說者諄諄，聽者動容，卻誰也不知道這個故事有什麼錯誤。

「其實，」她加快了語氣說：「有一天我拿起一本英文書，才知道所謂蘇格拉底的鄰人的名字叫艾斯克利庇阿斯，他並不是一個凡人，乃是希臘的一位專治疾病的神祇，患病的人如果到他那裡膜拜許願，受到他的呵護助佑而獲痊的話，將來都要帶一隻公雞去還願。蘇格拉底要還的那一隻公雞，只是還願，並非是還債。」翻譯的人不了解當時的歷史背景，用了「借」和「償」的字眼，把這個故事譯錯了。

她認為翻譯比創作難。創作是表現自己的心意，翻譯是攝取別人的靈魂，而使之重現。

你如和張秀亞談話，你會覺得字字珠璣，她的古今中外知識非常豐富。她對宗教也很有研究，她在受洗以前曾研究過三年宗教。她是個很虔誠的天主教徒，二十多年來，每個星期天都到教堂去望彌撒。

　　談到宗教對她的寫作、生活和人生觀有什麼影響時，她很嚴肅的說：「宗教給我的啓示太大了。祂告訴了我們生命是永恆的。我常覺得祈禱是世界上最美的事。我並不是說只有跪下來，閉上眼睛才算是祈禱；在平日生活裡，母親辛勞工作是一種祈禱，兒女用功念書也是一種祈禱。我們要把常的活動都看成祈禱，都變成一首讚美天主的詩，這就是快樂！」

　　張秀亞平日的生活是比較嚴謹的，現在她一個人住在臺北，她的一兒一女都在美國念書。寫作、教書，讀海外兒女的來信和給他們寫信就是她生活的全部。

　　在臺灣，張秀亞的散文一直擁有很多讀者。中學的國文課本或課外讀物裡選了好幾篇她的文章，那篇文筆活潑親切的〈小白鴿〉一直很受學生的歡迎。許多青年人看了她的文章，受了她的影響，在很年輕的時候，就很喜歡讀文藝作品了。

　　到目前她已經出版了五十多本書，包括散文、詩、短篇小說和翻譯作品，從《三色菫》、《牧羊女》到《凡妮的手冊》、《愛琳的日記》、《北窗下》。最近她又出版了《書房一角》、《那飄去的雲》等書。她還協助一位法國神父，合著一套完整的《西洋藝術史綱》，有系統的介紹從史前到現代的西洋藝術。這本書已出版了九冊，還要陸續出版下去。

　　一個作家平均每年出兩本書是不算少的了。這也說明了她是寫作得很勤快的。多年來，她和讀者已經建立了很深厚的關係，也發生過許多感人的故事。有一年聖誕節的早晨，她打開房門，看見院子裡有一個小包裹。她拆開來看，裡頭有一封祝福的信和一個小天使的聖像，這是一個女孩子特別在聖誕夜送來，丟到她的院子裡的。

　　還有一次當她住在臺中時，在一個寒冷的清晨，她起床後發覺大門口有一個藍色的信封，裡面有一個很精緻的小木娃娃，信裡說：「就讓這個有福的小娃娃代替我，長伴在妳的身邊吧！」

　　她偶爾也會收到一張小小的自製的卡片，一片壓黃了的樹葉，或是一片薄薄的花瓣。這是讀者和作者間的一種親密又有人情味的聯繫。這完全

是發自真誠內心，不是任何東西可以取代的。

　　最近，張秀亞寫得比較少了。她很誠懇的說：「人類最大的敵人就是自己。我寫了這麼多年，總想有些變化。但我覺得要超越自己或打破自己劃的界限是很困難的。寫作要像流水一樣的細水長流，不能像滾動的車輪一樣，翻來滾去永遠逃不出這個範圍。」

　　現在她大部分的時間都是在看書。她認為讀書是人生的第一等享受，遠比寫作快樂得多。她很幽默的說：「現在我就是這樣享受人生。」

　　　　——原刊《婦女雜誌》第 27 期，1970 年 12 月 1 日，頁 44～45

　　　　　　　　　　　　　　——選自《張秀亞全集 15・資料卷》
　　　　　　　　　　　　　　臺南：國家臺灣文學館，2005 年 3 月

信望愛的張秀亞

◎鐘麗慧*

那天，帶著一束紅玫瑰與皎白滿天星組成的花束，去看女作家張秀亞。她接過花束，深深地聞一下，立刻說：「先獻給聖母瑪利亞。」於是必恭必敬地供在聖母瑪利亞之前。宗教的精神似乎已完全融入她的生活與生命中，她的一言一行都符合天主教的教義——信、望、愛。

畢業於北平輔仁大學，曾任重慶《益世報》的主編，後來又擔任臺中靜宜英專、臺北輔仁大學及輔大研究所教授，張秀亞的這一連串經歷已經透露了她與天主教的淵源。而生活上，她待人和善、寬厚，唯恐給別人給得不夠多，讚揚每個人的優點，從不說一句重話，幾乎符合了天主教揭櫫的標準。

張秀亞現身說法：只要在生活中保存一顆童心，無形中就可勉強符合教會揭櫫的標準。耶穌曾說：「變成小孩才能進天國。」因此，無論生活在何種情況下，應該永遠保持一顆童心。童心就是單純、誠懇、不虛偽，保持造物主所賦予的內心的靈敏之光，永遠不為世俗的物質欲望所遮掩。

和童心相對的就是機心，因此生活中應該減少機心，懷著純真待人，就會自己快樂，也使別人快樂。多看這個世界美好的一面，遇不如意事，一顆童心就可以化解了。即使冬天裡，也能找到春天的氣息，溫暖自己，也溫暖別人。

天主教揭櫫的「信、望、愛」是什麼意思呢？她說，因為天主教是出

---
*發表文章時為大呂出版社發行人，現為文字工作者。

世的——指的是精神方面，也是入世的——指的是行動方面。鼓勵人們積極、樂觀；引導人走向精神最高境界。其實很符合中國人「自助天助」的道理，一個沒有信心的人，就不會積極、樂觀。所以天主教教義引導人建立一種可以見天國於地上的信心。

她又說，假如每個人服從良心的聲音指導，那麼，他對真善美的憧憬，可以漸漸地接近生活的邊緣。那麼對人生的理想境界，可以說雖不能至，亦不遠矣！所謂良心的聲音，就是對真善美的渴望；在宗教上則說是神的音容之所在。一個有信心的人一定會有堅強意志，百折不撓的精神，所以在人生的道路上成功的機會比較更多。「信、望、愛」也就是建立信心、充滿希望、以熾烈的愛心來對待他人。

原來生長於無信仰的環境的她，如何在讀大學時，受洗成為天主教徒呢？她曾在定名為〈心曲〉的散文中，細述了她信仰天主的心路歷程。她說，這個得先自讀小學時說起：

> 我自髫齡時便離開故鄉，隨父母卜居北方的一個大城，在那裡，我轉入白河東岸旁的貞淑小學，那學校正是天主教若瑟院的中國修女們所主持的，學校的隔壁便是教堂，歌詩誦經之聲，常隨了白河上欸乃的槳聲，咿啞的漁歌，送入我的耳畔，課餘之暇，我常以好奇的目光，打量著教堂那五彩的玻璃窗，朝暾夕暉臨照其上，放射出絢極麗極的光彩，啟發了我小心靈的一些幻想。有時，我也隨著信教的同學，去那巍峨的教堂中「聽大風琴」，那時我雖未走上信仰之路，但「宗教」在我的腦海中已留下了深刻的印象。

可是，她讀女師的期間，對宗教的信仰並無進展，因為她的整顆心靈被文藝創作吸引住了，她那時已開始在華北的文藝報刊上發表作品，直到她踏上了大學石階，她的信心在修女的指引下再度點燃。她在〈心曲〉寫著：「好像天主讓我走上正途以前，徘徊歧路，為了使我於走上祂的真理之

道寺，不再感到失落之悲。」

　　她考上北平輔仁大學，正值七七事變爆發，由於戰亂，初次離家，獨居古城，身為新鮮人的她曾在日記本上寫著：「在人生的迴廊裡，我踟躕了。」她回憶那時的生活和心境，正可以兩句宋人的詞來形容，那是：霧濕樓臺，月迷津渡。

　　直到有一天，一位異國修女為她解開了問題癥結，並帶給她三本書。她仔細讀著這些書本的感想，在〈心曲〉中曾寫著：「有如一股清涼的甘泉，汩汩的注入了我荒漠的心間。」以後她又繼續讀了幾本闡釋教義的書，而有了更深的感悟。

　　她為這段「啟蒙」過程寫過：

　　那幾本聖書，使我睜開了倦眼，看到我尋覓多時的真理就在我的面前、我的心中。我像是一個孩子，跟隨著一個花衣吹笛人前，一路緊隨不捨，終於來到了一個美妙的境地。
　　我發現我靈魂的杯子不是空的了，其中洋溢著芳香的聖寵之醇酒；我靈魂的笛管不是暗啞無聲的了，一種神聖的氣息吹奏著它發出了微響；我靈魂的窗前不是一片空漠了，而是一片「池塘生春草，園柳變鳴禽」的春日世界。

　　此後，她跟輔仁大學盧德思院長研讀教義，達三年之久，才受洗成為天主教會大家庭中的一個女兒。

　　這麼多年來的宗教生活體驗，張秀亞認為：信仰之路是崎嶇的。〈心曲〉有這麼一段：

　　信德的道路有時芳草如茵，平坦易行，有時則是崎嶇險阻，奔赴吃力；主的愛是甘美的，祂使我背的十字架雖是沉重的，卻是甜蜜的，重重的苦難常使我聯想到孟子中的「天將降大任於斯人也，……」的一段。憂

傷，苦難正是走向永恆必經的階石。不經琢磨，白玉永顯不出它的玲瓏；不經剔削，蘆管也不能發出美妙的清音，苦難塑造我們，使靈魂更臻於完美。

她已走過崎嶇，住進滿園芬芳的花園。她的〈心曲〉結語就是：「當我唱著沙啞的短歌，走過荊棘遍地的人生小徑時，我覺得一朵玫瑰在我的心中展放，這玫瑰便是聖愛，便是最甜蜜的瑪利亞的笑靨！」

目前獨居於中央新村的她，每天清晨的第一件事，就是祈禱；每個星期天上教堂望彌撒，數十年如一日，從未間斷。

除了形式的宗教生活，她每天都花一個多小時整理花園。把她的愛廣被於花草植物，她形容自己的花園是「女作家艾雯的殖民地。」她的花園中有珊瑚藤、孤挺花、雞蛋花……等等。她總把倒了的花木扶起來，撿落葉、拾落葉，除小蟲和野草。從蒔花中，她感到生命的成長很不容易，而且往往有美的事物就會有妨礙美麗的殺手，爲了盛開的花朵、蒼翠的樹葉，就得除去小蟲。同樣的，一個人爲了培養十全十美的精神，也必須除掉心中雜念的小蟲。

今年入夏以後，氣候酷熱。她院中的孤挺花枯萎了。她說，孤挺花又名懶人花，顧名思義就是懶人種它，不用澆水，它自己也會開花，可是今年夏天太熱了，連孤挺花也挺不住了。她以愛心和毅力足足「拯救」了一個月，這些枯萎的花才慢慢地復甦了。

就是這段小小的種花經驗，她也體會了生命的道理。她說，每一種生命都需要溫蘊，人也一樣需要精神上的溫蘊，人與人之間的溫愛，親情的支柱，彼此安慰，才能在成長中得到喜悅。

此外，她還嗜愛蒐集美麗、雅緻的小卡片，和小玩偶。她的小卡片經常維持一尺多高的「存量」，她自己有空就拿出來一一把玩，也喜歡送給她的朋友。她擁有那麼多的卡片，她仍清楚的記得每一張卡片的圖案。她的小玩偶真不少，有小熊、小貓、青蛙、小豬……，每種動物的姿勢，表情

不一，她簡直成了動物園園長，得空時就爲他們一一擦擦臉、洗洗澡。

　　張秀亞的生活態度無形中已流露著有信心、有愛心，對待一草一木、甚至賦予沒生命的卡片和玩偶靈氣，她化「信、望、愛」的教義爲真實的生活。

原刊《青年戰士報》11 版，1983 年 8 月 10 日

——選自《張秀亞全集 15・資料卷》
臺南：國家臺灣文學館，2005 年 3 月

返景入深林
訪女作家張秀亞女士

◎莊秀美[*]

靜靜的日午。

八月臺北的天空，多愁而善感；隨時都帶點詩人的氣息，準備下雨。

我們越過臺北市聲，來到一處安謐的所在。這是一個談心的地方。一張方正的木質桌子，潔淨而高雅；隔著簾幃，可以看出遠山的煙水雲霧。

「這是臺北的世外桃源。」

張秀亞女士指出這地方的佳處，做為談心的開始。她的女兒坐在一旁，嫻雅而端莊。室內因為這幅動人的母與女的畫面，顯得格外溫暖。

「臨出門前，我同女兒說，我要去赴一個約會，聽年輕的聲音……」女士依然那麼地親切，談話之間，經常使聆聽者再三流連，久久不能定神。陳紀瀅先生說她「文如其人」，果然名副其實。而親身體會她的聰慧，更是如沐春風。她時而看看窗外的景色，時而啜一口案上的茶；態度含蓄而從容，表情生動而活潑，令人不禁打從心底深深地景仰起……。

女士生於 1919 年，河北人。不僅是個天資高曠的早熟才女，更是一位著作等身的女作家。幾年來，不論時光推移，人事遞嬗，女士始終不變初心，對文學的熱度亦絲毫未減。面對當今蓬勃的文藝界，她心中充滿了無限的關懷和祝福；並恆常保持一顆謙虛的心，感激的情；我們期待的文壇能夠更進一步，更輝煌。

曾出版過六、七十本的著作、譯品；張女士可說是國內少數中英文造詣皆深的著譯家之一。但，女士從來不以此自足，在擁有廣大讀者群的聲

---

[*]發表文章時就讀政治大學中國文學系，現為鹿港高級中學國文科教師。

譽下，正如她自己所說的：「在文藝聖火的照耀下，我是不想退場了。」

大龍河畔的尋夢者

　　1937 年，張女士不過是個 16、17 歲的孩子，曾經是大龍河畔的尋夢者，終日在心靈上從事無止境的探險和漫遊。那期間，女士經常背誦法國詩人波特萊爾的詩句，希望將來有一天，能夠浪跡天涯。

　　女士年少時便充滿了浪漫情懷。她說：「我那時正醉心於詩，我國的李太白、王維，法國的女詩人羅藹伊，以及象徵派詩人梵樂希作品的中譯本。還記得在那所有名的建築典麗的女中的前院水池邊，常常手持一卷詩冊，在蕭蕭的白楊伴奏下，反覆吟誦；另外一位高年級的窗友文英，也是一個愛詩並寫詩的人，她經常在唸詩的時候，披上她那空白的寬圍巾，穿上她的水霧般的淺色外衣同緋色的鞋子，還將頭髮梳得高高地，模仿那玉頸如風信子的法國女詩人模樣呢！那段多幻想的時光真使人難忘。的確，年輕就是幸福……」

　　當我們細細聆聽張女士的回憶時，彷彿看她翩翩然穿上一件淺藍色的洋裝，在一片充滿希望的陽光中，找尋自己最燦爛的影子。

　　女士對色彩相當敏感，尤其對於「藍」的顏色更是情有獨鍾。喜愛淡藍的春，淡藍的衣裳；在當時所用的兩個筆名「陳藍」和「張亞藍」，藍則代表幻想中的一片靈境。

　　「那時，正當富於幻想和夢想的年齡，對於寫作，我更有著不可遏止的熱情。我記得除了學校上課以外，幾乎全心全力投資在文學上面了。我白天寫、晚上也寫，當家人都睡去的時候，我就坐在院子裡，捻亮了院角的燈，鋪開了我的稿紙，小院靜靜的，到處瀰漫著爐煙似的濛濛月色，牆邊茉莉花的氣息，浸透了我的筆端──那些歲月，至今猶難忘記。」

　　女士當時以「陳藍」寫小說，「張亞藍」寫散文，而用本名寫詩，三個人分工合作，遂開拓了寬闊的文學視野。當她逐漸在文壇上被譽為最年輕的作家時，她便向自己提出警告：「不要僅在年齡方面顯得特殊，那是沒有

意味的，一個作者，要竭力使自己的作品顯得特殊。」於是，女士開始將自己幽閉起來，並決定以後盡量不要以「外表」給人印象，而應以「文章」給人印象。

因爲這個緣故，使得大龍河畔的尋夢者，結束一段波特萊爾式的流浪，回到現實中來，甚至尋求一塊紮根繁殖的文學園地。

尋求紮根繁殖的土地

此一期間的張秀亞女士，有一段生命的轉折。政府來臺之後，女士同兩個幼小的孩子居住在中部小鎮一棟素樸的木屋。在此之前，1940 年冬，女士曾以一首約三百四十行的故事詩〈水上琴聲〉，刊登於《輔仁文苑》，立即風靡了北方的知識分子，文壇爲之震撼不已。這首詩深受美國詩人愛倫坡的影響，兼揉了抒情和敘事，乃女士個人珍愛的詩作之一。

「在臺中居住，我感到生命裡除了兩個孩子，就是這支筆。」女士悠悠地說，彷彿有一段時間陷入沉思。用這支筆寫我心中的事，眼前的物……

在《三色菫》一書中，女士有多篇描述赤子親情的感人畫面，常令讀者爲之心折。陳之藩先生曾讀過一篇女士的作品〈父與女〉，在寫給女士的信上說：「妳有筆如刀，使人廢食雪涕。」足見她的散文魅力。

對於詩、散文、小說三種不同的文學形式，女士則有一番精闢獨到的見解。

「詩是精緻的語言，是最可以直入人心底的甘泉。散文的功能很多，能淨化人心達到最高遠的境地。若要表現人間世象的，則莫過於小說。寫小說，雖然是要表現人間形相，但一個作者的任務，絕不止於這樣而已。他要使讀者激發一種高遠的理想，高尚的情操；能否達到這使命，就是一個卓越作者和平凡作者的分野。」

曾經有位記者描述得十分確當，她說：「張秀亞女士很喜歡詩，她的其他作品都是詩的延展。」女作家張雪茵亦曾說：「秀亞的詩，首首都雋永可

讀,而且她的散文,有詩的意境和詩的美,有些篇章幾乎就是散文詩,意境太高遠,毫無人間煙火氣。使讀者的心靈也隨之淨化而不沾塵俗了。」

女士特別提到《三色菫》散文集的誕生經過,智慧的眼神洋溢著無限感激。此書的誕生,先是陳之藩夫婦的鼎力相助,全心支持;隨之而來的有臺灣文藝界的作家之鼓勵。出版之後,立即受到梁實秋先生的讚譽。女士由於各方文友的祝福和勉勵,筆由是握得更緊、更勤,心亦更加堅定,鮮明。

「那時,我還記得有一個小女孩,搭火車到臺中來,在街巷之中,看到我的窗前風鈴,叮噹響著,大概猜測我確實在家了,便在窗前放了一個很可愛的木偶,裡頭夾了一張小紙條兒,寫說:『我和木偶一起來看你,看到你窗前燈還亮著,我想,我可以放心回家了。』我後來寫了封信,謝謝這個可愛的小女孩,老遠跑到臺中來看我。」

女士一面敘說,一面在紙上畫木偶。天真的面龐,無邪的笑容不斷閃爍著,映著窗外午後微弱的陽光,格外顯出她的赤子真情。

「在這段時期,我真正感受到自己豐富的生命力,日日茁壯,成長。」女士又重新回到《三色菫》的主題,暫時放下對掌中木偶的綿綿摯意,在一片燈光溶漾的氣氛裡,回溯從前的記憶。「《三色菫》是來臺的第一本書,是我的第五本作品。在經歷抗戰、戡亂、動盪的歲月中,我真實體認到生活的莊嚴肅穆和神聖的一面。所以這本書可以說是突破風格的開始。」

《三色菫》之後,女士的寫作速度是驚人的。前後於詩則有《水上琴聲》和《秋池畔》;小說則有《感情的花朵》、《七弦琴》、《尋夢草》,加上早期的《在大龍河畔》、《皈依》、和《幸福泉源》總共十餘種。散文的著作量更是豐收,先後次序是《牧羊女》、《凡妮的手冊》、《湖上》、《北窗下》、《海棠樹下小窗前》等三十餘種。其中散文集《北窗下》曾獲中山學術文化基金會首屆散文獎。至於譯作,則有《聖女之歌》、《回憶錄》;並和法國神父合力編寫一套《西洋藝術史綱》,頗受學術界重視。

　　女士顯然在此一時期，投注了畢生的才力、心力，和努力，是中國文壇功不可沒的重要角色之一。

春風化雨

　　女士在一段沉潛運作的功夫之後，一方面保持一年兩本的出書量，一方面則專注於教書生涯。政府來臺以後，女士回到母校擔任「文藝寫作」的課程，並任該校研究所「英美文學研究與翻譯」的專門科目。二十多年來，女士引領無數學生走進文學的殿堂，她的言行、文章，每每發揮了潛移默化之功，而學生們對文學的喜愛與成就，則一直是她教學無輟的最大支柱與安慰。

　　曾經有許多同學問女士什麼是靈感（inspiration），她說：「靈感之出現，宛如火花之一閃，靈感往往是神奇美妙的，來自瞬間的經驗。如果一個寫作者能夠在心靈中廣為儲蓄他所得到印象、感觸、和經驗，積時日久，則成為無形的精神寶庫。時日一至，外界的一點觸發，就能引起靈感火化之迸放，這就是我們古人所說的『觸景生情』的歷程，在這一觸一發之間，就是奇蹟出現，而激動讀者的內心深處，與之產生共鳴。」

　　從靈感到共鳴，就是作者和讀者心靈交會的剎那。女士並且指出：如果作家是真誠的將靈魂顯現出來，而讀者亦用心靈來迎接，那麼在頃刻之間，讀者和作者的心靈，便在字裡行間猝然相遇。「像兩顆流星一樣，散發出璀璨的光輝，而彼此得到一種啓示、一種憬悟。就如同學們問我何謂靈感，就已經給了我靈感。」

　　在授受之間，女士不僅是位成功的教授，更是一位大地慈愛的母親，除了孕育更多文學新秀，也愛大地的花草樹木。平素無課的閒暇，出入庭院花木之間，往往有一些新的生命啓示，而這些啓示，便成為女士筆下的題材。

驀地回首山居生活

　　你們如在黃昏時來看我
　　而又不認識路
　　只消去找
　　映著山影的小小窗子。

　　這首小詩，可以代表女士山居生活的心境。

　　近幾年來山居生活的平淡歲月，使女士逐漸體悟到古人說的「繁華落盡見真淳」，那種無入而不自得的自在。從前的易感，每每使女士讀到劉禹錫的「人生幾回傷往事，山形依舊枕寒流」，都不禁為之潸然落淚。

　　現在回想起來，是年輕青春的一片光燦。

　　彷彿在女士心中，年輕雖是那朵飄去的雲，而青春則是永遠泛著微笑的天空。

　　「生活著，是多麼美，多麼好！」

　　女士引用法國女作家喬治桑的話，作為山居生活的註腳。多少年來，生活在回憶裡、書畫裡、音樂裡、親人友好的情誼裡，以及子女的愛裡，也生活在對大地萬物的體恤懷抱中。

　　女士的心因之而不寂寞。

　　一天中，我最高興的事，是到我的那一方庭院裡，親近那些都由自己種上去的花同樹。欣賞院前草木，我最大的收穫是心靈上的感悟；每一株樹、一朵花，甚至只抽了兩片葉子的小草，都有一種欣忭之意，他們都向著高處、向著陽光生長著，一陣微風吹來，颯颯的清音中，都表現出瀟然自喜、欣然自得之態，那種俯仰自如的神情，每使人聯想到一位臨風覓句、寬衣博帶的古詩人，它們好像在一起唱著生命的讚歌。

　　女士的山居生活，全是書的世界。教書、讀書、寫書，和買書。偶爾步入市街，手上總會帶回幾本新書或廉價的風漬書，一包芬芳的「雨前」或是「凍頂」茶回家。一杯清茶，經常伴她度過一個清明的晚上。

　　其實，女士的書的宇宙，有一項忽略了，那就是贈書。女士經常購書以贈人，尤其是一些對文學充滿興趣的青年朋友，女士都視若知音，隨手送一本好書，作為鼓勵。

　　至於女士讀書的範圍，更是海闊天空，她說：「大凡描述心理分析深刻、纖細，象徵意味濃厚，對我們富有啟示性，字裡行間充滿哲理的，我都非常喜歡。例如，中國的舊詩詞等，既能滿足我們對文字之美的飢渴，更對我們的寫作技巧有所幫助。不過我看書並不限於文學類，像歷史、地理、自然科學類的傑出作品，兒童文學中的好作品我都看，也喜歡童話、寓言。因為文學作品表現人生，觸及面很廣，必須各方面知識豐富，才能寫得深刻、動人，這是每位作者所共同體認的。」

　　除了陶醉在書的境界。女士的山居生活亦充滿了禪機理趣。她喜歡看書、畫、碑、帖，往往一幅字畫就可以占據她整個下午的精神，由一帖字中，她同樣能感受出書法家用筆書表達出來的激濺的生命力量、深厚的情感，起伏的情緒。對於畫，她最喜愛吳昌碩和齊白石的作品，女士以為，這些精品都是生命與哲理的凝瀝。

　　而欣賞之餘，女士也寫了一手筆鋒流麗的好字。

　　對人間世事恆常保持一顆謙虛、讚美的心，女士因此而得到山居的真趣。除了優游於書的宇宙，涵泳在一片渾然天成的大地之中，女士亦偶爾進入廚房，領略一些煙火氣。有人曾問女士一個有趣的問題，「妳每天在家裡悶不悶呢？」女士的回答總是淡淡的無可無不可，令人端是傻傻地笑，說不出話來⋯⋯。

返景入深林

極短的談心，悠長的記憶。

女士站起來，望著窗外。窗外不知何時開始下雨，輕煙薄霧中，依稀可見的街景，已微微出現一朵停雨的虹彩。然而，雨依舊綿綿落著……。

我跟隨女士的身後，想問一句：「何時可以造訪山居」，但想，一切隨緣而已。

她的女兒隨侍在側，那幅母與女的畫面又使我深為感動，斜風細雨中，我目送著她們的影子漸行漸遠……

而忽然看到「返景入深林」的山居之景，就在不遠的地方。

——原刊《大華晚報》10 版，1985 年 8 月 19 日

——選自《張秀亞全集 15・資料卷》
臺南：國家臺灣文學館，2005 年 3 月

激流與風暴交奏出來的河唱
張秀亞女士心性中的柔與韌

◎黃秋芳[*]

　　年初時筆者有趟遠行，在日本，歷經過梅紅櫻雪，直到盛夏之末才回來。

　　長時間的奔忙讓人疲憊，舊歲裡許許多多好的與不好的習慣，都在旅行途中丟棄了，包括採訪，一種畢業後就不斷持續著的職業慣性，那份無止盡的消耗叫人心慌。然則，知道張秀亞從美國回來，像火浴後再生的鳳凰，有煥新的感覺昂揚晃漾。記錄一個時代的好筆，無論如何，終究是一次極具魅力的「蠱惑」，何況是這樣一支半世紀來筆耕不輟，結集作品近七十冊的健筆。

不凋花的形象

　　張秀亞給人的印象，向極為單純，喜歡寫作、喜歡散步、喜歡窗子、喜歡寧靜，喜歡白鴿的無瑕純淨，更喜歡紫丁花垂掛出來的謙遜無華。

　　像她的文字一樣，明淨、委婉，幾乎是透明的，帶著點精神上的潔癖，如水清清，所有的悲愁和喜悅都從心底深處迸現，不摻有任何故意「做」出來的渣滓，一如她極喜愛的作家喀萊爾（T. Carlyle）所宣示的：「簡單、誠實、自然，岩隙裡散布著花光燦爛的綠原。」

　　喜歡她的人，都習於把她比擬成純潔的天使。或者是循著她文字裡的暗示與提醒，設想著她的來處：也許湖上、也許河畔，抑或是草原與星原

---

[*]發表文章時就讀日本東京都立柴永語言學校，現為黃秋芳創作坊負責人。

的接際，和更多紅塵過客比較起來，他們更願意她是個精靈、是場冬天裡的春天的夢。

所以，當她「驅著字句的羊群」，自甘是「逐幻想的水草而居」的無求女子時，已經在讀者的想像裡，幻化成一兩聲清脆的羊鈴，音波柔和地蕩漾在夕暮帶著草香的空氣中，彷彿身著白色亞麻衫裙的牧羊女，從遠處走來，幾朵浮雲似的白羊，似是懷著無限的眷戀、依恃，環繞在她身邊，翹足引頸爭嚙著她手中一串串褐色的野果。

這麼多年了，這樣一幅彩色鮮明的意象，牢牢地占據著讀者的認知與想像，像一種不凋花，它太純、太美，以至於沒人捨得用更深的顏色塗濁了她的形象。就是在人世的坎坷歷盡，她從她一生的流離黯淡裡萃取出生活的尊嚴與智慧，又盡量淡化了情緒裡的困頓滄桑，堅持著生命的奇蹟昂揚不悔，這種種強韌的歷程也都慢慢隱去，模糊成一片柔和失焦的光與影，像一灣溫柔的小河，不斷不斷在喧鬧著脆聲和粼光。

從生命的缺口流出

確實，張秀亞一生的際遇如河，然而，卻沒有經歷過幾年波平如鏡的安穩歲月。就在她親自翻譯的歌德詩作〈小憩〉的字句裡：「……小河流動、不疾不競、而水碧波澄……」其實也吐露出她最深沉的痛楚與體悟，也就是說，不費力氣的幸福可以維持著一種理所當然的溫舒平靜，但是在驟遇阻礙時，小河會遽成急湍，所有生命的浪花會迅速漩開。

泰戈爾不是說過嗎？「音樂從生命的缺口流出」。多少年來，她記憶的微雲，也是在生命的缺口裡，慢慢堆疊出來。

檢視她的大半生，民國 8 年出生於燕薊平原，四歲成誦，以為日子可以過得平平安安的，誰知道軍閥禍國，平靜優美的田園，竟然到處蹄痕，而後革命軍北伐，那幾年她的童年生活，她稱為是生活的「黃金段」，小學畢業，她考入有名的河北省立第一女師。而輔仁大學在盧溝橋的砲聲後，成為她生活中的方舟，她自西語系畢業後，又考入了該校研究所史學組，

後來曾任《益世報》副刊主編、靜宜英專教授，現任輔大及輔大研究所教授以及國大代表。

她與時代脈搏一同起伏經歷，全部忠實地表現在 70 本著作裡。《北窗下》一書，替她掙得一座光燦的中山文藝獎，她更以其他作品獲得中國文藝協會首座散文獎章、中央婦工會首屆文藝金獎章。民國 74 年在輔大創校 60 週年紀念會中，她更獲頒首屆傑出校友獎，更是清清楚楚地記錄著她的內在力量。我們相信，這世間沒有任何一種純然的夢幻，可以昂然獨立，成為一種時代的標的，得獎種種，不見得是足以炫示的籌碼，但卻鮮明地見證著，她是如何踐履著她對生命的承諾。

「如果自認為是夠堅強，不妨把命運的苛待認為是一種優待。」她有足夠的勇氣這樣說。那麼，所有情迷於不凋花形象的孩子們，是不是也有足夠的智慧去辨識貫串在柔美的瓣縷間，那種無畏的勇氣？

伴隨著母親的美麗與哀愁長大

可以說，她是一條無悔的流河，在激流與風暴的交撞裡，以她自己的喧唱方式，遠遠長長地堅持著，從很小的年紀起就安然成形。

那時，她在渤海之濱，面對著終日有雪白水鳥在展翅飛旋的海波，始終記得母親指著那白茫茫的，浮著鹹花的土地歎息：「真是苦海鹽灘啊！」

而她那常年宦遊他鄉偶爾遄回的父親就笑著說：「樹葉落在樹底下，你到底還得跟著我在這苦海鹽灘上居住啊。」

出身書香世家的母親，從草長鶯飛的江南嫁到地瘠民苦的北方地主家庭，生活習慣都不稱心，還要伺候因長年臥病而性情躁急的高堂，舊時明慧歡愉的性格，慢慢就變得沉默多感。於是，張秀亞承襲了那份沉重的憂鬱，又自洋溢在童年邊際的一片海邊景色，學會用幻想來飾美夢境。

她情意款款地回顧：「世界上如果還有我羨慕的東西，那便是小小的黃鸝，黃昏雨後，在枝間葉底，歌唱著自己的憂鬱、幻夢和歡喜。」

小小年紀的張秀亞，就這樣跟著母親，坐在風涼的階前，望著滿天小

窗戶似的星顆,聽她傳說著許多故事。有時候,母親開了個頭:「秋風起了,百草都結了籽粒。你聽賣黑油的鈴鐺,叮噹叮噹的,才長齊翅膀的小雞,冷得咯咯直叫。」在母親溫柔詩意的逗引下,她接著編造一些故事,有時雖然露出許多馬腳,可是母親卻仍頷首含笑,輕撫著她的小辮子,任她說了下去,也把一星星創作的火苗,放進她溫熱的胸口裡,無止盡地燃燒著。

第一次表現了生命的韌性

童年的結束,是在麥秋歡收那年。一部分無以為生的農人,藏伏在村外高粱地裡搶劫行人,家裡二伯父出事的晚上,傭婦吹熄了油燈,抱她藏在廚房門後,她聽到斷續的槍聲,還小聲「砰,砰!」地模仿著,後來她慨歎著:「那裡知道,這不只是她生命中第一聲槍響,而是人生災難的正式開鑼。」他們全家後來遷居天津,在那裡她於初三時就開始了她的寫作生活,她的作品曾得到當時華北及華中各大報文藝副刊主編及名作家們的讚美,他們稱她為北方最年輕的女作家,這些鼓勵分別來自沈從文、蕭乾同凌叔華,她寫作的靈焰,在文壇長輩們的鼓勵下,漸漸燃亮了。在師範畢業時,她出版了她的第一本書《在大龍河畔》。

民國 26 年夏天,因為時局動盪,年邁的父親不願再在大都市逗留,偕同老母回鄉,而年輕的張秀亞因為後期師範尚未畢業,只有住在校中。沒想到,後來七七事變發生了。她住在一處女子公寓裡,她為了準備考大學,桌面上當時攤滿了大代數、幾何……這些課本,沒想到耳朵卻持續喧鬧著隆隆砲響,以及隔壁公寓中的服務人員日夕在搗大蒜的聲音——原來,城裡不斷傳說著日軍準備施放毒氣,所以他們都急著搗蒜滲泥巴做防毒面具呢。

城裡四處都亂,這個埋在書堆裡的年輕孩子卻一點也不害怕,反而孩子氣地興奮著,她覺得一個年輕人從事報國的時代要來臨了。

她本想南下參加抗戰行列,後來兄姊們說,她年紀太小,還是再讀幾

年書，讀書也一樣可以報國。到了考期那天，她端著墨盒，神情莊肅地走出堆滿了沙袋準備巷戰的街頭巷口，裏在那襲淺藍布衫裙裡的短小身影，一個一個跳過沙袋，全心全意去赴考。到了考場，封閉的教室讓她一怔，她看到封條上的公告：「奉學校當局命令，本次考試停辦；各位證件，容後另行寄回。」

這張公告，一時竟叫她呆住了。同學們都回鄉避難，連兄姊也南下從軍去了，她一個人留在公寓裡，像個孤魂野鬼，不知道該做些什麼，最後，她還是決定要考大學，這個堅定的信念，讓她暫時在慌亂裡安定下來，她開始可以平靜地思索一下如何度過未來的日子

過了一陣子，日軍入城，北平淪陷，胡塵滿街，匯兌中斷，她投稿的文藝刊物也遷離了，她的生活陷入困境，只好以賣去哥哥留給她的莎士比亞全集的錢拮据地過活。這樣過沒幾週，她知道如果日子要繼續過下去，她一定得去找工作，無論如何，她告訴自己：「我不要向現實低頭，絕不。」

透過中學高班同學的介紹，她決心暫時放下準備考試的課本，全天候執教於一附設小學的私立中學。憑著平均九十多分的優異畢業分數及全省師範會考第三名的成績，她拿到校長排給她的課表，仍然是自在的，那是：小學一、二年級的合班國語；三、四年級的合班自然勞作；五、六年級的合班歷史；初中一、二年級的地理；高中一、二年級的英文，幾乎是個全才教員，同時兼任圖書館館長、館員以及館中的灑掃工。

這樣「鉅額」的工作量，月薪卻只有 12 元偽幣！支付食宿費用都嫌窘促。所以，她天天吃小米做的餅子配鹹菜，餐餐如此。然而她從來不抱怨，每天上課，綽號「大鼓」的嚴厲校長就面無表情地站在教室外巡察，沒多久，她不但得到他難得的嘉許，而且面對轟走一個大學畢業教員的頑劣學生，這個小老師以一種又柔又韌的獨特魅力，使他們個個在聽課之後，口服心服。

她果然沒肯向現實低頭，反而以昂揚的生命力來接受生活考驗。第二

年，她考進創校 12 年來第一次招收女生的輔仁大學，此後，她就提著小小的方箱，執著地走向那典麗的知識殿堂。恰在這時，她的故鄉已能與古城通郵，家中的接濟也匯到了，她開始自拮据的生活中解脫出來，而又優遊於文學的典籍與大自然的美景中了。

第二次抉擇的勇氣

當時的輔仁大學真是名師如雲，許多不願在敵偽學校任教的名流學者，紛紛轉赴輔大。對於知識，一向帶著天真熱情的張秀亞，在中文系裡盡量苦讀，同時也不放棄西洋文學的涉獵，爲了開拓知識的天際線；她又準備轉入西語系。不過西語系系主任要求她退一班重讀一年，她想她有她的理想要去奔赴，實不願耽擱一年，所以堅定地說「不！」

系主任想了想，提出了一個條件：「你如果不想退一班，就得在這學年考得全班最高分。」

張秀亞沒有答話，只是安靜地向老師鞠個躬就退出辦公室。誰也不知道，這個表面看起來極爲纖柔的女孩，內裡已經燃燒起熾烈的勇氣，像初三時一個人從天津坐火車跑到北平去找凌叔華那樣，事既經決定，她從不肯輕易退縮或後悔。

第二年，她捧著最高分的獎狀和成績單，以及學校免學費的優待，轉進西語系，貪婪地生吞活剝著一些西洋文學典籍。浪漫主義的感傷氣息、寫實主義的吶喊高歌，以至於象徵主義的朦朧色調，糾纏在她的胸臆裡晃漾起伏，是她那永不止息的好奇，替自己打開一扇天窗，看透了無限流麗的一片雲影天光。

回顧年輕時的鮮明燦爛，張秀亞淡淡地說：「我平常極爲講究人際關係，不願意傷害任何人任何一絲感情，沒想到因爲我要轉系，中文系與西語系兩位系主任竟至互不講話的地步。」

講到這裡，她那恬靜的臉顏忽然燦燦笑開，眼神裡浮漾著孩子氣的捉狹的慧點，她俏皮地說：「希望這兩位先生在天堂上講和了。」

第三度人生轉折

畢業後，她已是兩本小說集的作者了，系上有位美國教授何濟瑞（A. Hotze）鼓勵她到美國深造，熱心地把她的成績單和作品都譯成英文；輔大女院院長是個出身普魯士聯邦王室公主的德國修女，平常極為呵護她，這時更積極以助教薪額說服她留校做編譯員，為教會譯寫詩文；而外文系系主任則希望她考輔大研究所史學組，同時協助他以楚辭體翻譯聖籍中有關彌撒禮儀的部分。

三個關愛她的師長，三種充滿遠景的規劃，她都不忍心拒絕。這時，同學們都回家了，一個人的心事沒得商量，她就每天跑到學校後門外的荷花池去，在一池映照著花葉的碧水邊，心知時間會決定一切，她不想預支太多的煩惱。

後來，美國教授申請的入學許可已經寄來，輔大編譯員的聘書也送到，就是因為文學史成績超過 96 分而獲一門免試的研究所考試，也金榜題名，看起來三種規劃都有了可喜的結果，這時候，她可不能再由荷花池上的漣漪與青萍來幫她做決定了。她想了想，就走進了研究所史學組的教室，富詩心畫意的古物，摩挲著生鏽的古銅器，研讀著史學史，可以把她那極富詩心畫意的思古幽情，凝聚成具體的愛戀，這確實也是件有趣的事，於是，她一方面讀研究所、一方面做編譯員，同時也協助系主任完成了彌撒經文的翻譯。

照說，日子原可平平順順地這樣過下去，只是，越接近抗戰尾聲，敗象已現的日軍對淪陷區的高壓手段就更為苛酷。張秀亞並不怕吃苦，厭惡的是，在那可怕的恐怖統治中，不得保持自由高貴的人性尊嚴。於是，她和幾個同學把描畫到人生藍圖的箭頭一轉，決定奔赴當時抗戰的司令臺重慶。

要突破那樣嚴厲的封鎖線，自有許許多多的困頓、痛楚。六十餘天荊棘、荒原中的跋涉，坐排子車、坐木船，途中驚險百出，當她擠在小渡船

裡橫過黃河時，在滾滾的河水中，倉卒間她失落了她的黑絨棉鞋……，一直到了自由區「界首」的城邊，她看到了青天白日的旗幟飄揚，她和同行的兩個女伴緊繃、糾結的情緒才一下子鬆散開來，而化爲一陣熱誠的歡呼。

說也奇怪，那些疲憊、慌亂跋涉的苦辛，都刻意壓進記憶底層，獨有那隻黑絨棉鞋常常飄浮在思潮起伏的無眠的夜裡，張秀亞講得很美：「直到現在，我還覺得那雙黑絨棉鞋，替我在黃河的決心裡留下一個逗點，這是我人生旅途上值得紀念的一筆。」

這就是張秀亞。無論生活如何顛撲動盪，她總是會在最陰暗的地方，找到夢幻和光彩。

所以，她幾乎不帶有任何留戀地甩開學生時期的光燦，以極近於孩子氣的天真，熱愛起自由區裡的青年朋友，愛他們輕快的步伐、昂揚的精神，甚至連那些土布制服她都無限心喜。她就帶著這樣全新的心情，經由看過她學生時代作品的于斌總主教進薦，更通過《益世報》社長的「翻譯教宗文告」的筆試，走過她人生的另一重轉折。

人世的真相

她的熱情和天真，與其說是富於浪漫情調的牧羊女，我覺得更像是和小王子一樣流落在一人星球裡的「小公主」。

父母親給她太豐盈的愛，但卻不忍給她任何有關「人世真相」的揭示；又念的是教會學校，自然接受了古典經籍、田園詩文的暗示，把世界想像得恬美而安詳。和她同時代、同在北方，又同樣喜愛文藝的林海音女士表示：「我青少年時代沒有少女的夢幻，幾乎一點點都沒有，張秀亞的少女夢幻時代可有一段很長很長的時期。」

這樣的張秀亞，到了嚮往已久的自由區，幾乎是帶著無數夢的衣裳，出現在相識卻不相熟的朋友間。她很快地結婚，又很快從愛情的魔法裡醒來，自己繼續走上詩文爲伴的創作之路。

　　也許，這種種殘忍不幸的際遇，是上蒼對於這個小公主的垂憐，讓她在痛楚磨蝕裡，真正去觸及人世的真相。她對愛情失望、對婚姻覺得疼惜，而後，她又在對自己兩個小兒、女的摯愛裡，反芻對母親的歉疚與思念。

　　生命出現了許多難題，可是，她沒有被擊倒，只是清醒，明明淨淨地把生命看透。她開始浮游於自在人世，翻開書頁，讀幾篇好文章；掀開琴蓋，奏一支曲子；打開顏色盒，畫下窗前的一枝新綠，或者是拿起一支筆，寫一首詩；望著遠方天光，唱一支古老的歌；凝視群魚追逐那浸碎的白雲；看著鄰家的鴿子飛上天空……。

　　在最簡單的生活裡，她感受到最深沉的快樂。表現在她的文字裡有這樣的字句：「我只訂了兩份晨報，還未再去訂一份晚報。而每天下午，總有一份晚報投進我的窗口——好大的一張，是米黃的道林紙印的吧，紙張黃澄澄的。我仔細讀著它，內心感到無比的舒適與寧貼，美麗的夕陽是這份晚報的主要篇幅，而星星同月亮又為它編寫了清新可誦的副刊。」

　　那是一種多麼曲折生動的想像，像一場美麗的震慄，把鮮明的意象牢牢地拼貼在讀者的記憶裡。然則，對於張秀亞而言，她的文字世界，豈止是美麗而已，想像著一個人坐在黃昏裡，永遠只是一個人，一個人去體會一點點光影的移動，細細碎碎地……，苦澀，然而細膩，因為細膩更加重了苦澀的滋味。

　　最難的還不是她要如何忍受這些苦澀，而是提升、淨化，當她對人世失望、挫折到了極處時，她所找到的最後救贖力量就是愛。透過她的巧思，那些直接的痛澀滋味都沉澱了，我們只看到一顆永不褪色的童心，一片真純，和一種溫柔敦厚的愛意。她用她無塵的心靈來體驗人生的景致，雲彩、霓虹、星星、草原，甚至一片葉子或正常事物，她看見了，她聽見了，也希望我們也能夠清楚地看到、聽到。她說，她自一些優美詩文的有限文字中，看到無限；她更說，她在一片寂靜裡，往往轉覺萬籟有聲，而她更把這聲音為我們轉化成音樂。

　　她這一生，激流與風暴的日子都一個人熬過來了，我們能夠在乾爽芬馥的岸上與河唱相遇，是一場何其美麗的經驗，又何其欣幸！

　　——原刊《文訊雜誌》第 38 期，1988 年 10 月 10 日，頁 263～272

——選自《張秀亞全集 15・資料卷》

臺南：國家臺灣文學館，2005 年 3 月

女子弄文誠可喜

◎林海音*

　　有年夏天，我和何凡藉到臺中之便，拜訪了在「北窗下」寫作的張秀亞。她有心要接待遠來的訪客晚餐，卻因為我們另有約在先，她雖然很失望但仍很熱情的給我們預備了一些茶點。是這樣：一進門是剛泡好的香片茶和煮好的熱咖啡，天氣雖炎熱，我們嘛嘛熱飲倒也很解渴解乏。但她忽然想起茶和咖啡太熱了，還有預備好的水果，便又拿出了鳳梨罐頭和冰涼的西瓜，我們在女主人的盛情讓客下，就都一一的吃下去了。說一會兒話後，她又說：「現在離你們去朋友家晚餐還早，一定餓了。」說著她又到廚房端來了一鍋煮得熱騰騰的鴨子湯。我們實在無法拒絕女主人的頻頻相讓，只好每人一碗喝下去，鴨肉可是實在沒法吃了。過後我有點擔心，我再結實的腸胃，是否經得起這五種各色冷熱的飲料在我肚子裡激流翻騰呢，會產生什麼樣的後果啊！

　　果然，過了不久，8 月 7 號以後，秀亞來信了，她說那天給你們灌了五種水，結果八七水災才會鬧得那麼厲害。想想看，八七水災是民國 48 年間的事，距今 24 年，一個世紀的四分之一了。我們至今談起這件往事，還會彼此開玩笑呢！

　　在臺灣，1940、1950 年代喜愛文藝的中學生，誰不是熟讀張秀亞的散文而且深受其影響。歐陽子就是一個很好的例子，她說她讀高中時就是喜歡張秀亞散文的讀者，她在大學時開始寫作，同學們譽她為「張秀亞第二」，她得意非凡；能說歐陽子後來從事寫作，而且成為出色的女作家，沒

*林海音（1918～2001），散文家、小說家。本名林含英。苗栗人。發表文章時為純文學出版社發行人。

有受張秀亞的影響嗎？雖然她後來在寫作的方向，也向自己夢幻的少女時代突破了。張秀亞在寫作《北窗下》的時代，著作最豐富，也不光是散文的創作；就是翻譯、詩作、文藝論評，也都很豐富。她把一生投入文學，至今稍做休息，時常到海外考察並去享「含飴弄孫」之樂（她有四個孫輩了），也是應當的。

我在前月寫凌叔華文中，曾透露她和我都是「凌迷」，她甚至在初中三時就一個人從天津坐火車跑到北平去找凌叔華的故事，許多讀者讀了很感興趣，不知道十幾歲時的張秀亞，會是個什麼樣的小女生。近日正好她自美歸來，我把讀者的話告訴她，並且說我將寫她，但我照片簿中她的照片很多，不知該選那張才好。她竟笑咪咪的從屋裡拿出這張照片來，她說：「你的幾十本照片簿中，一定不會有這張吧！」我接過來一看，這是多麼可貴的一張啊！就是她訪凌叔華回來不久拍攝的小女生之照。不過日子過得也很怕人，它距今快半個世紀了！但是如果我們不說明的話，讀者會以為這是一個現代小女生的照片吧！

在小女生還沒長成大學女生的高二那年，她就出版了一本小說《在大龍河畔》，現在的高二女生恐怕還沒這種魄力吧！秀亞和我談得來的就是回憶小女生時代的讀書生活，我們處在同時代，又同在北方，同樣喜愛文藝；但有一點我和她不太一樣的，就是我青少年時代沒有少女的夢幻，幾乎一點點都沒有，她卻說她的少女夢幻時代可是有一段很長很長的時期。我倆雖同是「凌迷」，但是她所喜愛的另一位 1930 年代著名作家盧隱女士的名作《海濱故人》，我卻看不下去，這大概就是她的夢幻色彩濃的緣故吧！

秀亞是讀書人、寫書人、教書人。她雖處於繁忙的社會、繁忙工作中，但卻有一間像英國女作家維吉妮亞・吳爾芙所說的：「女子如想寫作應該有一間屬於自己的屋子。」這間屋子對秀亞來說，不但是實際的，也是心靈的。當秀亞翻譯吳爾芙的名著《自己的屋子》時，曾在譯序中引用了宋朝朱淑貞的詩句：「女子弄文誠可罪，那堪詠月更吟風，磨穿鐵硯非吾

事，繡折金針卻有功。」對於張秀亞來說，我願改句爲：

女子弄文誠可喜。

——原刊《聯合報》8 版「剪影話文壇」專欄，1983 年 6 月 24 日

——選自《張秀亞全集 15‧資料卷》

臺南：國家臺灣文學館，2005 年 3 月

逝水

秀亞，好想念妳

◎王怡之*

相識、相知，相扶持，幾番相別又相聚。匆匆六十八載，悲歡歲月，滄桑人世。

我清清楚楚記得那一天——教初二國文的劉老師，帶一個小同學進來：「你們也許不認識這個小學妹，可是我相信一定有人在報紙副刊上看過她的名字——張秀亞。」

編輯室立刻熱鬧起來了，幾個大學姊放下手中的工作興奮地圍了上來。

「哦！你就是張秀亞啊？被稱做『小小詩人』的張秀亞啊？」

秀亞個兒不高，一頭濃髮，一雙明眸，一臉純真又有點調皮的微笑。

「給編輯室增加一名生力軍。你們好好合作，互相勉勵！」劉老師高高興興地走了。

小小詩人給我們帶來太多歡笑。她比我們矮半頭，活潑又幽默，大家好愛她，暱稱她「小亞子」，多親熱甜蜜的稱呼！很快的她成為這個小小編輯部的靈魂。每次她總是人還沒進門，就傳來清脆快樂的聲音——「小亞子來嘍！」

那真是少年不知愁滋味的美好時光。嚴格的校規在這兒全然鬆綁。工作之餘，我們爭著朗誦名家詩歌，吹口琴、吃零食、模仿一些老師講課的

---

*資深作家。

神氣，善意地給他們起帶著詩意的「綽號」──連偶爾來指導我們的老師，也會被這群孩子的笑聲所感染，長臉也變成微笑的圓臉了。

我們都是住宿生，週末才回家。記得有一位同學從家返校時，帶回一大串乾脆棗給大家分享，北方大量產棗，是可口又有營養、物美價廉的零食。有人把曬乾掏掉核兒的空心大棗，用二三尺長的細繩穿成大圈圈，一串串掛在竹竿上搖得嘩啦嘩啦響，一面搖著一面叫賣：「脆棗啊！又脆又甜！」

有一天小亞子興致勃勃地跑來：「快！快！後面圍牆外面來了一個賣脆棗的老伯伯，我已和他隔牆喊話講好了，請他別走，我要買好多串。」一面說著一面抓了牆角的竹竿長把掃帚，急急忙忙地向飯廳後面的圍牆跑。等我們幾個後知後覺的學姊亦步亦趨地趕到，小亞子已隔牆交易──幾張紙幣丟出去，幾串乾棗掛在擲出去的掃把頭上，晃晃悠悠地挑過牆來！嘿！太棒了！

我們歡天喜地凱旋歸來。手快的人用剪刀剪斷一串的繩子，往下一抖，又大又紅的棗兒便大珠小珠落玉盤似地堆在一隻白磁盤子裡。小亞子拍著手：「又好看又好聽又好吃！」

恰恰此時，劉老師推門進來了。拿著一本作文簿，看看案上紅墨水、藍墨水、漿糊、剪刀旁邊那一大盤脆棗，笑著說：「又開同學會了？張秀亞沒來？」小亞子嘴裡鼓昂昂地跑過來，鞠了個大躬：「老師好！」劉老師放下手上那本作文簿，注視她一下，笑了，原來她頸上掛著兩串脆棗項鍊。

小亞子門門功課都好，就是受不了化學試驗室裡那瓶「阿摩尼亞」的味道。平時做試驗是兩個人一組，往往是那位同學動手，而後由她來寫報告。有一次同組的同學請病假，她只好獨撐大局。點著了酒精燈，覺得那小小的火苗挺好玩。呆呆地看著忘了做什麼試驗。

老師吩咐班長：「做完了試驗，你收齊了同學的報告送到辦公室來。」她臨出教室前，一回頭，看到小亞子對著眼前的酒精燈發怔，輕輕走過來拍拍她的肩膀：「做試驗要實實在在求證，不能憑幻想，這時候千萬別作

詩，可別拿這燈上的火苗當江楓漁火啊！」笑了笑走了。

事後，小亞子把這一段講給我聽。

「妳是為盛名所累了！化學老師也知道妳是小小詩人啊！」

她都沒有一絲一毫不愉快。「我倒沒覺得她諷刺我，老師嘛，好心提醒我呀！」她笑了笑，一臉正經的說：「我倒好高興化學老師也唸唐詩，否則天天二氧化碳、一氧化碳的，多乏味！一個人總要從詩裡得到些精神享受啊！」她的話使我好感動，她自己喜歡讀詩，也希望人人都喜歡讀詩，心靈上得到安慰與啟示，使生活過得有滋有味。小亞子單純的心中，滿滿地是對詩的愛，對人的愛。

笑靨如花兩少女——16 歲與 14 歲，二人年紀加一起，恰恰 30 歲。溫馨的母校，可愛的女師。小窗下，朗朗書聲，謔謔笑語。長廊裡，嬉戲、論辯又爭執。《詩經‧國風》是我倆的最愛，妳吟：「青青子衿，悠悠我心。」我接：「縱我不往，子寧不嗣音！」故意學著老師酸酸的腔調，卻不由得笑彎了腰。

槐蔭濃濃，校院一角。我倆躲在綠影裡編故事、畫夢、尋詩。枝柯在暖風中搖曳，輕俏的槐花灑落如雨，灑向雙肩髮際。我剛舉臂撫向肩頭，妳立即大聲喝止——「這可愛的點點香雪，不許粗魯地拂去！」老槐樹也被妳逗笑了，搖搖細枝，又飄落下一陣細碎花兒給妳。

不知愁滋味的女孩啊！

往事如夢如詩，彩蝶般翩躚著悄悄逝去。今朝、今朝扶杖來送妳。妳，妳安息無語；我，我兩鬢如絲。二人年紀再相加，竟是 167 歲！秀亞！我的詩人妹妹秀亞！撫棺一慟、撫棺一慟，哽咽住千言萬語！箇中滋味，妳心知、我心知！

一生一世，妳忠悃地用生命來寫詩，妳深情地告訴讀者——「天地有情當感激，生命可貴須珍惜。戰勝困境，須堅忍不屈、自強不息。對他人要謙遜、寬恕、憐憫、捨己。」字字句句是愛、是善、是哲人雋語。點點滴滴沁入讀者心裡。今朝啊，妳悄然離去，千萬讀者以痛惜之淚回報妳，

以感激之淚回報妳！以聲聲讚美不捨獻給妳、獻給妳。

泰戈爾曾有這樣的詩句——「生者有不朽的愛，逝者有不朽的名。」詩哲所說原是他自己，而此時，讀起來卻恰恰像指的是妳。他又夫子自道——「世界以痛苦吻我靈魂，卻要求報以詩歌。」秀亞啊！想一想，這詩句是否也像是為妳而作！

往事，酸酸甜甜的往事，容老邁的我慢慢追憶——脫下中學生的藍衫，戴著小小詩人的冠冕[1]；妳走進故都輔大校園。研讀四載，幸逢名師，學識精進、一日千里。而後，捧著三冊文集[2]奔向重慶去。

怎能忘記，怎能忘記，那舉國狂歡、笙歌處處的日子。日寇敗降，中華勝利！妳飛回故都校園裡。輔大多了一位年輕講師，妳懷中多了一個胖娃娃呀呀學語。福慧雙修的秀亞啊！溫馨甜蜜，溫馨甜蜜。

誰知好夢最易醒，匆匆一千日。海棠裂葉，鹿死人手，魂驚夢斷者紛紛與故土親人泣別。浮海避秦，到寶島喘息。最痛心寶島再相逢，親愛的秀亞！國破了，家也殘缺支離！妳懷中多了另一個小天使，身邊卻不見他的影子，那個眼神爍爍、妳心目中的雪萊呢？！

痛心、憤怒，更多的是憂慮——妳，妳，如何承受這致命的一擊！然而，感謝主！人的盡頭正是神的開始。主的大愛化做一個救生圈，從黑黝黝的深淵將妳托起。

拭去淚水，一聲長嘯，咽下天大的委屈。妳顫抖抖地倚向我臂彎裡：「別擔心，怡姊！我不會倒下去。上主如何恩待我，心中謹記：修女姆姆座前靜聽三年的道理，心中謹記。天恩不可辜負，祂賜我手中一支筆；天職不可放棄，懷中有一雙兒女。」如此冷靜、斬釘截鐵的一句句，使我重新認識妳。秀亞啊！眉頭皺也不皺，把沉重的十字架一肩扛起——母兼父職、煮字療飢。

---

[1] 秀亞 14 歲初中二年級時，即向天津《人公報・文藝副刊》、《益世報・文學週刊》投稿。兩報主編沈從文、蕭乾、柳無忌三位皆為名家。驚喜地發現文學園圃此一嫩苗，而稱之為「小小詩人」。

[2] 秀亞輔大畢業時，已出版《珂蘿佐女郎》、《皈依》、《幸福的泉源》三本作品。

　　多少年來，言行合一。孩子慢慢長大了，書架上妳問世的文章一集又一集。一支筆！奇妙的一支筆，是妳護身的傘蓋，遮擋了塵世多少淒風苦雨。一雙兒女，可愛的一雙兒女，是妳生命的核心，化做矯健的雙翼。日日時時、時時日日，用純真的笑靨催促妳，向上飛騰，再向上飛騰，遠離濁世，傲視濁世！

　　文壇前輩為妳驚喜，文友讀者的掌聲響起，四下熱烈地響起。妳曾說：「坎坷折磨是上天給的功課，痛苦艱難奈我何！」是啊！秀亞！妳善體天心，妳是闡釋天意的使者。

　　秀亞啊！我深知：妳如何走出個人的痛苦哀怨，定睛凝視人世。我深知：妳誓以彩筆為針線，來織補人間的破綻缺失。妳以美的文字，渲染美的意境，釋出美的義蘊真理，三者合一，達到美的極致！哦！美的極致！妳的彩筆那麼清雋、婉約，輕輕地淡淡地，卻散發著人人心靈所渴求的真、善、愛、光與力！多少弱者對人生失望之際，從妳的《北窗下》³看到閃爍的希望，得到啟發激勵，而覺醒奮起。秀亞！我看到妳抿著嘴角微笑了！笑得好含蓄！

　　我，一個忠實的老讀者，眼睜睜看著少女時代的小小詩人，背著愛的十字架，走過中午的苦難，浴火重生。一步一步莊嚴地走向文學的巔峰。

　　半個多世紀，創作、譯述 82 集。夠了，夠了，妳已做得太好太多。一生，妳的一生是一闋漫長的詩歌，一闋被淚水浸透、又被大愛燃燒的詩歌。妳，屬於世界，不僅僅屬於中國。⁴妳，妳屬於長久長久的未來，不僅僅屬於現在。⁵

---

³《北窗下》秀亞 1962 年出版之散文集。乃發表於《中央日報》副刊，每日一文之勵志小品。開散文連載首例。掀起讀者「搶讀」熱潮。致發行 23 版之多，北美洛杉磯文化中心主任鄭志誠先生以自身經歷做見證：「臺灣苗栗鄉間一個孩子，在迷茫無助對人生全然失望時，從《北窗下》看到希望與祝福，而覺醒奮起，始有今日健康之人生。」

⁴秀亞作品多種被譯為英、法、韓文。獲得異國讀者讚賞。她全部作品及譯著，及本人自誦詩歌之錄音帶，為美國國會圖書館所收藏。加州大學長堤分校也收藏了她全部創作及譯著。而美國印第安那大學，曾開課專門研究她的作品。學生從事專門研究者，已有不少人得到學位。

⁵世界上科學無論如何進步，人類心靈仍需文學藝術之慰藉、啟迪、指引。優美作品必不為時空所囿而傳之久遠。秀亞之作當可「恢萬里而無閡，通億載而為津」永垂不朽。

　　妳走了！無限哀榮恭送妳。可是，秀亞！咱倆那癡癡訂下的「心約」呢？一年前曾悄悄相約，有朝一日，上主垂憐，病痛盡去。老友二人相扶持，重返故里。聽啊！杜鵑一聲聲在唱「不如歸、不如歸去！」咱倆飛回綠色古城，追憶青春少年時，去瓊島春蔭的北海長廊小憩，遙望五龍亭湖中倒影伴著溫柔的漣漪。去中南海松柏清蔭下、淡淡茶香裡，倚著竹椅聽斷斷續續的鷓鴣啼……去輔大後門的湖邊尋尋覓覓，問堤邊老柳無恙否，問那一片清澈湖水可還記得妳？可是，秀亞！妳竟先走了！丟下魂牽夢縈的綠色古城，「心約」成虛語！「心約」成虛語！

　　親愛的秀亞！今日此時——妳，妳靜悄悄安息無語，我，我孤單單兩鬢如絲。

　　小提琴悠悠地奏著巴哈的聖母頌。

　　我走出了沉思，走出了往昔。

　　大會堂似是浸在一片清澈湖水裡。湖水漾溢著聖潔、慈祥、安謐。

　　肅穆的追思，肅穆的追思。[6]

　　沒有一絲絲陰森悽冷。而是花香瀰漫、琴韻悠悠，撫慰著傷心人。

　　友人們相繼到臺上，說出心中對秀亞的敬愛、讚美、不捨、痛惜。

　　一排黑衣修女姊妹，在座位上低低啜泣。

　　輔仁與靜宜的校友，到臺上朗誦老師的詩篇。淚光閃閃，柔柔的聲音微微抖顫。她們回憶如坐春風的當年。秀亞啊！妳可聽到弟子們一聲聲對恩師的呼喚！！

　　當年，慈母懷中的一雙稚齡兒女，已是茁壯的中年。金山、德蘭拭淚為母親祈禱，向來賓致謝，主禮神父帶領家屬向靈柩灑聖水，求恩主賜予平安。

　　眾友人——行禮如儀。

　　秀亞啊！讓我送妳最後一程罷，送妳到天堂母后墓園裡。

---

[6] 北美南加州 15 個文藝團體，和洛杉磯、橙縣教友聯誼會，為了紀念大作家張秀亞女士，7 月 14 日在加州橙縣天主教堂，獻上一場追思彌撒。文友、教友、讀者四百餘人參加。

芳草萋萋，墓園一望無際。

友人們肅然而立。人人向靈柩獻上鮮花一枝。霎時，一座聖潔芬芳的花丘堆起。

秀亞安然復歸於土了！

愛花的詩人啊！讓這芬芳美麗長伴妳！

明知，今日妳我是暫時別離；明知，來日妳我在天家定會重相聚。掩不住的熱淚仍然一滴滴、一滴滴。

感謝主！就在此時舉目向天際，啊！一幅畫面奇異地顯現在白雲裡——

「上主拿著一頂小小花冠，在為秀亞加冕！並慈祥地說：『好女兒！妳一生所行，比我囑咐的，更美，更善！』」

噢！秀亞！我驚喜地屏息凝視、凝視，直到另一片白雲飄來，那畫面慢慢隱去。

噢！秀亞！我不再哭泣，不再哭泣。我看到了妳在天家的美好際遇。在人間文壇上，妳曾獲得太多的獎賞榮譽，但，那算什麼呢。如今，妳終於得到天上的至高讚許！秀亞！我又到妳抿著嘴角微笑了，依然笑得好含蓄。

天晚了，涼風吹起，我將扶杖歸去。只是，只是，可否容我再說一句——親愛的秀亞！我，我好想念、好想念妳！

秀亞百日忌辰重寫

——原刊《中華日報‧中華副刊》2001 年 8 月 29～30 日

——選自《張秀亞全集 15‧資料卷》
臺南：國家臺灣文學館，2005 年 3 月

張秀亞不曾放下寫作的筆

◎林黛嫚*

　　初初認識張秀亞女士的名字與作品，我才是高三的年紀，她與一些嚮往已久的新文藝作家的作品，一起進入我的書房。那年，我獲得第一屆全國學生文學獎，由於只有佳作，獎金並不多，最叫我興奮的，卻是贊助單位送的一箱書，整整有一百本。

　　從識字起，我雖愛看書，卻不曾有零用錢買書，一直到我念師專後，省下退伙金，買了第一本書，那之前我所閱讀的課外書都是借的，來自同學、鄰居、圖書館和書店。突然，一下子，我有了一百本書，那種心情，或許中愛國獎券特獎差可比擬，我甚至認為，我永遠看不完那一箱書，其中就有秀亞女士的《湖水·秋燈》。

　　然後，是在一次文學活動裡，一位我所心儀的年輕散文作家，不經意地聊著，他最崇敬的、影響他最大的散文家便是張秀亞女士。這時，張秀亞女士的名字才從那一百位作家中浮凸出來，有了獨立的生命。那位散文作家一定不知道，他隨意的一句話，卻促成我認識秀亞女士的機緣。

　　進入「中副」工作後，主編派給我訪問秀亞女士的工作，我欣然應允，並立即進行聯絡，秀亞女士和我約在中心餐廳。

　　那時的我，進入副刊不久，採訪經驗不夠，不曉得要談些什麼內容，早早到達中心餐廳，忐忑著一顆心坐在椅上候著。不久，秀亞女士由女兒陪同出現了，她親切的神情、輕柔而帶撫慰作用的聲音，立刻化解了我的

---

*發表文章時為《中央日報》編輯，現為國立臺北教育大學語文與創作學系兼任講師、世新大學中國文學系兼任講師。

羞怯，而曾任《益世報》編輯多年的秀亞女士，一定也很快看穿我生澀的採訪技巧，於是她恂恂地談起自己的創作生涯，並且告訴我哪裡可以找到相關資料參考，我像個初習字的孩子，而她執著我的手，一筆一畫描摩著生字。

那篇訪問稿完成後，我寄給秀亞女士過目。她花了許多工夫，使我簡略的內容顯得充實；使我粗糙的筆路有她一貫的優美文風。我將那份剪剪貼貼、塗塗改改的原稿重新謄了一遍，七、八千字的篇幅抄了一整夜，但我一點也不嫌累，我確切知道，自己從這當中獲得太多了。

那篇專訪中詳盡地描述秀亞女士的創作歷程，她從念小學時，即在各大報紙的兒童週刊發表習作，18 歲出版第一本書《在大龍河畔》，之後，她就不曾放下那支寫作的筆，以迄今日，秀亞女士作品數量已超越了她走過的歲月，而她依舊氣定神閒地說著：「在文藝的聖火照耀下，我是不想退場了！」她寫散文，兼以小說、詩、翻譯見長，同時是研究藝術史的學者，放眼當今文壇，能跨越「寫作五十年」里程碑的，又有幾人呢？秀亞女士的博學多聞、勤力創作，無疑是我們這些後學望之難及的。

工作交差了，我樂於改口稱秀亞女士為張阿姨，幾次和她在電話裡聊，她總是不斷地讚美我的文筆，我明白自己的斤兩，卻深深為那些溢美的言語中所涵蘊的、長者的關懷與鼓勵感動，張阿姨自己的作品那麼多、那麼好、那麼廣博，她卻不吝於給予一位只見過一次面的小友這麼多讚美！

近幾年她的身體狀況不太好，我曾提起到她寓所玩玩，她委婉拒絕了。她告訴我，由於腿疾行動不便，僱人整理家務，她雖與傭人相處甚歡，但因精神體力不繼，無法常與傭人閒聊，偌大屋室倍顯悶寂，傭人們總是待不久，幾個月下來寓所雜亂無章，有次文友來訪，進屋後卻張望不到她的身影，大聲呼喚，才有她的回應自一堆雜物中傳來。

她用樂觀的語氣說著這段經過，我想我能體會她不願麻煩別人的心意，也不再堅持。然而，在夜深人靜執筆回憶那一面之緣，我忽然覺得，

自己是多麼想念那張圓圓的、兩頰豐潤、眉眼含笑的臉。

　　　　　　——原刊《中央日報》16 版，1992 月 10 月 3 日

　　　　　　　　　　——選自《張秀亞全集 15・資料卷》
　　　　　　　　　　臺南：國家臺灣文學館，2005 年 3 月

寫作‧寫作

◎張秀亞

一

西洋有一句老話：詩人（此一詞是廣義的，意即文藝作家）是天生的，不是人爲的（A poet is born, not made）。那意思是說，真正的作家，是由於先天的稟賦，非關學力，與我國「詩有別才，非關學也」一語正同。換一句話說，一個作家之所以爲作家，是由於文藝選擇了他；我在碧藍的格子城中學步，已有一些年了，在摸索、顛躓之中，我深深的體味出：是我選擇了文藝，而非它選擇了我，因爲除了虐待這隻手以外，其他更非我之所長。這抉擇也許是錯誤的吧，但我也只有一直的走下去了。自中學時代，以「陳藍」爲筆名開始，若干年來，我爲文藝付出的，已不算太少，多少沉思冥想的時光，多少呵凍不眠的清夜！這也許是受了福樓拜（G. Flaubert）那句話的影響：「寧願死也不願潦草將事！」

以描寫細緻綿密見長的福氏的作品，我並非都欣賞，而他的這句話，卻深鑱我的心坎。這句話表示出一個作者的嚴肅態度，而在這態度中，才孕育出藝術的高貴與莊嚴！

偶爾意興來時，在短促的時間內完成的篇章不是沒有，但總是由我自己「三讀」通過後——有嘵嘴的句子嗎？有游詞贅語嗎？在文字以外，讀者還可以領會到一些東西嗎？——才肯將它裝入小小的封套內，到外面的世界去尋找它的命運。

有人說，一篇作品是以快樂開始，智慧終結。我則以爲一篇作品是以

痛苦開始——使百花成蜜，葡萄變酒的醞釀期的那份痛苦，而以喜悅終結。奈都夫人的名句：以詩歌的悲哀，征服生命的悲哀，其意義也許即在於此。

在文藝的聖火照耀下，我是不想退場了。

二

一個文藝工作者，是應投身於繁鬧的市場中，抑或是退居到心靈的內室？作品的廣度與深度，多少年來，一直是縈繞我內心的一個問題，終於，我得到了一個解答，作品兼有廣度與深度當然是最理想的，而與其失之廣泛、浮泛，又何如將題材濃縮，試著寫得真摯而深沉？

瑪利・韋伯終其生未曾離開她的閣樓；蒙田則半生徘徊於他的方磚塔前；而美國當代的畫家安珠・魏思（Andrew Wyeth），生平亦未離開他的故鄉一步，他的作品卻向我們展現出新的深度。有些好事者曾經請求他去描繪他們認爲美的東西，他卻靜靜的說：「那些東西可能是美的，但是，我得深深的感覺到它才成啊！」

寫自己所熟稔，所深知的，所深深感覺到的，一直是我多少年來寫作的信條。我始終認爲，如果仔細去體認，家中一堵短牆上的磚頭，也許就是一部壯麗的編年史！我永不敢去寫一些別人認爲驚心動魄，而對我自己卻極其陌生的東西。我只想在我所知道的，所能領略的範圍內，挖掘得深一些，更深一些，（Why shouldn't I stay in one place and dig a little deeper?）不是嗎？文學的莊嚴任務，原只是發掘富麗的人性！

我寫作的成品自認爲還不夠圓熟，但是，我希望在那微澀果子的核心，含蘊著一點什麼，引得讀者去思索、回味。

三

文字的內容，形成了文字的靈魂。健康的作品，其中表現的思想、情感，足以促進人與人之間的了解與同情，增加人與人之間的親誼與聯繫，

而病態的作品則反是。文學作品是表現，但是當使讀者由其中所表現的而有所感悟。

　　我讀過一位作家的短篇小說的譯文，在那篇精采的短文中，作者以第一身的口氣，親切的敘述出他童年的一段經歷。大意是說，一天，幼年的他在一片翠綠的田野中亂走，他很希望能走得遠一點，但是面前一片人工的鐵蒺藜阻擋住了他，正當他快快之頃，他的頭上飛過了一隻黃蝴蝶，牠只拍了拍翅膀，就毫不費力的飛越過鐵蒺藜，到景色燦美的遠方去了，而隔在這邊的孩子呢，眼巴巴的望著牠飛走，小小的心靈中畫了一個很大的問號與歎號。

　　這篇小說內容很簡單，但是意味多麼深長！那一道鐵蒺藜，那人為的藩籬，不就是東柏林的圍牆嗎？不就是竹幕與鐵幕嗎？自恃聰明的人類中，有一部分卻是最愚蠢的，他們在心中挑起了仇恨，製造了人與人間的隔閡，而偉大的藝術家，卻在辛勤的努力著，希望他們的力量一點一滴的匯起來，足以摧毀那些隔障，那些藩籬，那篇小說就是這份努力的表徵。

　　我多希望有一天我也能寫出一些篇章來，能使人類的心靈結合得更緊密一點。

四

　　我對文字的愛好，幾乎已經成為一種不可抑制的情熱，每讀到一個優美而雋永的句子，我的眼睛就會發亮，我的心靈就會急遽的震顫，因此，「對文字的癖好，在我已成為不治之症了。」我愛的不是文字的表面，而是字與字之間的奇妙組合，以及由那組合而形成的，諧和完美，透出的芳香，生出的魅力，閃出的火花，發出的光亮。

　　一個作者與文字的關係，一如名將與士卒，一如雕刻家與他斧鑿下的石塊。當我讀到下面那幾行時，我的心靈感受到多大的震動啊——

　　　他的手指摸弄著石頭，探索著它的紋理，他一邊摩挲，一邊顫抖著自

問：「我為什麼會有這種感覺呢？」他覺得那塊白色的雲母石是活生生的，有呼吸的實體，它也有知，情，意。他的心底好像有個聲音在說：「你對石頭的這種感情就是愛。」雲母石在他的生命中擔任的是主要的角色，也是他命運之所繫，直到這片刻，他的手輕輕的愛撫著這雲母石的時候，他覺得他的生命當真可以說是充實了。他的鑿子擺在石頭上，揮動著錘子開始敲打，他真覺得暢心適意，他自己，雲母石與錘子、鑿子已經成為不可分的，已經合而為一。

這一段是歐文・史東寫的《煎熬與狂喜》（ *The Agony and the Ecstasy* ）中的一段，描述藝術巨匠米開朗基羅如何開始工作，他對於一塊頑石的感情，竟是如此的深摯，而那一向被認為冥頑不靈的石頭也不忍辜負他的一番深情，將他澎湃生命力，宇宙間的創造精神在他的斧鑿之下表現無遺。一個文藝工作者，倘對供他驅遣的文字，以及他的寫作的工作能付予如此多的熱情，也許才能寫出感人的作品吧。我常常想，我的作品始終缺少那股震撼靈魂的偉力，是否由於自己對於寫作還未付出足夠的情熱？

五

暇時我常常讀書、觀畫，並欣賞一下我最不了解的音樂。我聽音樂，完全為了使我的聽覺稍稍諳悉音樂之美，可以使文字的節奏能配和文中情緒的起伏。

我讀書，讀人生這部大書，也注意讀一些古今的名作，但一本編寫得很好的地理、生物……，也往往引得我廢寢忘餐，一部優美的作品，原不一定標明是「文學著作」。

我並不工繪事，但一幅名畫會給我不少的快樂。

我曾看到過一幅齊白石的《君山圖》，在寬不盈尺的紙上，以輕筆淡墨，畫出幾綹暗雲似的君山，畫紙的下半，幾條瀲瀲的水紋上，是一隻小小的帆船，此外，畫面上什麼都沒有了。但是，筆墨之外，自瀰漫著一種

山水之間的真趣。凝視復凝視，使人覺得悠然意遠，這也許是明人吳承先所說的「平淡不奇」，宛如一篇言近旨遠的妙文。我盼望自己有一天能夠融合畫理入文，在疏疏朗朗的筆觸裡，表現出天壤之間的那股意趣，那股逸趣。

我也喜歡法國塞尚（Paul Cézanne）的畫，尤其是他那幅《聖維多利山》，他的構圖是多麼謹嚴，他的設色又是多麼的新奇！在一片青碧之中，突然有一點火焰似的嫣紅飛騰而來，憑添了無限春天的意味，顏料在他的筆下竟也像是有了生命。面對著他的畫，只覺天地旋舞，林木悲吟，如同讀拜倫的詩，如同聽韓德爾的音樂，更使人聯想到一個朝采潤藻，夕餐丹霞的幽人，韻味彌覺無窮。塞尚是以色彩來作詩，而我們不是也可以文字凝成的意象來作一幅畫圖嗎？——「一行深色的字，如同一個聖潔的藍衣女子，持著閃亮的風燈，自我的眼前走過。」

關於文字與音樂的關係，福樓拜解釋得最為清楚：他寫完了一個句子，就將每個字的高低抑揚在琴鍵上加以試驗。我們並不見得每人都有自備的鋼琴，但是，我們的心間不是藏有一張素琴嗎？細心的將它撥動，再用靈魂的耳朵去諦聽吧，如果它的高低節響，正好與我們表現的歡騰或悲抑的情緒配合，那我們這個句子就會在形式以外，另具一種感動人的力量了。有些字的聲音，有如響亮的鑼鈸，有的如尖銳的豎笛，而有的聲音幽咽低抑如玉簫、蘆管，只合吹奏於月明風清之夕，悠揚於曉風新夢之中。

文章原是靈魂的樂章，我們豈能忽視它的節奏之美？

六

我偶爾想到，寫一篇文章，宛如唱一支歌。

昔年當我古城讀書的時候，一個夏日的朝晨，我曾在東交民巷前的一片花圃中，遇到了一個異國的十來歲的小姑娘。她曾為我唱了一支短歌，一支十分動聽的歌。

多少年來，我再也未曾遇到過那個孩子，人生原是充滿了這樣奇妙的

遇合，一次邂逅，就沒有下文了，但是，她爲我唱的那支短歌，我覺得比一部巨著還要動人。

　　那個小姑娘曾爲了我──一個在她的居留地讀大一的女孩子唱了一支歌，她用心的唱了，我也用心的聽了。至今，每逢寂寥的時候，我的心中就發出了那支歌的回聲，雖然，當時只讀了半年法文的我，連它的意義也未全懂，但那又有什麼關係呢？

　　在生命的途程中，我願自己也以全部的心力唱出一支歌，能對憂苦的人有慰心的力量，對沮喪的人有鼓舞的力量，唱一支歌也就夠了。

　　那個派遣我們來到這世間的造物主，原只問我們唱得好不好，並不問我們唱得多不多。

民國 55 年（公元 1966 年）除夕

──選自《張秀亞全集 15・資料卷》
臺南：國家臺灣文學館，2005 年 3 月

我學寫詩

◎張秀亞

寂寥的日午，偶爾翻閱黏貼詩作的簿子，已經有了百數十首，這是一串小花，縱屬無香無色，卻是擷自我心靈的綠野。

寫詩，自我中學時代起，已經有十數年了，但迄今未得進入詩神的堂奧，空徘徊於廊廡，寫詩，如何能寫出好詩，在我依然是個難解的謎。

記得很多年前就有一個詩人慨嘆過：「寫詩，到底是怎麼回事？」

當真，寫詩是怎麼一回事？亙古以來，能有幾人講得清楚，說得完全？狀擬天邊一片雲霞，我們的筆顯然是太笨拙了，但用來敘寫詩的神祕，不是更覺為難嗎？

寫詩，是一件寂寞的事，是一件難堪的事，詩人熱愛世界，世界卻遺棄詩人，詩人忠實的記錄下時代的感受，但是他的時代往往不認識他，因此，拿了一支毛椎，幾頁詩稿，風冷日斜，他來到一個前不見古人，後不見來者的茫然境界，回顧來時小徑，已為夜色輕籠，瞻看前面，只有淒綠的苔痕，他怎能不慨然嘆息，愴然涕下！

但是，無論如何寂寞難堪，他忍耐住了，他擁抱住他所愛慕的真理，無論如何，他也堅強的防護住心靈，不使為傳統偏見所左右，屹立於自己的方位，深深的發掘，為了在工作的篇頁上，印上他自己的影子與真理的腳印。

在這世界上，我只愛了且保留了一件東西，那就是詩，我愛散文及小說，以及歷史，但也為了那多多少少是詩的延展。

英國詩人柯列瑞芝曾說過，詩句的來源有兩種：一種來自默想，且有

韻律及獨創性；一種來自理智及觀察，條理清晰而意境平淡。我的詩句，
（如果那還可以稱爲詩句的話。）完全是屬於前一種，當受風雨侵襲，愁
絲纏繞的時候，我更缺少那份冷靜來分析，來觀察。我走的，只是第一條
路子——默想，體味。

我的憂鬱心性，和喜愛大自然的性格，自幼即很顯著，我喜歡看那一
股暮色的藍波，流入花蔭，我更喜歡在月明如畫的夜裡，尋覓孤星的蹤
跡。一片掛起長虹的天空，更是我心靈舞蹈的場地，我的憂鬱自藍空飛
來，我的歡喜也自藍空飛來，而最適合表現內心這份感受的，莫過於詩
了，很久以來，我就愛上一個詩人的斷章：

　　他的歡喜，他的詩，
　　在風裡輕搖。

記得一個仲夏的夜晚，我在窗檻獨坐，天上滿是持著星燈的小天使，
銀河畔似乎流送來輕細的音樂。我如一池靜水的心中，頓時漾起了詩的漣
漪。我拿起一支鉛筆，在一張稿紙上，寫了這樣的幾句：

　　夜色，已隔著簾幕，
　　步進屋子裡，
　　燈兒，已該燃起。

詩句是單純極了，且很明顯的看出模仿的痕跡，但也多少表現出一個
十五歲的孩子，在一個靜靜的夏夜，小心靈中的感受。

炎炎長晝，我每是手執一卷，坐在花壇邊，一小時又一小時過去了，
一陣清風的芳馨呼吸，一片落花的嘆息，都會激動了我的心靈，在那俄
頃，我似看到了大自然美麗的雲眼。我曾爲了流連在牽牛花葉上的蜜蜂寫
過一首小詩：

蜜蜂展著黃翅子，
像是綺瑟公主的金色船，
輕盈輕盈的泛過，
一片密葉展成的綠波。

而一朵在風中乍放的小花，也能引起我的喜悅，我也以歡快的語調，
寫成了那首〈花〉：

清風轉過牆角，
劃了一陣火柴，
又將它投入花叢，
一朵小花在風中展開，
羞怯的圓瓣，
擁抱住火星的金紅。

這些詠物的小詩，沒有生動的句子，深刻的義蘊，但是能代表一個小
小中學生心靈的聲音。

我更曾流連於美麗的田野，而寫出了我那首〈閑步〉，最後的幾句記得
是：

當晚歸的燕子啣來了暮色，
我們要帶著一身花香歸去，
臨行時不要忘了採折，
含笑在樹蔭下的曼陀羅。

那時期我愛寫詩，也愛讀詩，詩，整個的支配了我的心靈，和我的哀
樂。我最先喜歡劉大白的詩，為了他那詩格的清秀，澹雅；後來，我更嗜

讀劉半農的詩句，為了它簡單純樸；此外，我更愛徐志摩詩中奔騰的氣
勢，生動的描寫，與含蘊其中的真摯感情。終於，我醉心於受法國詩影響
最深的戴望舒。在意義的表現上，我曾極力想模仿他，但在那模仿中，幸
而還未失落了自己，為了我也有自己要唱的歌。

其後隨了年齡，我也多涉獵了一些外國詩家的作品，我喜讀法國拉馬
丁的詩篇，為了其中那神祕綺麗的夢寐色彩，更羨慕波特萊爾詩中那眩目
的光影，彼時，我雖缺少實際經驗，卻自書中看到一些情感的悲劇，我也
開始借助於想像，在詩中寫一些悲哀的故事了。

我的第一篇試驗作，是在初進大學的那年，記得那是一個淒寒的冬
夜，一燈如豆，爐火不溫，同學們都已睡去了，我為窗外的月色喚醒，拿
了筆同稿紙，冒著瑟瑟的寒風，在走廊上燈月交輝的一片清冷的光影之
下，我寫成了那首五百行的故事詩〈水上琴聲〉。在那首詩的前記裡，我自
承受愛倫坡的影響甚深。在其中的幾段裡，我譜出了淒涼的生命之歌：

　　失了軌道的
　　孤零一行星，
　　自天空
　　無聲
　　無聲的落殞，
　　它落殞自情感的天空，
　　遂自夢中划過了一顆
　　曳著光尾的珍珠色殞星，
　　殞星自希望的藍空划過，
　　寂寞的落到寂寞的山前，
　　山前失去了紫薇花微笑，
　　寂寞，寂寞的少人行——。
　　……

明晨淒冷，

淒冷的明晨，

衰老的山客，

（雪花鍍銀了白髮。）

憂鬱的向人訴說：

昨夜，風雪中，

有一個少年，

（他的生命中，

永遠失去了春天。）

臥倒在風折的松樹邊，

在那雪埋的水晶山前，

凋謝的綠葉色生命，

由溫柔的雪之女神，

裝飾了銀白的花圈。

自心上流溢出的鮮血，

和著斑斑的珊瑚色淚，

染紅了那慘白的花圈，

染紅了他碎了的琴弦……。

　　寫這詩的時候，我還是個未曾出校門的孩子，但自那陋窳的句子中，流蕩出的悲抑情緒看來，對於生途中的悲劇，我似乎已有可怕的預感，這也是一個巧合。

　　五、六年來，我愛詩之心，並未稍渝，只是我更少寫了，我覺得詩是少年人寫的，自己入世漸深，心中早已失去了當年的單純，已不配請詩神來居住其中，所以，只在散文及小說方面學習了，很少寫出整首的詩，偶爾有，其調子，感情，深度，已與學生時代的作品完全不同了。

　　但我對詩之愛，執著如昔。以後，即使寫得再少，我仍然要寫幾行。

因詩是我寂寥中的伴侶，斟酌韻和句，這神聖工作的本身，就能給人快樂。如果人間的路上充滿了荊棘，而寫詩的途徑上，則荒煙蔓草之中，仍開放著藍色悅人的花朵。詩本來就一半是來自酒神狄奧尼修斯，它自身也像是蘋果酒，皆自寫詩者的靈魂壓榨而來，滋潤了別人，同時，也滋潤了自己。

世界到處充滿了詩，如何找到字句來翻譯這大千世界，翻譯自己的情緒，翻譯自己的感受，翻譯出心靈與自然的契機，這是亙古以來詩人們所努力追求的。

往往推敲多時未得的，偶然之間，一個極其妥貼而新鮮的句子，如同一個故友，來輕叩你的心扉，這是偶得，這是靈魂的奇遇，這是快樂。

每由於靈感的來臨，想像的協助，眼前一片平凡的荒園，也現出一片春草，如翠如煙。在這如茵芳草上，有詩神微步輕盈。為此，我雖寫不好詩，卻對詩的背影，追隨不捨，只要她回眸一顧，即使我的筆再拙劣，也許能像拜倫，一覺醒來，成了詩人。

——選自《張秀亞全集 2·散文卷一》

臺南：國家臺灣文學館，2005 年 3 月

談散文

◎張秀亞

　　散文是各種文學體制中最普通，最平易的一種。我們每個人幾乎都可以說是個散文作家。因為散文包括的範圍很廣，你寫一封信，記一頁日記，都是散文；另外，寫雜感、記事、報導或者遊記，也莫不是散文，我們真也可以說是每天生活在散文之中。在英文裡，稱散文為 prose。這個字同時也可以解釋為日常的會話。至於 prosaic 這個字，可以解釋為凡俗的、庸常的，也便是從散文 prose 這個字變化來的。所以說，散文實在可以說是一種最庸常、最普通的，平淡無奇的文體，但是，它的特點也就含蘊在這平淡無奇之中，下面，我們分幾點來談談這種文體：

　　一、先說散文的風格——散文是最能代表作者心性、個性，與人格的。法國作家古爾蒙（Gourmont）曾說：La pensée est L'homme meme, Le style est la pensée meme，意思是說思想即人格，風格即思想，換一句話，也就是風格即人格的意思，最能詮釋這句話的意義的，我以為莫過於散文了，因為散文是一種很自如很隨便的文體，可長可短，大之可以談天說地，小之可以談到身邊瑣事，自自然然的由作者心胸間流溢出來，如同一泓清泉，反映出作者的聲音笑貌，所以一篇大氣磅礡的作品，反映出一個性格豪邁的作家，而一篇神采飄逸的妙文，即來自一個性格瀟灑作者的筆端。

　　二、我們要談的是散文與其他文體的比較——各種文體：戲劇、文學批評、小說，中間莫不包括了散文，分析開來，每一片段，莫不是散文，因此，我們可以說，一切文字都是散文，但是，卻絕不能說散文是一切。

一個優秀的劇作家、批評家、小說家,都可以寫出極其美妙的純粹散文來,但一個散文作家,卻不一定包辦這一切文體。因為諸種文體中包括了散文,而散文,並不能包括這諸種文體。但是,散文卻是一切的基礎,要想寫出好的文學作品來,必先自散文入手,求其清靈美妙,才能在寫作上有成就。

前面,我們沒有談到散文與詩的比較,這裡要說,最易與散文混淆的,要算是詩了。雖然就其形式來講,我們可以說,散文是以散體寫成的,而詩則是有韻律的,但決定散文與詩的分野的,卻絕非韻的問題。一首不叶韻的自由體,有時可以是一首好詩,而一篇詩意毫無的叶韻文字,實際也仍然是一篇散文。所以有人說,法國詩人魏爾倫(Verlaine)的詩,都是些短小的散文,而福樓拜(Flaubert)的傑作長篇小說《包法利夫人》(*Madame Bovary*)簡直是絕妙的詩篇。所以,這就難了,那麼到底什麼是散文,什麼是詩呢?只好借用英國批評家艾略特(T. S. Eliot)的話來解釋了。他說:「詩與散文的分別是很清楚的。」又說:「詩與散文的分別是很模糊的。」更說:「詩與散文的區別只是技巧的問題。」勉強來說,詩是情感與想像的語言;散文則是思想的語言。詩是不可分析的,而散文則是脈絡分明的。譬如我們中文的唐詩,有的只是描寫一點感觸,一種情緒,不能分析,也不可分析。而散文則在感觸情緒以外,包含了較多的理性與邏輯。其中包括了定義、辨證、結論,各步驟。

三、我們要說的是散文寫作。前面已經說過,散文要有情緒,有思想,包括了定義,辨證、結論,各種步驟,但這絕不似論文般的刻板。散文只是循邏輯路線發展的思想與情緒,自自然然的形成了條理清晰,脈絡分明的文字,所以散文雖要寫得含蓄,而最怕模糊,凌亂,模稜兩可。在寫散文之前,一定要清楚的知道,在文字中要表現的是什麼,用什麼,然後再執筆。以思想為主體,情感為核心,想像添羽翼,靈感染色彩,自然能成功一篇音調鏗鏘,叶合雅麗的美妙文章。

四、我們要說的是關於幾位散文名家的評介——近代的散文作家,我

們以爲最傑出的要算梁啓超了。當然一方面由於他的才氣過人，一方面也由於他深得文章三昧，那即是在文章中，情感的分量放得很重。打開他的一部《飲冰室文集》，不論哪篇文字，莫不悲壯、熱切、慷慨、激昂，內在的情緒，形成了文字的起伏波動，形成了文字的自然節奏，響徹了讀者的心靈。人家說他的筆端帶有情感，確是很恰當的批評。王國維曾說，「文章吾最愛以血書者」，所謂以血書者，便是真情流露的作品。另外，值得介紹的散文作家是徐志摩，文字同樣的熱情奔放、天才橫溢，但失之累贅、堆砌，而被譏爲濃得化不開，是不足爲法的，只能欣賞，不可模擬。近代女作家蘇雪林，早期的作品綺麗清新，宛轉欲流，而近年的作品，更是已臻妙境，使人如飲醇酒，如品佳茗，可說已達爐火純青的境界，是值得一讀再讀的。至於西洋作家，最曲折美妙的，當推吳爾芙夫人（V. Woolf）。不過她的想像過於豐富，幻想過於離奇，讀她的文章，如走迷津，難以把捉到清晰的路線。最好的散文作家，並且適合我們中國人口味的，要算是英國女作家梅耐爾（Alice Meynell）。文筆秀逸，神清如水，有著極柔婉的情調，美妙的韻致。另外，契斯特頓（G. K. Chesterton）的文章，雄渾、恣肆、亦莊亦諧，文字如同口語，平易淺顯，充滿了機智的妙趣，閃爍著天才的火花，可以說是散文中的上品，其餘的都不能在此一一介紹了，還請大家自己去品評欣賞吧。

註：本文係 42 年文藝節廣播詞。

——選自《張秀亞全集 15・資料卷》
臺南：國家臺灣文學館，2005 年 3 月

創造散文的新風格（代序）

◎張秀亞

　　語文原是隨了時代而變化的，同樣的白話文，民國 20 年左右在新月派
的盟主徐志摩，以及舊北大的才子梁遇春的筆下，與五四時代知堂老人所
寫的，已如青之於藍，冰之於水。而現代人寫的散文，在語句及內容上，
和徐、梁等人又有了顯著的差異。其中原因，除了時代益進步，生活的內
容越豐富外，現代的散文更多少受了一點歐風美雨的影響，這也是不容否
認的。

　　我們是生長在一個散體文燦爛輝煌極其發展的國度裡，先秦、漢、
唐、宋、明……我們出了多少文采絢爛的散文大師！今日我們新的散文，
仍多少承繼了此　　光榮的傳統；但由於我們是生活在一個嶄新的時代裡，
今日的散文在遣詞造句及內蘊方面，已有了若干的轉變，對於此種新型的
散文，我有以下幾點看法：

　　散文演化的步驟，和其他文體的作品相若；新的散文已逐漸的擺脫了
往昔純粹以時間為脈絡的寫法，而部分的接受了時間與空間、幻想與現實
的流動錯綜性。在描寫方面，不只是按時間順序排列起來的貫串的事件，
而更注重生活橫斷面的圖繪，心靈上深度的掘發；不只是敘述，不只是鋪
陳，而更注重分剖再分剖。

　　新的散文由於側重描寫人類的意識流，記錄不成形的思想斷片，探索
靈魂的幽隱、心底的奇祕……，筆法遂顯得更為曲折紆迴。內容的暗示性
加強，朦朧度加深，如此一步步的發展下去，文字更呈窅緲之致，而逐漸
與詩接近。

　　新的散文中喜用象徵、想像、聯想、意象以及隱喻，因而極富於「言在此而意在彼」的味道，企圖重現人們內心中上演的啞劇，映射出行為後面的真實，生活的精髓，並表現出比現實事物更完全、更微妙、更根本的現實。

　　新的散文作家，皆致力於新的詞彙之創造；因為他們要以文字的組曲，表達出心靈的微語，而此一理想，往往非現成的陳腔濫調所能達成，所以他們要在那些被前人用得陳舊了的字詞上，重下一番工夫，推敲它、鍛鍊它、伸展它，並試驗其韌性、張力，以及負荷、涵容的能力，並將一些字詞重新加以安排、組合，使它閃耀出新的光輝，有了新的生機；對此，我們姑稱之為使秋草變綠、殘花成蜜的「文字煉金術」。寫至此，我不禁想起幾句話：「我們在琢字鍊句上崇尚新奇，但務使之新而妥、奇而確。」是的，用字新奇而妥確，乃新的散文作家奉行的原則，將每個字嵌在最能發揮其作用之處，這也是寫作的奇祕，有一位西洋作者稱之為作家的「美德」。

　　新的散文，在內容上含蘊著作者對生命、對一切最正確的解釋，筆墨之中，表現出他們確切的宇宙觀，健康的人生觀，固不僅以圖繪物象的表面為滿足。新的散文中，含有感情的因素，也含有「智性」的因素，對讀者富於魅力，更富於啟示性。新的散文，宛如一杯濃郁的葡萄酒，不僅使讀者陶醉其中，同時精神上更能獲得豐富的營養。

　　我們對紆曲深邃的新的散文，不僅用眼睛讀，更應利用想像力來捕捉閃爍於字裡行間的微光，以期發現其中含蘊的真理，心靈的呼聲，全民族的合唱。

──選自《張秀亞全集 6‧散文卷五》
臺南：國家臺灣文學館，2005 年 3 月

《尋夢草》前記

◎張秀亞

因為病，讀書、寫作，都在醫生禁止之例；但病榻上靜靜光陰，直如荒山中日月，是如此無聊，難以消度。由於幾位好友的催促，繼散文集《三色菫》之後，我又來著手整理這部小說集《尋夢草》了。

自那個薄薄的小集子《三色菫》出版後，遠近相識或未謀面的師友們給了我很多批評與鼓勵。懷著感奮的心情，我又有了使這部小說集《尋夢草》問世的勇氣。這雖只是不成熟的青色果子，不堪持贈可感的讀者，但摘下來用做菲薄的謝儀，也許未嫌太早吧。

在此，我更要引用兩個人對我小說的評語，藉以說明我小說寫作的過程及態度，這與其說是自下註腳，莫若說是白陳缺點，由此更引起可感讀者們的善意指摘，乃是我所希望的。

雖然由於興趣的關係，自中學時代，已開始了我的寫作生涯，但試作第一個中篇小說《幸福的泉源》，卻是在大二的時候。記得那書出版後，一位精研中西文學的長者，先向我說了幾句客套鼓勵的話，隨即，他整整老花鏡，移開那書頁，微笑著說出了他的嚴正評語：

「我納罕，為什麼你小說中的人物都出奇的完美？即使一個在情場中應表演嫉妒的角色，在你的筆下也都懷了聖者的心情。你也許可以說是過分的『理想主義』者吧？我的感覺是太不現實了」。

我那時自詡有一顆未讓世俗沾染的心靈，自以為潔淨得如白玉碗盞，我那麼狂妄的來回答他：（我還覺著是懷了悲憫之心，輕蔑他的飽經世故。）

「自家庭到學校，我遇到的，都是一些善良的人，甚至我都沒有聽到說過壞人的故事。你叫我如何寫法？即使真有壞人，我又為什麼要寫他們？難道不許我在作品中保留一片乾淨土麼？」聽了愚昧的我如是反駁，那位長者搔著一頭華髮笑了，他像極有把握的慢吞吞的說：「孩子，我不再同你說什麼，生活會慢慢的為你講清楚我的話！」

我仍然搖筆寫著，寫那平凡、潔淨、素樸而詩意化了的「人生」。雖然不只一次我聽到讀者讚美我的文字，他們卻懷疑我作品的現實性。但我仍然執迷不悟的在夢中小徑上，栽植著我理想的藍花。我在每部作品的扉頁上，都加了一個註釋：

Novalis 的藍花象徵著：

期望、

愛情、

詩。

自姊姊的書架上，我更找到一些本《希臘興亡史》、《羅馬史》，和些浪漫詩人的集子，這些書更把我自「今時此地」，引渡到夢幻的彼岸。

我日日憧憬夕陽臨照的愛琴海面，嚮往著一訪荷馬的故土；我更企望薄暮時光徘徊於古羅馬的廢墟，請一九白月，為我指點興亡；我更渴望一遊水光山色的拿波里，在淡紫的巒影中，臥在沙灘上，模倣著雪萊，輕輕的放歌：「是否也有一個人聽到了我？」

之後，我當然幻想著揚起了白帆，看船兒以極其婀娜的姿態，放乎第泊河水的中流。船上的女子，我不曾忘記為她用想像織造一襲藍紗長衣，她的靈魂與丰神，對世俗都應該是一宗驚訝。而我也不忘為她身邊塑造一個中古型的武士，他了解將無限的愛慕，寄寓於虔誠的敬禮。

我夢著，我寫著，船上那雙男女，便是讀者常在我小說中邂逅的人物，他們既無血又無肉，既缺少歡笑，也沒有悲淚，他們只是極甚飄渺的

活在我的筆端，形成了極其空靈的存在！

　　我仍然繼續的寫著，夢著，直到我的生活，已變成一部有血有淚的小說，直到走到夢境的邊緣，才驀的看到現實的大手，已為我插起一塊木牌：「此路不通！」

　　我至今並未看見愛琴海水的顏色，也未曾一踐古羅馬的廢墟；相反的在連天炮火中，我更領略了國破、家亡、人散的三重悲哀。而白色船頭上，那女子的藍紗裙裾，已為現實的荊棘扯得破碎不堪，她遇到的那個冒牌武士，終於摘下了唯恭唯謹的假面，只有小兒女的喧鬧號啕，代替了第泊河上的槳聲咿啞，在淒惶中，我匆匆的寫出下面幾句：

　　　舊宅瀰漫著曲終人散的寂寞，
　　　壁上空懸暗啞了的弦索，
　　　積塵下，回憶著昨日的笙歌。

　　一個生在「人間」，而想漫步於「夢中」的人，倔強的不肯俯首向現實請教，現實便如此懲罰她，痛感於夢與現實的脫節，我終於慊慊的病倒！

　　六個月的時光過去了，我仍然留在病榻上。

　　我找不出「自救」之道，如果有，那便是：現實既苛酷的警告了我，我也應該巧妙的利用它！痛苦侵蝕了我的身體健康，我應該轉而利用它滋養我的文學生命！

　　我如今是甫自夢中醒來未久，惺忪的眼中，滿目依然是曉風殘月。如果我的小說帶了太多的夢寐色彩，親愛的讀者，請等待，時光慢慢的會沖淡了它。

　　再次，我要說的是：有一位可感的朋友，好意的向我說：「你的小說總是明顯地強調一個中心思想……如果這是文學風格上的損失，該是教育上的收穫。」

　　他的話，我如果翻譯過來便是：說教意味嫌太濃了。

　　在此，我仍要重複前言，我是才自夢中驚覺，一跤跌在現實的山坳，撫著受傷的手腳，餘悸猶存。惝惝中我又揮筆了，有意無意的，願告訴讀者們我一點慘痛的經驗。在匆遽、焦灼、急切中，我迫不及待的未曾利用藝術來滲透，卻直截了當的說教了。慢慢的，心緒平靜，我自會改正了這生硬的方式。此外，我的小說中，說明，多於敘述，敘述，又多於描寫。藉了說明，我時或炫弄自己的小機智，間或愛掉個小書袋。這由於我在一個時期多讀了莫泊桑（且迷戀沉酣於其作品中）。但我缺少了他的天才，所以小說寫成了這副模樣。（他的小說得力於觀察經驗。而我的小說則多來於想像、書本、對人生的一知半解）。另外，我又欣賞了梅立美，這一來就更為壞事，因為我沒有他的淵博，卻只學會了那誇張、鋪排、和一些浮光掠影，不切實際的場面！我雖然也喜讀近代一些英美作家，想學著來寫片斷繁複的生活，寫心理分析，但一個對人生過於淺視的人，倉促中更找不到一具顯微鏡與一把解剖刀，好意的讀者說我的文字如「流風迴雪，落花映草」，但我自己卻說：流麗的外表下，裝含不了太多的東西。我的小說和散文是同樣的失敗，小說也許比散文裝潢得更華麗，但卻更淺薄。散文往往直接圖繪出我的心情，卻常常是挾泥沙俱下。

　　我曾鄭重的向一些朋友們說過，散文集《三色菫》之後，我將不再自灰色的感想領域取材，而小說集《尋夢草》之後，再也不睡眼朦朧的吟唱曉風殘月，夢破之後，我意識到自己原是置身於破碎了的門檻上。向雪萊、魏爾倫、王爾德道聲再見，我勇敢的投入現實荊棘的懷抱。如果我這次的病症，一如我作品的病症，是由於夢與現實脫節而形成，我想，粉碎了夢之桎梏，正視現實，會使我的身心一齊走上康莊之路。我曾寫過一首詩來解釋這復甦的心情，今錄在此也用以解釋復甦了的創作精神——

　　　以曉空為頭巾，

　　　朝陽做外衣，

　　　我跪在芳鮮的青草上：

感謝度過昏沉、漫長的昨夜，

感謝這愛的又一日。

忽然，隔著那道疏籬，

一張粉紅的小臉向著我微笑，

呵，自那乾焦的土地上枯萎的葉叢裡，

又掙扎開放了

那小小的玫瑰。

民國 41 年（公元 1952 年）9 月 8 日寫於空藥瓶旁

——選自《張秀亞全集 10・小說卷一》

臺南：國家臺灣文學館，2005 年 3 月

我學寫小說

◎張秀亞

　　幾年來，我寫了較多的散文，翻譯了一些稿件，做了幾首小詩，此外，我便將時間與精力完全「投資」於小說寫作上了。

　　星晨雨夕，我每凝望著那深邃的天空，諦聽著滴嗒的殘雨，陷於苦思——我在默默的思索著小說中的情景，鑄造小說的人物，一些詞句，宛如流星，閃著光輝，在我心上穿掠而過。

　　這時候，我每覺另有一種崇高的意念在支配著我，且幫助我抉擇字句及意象，這常常使我想起了格路司在一篇文字中所說的：

　　「她告訴我說，她的作品中是有一個『非她』在主持著。」

　　他這話指的是英國女作家喬治・艾略特而言，我並不敢狂妄的以這位作家比擬自己，只是寫小說時確感覺著有一個「非我」在主持策動我，這個「非我」沒有我的本身的一切缺點短處，而是充滿了崇高的理想與對真善美的渴慕，她使我的目光凝注於地球之表，卻使我的心志，超越於地平線之上，她似乎在告訴我：

　　「寫小說，要表現人間的形相，但一個作者的任務，絕不止於是這樣，他要使讀者激發一種高遠的理想，高貴的意志，能達到這使命與否，就是一個優秀作者與平凡作者的分野。」

　　一方面，這個「非我」更逼迫我為小說獻出了全部的時間與精力，我只有依從她而無法違拗，所以，每當寫完了一篇作品，我已是付出了生命中「精粹」的部分，因而常覺疲憊不堪，如同發過一次寒熱病。我很同意文壇宿將蘇雪林女士的說法，她說為了寫一篇文章，常常是幾天吃不下

飯，幾晚睡不好覺——這是真話。在寫小說的法則中，實在也含有一條數學公式：讀者自篇章中所感受獲得的，等於作者在搖筆時所付出的。這就是爲什麼我們要給與一篇謹嚴之作以最高的評價。「謹嚴」二字實在是作者的心血凝成的。

　　從事寫小說，實在是一椿艱苦的行業，所以，在一篇作品中，我曾比之爲「窄門」。從事文學，態度需要忠實誠懇；從事文學，需要生死以之；從事文學，需要嘔心瀝血。怠惰取巧、偷工減料的市儈作風，自會爲明眼的讀者所唾棄，嚴肅的作者，以心靈的歌聲，引起了讀者心理的共鳴，敷衍搪塞的作品，在讀者心中的分量，比一支落羽更輕。寫作，尤其是寫小說，實在是一件美的工作，它的美，便在於它的嚴肅。從事文學生涯幾年，我所深刻領悟出來的是這一點。

　　另外，關於小說的內容，我以爲不必尋找驚天動地的題材，人生本是一串錯誤、追悔、美德以及是非、善惡構成的，平凡簡單到無可再平凡簡單。忠於人生的作者，正不必故作驚人之筆，好的文學作品，都是使人自一粒微塵中見出大千世界，凡找驚天動地鏡頭，多非文學作品。小說中的動人處不在其敘述的事件震古鑠今，而在其象徵之深邃與代表之廣度。近代歐美的小說，已發展到全無曲折故事與離奇情節，只是以犀利如解剖刀的筆法，使作者看到人生的橫斷面，而悟出人生之全景及義蘊。以這種手法寫得好的，有英國的吳爾芙夫人、美國的修武・安德生。他們的作品中所敘，全屬平凡瑣屑，而寫來卻是委婉動人，每個人皆能在其中看到自己。

　　在前年出版的一本短篇小說集《七弦琴》中，包括有我試以那種解剖的手法寫的幾篇。今年七月間在另一個短篇〈靜靜的日午〉中，我再度以那樣的筆法訓練自己。在那一篇裡，我企圖寫一個中年人（正當生命的日午），在七月一個炎熱的日午，心中的動盪、苦悶、掙扎，如何的自嘲，又如何的自解。但這在我只是一個試驗而已，對心理學我是毫無研究，我也無意在作品中作深刻細緻的心理分析，我只是汲取心理活動之一面以激發

一般人的深思。

　　我不忘記友人對這篇小説的好意品評，但這樣的寫作法也有許多朋友不贊成，因為這小説沒有一般共有的「起承轉合」，對於要以故事來消遣時光的讀者，自然是一大失望。但我自己如是解釋著：小説中「傳奇式」的悲歡離合的一套，已成陳腐，已經過去，且不足以表現人生，人生的詭奇在於它並非「詭奇」，人生的故事，是在於它的一串沒有故事的平凡，宛如沒有花朵點綴的漠漠原野，但那一片茫漠，誰能否認它不是人生的全景？

　　寫小説在修養及經驗上，我自覺並不太夠，但我有的是對人生的執著與熱情，一個寫小説的人，起碼對人應該有悲憫、有同情、有強烈的愛，才能寫得動人，小説中最重要的一點不在故事，而在作者對人生的態度，一個迷茫而冷淡的生活著的人，也只能寫出迷茫而冷淡的作品。寫小説的當時，自然也需要作者冷靜，但他冷靜的處理、安排的，應是他心中的熱情熔岩。

　　在一篇文字中，一個朋友曾如是寫過：「我始終認為，一個小説作家應該表現的是褐色地球面上，人類一片愴痛的呼聲，一片愛的呼聲，使怯懦的人勇敢起來，愚昧的人清醒起來，使充滿了恨的人知道如何去愛。」這雖然說得不夠清楚詳盡，但我覺得這幾點是寫小説的人的神聖責任，不容輕輕卸脱。

——選自《張秀亞全集 6・散文卷五》
臺南：國家臺灣文學館，2005 年 3 月

張秀亞，臺灣婦女寫作的燃燈人
從早期學思生活的發軔到「美文」創作版圖的完成

◎瘂弦[*]

一

　　如果以民國爲界限，來爲中國文學劃分古典與現代的話，我們不能不承認，中國古典文學史裡，女作家的比例實在太少，這一點，以文學世界的完整、寬廣與深邃來看，是相當大的缺失。事實上，不要說是文學史，就連史書上有關婦女的紀錄都極少（頂多是貞婦、賢母等傳統形象的簡短篇幅）。主要原因是傳統社會重男輕女與「女子無才便是德」思想的影響，使少數達官貴族子女有受教育的可能外，絕大多數的婦女都沒有讀書的機會，遂使許多有發展潛力、有詠絮文才的女性都埋沒了。女作家從漢‧蔡琰到宋‧李清照、朱淑真，能留下作品傳誦久遠的不過寥寥數人；即使放寬界限，把作品流傳較少，但當時亦文采煥發的作者列入，如漢‧卓文君、班婕妤、徐淑，晉‧左芬、謝道韞到宋‧管道昇等，總數也可能不超過 60 人。這說明了古代中國對女性文學藝術才能的忽視與浪費，也象徵了傳統社會裡女性隱沒的地位。

　　當然，也有些有見識的文人學者注意到以男性爲中心的社會是偏頗的，對婦女受教育抱持比較開明的意見，如清‧章學誠便主張女性應具備

---

[*]發表文章時爲《創世紀》發行人，現爲加拿大華人文學學會主任委員兼《世界日報》「華章」文學專版主編。

有學有識的才。只可惜這樣的人不多，發揮不了作用。直到民國肇建，尤其五四運動以後，婦女才正式邁出大門，接受教育，能自覺、有思想，造就出不少人才。不過，從五四新文學運動到 1949 年的 30 年間，由於正處於中西文化的紛紛擾擾，女作家在文學創作上並不算凸出。這時期，著名的作家如陳衡哲、冰心、盧隱、凌叔華、丁玲、蘇雪林、謝冰瑩、馮沅君等，人數雖不多，卻都屬現代女性，為眾矚目，而如詩人林徽音等，不僅作品被傳誦，生活也彷彿是美麗的傳說，令人豔羨。這個現象顯示出女作家的希罕，在文壇上有「保障名額」，在作品的評論上也不那麼嚴格。

　　日本據臺 50 年，賴和、張我軍等在島內倡導的新文學運動，雖然規模不大，但意義莊嚴，對臺灣文學的創建，產生了塑型定調的作用，不過當時婦女作家也不多。這種情形，要到光復後才產生結構性的變化，政府遷臺，歷經朝野三十多年生養含蘊，整個社會面貌都不同了。長時間的安定，教育的普及，經濟的繁榮，婦女社會地位的提高，工作機會的廣泛參與，使婦女活躍在各個層面的行業，表現在文學藝術的，更是蓬蓬勃勃，繁花似錦。女作家的人數，是有史以來最多的；創作的勤奮，與男作家平分秋色，甚至更活躍——特別是近二十年，許多文學獎由女作家奪魁，出版界的「金書榜」由女作家掛帥，隱隱然有主流的氣勢。此外，在作品方面，也逐漸由身邊瑣事的陳述，進入更深邃的美學內容和哲學語境，更有人以陽剛、社會性的題材，雄深壯健的風格，嘗試詠史的體制。可以說，半個多世紀以來臺灣文壇的特異現象，就屬女作家的繁星羅列了——這是世界文壇少見的。中國大陸在這方面，本來應該更有條件扮演主導角色，但政治傾向所形成的條條框框限制了文學的發展，大陸文壇的婦女寫作，是文革結束、傷痕文學出現以後的事了。因此我們可以這麼說，一個真正稱得上婦女寫作的時代，是從臺灣開始的！

　　就在這樣的歷史的轉折時刻，張秀亞出現了。如果我們不厚古薄今，張秀亞和她同時期的臺灣女作家群之崛起，其意義絕對不亞於冰心等人之出現於五四文壇，同樣都是站在時代的前哨，拓殖文學新領域，開風氣之

先的大作爲、大奔赴，而在規模、氣勢和影響上，後者猶勝於前者。

　　討論一位作家，首先要找出他在文學史上的位置，也就是所謂座標問題，定位的問題，有了座標定位，才能進行準確而公正的價值判斷。法國詩人梵樂希（Paul Valéry，一譯瓦雷里）論波特萊爾（Charles Pierre Baudelaire），有篇著名文章，題目就叫〈波特萊爾的位置〉，在這篇長文中，梵樂希綜論法國文學的發展，通過拉封丹（Jean de La Fontaine）、拉辛（Jean Racine）、雨果（Victor-Marie Hugo），分析波特萊爾那還不到三百頁的小書《惡之華》，之所以產生那麼大的影響，關係在於時間的「切入點」；按《惡之華》出版於 1857 年，不早不遲，正是浪漫主義盛極而衰、象徵主義山雨欲來、雨果之後、魏爾倫（Paul Verlaine）、馬拉美（Stéphone Mallarmé）、韓波（Jean Nicalos Arthur Rimbaud）出現之前的那個時段，這樣的連接，使波特萊爾不但充滿銳氣的實踐了他自己的詩歌美學，也因爲他獨創的藝術觀之啓迪，引發，感染，成就了比他更年輕一代的詩人，最後擴大成一種歷久不衰的文風，一個綿延不絕的運動。

　　在中國文學史上，也極重視精神傳承的問題，一位作家的出現，一個新觀念的誕生，時間因素永遠是學者們研究的焦點。這裡我們不妨從張秀亞進入文壇的時間點，找出她在臺灣文學史上的位置，她背負的傳統，她面對的時代，她在文學路上遇到的助力或阻力，她的困阨，她的限制，她的執著與堅持，以及臺灣的文化社會，怎樣造就出這樣一位承先啓後的散文大家，探討她那風格獨特的閨秀文學，特別是「美文」創作，對整個臺灣女性書寫歷史發展的意義。

二

　　張秀亞於 1935 年以「陳藍」筆名進入文壇，至 1936 年她的第一本小說集《在大龍河畔》出版，不數年，即贏得「北方最年輕作家」的美譽。她中學念的是女校，大學念的是教會學校，在校時的窗友泰半是女性，在那個保守的年代，女孩子寫作最常反映的總是自己的心靈世界，以及在那

個大轉折前夕女性作者所承受的社會壓力。這樣的創作向度，似乎爲她的
作品風格定出基調。當時全球女性書寫的主體意識尙未萌芽，張秀亞在無
意識下所反映出的女性心靈世界，在今天看來特別具有前瞻的意義，這樣
的探索，不但使在一個女性較多的環境中成長的她，找到屬於自己藝術的
驅動力，而寫女性、表現女性，創造女性文學，也成爲她一生的抱負與職
志。

　　考察張秀亞的學思歷程，我們發現，在大學校園生活中，她最大的閱
讀興趣，幾乎全集中於中西女作家的作品上，特別是 1920、1930 年代出現
五四文壇的女作家，更是她仰慕學習的主要對象。她熟讀盧隱，對盧隱那
「夢一樣筆法開始，以夢一樣筆法結束」的自傳性作品，十分傾倒，對
《海濱故人》小說中所表現的知識女性的悲觀與幻滅，充滿同情，但她卻
不明白作者爲何藉自由戀愛問題渲洩那麼多對人生、社會的詛咒，一個接
受過五四運動新思潮的女作家，竟未能勘破愛情這難解的謎──分析其中
主、客觀的因素，不是一聲輕喟就能帶過的。張秀亞說她讀盧隱的另一收
穫，是作者的文字藝術，盧隱才思奔放，曾被喻爲「不羈的天馬」，但她遣
詞造句的功夫，卻是同輩女作家中少見的，當時正是白話文學語文改良意
識走向極端的年代，盧隱卻把大量舊詩詞的語彙，融入作品中，呈現一種
工穩純靜之美，讀來使人吟誦低徊。由於盧隱的啓示，張秀亞憬悟到「絕
對白話文」的限制，如能適度加入文言的成分，反而使文章生發出新的光
輝。這在張秀亞中期的作品中，可以明顯的看出轉變的痕跡。此種轉變，
不是胡適白話文學理念的「反動」，也非文言的復辟，而是意味著白話文學
在形式上思考的成熟。

　　1920 年代冰心聲譽之隆，少人能及，對於在中國現代小說史上，這位
真正意義上的第一位女小說家、閩侯才女，張秀亞是充滿敬意的。不過從
性質上分，她與冰心的「問題小說」不是同一種風格，她的小說是「靜劇
式」的，重視氛圍的「詩的小說」，冰心的小說則是「情節劇式」的，重視
事件的「人的小說」。冰心對她的影響較大的，應該是散文和詩。夏志清在

《中國現代小說史》中評論冰心，說「1928 年革命文學造成風氣後，一般評論家都把她看作過氣的作家」，不過冰心的貢獻是多方面的，她泰戈爾（Rabindranath Tagore）風的小詩，童話《寄小讀者》，清麗雅雋，溫馨而富有童稚趣味，充滿了對母愛和大自然的禮讚，讓人在閱讀的愉悅中得到人生啓示，這方面，冰心與張秀亞有相同的氣質，讀張著《曼陀羅》〈寄山山（二十四篇）〉，就可以印證這種文學的傳承關係。冰心曾借小說《遺書》中的宛因之口說：「文體方面我主張『白話文言化，中文西文化』。」張秀亞的語言形式思考與冰心極爲接近，前有「冰心體」後有「秀亞體」的說法，是評論界對她們二人在「文體」實驗和開創的高度肯定。

　　有一位在五四運動初期以描寫大膽見稱的女作家曾經對張秀亞說：「其人如玉，凌叔華足以當之。」張秀亞並沒有告訴讀者說這話的人是誰，有人猜是馮沅君，要不，是丁玲。的確，用其人如玉四個字來形容凌叔華的人與作品，再恰當不過。張秀亞補充說：「她的作品則更如一塊翡翠，借用新月派詩人的一句話：『一塊會說話的，有生命的翡翠。』」

　　讀小說《花之寺》時，張秀亞還是中學生，凌叔華清新、優美的文字，使她心折。她感覺作者在表面的文字之外，另有一種繫人之處——即筆墨言詮以外，更有耐人尋繹的情味，這種情味，無以名之，也許可以用一種特殊的「空氣」來形容，也就是一種難以描畫的靈秀之氣。

　　張秀亞在《書房一角》散文集中，記述她與凌叔華彼此通信、初約見面的情形：一個夏末秋初的傍晚，她在北平西城燈市口附近一幢有著重重石階的宅子裡，見到這位她佩慕已久的作家，主人熱誠接待她，兩個人在半窗日影，和清脆鳥聲中談契訶夫（Anton Pavlovich Chekhov）、談英國女作家曼殊斐爾（Kathtrine Mansfield），上燈時分，還相偕到西斜街去看望清恙初癒的沈從文。

　　一如徐志摩詩所說「交會時互放的光亮」，凌張二人這樣交遊、對話，對彼此都產生了深遠的影響。是啊，其人如玉，我們又何嘗不可以用這四個字來讚美張秀亞，而凌叔華書裡氤氳出的那種「空氣」的香息，我們借

來形容張作，誰曰不宜？

在較她年長一輩的五四女作家中，張秀亞所心儀的，凌叔華之外，還有蘇雪林和謝冰瑩。蘇雪林灑脫優美、風致天然的文筆固令她沉酣，而對蘇愛仇分明、是非感強的忠直性格，更敬佩不已。謝冰瑩 16 歲開始寫作，曾參加北伐，擔任救護、宣傳工作，其記實文學《從軍日記》、《女兵自傳》是張秀亞最愛讀的。思想唯美、性格比較內向的張秀亞，對民族大愛、鐵馬兵河、執干戈以衛社稷的豪邁感情，並不陌生，1943 年她在北平以不堪日偽壓迫，穿過敵人的封鎖，間關入蜀，參加抗戰行列，就是明證。一般來說，張秀亞比較偏愛感情細膩、文字優美的作品，但她也有雄壯的一面。不過對於概念式的、政治傾向性的作品，像丁玲的《太陽照在桑乾河上》長篇小說（曾獲 1951 年史大林文藝獎），張秀亞並不欣賞，主要是她認為這樣的作品距離她的認知和感情太過遙遠，在她回憶早年讀書生活的文章中，從來不提宣傳意識形態的文學。連對五四時期被稱讚為「英毅果敢」、「大膽猛進」，馮沅君那些反封建、反舊禮教的小說《卷葹》、《春痕》等，她也很少談及，這說明張秀亞對前輩女作家的作品並非照單全收的，一種正確的閱讀判斷，使她選擇性的擷取了上一代女性書寫的優良品質，篩去其中的糟粕，再經過深刻的體會，長期的反芻，集其大成地融匯在自己的作品之中。1942 年她完成輔仁大學西洋語文學系的正統科班教育，在重慶還參加了報紙副刊的編輯工作，此時的她，文學視野遼闊，在大後方文壇也漸漸有了名聲，但她始終警覺到女性寫作者在當時文學生態仍屬弱勢，壓力很大，更深地投入，使她益發意識的把女性文學的推廣，當成使命一般的看待，並持之以恆地做下去。

三

1948 年，「陳藍」渡海來臺。1949 年，她的長詩〈她呵，我們的好母親〉獲婦聯會新詩首獎。1952 年，她以本名張秀亞出版在臺灣的第一部文集《三色菫》。在這之前，沒有人知道陳藍就是張秀亞，更無人想到這位年

輕寫作人來到寶島，對臺灣文壇將產生怎樣重要的意義。

　　從《三色堇》作者自序中知道，這本散文集是在文友陳之藩、早期女詩人徐芳的鼓勵和催促之下問世的。文壇前輩陳紀瀅為該書寫的〈後記〉中說：「我知道秀亞近年來在感情上遭受了不小挫折，但在作品上則有更大成就。三年來，憑她的真實感情，細膩手筆，寫下篇篇血淚交織的優美文章，雖然這成就是人生極殘酷的收穫，但也是一個作者痛苦中最愉快的勝利。」從上面的記述中，我們不難想像，張秀亞是如何以超人的勇氣和智慧，揮別舊夢，萬里投荒，在一個對她可以說完全陌生的異鄉打造新的人生，撐起一片自己的天空。五十多年將近六十年的歲月，異鄉變故鄉，張秀亞的一生，她的家庭，她的文學事業，可以說完全與臺灣的人與土地分不開了。

　　這裡我們不妨以較多的筆墨，回顧一下張秀亞來臺初期，臺灣文藝界的情形：光復後報紙雜誌一律由日文改為中文，很多戰前就已經成名的老作家，不願意再以日文寫作，紛紛暫時停筆，努力學習中文，準備跨越語文工具的障礙，因應時代的轉變，而接受國語教育的一代還沒有長成，致使本土文壇陷於沉寂，期間又受到「二二八事件」的影響，臺灣知識分子對現狀灰心，整個文化活動停擺，陷入低潮。這種情形，差不多一直延續到 1960 年以後，才恢復應有的生機。在這青黃不接的階段，一些渡海來臺的作家逐漸活躍，填補了這段歷史空白。外省作家中有的是隨政治播遷的公務員、學校老師，更多的是軍人和眷屬。在中國文學史上，從來沒有一個時代有這麼多的軍中作家，他們的表現特別傑出，儼然形成一個文化氣候。當時的陸軍基地在鳳山，海軍、空軍基地分別設在左營、岡山，每個基地附近建有眷屬宿舍，兵營和眷村，就成為他們文學活動的場域。那年代的臺灣，可以用「貧窮」二字來形容，民生物質缺乏，生活很苦，一盤空心菜，幾粒花生米，一大碗蕃薯就算是一餐，但是大家活得有勁，人人懷抱理想，勤奮寫作。

　　當時的臺北和臺中是兩個文學活動的重要城市，學術空氣濃郁。大陸

來的老作家臺靜農、梁實秋、謝冰瑩、蘇雪林、王夢鷗、黎烈文在各大學授課，在文化界產生穩定的作用。張秀亞出道不久，是個晚輩，但要論作品的影響，教學的成績，她與上述的老作家相比，實在不遑多讓。她於1958年任臺中靜宜英專（今靜宜大學）教授，1960年獲中國文藝協會首屆散文獎章，1962年獲中央婦工會文藝獎章，1963年與法籍雷文炳神父合撰《西洋藝術史綱》，1965年返回母校輔仁大學任職，講授「新文藝」，一直到1966年以《北窗下》一書獲學術界最高象徵的中山文藝獎。這一連串傑出的紀錄，為她帶來美好的名聲，而所有這些業績，都是在艱苦的生活環境下完成的。

張秀亞在她的散文中常常提到她在「三臺之間」周旋操勞的情形，（所謂三臺，即教室的講臺、書房的硯臺和廚房的灶臺。）困阨的生活，反使她更能體會生命的充實。她遭逢「家變」時，山山和蘭蘭尚在幼年，她針黹縫補一手包辦，工作之暇猶親自課子，使兩個天資聰睿的孩子得到最好的教養，這種中國傳統婦女的美德，體現在天主教會成長，接受西式教育的張秀亞身上，實在難能可貴。而對她來說，更重要的生活哲學啟發是來自陳紀瀅對她說的一句話：「我們寫文章的人，撇開這支筆外，一無所有；拿起筆來，誰也屬我。」半個多世紀，在臺灣這塊熱土上，她揮舞的那支彩筆從未停歇，她的作品在島上幾乎家喻戶曉，至少三代的人都受到她文藝思想的影響。翻譯家何欣在她的詩集《秋池畔》序言中以「凡有井水處，皆歌柳永詞」來形容張秀亞擁有讀者群之廣大，這話絕非虛譽。

從1935年起長達七十年的創作生涯中，張秀亞一共出版了4部詩集、10部小說集、37部散文集（含選集）、13部翻譯、4部人物傳記、11部《西洋藝術史綱》，這些豐碩的著作，猶如一座花崗石的紀念碑，永遠在文學史的長廊上熠熠生輝。

四

本文開篇就談到一個作家的「歷史位置」問題，並舉梵樂希論波特萊

爾的觀點爲例，分析波氏何以能成爲法國象徵派詩歌的先驅，和現代主義的創始人，指出其中的時間因素與「大師之所以成爲大師」有重要關係。這裡且讓我們以同樣的思維，把張秀亞與整個臺灣的女性書寫發展作一聯想。

在張秀亞的著作中，她從未表示過她是一位歐美定義下的女性主義文學的倡導者。雖然她翻譯過英國女作家維吉妮亞・吳爾芙（Virginia Woolf）的女性自覺意識代表作《自己的屋子》，但她所以選譯該書，似乎主要是因爲喜歡作者那種「神光離合，乍陰乍陽，若虛若實」的文章風格，並不全是因爲書中的女性意識。張秀亞專攻西洋文學，但她並非像魯迅所說的把西洋新興文學理論拿來當符咒的人，或許她警覺到貼上標籤反倒成爲寫作上的自限。她只默默地創作，很少發表有關婦女寫作的理論，也絕不縱談什麼主義。事實上女性主義運動有它特定的內涵：它萌芽於上一個世紀初，一開始便帶有婦女解放的色彩，衍生出文學的女性主義並且成爲一種批評的論述則是 1970 年代初的事」。1980 年代臺灣以女性生活爲題材的小說蓬勃，後來有人就用女性主義批評觀點來解剖這個階段的作品，事實上二者的關係不大。女性主義文學批評思潮大規模登陸臺灣且成爲顯學，作家開始有意識地套入該派的理念進行創作，要遲到 1990 年代以後了。對於這樣的歷史發展，張秀亞的體會可能比一般人更爲深刻。

有些人擔心西方來的女性主義文學帶有生猛的革命性格，對臺灣本土的女性寫作會不會產生排斥的作用，對於這樣的疑問，張秀亞認爲是一種過慮，所謂道並行而不相悖，她認爲女性主義文學做爲一種主題內容或批評方法是有其意義的。它對女性淪爲「第二性」提出警號，對父權社會的解構與顛覆，雖是針對西方社會的病因而發，但在全世界現代生活一盤棋的今天，這樣的省思對每一個國家、地區或多或少都是具有意義的。

一個重要的認識是，張秀亞的女性寫作觀，與西方女性主義的文學基本上不是一個源頭，張秀亞要強調的女性文學，乃是來自我們自己的民族傳統，一個中國歷代女性寫作人掙扎、悲吟出來的傳統，一個從清末民初

的興辦女學、到五四運動的反對舊式婚姻制度一脈相承的傳統，表現在文學上的，是一種溫良、貞靜、秀美的文化氣質，以及代表東方女性優雅高華的精神風貌。

考察 1950、1960 年代臺灣婦女寫作運動發展的歷程，會發現 1948 年張秀亞初履寶島時，女性寫作者還很少，是張秀亞跟她差不多同年齡的幾位女作家們的辛勤耕耘，婦女文壇才呈現雛型，奠定了日後婦女寫作文風鼎盛的發展條件。我還記得其中開拓者的名字和她們當年受到讀者歡迎的作品，如林海音《採硫記》、《冬青樹》、孟瑤《心園》、《給女孩子的信》、徐鍾珮《英倫歸來》、琦君《琴心》、潘人木《如夢記》、郭良蕙《銀夢》、艾雯《青春篇》、張漱菡《意難忘》、劉枋《逝水》、王怡之《臺北街頭多麗人》等，她們中有大學教授、職業婦女，也有軍中的眷屬，人人意氣風發，「放下鍋鏟，拿起筆桿」（1955 年「中國婦女寫作協會大會」大會標語），推出新作，形成一個宏大的混聲合唱。我不敢說張秀亞是合唱中唯一拔尖的高音，但那年代她的表現，的確發生了領唱的作用。

從 1948 年到 1977 年，張秀亞在創作上幾乎是年年豐收，出版作品及譯品近六十部，詩文曾被譯為韓文、法文及英文。1973 年她應邀赴美考察文教，並在西東大學講學，另有美國三所大學以「張秀亞作品」作專題研究。張秀亞作品之所以受到國際文壇、學界的重視，主要是她作品中蘊含了中國女性的特質，愛情觀，審美觀，以及通過她行雲流水田園牧歌般的文學筆觸，所展現之美麗臺灣的城鄉圖景。

或有人問，張秀亞作品中既沒有女性在男性霸權下的壓力經驗或暴力經驗，也沒有西蒙・德・波娃（Simone De Beauvoir）式的女性角色反思，更沒有對心理學家佛洛伊德（Sigmund Freud）提出的「女性閹割情意綜」展開批判，這怎能算是現代的女性文學？這樣的懷疑，是忘記了我們自己的婦女文學傳統，把西方的舶來理論當作符咒看了。豈不知張秀亞所塑造的女性文學，正是我們所要的，一種具有我們民族特色和文化素質的女性文學。她所選擇的道路，正是像她那樣的成長經驗，那樣的品格教養的人

應該走的道路，也是大多數臺灣女作家應該走的道路。西洋語文學系出身、具有國際文學視野的張秀亞，絕對不是自外於新的思潮，她只是對外來思潮有她的因應方式，那就是忠於歷史的傳承，掌握本土的成長條件，堅守自己的文化立場。她深信，唯有真實的反映出我們的民族性和倫理性，以及這一代中華婦女的心靈側影，才能感動讀者。張秀亞喜歡印度女詩人奈都夫人（Mrs. Sarojini Naidu）的一句話：「以文學的悲哀征服生命的悲哀。」臺灣婦女的悲哀在哪裡？抓住它，表現它！這才是我們的根本。如果一個作家忘掉自己的本務，放棄真正應該寫的，而一天到晚想到如何與世界「接軌」，那不但是矯情，對自己不真實，在文學的追求上也所獲有限。

　　除了表現女性的心靈美，張秀亞也是一位充滿鄉土色彩的藝術家，很少作家像她那樣用那麼多筆墨，描繪臺灣美麗的自然環境，山崗河流，平疇綠野，以及特有的農村風情。打開張秀亞的書，就可以聞到花木的清氛，聽到鳥聲、蛙鼓和蟲鳴，深巷賣花的小村姑，街頭爆米花的老人，都在她清麗的辭章中映現出身影。我們多麼幸運有像張秀亞這樣的作家，透過她女性特有的敏感和慧心，為早期的臺灣，沒有水源污染、空氣污染，沒有濫墾亂建土石流肆虐的臺灣，創作出一幅幅永恆的圖畫。這是對大地之母的感恩，也是稼穡生活的讚歌。以表現早期美國無垠草原、莊稼田壟、土窯風磨、鄉村小鎮的近代最優秀的女作家維娜‧凱塞（Willa Cather），她的作品，被視作美國文學的瑰寶。張秀亞就是我們的維娜‧凱塞。張秀亞也使我想到藍蔭鼎，這位國際知名的水彩畫家，他的每一張畫作幾乎都與臺灣吾土吾民有關。這兩位可敬的前輩，是我們的鄉土之光，永遠令人懷念。

五

　　我曾在「張秀亞教授追思紀念會」上，說張秀亞是現代文學中「美文」的傳承者與發揚者，並稱她為「美文大師」。「美文」一詞，評論界不

大常用，有關它的解說也不多，大陸學者柳鳴九認爲：美文不是文藝理論，而是關於文學類別的一個概念，一個與審美閱讀效果相關的稱謂。西方文學中沒有出現過「美文」這樣的名稱。在我的印象中，美文這個現代文學術語和創作概念，最早是周作人提出的，1921 年 6 月 8 日周在《晨報》上發表一篇題目就叫作〈美文〉的文章，建議作家們仿照外國藝術性記述的方式，去試寫一種做爲詩與散文中間橋樑的感性散文。是爲五四白話文學中美文的開始。對周作人的倡導，響應者甚多，魯迅、朱自清、俞平伯、許地山、徐志摩，以及稍晚的何其芳等，都創作了不少這一類的作品，逐漸形成白話散文中的另一個傳統。不過美文一詞，始終沒有普遍通用，在臺灣用的人也不多。就連張秀亞也很少提到美文，也沒說過她寫的散文是美文。這可能是爲了避免美文二字在字面上容易造成「自誇」的印象吧。雖是不常提及美文，但她對美文的探索和創造卻用力最深，幾十年來從未鬆懈過這方面的努力。遠在大學時代，張秀亞的美文意識就已經成形，那正是美文寫作蔚然成風的時期，影響她最大的幾位前輩女作家盧隱、冰心、凌叔華等，作品中都含有美文的質地。女性在心理上總是傾向唯美的，張秀亞自幼在女性的環境中長大，母親的啓蒙，姊姊們的影響，教會學校修女老師們的教誨，女校特有的文化氛圍的感染，以及同學間的切磋激盪，加上她天生的詩人氣質，很自然的，使她喜歡上美文這種詞美情深的表現方式，並作爲她一生奔赴的目標。

1930 年代末期，以現實主義爲標榜的左翼文學踞於文壇主流，美文寫作首當其衝受到打壓，批判，左翼評論家說它是蒼白的文類。到了 1940 年代，美文甚至被譏爲小資產階級溫情主義的象徵，變成風花雪月、無病呻吟，或廉價的感傷主義的同義詞了。有些沉不住氣、向「政治正確」靠攏的作者，曾試圖改變美文的體質，表現階級意識的內容，最後是把美文帶向一條死路。劉再復所說的「在政治高壓下，故作雍容典雅，粉飾現實，歌功頌德的新臺閣體」，正是指這一類的作品而言。

把美文這支快要熄滅的火把帶到臺灣的，是張秀亞。1940 年代末和

1950 年代初的臺灣文壇，正是婦女寫作運動的萌芽期，當時的第一大報《中央日報》，曾經扮演了主導的角色。如果沒有《中央日報》中央副刊（簡稱「中副」）的提倡，臺灣的婦女寫作，可能不會那麼快速的成長。只是這一段歷史因緣，少人論及。將來治文學史的人，似乎有必要深入討論該報在這方面的貢獻。按《中央日報》於 1920 年代分別創刊於武漢、上海、南京等地，曾風行大江南北，其最大的特色是園地公開，雖是政府背景的報紙，但並無黨團意識形態的局限，特別是副刊，完全是大格局、大氣魄的做法。以武漢的《中央日報》為例，主持「中副」筆政的便是編過《晨報》副刊的孫伏園，魯迅、瞿秋白、茅盾、汪靜之、謝冰瑩、林語堂、李金髮、魯彥等，都是經常的撰稿者。該報除副刊外，還開闢了不少專刊，主編人均為文壇俊彥，如「戲劇」（余上沅主編）、「戲劇運動」（馬彥祥主編）、「詩刊」（徐芳主編）、「紅與黑」（胡也頻、丁玲、沈從文主編）、「平明」（梁實秋主編）等，堪稱一時之選。因為有了如此壯盛的編寫陣容，乃能一紙風行，成為全國性大報，其銷路與影響，與當時的《大公報》不相上下。臺灣光復後，《中央日報》隨政府播遷來臺，繼續發揚在大陸時期大開大闔重視副刊的傳統，「中副」歷任主編如耿修業（筆名茹茵）、孫如陵（筆名仲父）等，都是超黨派的新聞學者或著名作家，這些人有一個共同的編輯取向，就是特別重視婦女文學，其中孫如陵更是有計畫地大量採用女作家作品，1950、1960 年代的「中副」，幾乎成為女作家的大本營。影響之下，其他報紙副刊如《新生報》副刊（馮放民主編）、《中華日報》副刊（徐慰忱主編）、《新生報》南部版的《西子灣》副刊（尹雪曼主編），以及文藝刊物如《自由談》（彭歌主編）、《野風》（師範等主編）、《文壇》（穆中南主編）、《寶島文藝》（潘壘主編）等，也以大篇幅容納女作家作品，一時風起雲湧，創造出中國文學史上一個空前未有的婦女寫作的時代，再加上「中國婦女寫作協會」普及與提高雙管齊下的努力，臺灣的女性書寫聲勢壯大，並有了自己的時代風格。這種盛景，與五四新文學初期到 1940 年代末期女作家寥若晨星的情況，簡直不可同日而語。當

女作家們創作的風速吹得最強勁的年代,臺灣報刊曾出現過〈男作家哪裡去了?〉這樣標題的文章,由此可以見出那時期文學生態「陰盛陽衰」的情形,這是令人菀爾的文壇佳話了。

在臺灣婦女寫作運動中,張秀亞無疑是一位重要的燃燈者。她的寫作活動,一直與婦女文運的脈搏緊密相扣,起著導引與示範的作用,只是她但開風氣不為師,從不提出什麼炫人的理論、堂皇的宣言,她只是默默地在「中副」和少數幾家文學刊物上發表自己的詩和散文,以創作的實踐來體現自己的文學理念。細心的讀者會發現,張秀亞始終避免自己處於文學思潮波峰浪尖的位置,她寧願做臺灣婦女寫作運動的後盾,也不願站在隊伍的前列發號施令。事實上張秀亞溫雅謙和的個性,也不適合做一個高舉時代風旗的革命者。張秀亞相信,文學建設是一種深耕密織的工程,運動層面的喧嘩,永遠比不上沉潛的工作。也因為張秀亞和與她一起寫作的女作家們具有這樣的認知,臺灣婦女文學才沒有走西方「女性主義文學」那條劍拔弩張的險路,而是繼承並發揚屬於自己民族婦女文學溫柔敦厚的傳統,在和風細雨中完成了一次寧靜革命,為臺灣婦女文學奠定了可大可久的基礎。而「中國婦女寫作協會」幾位主要負責人王琰如、劉枋、邱七七、畢璞等,所堅持的也是同樣務實的作風,她們在鍋鏟和筆桿二者兼得的呼聲下,展開更多的建設工作。像林海音主編的《聯合報》副刊,李曼瑰領導的「小劇場運動」,潘人木倡導的少年、兒童文學,對於婦女寫作的理念也都有近似的理念,她們相信,不經過與傳統決裂的過激手段,同樣也可以為現代女性文學找到發展的根基,這根基,源自女性的東方,女性的中國,女性的臺灣。而在這樣的共識下所演繹的文學作為,與 1980 年代女性小說崛起,1990 年代中期女性主義文學批評思潮登陸臺灣,其間所形成的力量不是抵銷而是互補。這給我們一個啟示,臺灣文壇不必害怕陰魂不散的西蒙・德・波娃,她並非萬靈寶丹,但也不是洪水猛獸,只要我們準備好了就可以讓她進來。

六

　　從早期學思生活的發軔到創作版圖建構的完成，張秀亞數十年經之營之的「美文」，如今已蔚然成林，成為臺灣文壇最傲人的文學品種。只是對她的美文美學，研究的人不多。張秀亞在一篇題為〈散文概論〉的文章中，認為優美的散文應該具備「簡淨」、「純真」、「韻致」、「想像」四個審美條件。這裡，我們不妨以此四點來探賞張秀亞美文的特質。

　　「簡淨」二字，曾經出現在鍾嶸的《詩品》中。鍾氏在析論陶淵明的作品時，用了「風格省淨、殆無長語」來點出陶詩的精髓。張秀亞認為這個觀點與西洋文學中的 Simplicty 與 Clearness 非常接近，她說「文字能簡，始能淨，能淨，方明如拭潔的水晶盤，光可鑑人，晶瑩可愛」，經濟的手腕，就是藝術的手腕。她特別舉出歐陽修的〈醉翁亭記〉，以及清末民初文學大師王闓運的文章〈致張世兄〉，認為是簡淨風格的典範。張秀亞顯然涉獵過語言學，她的散文篇篇經得起學術的考驗，對於字形（文字學），字音（聲韻學）、字義（訓詁學）、字用（詞法學或句法學），都有她深刻的領會與考究。從語言的內部結構、外部功能、風格體材，都能達到絕對的精確與簡潔，這種對中國古典韻文、詩、賦的長期涵泳後，所創造出來的雅潔素樸的文體，正是當年周作人所想像的「美文」，它代表新文學散文最高的成熟。不過它卻不是周作人所臆想的：是向歐洲、英國敘事散文學習所得到的，而是源自中國古典的散文傳統。

　　「純真」，是張秀亞論散文的另一特色。她認為真，就是真情，真摯；純，就是一種赤子之心。她不喜歡無節制的浮想聯翩，以及閃爍騰躍的誇張筆法，那會予人以「亂世之文詭以麗」之譏，張秀亞認為，晚明小品有其精純的一面，但也有不少的糟粕，中國古代知識分子所謂的放浪山水，固然是一種遁世的表現，但有時任情、適性的過了頭，便失之於矯情造作，不是故作顛狂、踐踏文章的規律，就是冷僻孤峭，聱牙詰曲，令人不忍卒讀。張秀亞的散文不一味模擬古人，儘管玩味語字是她的偏好，但她

總能避開被人一用再用的腐爛之詞，保持自由活潑的語言機趣、獨抒性靈，表現一種真情實感。張秀亞曾說過如果執筆爲文，不是出於真心，則「言雖功，實與我何與？」她認爲美文的作者，最忌依賴辭章的靡麗，或以體格的工巧取勝，那會陷入形式主義的泥沼，失去文學的本質，成爲假人假言的堆積。

談到「韻致」。在近代作家中，張秀亞特別稱讚蘇曼殊，她分析蘇的文字，不是「句秀」，而是王國維所說的「骨秀」，句秀是從文字到文字的人籟，骨秀則是從生命到生命的天籟，動人的文學總是從生命本源出發，從人出發，才能體現出自然的韻致。論者常謂，詩人藝術家與其去找詩，不如去找人，人的更新，就是詩的更新。或曰，鍊字不如鍊句，鍊句不如鍊意（意境），鍊意不如鍊人；從人到意，從意到句，形式出現，而風格誕生！以這樣的觀點詮釋「韻致」的精髓，最恰當不過。所謂文如其人，張秀亞的人格與性情，盡在她作品自然體現的韻致之中。一種見山見水，卻又不露聲色的大家風範。

張秀亞對散文要求的第四個審美條件，是「想像」。常常聽到的一句話，要想成爲一個美文作家，一定要具備詩人一般的想像力，張秀亞本身就是詩人，對她來說，詩與散文之間的界限是模糊的，那是一種必要的模糊，基於藝術需要的模糊。這樣的體認，可以從她對維吉妮亞·吳爾芙作品的詮釋看出來。張秀亞翻譯的吳爾芙的《自己的屋子》，被認爲是最好的中譯本。之所以譯得那麼傳神，主要是她把吳爾芙的散文當作詩來譯，吳爾芙和張秀亞二人的相同之處，是她們都是以詩人的心情來創作自己的散文或小說。讀張秀亞的《湖水·秋燈》以及她寫給好友菁菁的信，那種詩意的傾訴和叮嚀，更使我想到黎巴嫩的詩人散文家紀伯倫（Jibran Khalil Jibran），紀氏的代表作《先知》，被稱爲「詩的哲學」，也有「小聖經」的美喻。長期浸淫天主教教義、作品受到新舊約語風影響的張秀亞，她那充滿透闢的哲理、曼妙的辭章與和諧的音韻的作品，稱得上是臺灣版的《先知》，同樣都是文學想像的花朵、唯美風格的瑰寶，老、中、青各年齡層的

心靈之書。

　　在中國近代散文中，除了本文一開始提到的女作家外，張秀亞最推崇梁啓超、徐志摩、朱自清、梁實秋、錢歌川（味橄）和何其芳。梁啓超作品有著史詩的雄渾，使人讀了為之歌哭，為之奮發，她認為是第一等有感染力的文字，徐志摩的散文雖被譏為「濃得化不開」，但他作品中撲面而來的激情，卻讓她心折，而俞平伯、朱自清、梁實秋、錢歌川、何其芳的淡泊、蕭散、雋永的抒情方式與敘述風格，也深深影響了她。特別是 1940 年代崛起文壇的何其芳，對她的吸引力更大。她成功地繼承、發揚了這些前輩們作品的長處，並從她自己的文學觀──「簡淨」、「純真」、「韻致」和「想像」四個審美方向出發，開拓出另一個遼闊的美文世界。

　　經過長達 70 年的創作實踐，張秀亞使美文這臺灣文壇最珍貴的文學類型，成立了，壯大了。她對文藝女神的扣問，得到了最好的回答，而她的作品，已成為時代的一個代表，一個典型。也因為她文學理念的啓迪、引領、激發，成就了年輕一代的美文作家。

　　詩人對詩人，作家論作家，梵樂希曾以「波特萊爾是到了光榮的頂點」這句話，來稱讚波特萊爾的文學成就，並從歷史發展的觀點，肯定波氏對整個法蘭西文學所產生的意義。張秀亞在我們的現代文學史上，特別對臺灣婦女寫作運動，也產生了承上啓下的作用，但長久以來，很少人注意到她在這方面的貢獻。論者一提到女性文學，總是把 1980、1990 年代西方女性主義文學思潮進入後算作臺灣女性寫作的開始。其實這個看法是不正確的，不符合文學史發展事實的。不尊重張秀亞和她同輩女作家們對婦女寫作的先期建設，就等於忽略了文學史演進的連續性。而從整個臺灣現代文學的發展看，因為有了 1950、1960 年代婦女寫作運動所奠定的基礎，才使這一代的女性寫作者，具備了對西方女性主義思潮的因應能力，在接受、選擇性接受、或批判性接受之間，做出正確的判斷。另一方面，我們對張秀亞這位美文大師的作品，批評界一直沒有給予應有的重視，而形成一個學術研究的斷層，此一缺失，希望由於《張秀亞全集》的出版而得到

鍛接。劉再復寫過一篇論巴金的文章，標題爲〈巴金的意義〉，臺灣文學評論界似乎也應該把探討「張秀亞的意義」，當作一項重要工作，精研細讀，重新評估，更重要的是從六十年來張作與臺灣土地、廣大讀眾之間的互動關係上，認識張秀亞怎樣面對並完成了她的時代，怎樣到達了——梵樂希稱讚波特萊爾所說的——「光榮的頂點」！

——選自《文訊雜誌》，第 233 期，2005 年 3 月

張秀亞的詩（代序）

◎何欣[*]

　　張秀亞女士是我國當代最優秀的散文家之一。如果以「凡有井水處，皆歌柳永詞」來形容秀亞女士之文章擁有廣大的讀者群，也許她會謙遜地否認；也許有人說他並沒有讀過張秀亞，不過，像秀亞女士那樣以文章而不以其他方式獲得那麼多讀者的作家，無論如何在今天並不多。我曾遇到過很多從事文藝工作者或僅以讀文藝作品為享受者，都極力讚揚張秀亞女士的作品，說她的作品意境高，文體清麗雋永。

　　散文家張秀亞在本質上是一位抒情詩人，實際上，她也確是一位抒情詩人。她曾經寫過詩，她在〈我的寫作經驗〉中曾說：「……我又開始寫詩了，我選擇著聲韻，選擇著字句。……寫了兩年的詩，推敲吟哦，費盡工夫。」我說張秀亞女士是詩人時，又加上了　個形容詞：「抒情的」。什麼是抒情詩呢？字典上的定義說抒情詩具有歌的形式和音樂的本質，抒發詩人自己的思想與感情。秀亞女士的詩，不，不只詩，還有她的全部散文，都是抒發個人感情與思想的，都是寫自己的悲愁與喜悅，那些悲愁與喜悅都從心底深處迸發出來，不是故意「做」出來的，所以能夠引起讀者的共鳴。她在敘述創作過程時說……「心靈常陷於一種沉酣狀態，夢遊狀態，心靈卸卻了世俗的外衣，而返回於原始的混沌真純。」這正是一個真正詩人在傾吐自己心懷情感所必須的「狀態」，從這種「狀態」中產生的詩「才能富詩意，有詩境」，才能把讀者也帶往那「原始的混沌真純」中，才能使讀者的心靈開放花朵。

*何欣（1922～1998）。翻譯、文學評論家、散文家。發表文章時為國立編譯館編審、《現代文學》季刊顧問。

　　詩人張秀亞，也和其他許多偉大的詩人一樣，酷愛大自然，大自然孕育了她那不羈的想像，她對於大自然開始懷有一種神祕之感，激起了她寫作的靈感。藝術家的職責是什麼，還不是要表現大自然的意義嗎？不是從自然中發現宇宙的祕密嗎？不是以大自然之美來洗滌我們的心靈嗎？不是參加大自然的發明與創造嗎？不是表現宇宙的和諧與美麗嗎？大自然是詩人汲取靈感的泉源，在詩人的眼睛裡，空氣裡飄著的雪花，夏季裡偶落的驟雨，夜空中點點繁星，樹梢後一彎斜月，都是人的靈魂的再現。所以詩人常以花木鳥獸或其他自然現象來象徵他們的情感。雪萊的〈西風歌〉，濟慈的〈夜鶯曲〉不是卓越的例子嗎？中國的舊詩詞裡不是有更多的說明嗎？

　　也許是天生的氣質，也許是由於遭遇與經驗，張秀亞女士的散文中總是蒙著一層淡淡的哀傷，而她在這哀傷中培育了一種寧靜，一種樸實；也是由於這種心靈的寧靜與純樸，使她寫出了很多美麗的詩篇。她在生活中所發現的所感覺的是：

秋風吹落的第一葉；
晝午睡起後惺忪眼中，
網在蛛絲裡的黃色日影；
又像一條銀白的蜥蜴，
爬上了暗夜中發光的玻璃。

——〈生活〉

當綠色的海洋淹沒了草原，
當皎白的花之霜雪壓彎了春天的樹枝，
當畫眉鳥撒下了歌聲的珠顆，
我卻看見歡笑的精靈去遠了，
在那鬱結著紫丁香花梢

蜘蛛悄悄地織起憂鬱的小網羅。

　　　　　　　　　　　　　　　　　　──〈自己的歌〉

　　這是她對現實生活所感到的失望，不過，失望並沒有讓她卑視生命，
拋棄生活；因爲她具有智慧，她發現了超越現實卑俗生活的更高的生命，
她有崇高的宗教情緒，使她在自然中發現更有永恆之美的生命：

　　我說：「你的花園已空無所有了。」
　　「有青苔，
　　有砂石
　　更有星影顫搖的夜
　　一聲聲鸛鳥響亮的鳴啼。」她回答，幽幽的。

　　她不但熱愛自然，也愛孩子和樸實無華的單純的人，因爲孩子和樸貴
的人和大自然一樣，沒有虛僞的矯飾，他們具有一種「抒情的樸實單純」
（Lyrical simplicity），他們還接近自然，接近造物主，忠實於自己。秀亞女
士對孩子的愛，表現在她對女兒蘭蘭和男孩山山上（她在很多篇文中提到
這兩個孩子）：

　　小蘭蘭，
　　解掉你花邊之間的小圍涎，
　　貼近媽咪，貼近窗，
　　等月光在你小心版上
　　第一次寫下銀色的詩。

　　　　　　　　　　　　　　　　　　　　　　　　──〈月〉

　　在〈病起〉一詩裡，她以孩子微笑的臉象徵了健康的喜悅：

忽然，隔著那道疏離，

一張粉紅的小臉向著我微笑，

呵，自那乾焦的土地上枯萎的葉叢裡，

又掙扎著開放了

那小小的玫瑰。

——〈病起〉

　　她所喜愛的是純樸的牧羊女，在很多散文與詩裡她都描繪過這個富有象徵意味的小牧羊女：

幾次牧羊女走過滿是落日微光的原野，

恍似重見一簇簇夢中顏色，

但幾番她舉向枝頭的素手又垂下了，

在澄藍秋空下，她以天真的眼淚

默祝大地這朵聖火不滅。

——〈秋之華〉

　　大地上朵朵聖火是造物主賜予人間的真、善、美和永恆的希望，這純潔的牧羊女在素樸生活中能體驗能接受這聖火，所以她以天真的眼淚默祝永恆之美的不滅。牧羊女能深深理解自然之美，自然的力量，因為她便是自然的化身。雕刻家羅丹曾說：「讓自然成為你唯一的神！」在秀亞女士的筆下，牧羊女便象徵了這「唯一的主神」，或是說，造物主送到人間的一個代表者，牧羊女能欣賞宇宙中的喜悅與哀愁，讀一讀「牧羊女之歌」，我們便可以知道了，牧羊女靜靜地背負起哀愁，頗有幾分作者本人的面影。除牧羊女外，她也曾寫過村里的姑娘——這大自然的女山宇宙間最美麗的歌者：

她擎托著汲水的瓶子，

她向著夜空低唱，

鶯鳥都收拾起了笙簧，

靜聽這清澗般的聲響。

　　好的詩歌，除了思想與感情之外，還應該有形式，所謂形式自然是指節奏與韻律。現代有為數不少的詩人，雖然打破了舊體詩中的一切限制，但卻走向兩條更危險的路：一種是口號的排列組合，根本缺乏統一性，和諧性，我們不敢稱之為詩；一種是勉強求韻腳與每句字整整齊的傾向，所造成的句子，讀起來像爬崎嶇山路，不但沒有美感，而且把自然韻律與節奏都「醜化」了。秀亞女士是研究英國文學的，尤愛英國詩，她對中國舊詩詞也很有根底，我們可以從她的用詞中看出來，不過，她沒有讓這些造成一根繩索，來縛住自己。她的詩大半都很自然，像溪中清泉或枝頭鶯鳥的自然的歌聲，讀來像「駕一葉之扁舟，凌萬頃之茫然」，其節奏自寄波濤激盪之間，不露雕琢之痕跡。讓她自己在一篇文章中講，她曾寫過很多詩，我們希望她繼續的寫，並且寫得更多。

——轉載自《學生雜誌》

——選自《張秀亞全集 15・資料卷》
臺南：國家臺灣文學館，2005 年 3 月

張秀亞：純心靈的浪漫主義詩風

◎蕭蕭

一、前言：浪漫主義是所有文學的基調

　　浪漫主義應該是所有文學的基調，自有文學以來伴隨著文學上高山
（如古典主義者所追求的崇高美學），入溪流（如自然主義者所嚮往的寧靜
美學），越險谷（如超現實主義者所震懾的內在奧祕），進城鄉（如現實主
義者所觀照的生活圖像），因而匯聚為文學藝術的大海。文學最基本的要
素，諸如抒情性、想像力、神祕感，無一不是浪漫主義的特徵。可以說，
未有文學之前，人類內心之中那股勃勃然的情欲，冒險觸探的心靈，其實
已是文學的先聲；人類心中如果沒有情意急著表達，沒有幻想勇於闖蕩，
這個世界就不會有文學。這些人類特有的本質，正是浪漫主義所堅持的意
念，所信守的主張。

　　因此，《美學辭典》對於「浪漫主義」開宗明義的第一句話是：「文學
藝術的基本創作方法之一」，論者認為「浪漫主義的特徵是按照理想的樣子
反映生活，表現作者的激情。它重在抒發對理想世界熱烈追求的情懷，直
接表達強烈的內心感受，常常採用熱情的語言、瑰麗豐富的想像和奇特豪
放的誇張手法來塑造形象。」[1]

　　不過，在臺灣新詩發展的過程中，「浪漫主義」往往被歪曲為多愁善
感、纏綿悱惻的代名詞，因而有著負面的評價，如鄭明娳、林燿德編著的

[*]本名蕭水順，發表文章時為明道管理學院中文系助理教授，現為明道大學中國文學系教授。
[1]王世德主編，《美學辭典》（臺北：木鐸出版社，1987年），頁448。

《時代之風──當代文學入門》，從現實主義開始介紹，即略去了做爲初期現實主義者主要反動對象的「浪漫主義」。但是，蔡源煌對於浪漫主義必然涉及煽情的偏見，曾提出反證，如雪萊的〈寫給雲雀〉，他認爲：「從象徵的意義來探討，雲雀成了柏拉圖式的理念的化身，它一方面超越了現象界的肉體層次，一方面又成爲一種藝術（詩）的象徵，溝通了現象與理念界。」如濟慈的〈憂鬱賦〉，他認爲：「〈憂鬱賦〉雖然說明憂鬱是生命中天經地義的事，他反而勸人要接受這個事實，才能了解美和喜悅的珍貴。這種態度不是莫可奈何的妥協，而是睿智的神悟，頗爲接近叔本華所揭櫫的『生命的意志』──明明知道生命中充滿痛苦，也得勇敢地活下去。」[2]如此看來，做爲文學藝術基本創作方法之一的「浪漫主義」，是亙古通今的技巧，19 世紀未有「浪漫主義」運動之前的東西方文學，哪一個文學家的作品不蘊藏著滾燙的熱誠？「浪漫主義」運動消匿以後的東西方文學，雖然沒有人標舉這面大旗，又有哪一個文學家的作品可以避開想像力的發揮，可以缺少創作的靈感、才具和靈視？可以不創造一個現實世界所不曾有的新境界？

蔡源煌《從浪漫主義到後現代主義》這本書中強調「浪漫主義」運動是一次大規模的國際性文學運動，因爲浪漫思潮消退後，小說、戲曲興起寫實主義、自然主義，詩歌創作則有象徵主義，但都只算是零落散發的現象，即使是 1920 年以後的現代主義，1970 年代以後的後現代主義，規模都遠不及浪漫主義磅礡。[3]這樣的文學現象其實適足以說明浪漫主義的永恆價值，浪漫主義不是文學史上的一個浪潮，而是文學火鍋裡的湯底，文學浪潮裡永遠不可或缺的鼓蕩的海水。

從臺灣新詩史進化論的觀點來看，張秀亞老師的新詩創作從來不鼓起任何風浪，卻堅持在自我解放的心靈中追求性靈的至真，人性的至善，自然與藝術的純美。即使是在紀弦「現代派」的狂飆震雷中，依然瀟灑獨

---

[2]蔡源煌，《從浪漫主義到後現代主義》（臺北：雅典出版社，1998 年），頁 8～9。
[3]同前註，頁 6。

行。有趣的是，回頭檢視紀弦 1960 年的詩創作，他的成就並非表現在他所費心倡議的象徵主義上，紀弦詩創作的軌跡與高峰，其實都平貼著他所鄙棄的「浪漫主義」而飛行、而爬升。試看張秀亞、紀弦與浪漫主義如何若即若離伴隨而行：張秀亞是以心靈的自我表白，呈現浪漫主義詩風，柔性進行；紀弦則是以凌厲之氣駕馭詩壇方向盤，顯現革命者的積極行動，充滿著浪漫主義的叛逆之勢，雷厲風行。這兩股行動的不均衡絞合，很可能推湧出早期以唯美抒情爲本質、近期則以蒙古爲詩心的席慕蓉的浪漫主義英姿。換言之，張秀亞：純心靈的浪漫主義詩風，紀弦：英雄式的浪漫主義詩翁，席慕蓉：情境化的浪漫主義詩宗，層層推湧出臺灣新詩浪漫主義的美學風采。

二、浪漫：主義與無主義的風采

唐詩分派的講法中，社會寫實派以杜甫、白居易爲代表，田園派首推王維、孟浩然，邊塞派是高適、岑參、王之渙、王昌齡的天下，奇險派則以韓愈爲首，包括孟郊、賈島等寒瘦之徒。所有唐詩名家都在各流派中安居其位，卻獨漏大詩仙李白，因此後人以「浪漫派」的封號加諸其身，如楊文雄《李白詩歌接受史》論及「唐人對李白詩創作藝術的推崇」，歸納爲三點：一是寄興深微，上承風騷漢魏的比興精神；二是許爲奇才，講求筆參造化的藝術魅力；三是豪放飄逸，塑造奔放浪漫的詩歌風格。講述到第三點的「奔放浪漫」，楊文雄引述九句「形象語」來稱頌李白：「李白的詩歌，向來給人力量感和氣勢感，是驚濤拍岸，長河奔流，飛瀑直下；是香象渡河，金翅劈海，騏驥馳野；是筆走龍蛇，語驚鬼神，口吐錦繡。」[4]這九句「形象語」可以視爲對李白幻想世界的驚呼，對浪漫思潮的讚歎。李白時代（701～762 年）約早於西歐浪漫主義一千一百年，浪漫主義興起之後，大家都認可他的詩風可以跟浪漫主義相比附。

---

[4]楊文雄，《李白詩歌接受史》（臺北：五南圖書公司，2000 年），頁 47。

　　古典詩的歷史長流裡，戰國時代的屈原與盛唐時代的李白，同樣被公認為中國詩歌中的浪漫主義代表，他們的詩篇都擅長利用神話做無涯涘的幻想，可是在他們的內心深處其實都有自己理想中的政治藍圖，所以，無涯涘的幻想寄寓著個人的理想，其中充溢著主觀的色彩，鮮麗的意象，千山我獨行的叛逆個性，「雖千萬人，吾往矣」的反抗精神，這就是浪漫主義的實質面相，其時，尚無「浪漫主義」的名號與運動。

　　臺灣新詩的發展與西歐浪漫主義的流行，其實也像這樣擦肩而過，不具任何共時性或互動性。西歐浪漫主義流行於 19 世紀初，為對抗崇尚絕對理性，加強壓抑情感的古典主義而產生，此時的古典主義標榜聖潔、道德、責任，強調藝術形式的既定規範，推舉藝術風格的典正高雅，生活上有著規律化的要求，精神上信守禁欲主義，讓剛剛從神學束縛中掙脫出來的文藝復興運動、人本思想，卻又落入理性的牢籠裡。因此浪漫主義伺時而動，衝破思想的藩籬，感情的堤防，取得高度的解放與自由。但是，19 世紀、20 世紀初期的臺灣還在園林遊宦的古典詩潮中，與東西洋的思想流派無所牽涉。直至 1920 年之後，西方思潮經由日文影響臺灣，浪漫主義交疊著現代主義衝激著臺灣新文學而來，但在日本殖民政府統治下，全民對抗殖民霸權，現實主義當道之時，浪漫主義豈有生存的權利？1949 年之後，大陸來臺人士懷家思鄉之情無由發抒，家族立基臺灣百年以上的本土詩人沒有適當的唇舌、失去暢意的喉嚨，唯反共戰鬥的意志統御著文學心靈，這時，浪漫主義豈有生存的膽識？1956 年紀弦「現代派」成立，主知觀念橫掃詩壇，現代主義才是前衛的象徵，艱深炫奇才是典律的代表，這時，浪漫主義豈有生存的可能？1954 年創立、1959 年開始標舉超現實主義的「創世紀」詩社，與 1964 年創立、先後標舉鄉土現實、社會批判、臺灣精神的「笠」詩社，在典律的建構上容或有天南地北的殊異性，但在鄙棄浪漫主義這一命題，卻站在同一戰線上，這樣的情境裡，浪漫主義怎麼可能有生存的空間？

　　臺灣新詩美學的建構中，從來沒有人指稱或標舉「浪漫主義」這面旗

幟，但是，浪漫主義的精神傾向與思想內涵，卻一直貫串在新詩創作裡。
可以說，臺灣新詩壇雖然沒有浪漫主義之名，卻有浪漫主義之實。

　　《美學辭典》上說：「浪漫主義文學特別富於幻想性，多描寫理想，用
幻想中的理想世界對現實進行批判，抒發強烈的個人情感。它不在乎塑造
典型環境和典型性格，而是著重描寫作家個人的主觀世界對事物的感受，
強調表現個人的精神和生活，肯定個人對社會的反抗，追求個性的絕對自
由。寫法上多採自傳式。」[5]這種對理想的無限追求，對自我的無限縱放，
不正是現代派詩人紀弦最佳的寫照。但紀弦倡議波特萊爾以降的象徵主
義，對浪漫主義是嗤之以鼻的。《美學辭典》又說：「浪漫主義文學往往著
力描寫自然景色，抒發作家對自然的感受。繼承盧梭『回到自然』的口
號，通常以大自然為背景或直接把它做為描寫和歌頌的對象，把大自然的
『美』與現實生活的『醜』進行對比，自然景象同作家自己或作品主人公
的內心世界緊密聯繫，大自然被看作他們精神上的寄託。對自然風光的描
繪，也常常給作品帶來塊麗色彩和異國情調。」[6]這種對美的無限歌頌，對
自然的無限讚歎，不正是張秀亞老師其人、其詩、其文最佳的寫照。但張
秀亞也說：「詩裡面，我喜歡象徵派的。」[7]她與紀弦一樣，嚮往象徵主
義，卻並未自覺自己的大多數作品其實是與浪漫主義聲息相通，氣味相
投。這就是無「主義」的浪漫主義風采。

　　中國五四時期的詩人王獨清，說他自己最愛四位法國詩人，第一是拉
馬丁（Lamartine, 1790～1869），他所表現的是「情」（"Emotion"）；第二是
魏爾倫（Verlaine, 1844～1896），他所表現的是「音」；第三是藍波
（Rimbaud, 1854～1891），他所表現的是「色」；第四是拉弗格（Laforgue,
1860～1887），他所表現的是「力」（"Force"）。所以理想中最完美的詩，他
認為可以用一種公式表出：（情＋力）＋（音＋色）＝詩。[8]可見他所嚮往

---

[5]王世德主編，《美學辭典》，頁448。
[6]同前註，頁449。
[7]張秀亞，〈自序〉，《我的水墨小品》（臺北：道聲出版社，1978年），頁4。
[8]王獨清，〈再談詩──致木天、伯奇〉，《創造月刊》第1卷第1期（1926年3月）。

的是法國象徵派詩歌的情調，艾青、朱自清卻不認爲王獨清是象徵派，倒像是浪漫派的詩。朱自清在《中國新文學大系・詩集・導言》雖指出王獨清內心傾向於象徵派，但作品還是拜倫式的、雨果式的作品爲多，「就是他自認爲仿象徵派的詩，也似乎豪勝於幽，顯勝於晦。」[9]紀弦、張秀亞言論上是象徵派的仰慕者，行動上卻是浪漫派的實踐者，原來在新文學史上早就有例可循。浪漫與象徵所形成的張力，使浪漫不至於熱情沖昏了理性，象徵不至於艱深蒙蔽了理性，在他們作品的表現上，也因此而有跡可尋。

如果將西方浪漫主義作家的美學思想，與臺灣新詩風采加以比對，我們會發覺英國積極浪漫主義詩人雪萊（Percy Bysshe Shelley, 1792～1822）在《爲詩辯護》中所論述的觀點，張秀亞的詩作與之若合符節；法國浪漫主義運動的領導者雨果（V. Hugo, 1802～1885）在〈《克倫威爾》序言〉中的觀念，則在紀弦詩中得到實踐。

雪萊說：「詩是生活的維妙維肖的表象，表現了它的永恆真實。」雪萊又說：「自有兩個人同時存在之日，社會的同情，或者如同社會因素那樣，是社會所以發生的一些法則，便開始發展了；未來之蘊於現在，有如植物之托根於種子；平等，差異，統一，對比，彼此依賴遂成爲原則──唯有這些原則能提供動機，使得社會上的個人，既過群居生活，其意志便可以依此而決定，而表現爲行爲；於是在感覺中有樂，在情操中有德，在藝術中有美，在推理中有真，在同類中的交往中有愛。」[10]雪萊追求愛、真、美、德、樂，張秀亞的詩則展現「聖、美、善、真」的典雅之風，在浪漫主義的風采中有著類近的軌跡。

雨果不滿意古典主義只表現崇高事物的崇高美學，所以他說：「基督教把詩引到真理，近代的詩藝也會如同基督教一樣以高瞻遠矚的目光來看事物。它會感覺到萬物中的一切並非都是合乎人情的美，感覺到醜就在美的

---

[9]朱自清，〈詩集・導言〉，《中國新文學大系》（上海：良友公司，1935 年）。
[10]雪萊，《爲詩辯護》，轉引自朱光潛編譯《西方美學家論美與美感》（臺北：天工書局，2000 年），頁 224～225。

旁邊，畸形靠近著優美，粗俗藏在崇高的背後，惡與善並存，黑暗與光明相共」、「滑稽醜怪作為崇高優美的配角和對照，要算是大自然給予藝術最豐富的源泉」。[11] 所以，紀弦寫〈脫襪吟〉，羅青以「俳諧幽默」論紀弦[12]，顯然暗地裡都呼應著雨果，要從眾醜中發現新美。

若是，張秀亞的秀美幽雅的浪漫主義，與紀弦滑稽俳諧的浪漫主義，其實顯現出臺灣浪漫主義裡共構而又交疊的美學效應。只是，張秀亞專攻抒情散文，偶爾寫詩，紀弦則以革命者的姿態，在詩壇叱吒風雲，顯然又鋪陳出浪漫主義「消極」與「積極」兩種不同的風采，值得玩味。

三、張秀亞：純心靈的浪漫主義詩風

張秀亞老師在序白萩詩集《蛾之死》時，曾說：「詩是感情的語言，思想的語言，但最好說它是靈魂的語言。詩原是一種綜合的藝術，它表現的是詩人對這個世界以及人生的讚美、詠歎、悲憫，總之，它要寫的是靈魂的震顫。」[13] 靈魂的震顫頗能道出那種非專屬感情、也非專屬思想的心靈的感動，或者竟是前一節所提到的「浪漫與象徵所形成的張力」，是一種有節制的浪漫主義，有親和力的象徵主義，這也就是張秀亞老師詩篇中所散發的「純心靈的浪漫主義詩風」，析言之，則可以從三方面來觀察：

（一）心靈善真與自然聖潔的交疊美學

張秀亞最早發表的一首詩，根據劉福春《新詩紀事》所載，應該是1936 年 8 月 30 日《大公報‧文藝》第 206 期的「詩歌特刊」，此期刊有林徽音的詩論〈究竟怎麼一回事〉，南星的〈不見〉、張秀亞的〈花〉等詩。[14]（編註）這第一首張秀亞的詩，已十足顯現她選材的特質：簡單而美的自然事物。花是大自然最聖潔、最純樸的象徵，花是心靈的善與真的代

---

[11] 雨果，〈《克倫威爾》序言〉，《為詩辯護》，頁 245～246。
[12] 羅青，〈俳諧幽默論紀弦〉，《詩的風向球——從徐志摩到余光中》（臺北：爾雅出版社，1994年），頁 79～116。
[13] 張秀亞，〈序〉，白萩《蛾之死》（臺北：藍星詩社，1958 年），序頁 1。
[14] 劉福春，《新詩紀事》（北京：學苑出版社，2004 年），頁 100。

表，選來作題目，不必再加任何形容詞，花就是花，單純的美。

其後各篇詩題，都顯現這種單純之美。張秀亞曾出版四本詩集：《水上琴聲》、《秋池畔》、《我的水墨小品》、《愛的又一日》[15]，共有 118 首詩，其中以花為題的甚多，幾乎都直接以花名為詩篇之名，不加任何修飾語。如：秋之華、梅、花園、小白花、白色小花、黃蟬花、紫色玫瑰、水薑花、花訊、蓮蓬、瓶中荷葉，其中只有兩次例外：添加動詞的「石竹花的沉思」，添加形容詞的「煮夢的雛菊」。其他不以花為詩題，依然如此單純，不炫學，不花俏，以題目字數而言不會超過五個字。準此觀察詩的篇幅，總是短詩、小詩；詩的類型，總是詠物、抒懷；詩的客體，總是自然、心靈。這就是張秀亞詩作的全部，一種心靈的探索與享受，一種自然的巡禮與讚歎。

壯美與優美，張秀亞選擇的是優美；宏觀與微觀，詩人選擇了微觀。一隻小小的蜜蜂，一般人只會寫牠的輕盈，寫牠的勤快，寫牠如何將粗糙化為細緻的蜜甜。張秀亞可以如此微觀，如此優美：

> 蜜蜂展著透明的黃翅子，
> 像是一隻華麗的金色船，
> 划著細足做成的桂木槳，
> 輕盈輕盈的泛過，
> 一片密葉鋪成的碧波。[16]

大自然的萬事萬物原是美的，詩人更看到了一般人所未曾見到的深層內裡。蜜蜂是一種小小的昆蟲，詩人卻以桂木槳划著金色船，划過密葉形成的碧波來形容牠的輕盈飛翔，不起眼的昆蟲受到相當華麗的禮遇，是因

---

[15]張秀亞，《水上琴聲》（彰化：樂天出版社，1956 年）。《秋池畔》（臺中：光啓出版社，1966年）。《我的水墨小品》（臺北：道聲出版社，1978 年）。《愛的又一日》（臺北：光復書局，1987年）。

[16]張秀亞，〈蜜蜂〉，《水上琴聲》，頁 14。

為詩人心靈的善與真。

　　詩人心靈的善與真，還會為殘破的園圃找到另一種值得讚賞的美，張秀亞所帶領我們欣賞的〈花園〉[17]，是以心靈帶領我們體會另一種自然的欣喜：

> 我說：「你的花園已空無所有了。」
> 「有風，
> 有雨，
> 更有冬日的陽光撫摸著
> 一枚枚頑強的菌子。」她回答，悄悄的。
>
> 我說：「你的花園已空無所有了。」
> 「有青苔，
> 有砂石，
> 更有星影顫搖的夜
> 一聲聲鸛鳥響亮的鳴啼。」她回答，幽幽的。

欣賞風，欣賞雨，還欣賞冬日陽光下的菌子，多麼細微的關懷！欣賞青苔，欣賞砂石，還要用耳朵欣賞鸛鳥鳴啼，聽覺的美，多麼開闊的心靈！

　　評論家何欣在〈張秀亞的詩〉[18]這篇文章中，引錄張秀亞自述創作的過程：「心靈常陷於一種沉酣狀態，夢遊狀態，心靈卸卻了世俗的外衣，而返回於原始的混沌真純。」何欣指出「這正是一個真正詩人在傾吐自己心懷情感所必需的『狀態』，從這種『狀態』中產生的詩『才能富詩意，有詩境』，才能把讀者也帶往那『原始的混沌真純』中，才能使讀者的心靈開放

---

[17] 張秀亞，〈花園〉，《水上琴聲》，頁38。
[18] 何欣，〈張秀亞的詩〉，原載《學生雜誌》，後來收入張秀亞詩集《秋池畔》當作代序。《秋池畔》是《水上琴聲》的擴增版，就《水上琴聲》原有的篇目再增 11 首詩，改由臺中：光啟出版社，1966 年出版。〈張秀亞的詩〉（代序），《秋池畔》頁 7～14。

花朵。」

在這篇文章中，何欣還指出：「詩人張秀亞，也和其他許多偉大的詩人一樣，酷愛大自然，大自然孕育了她那不羈的想像，她對於大自然開始懷有一種神祕之感，激起了她寫作的靈感。」「大自然是詩人汲取靈感的泉源，在詩人的眼睛裡，空氣裡飄著的雪花，夏季裡偶落的驟雨，夜空中點點繁星，樹梢後一彎斜月，都是人的靈魂的再現。」何欣從張秀亞的詩中，點出大自然是人的靈魂的再現，這也正是張秀亞為白萩詩集《蛾之死》寫序時所說的「靈魂的震顫」，心靈之善與真，與自然的聖與潔，如此交疊而擴展了美學。誠如張秀亞在〈夏日小唱〉詩後附註所引用的歌德〈湖水〉中的詩句：「呵，你新鮮的湖水／陶醉了我的心靈。」[19] 自然陶醉了詩人的心靈，詩人又創造了詩中的自然，交疊詩人純真純善的心靈，陶醉了更多的心靈。

（二）浪漫主義與宗教情懷的交疊美學

前面提及根據劉福春《新詩紀事》所載，張秀亞最早發表的一首詩，應該是 1936 年 8 月 30 日《大公報・文藝》第 206 期的「詩歌特刊」所登的〈花〉，但在詩集《愛的又一日》中有一首詩〈代擬的詩箋〉[20]，詩後註明是 1936 年春天，時讀高中，代一位女文友寫的詩箋。如是，目前所顯示的資料中，〈代擬的詩箋〉是張秀亞最早的一首詩（當時是否發表則未可知）。詩中充滿浪漫想像，如第一段：「倘若有一日你回來了／你將發現我／變得像一株隨人意的植物，／盡心像你所願的樣子生長。／在風中舞動著美麗的枝葉，／散布著澹澹的芳香。」因癡情而變形的祈願，不由得讓人想起席慕蓉的名詩〈一棵開花的樹〉[21]，不同的是：席慕蓉不愧是蒙古兒女，勇於展示自己，要在自己最美麗的時刻長成一棵花樹，慎重開花；張秀亞則是傳統的東方女子，只願自己是垂頭、沉默的含羞草，無限寧

---

[19] 張秀亞，〈夏日小唱〉，《愛的又一日》（臺北：光復書局，1987 年），頁 70～71。
[20] 張秀亞，〈代擬的詩箋〉，《愛的又一日》，頁 88～90。
[21] 席慕蓉，〈一棵開花的樹〉，《席慕蓉・世紀詩選》（臺北：爾雅出版社，2000 年），頁 2～3。

靜、溫柔。張秀亞出生於 1919 年，〈代擬的詩箋〉寫於 1936 年，時年
17；席慕蓉出生於 1943 年，〈一棵開花的樹〉寫於 1980 年，時年 37。這
兩位臺灣重要的浪漫主義詩人，雖無直接的師承關係，卻可以感受到詩歌
浪漫氣息的周流不息。

17 歲的張秀亞已經透露出心靈的浪漫幻想，其後的作品一直延續這種
青春的思慕，美好的企盼，如梅雨季節連寫詩的靈感都像沾濕的蝶翅時，
她的〈走出梅雨季〉[22] 的浪漫想法是「我抖落了衣袋裡／拾取來的薔薇花
片，／鋪向──／那還沒走遠的春天。」這種浪漫是溫雅的，節制的，不
是行動上直接衝進梅雨中發光發熱，不是生活裡直接衝進人群裡掏心掏肺
──而是，而且只是心靈的浪漫。

何以如此？應該是終身虔誠的宗教信仰所造致。結集或未結集的詩、
散文、翻譯裡，都有許多類似〈聖母讚歌〉這樣的作品。即使就一般詩作
來看，虔誠的宗教情懷仍然滿溢在她的字句間。

這種宗教情懷，一方面表現在大自然的愛的發現：如《愛的又一日》
的題解詩〈愛的又一日〉[23]，對於疏籬外小小玫瑰的微笑，她能感受到那
是大自然給予的愛；如《愛的又一日》的〈詩序〉[24]，她認為那不眠的星
月乃是我們所牽繫的人在凝眸。一方面表現在廣布的仁者心懷，如「月色
太寒／我擔心你脆如蝶衣的感情／無力忍受」（〈久違的月色〉），如「只由
於舊箋上的一句熱誠的附言：／『我擔心月色對你太寒』，／每一望月，／
就覺得它如白銀手爐般溫暖。」（〈寒夜〉），如「我多愛那些荷葉／而荷葉
上起了嫋嫋秋風／那小小的蓮房是誰的心呢／其中有那麼碧綠的思念。」
（〈新秋〉），如「枝柯想是為了花朵的負荷而手臂痠疼吧／幽草什麼時候變
成綠溪？」（《我的水墨小品‧夏午》）。這些詩句，兼具著浪漫的情思與慈
悲的襟懷，為天下人、天下有情有愛的事物，長期擔著心。

---

[22] 張秀亞，〈走出梅雨季〉，《愛的又一日》，頁 64～65。
[23] 張秀亞，〈愛的又一日〉，《愛的又一日》，頁 8～9。
[24] 張秀亞，〈詩序〉，《愛的又一日》，頁 10～11。

　　如〈初夏之晨〉[25]這首間雜表現「浪漫情思」與「宗教情懷」的生活小詩，見證的是這種美學的結合：

　　　　石階猶帶著夜雨的濕味……………………………浪漫情思

　　　　迎著才打開的窗子……………………………………宗教情懷

　　　　草上無名小花笑得那麼鮮明……………………浪漫情思

　　　　應和著送報人的輕快單車輪聲……………………宗教情懷

　　　　亮藍天空也展開了雲的特刊……………………浪漫情思

　　　　長巷中一夜不眠的路燈才去尋夢………………浪漫情思

　　　　那個賣菜婦人推著滿車青嫩的萵苣來了………宗教情懷

　　　　她快樂的吆喝聲在巷中迴旋…………………………宗教情懷

　　　　使綠鬢的初夏更顯得年輕。……………………………浪漫情思

　　至若「一行深色的字　如一位聖潔的藍衣修女／持著閃亮的風燈自我的眼前走過」[26]，則是交疊或交融之美的化境了。

（三）散文氣息與新詩意境的交疊美學

　　張秀亞老師以本名發表新詩，以「張秀亞」或「張亞藍」的筆名發表散文，以「陳藍」寫小說，以「心井」寫方塊。這樣的排名次序，或許暗示著張秀亞對詩的倚重。《秋池畔‧後記》中說：「詩使我的生命擴大，詩使我的精神境界提高。」《我的水墨小品‧自序》中又說：「詩，卻長時凝注在我的心中，如同荷葉上那點晶瑩的水珠。」詩如果是晶瑩的水珠，散文寫作卻可能是張秀亞文學生涯裡的荷葉，可以承托住生命中所有的重量。詩是張秀亞精神最高的向度，散文卻是生活中最不可或缺的布帛菽粟，張秀亞寫作裡的最大宗。詩與散文，交互影響，交互滲透，是張秀亞文學生命裡另一個重要特色。何欣在〈張秀亞的詩〉文中提到：「散文家張

---

[25]張秀亞，〈初夏之晨〉，《愛的又一日》，頁 66～67。
[26]張秀亞，〈晚禱〉，《秋池畔》，頁 28～29。

秀亞在本質上是一位抒情詩人，實際上，她也確是一位抒情詩人。」這話
有兩層意思，其一是讚歎張秀亞的散文具有詩的質素，其二是張秀亞是一
位傑出的抒情詩人。

張秀亞未結集的作品中有許多散文詩，遊走在詩與散文之間，恐怕也
是詩與散文相互滲透的另一種證據：

> 白色的日影，不快意的，緩緩爬上牆垣。蒼苔織滿了一地，綠色的幽
> 怨。玉白的石階無人走，叫蜥蜴縱情踱個夠。
> 池子裡凝聚著不流的淺水，眼波裡，已消失了昔日青春的明媚。樹枝不
> 耐寂寞的向外伸，指尖牽拉住了閒步的白雲。
> 在亂草的糾纏裡，幾枝玫瑰頹然開放，無人知之芳香，潛潛的流過短
> 牆。時起，時停，是草蟲的叫聲，像長短的針，引著細細的線，穿縫剝
> 落的紅磚牆隙。
> 一片葉，墜落了。有行人，用眼睛穿過門縫，要窺看：有什麼綺麗景
> 色，展在這深鎖的園子。[27]

——〈荒園〉

此篇成詩甚早，寫於 1937 年，刊登時，題目之下即已標示散文詩，全詩分
成四節，每節再分二、三小段落，每一小段落各自呼應著「荒園」二字，
如日影爬過牆垣，加上「不快意」顯示了荒涼；蒼苔滿地，蜥蜴橫行，都
是荒涼的意象。一、二兩段是視覺的荒涼，第三段最為精采，寫嗅覺與聽
覺無所阻攔，以另一種方式點出荒蕪之意；傑異的是，寫蟲鳴之無所不
在，卻用穿針引線的視覺意象來縫製，好像可以形成一個綿密的網，罩住
整個荒園。就詩的意象而言，這是一首創作成功的作品；就散文的語調流
利面來看，貫串的氣息也讓人不用花費太多的心神就可以一路暢遊而下。

---

[27]張秀亞，〈荒園〉，《中央日報・詩刊》，1937 年 3 月 20 日。

這是詩的質素大於散文的一首散文詩。

比較晚出的作品如 1998 年的〈紅茶——憶山城〉[28]，詩題旁也標示著散文詩，開始的描繪與一般的散文無異，一轉而成為詩的地方在最後的兩句：「茶杯口映照出對面石坡上，山花隱約的紅影。」這是散文的質素大於詩的一首散文詩。

> 山城的霧又來了，好濃呵
>
> 霧將一切織入詩意的朦朧。
>
> 聽那竹雞一聲聲，啄去了濕霧，清晰的描出了驛站前敞篷的馬車，馬兒頸際發亮的銅鈴，和那茅頂尖尖的寂寞茶亭。
>
> 那個戴土布頭巾的小姑娘在向我笑呢。
>
> 她為我捧來一杯熱茶。
>
> 茶杯口映照出對面石坡上，山花隱約的紅影。

二詩寫作相差 60 年，相同的是：寫景之處著墨極多，人物只是畫龍點睛最後那一筆；不同的是：人物一出，一則點出荒蕪之意，一則點出溫婉之情，而「散文詩」手法之堅持，持續了 60 年。詩與散文之相映相疊，詩與散文的手法之難以取捨，從中可以窺其端倪。

1987 年出版的《愛的又一日》詩集中有一首〈水薑花〉[29]，採分行排列；1986 年 10 月 16 日的剪報有詩一首〈野薑花〉，文字略有小異，則採散文詩的形式發表。〈水薑花〉最後說：「一夕來溪邊尋你未見／或並非因我來得太遲／只由於你的皎潔／和溶溶的一地月色／無從辨別。」〈野薑花〉的人稱則是「她」：「那天，曾有個友人專程來溪邊尋你未見，歎惋著自己來得太遲。／我安慰她說：野薑花不會凋落，於每個晴好的秋夕，會化作一庭溶溶的月。」二詩之間，角色不同，情意不變，是讓詩中有我介

---

[28]張秀亞，〈紅茶〉，《聯合報》副刊，1998 年 3 月 4 日。
[29]張秀亞，〈水薑花〉，《愛的又一日》，頁 46～47。

入，情意顯得深濃好些？還是讓詩中無我，花色與月色溶溶無別好些？詩人張秀亞可能心中有些掙扎，這些掙扎的痕跡，再次證明文義與詩境也可以跟花色與月色一樣，溶溶無別。

再以《我的水墨小品》編輯體例來看，〈自序〉說：「收在這部集中的一些詩和散章，都是偶爾在無意寫詩、爲文的情況下，出現在稿紙上的，那些感興，就像窗外一片流雲，偶然間舒卷過我的心，但卻分得了我自己的幾分偏愛──因爲它們表現我心靈的生活最真切。」《我的水墨小品》書中並未釐清詩與文的區別，將它們間雜在一起。因爲詩、散文、散文詩、散章、小品，只要能真切表達心靈生活，心靈的浪漫主義者是無心加以區辨的。張秀亞這種率真的個性，顯現在詩文的創作，也顯現在詩文的編輯。

選擇心靈，就是一種浪漫；選擇真切，更是一種浪漫。張秀亞文學的全面景觀，張秀亞文學的最高峰嶺，從「浪漫的心靈」，從「心靈的真切」，可以一覽無遺，可以享受無盡。

註：未結集詩中，後來蒐得（由作者家屬于德蘭提供）一首張秀亞發表於天津《益世報‧文學週刊》1934 年 9 月 19 日的詩作〈夏天的晚上〉。

──選自《文訊雜誌》，第 233 期，2005 年 3 月

張秀亞的散文美學及其文學史意義

◎張瑞芬[*]

> 在一個人的心目中，它自己就是自己的回聲。一個名字，自己本身就是
> 回聲。

──張秀亞，〈春之頌〉[1]

　　「張秀亞」這個名字，在文壇上的烜赫閃亮，除了眾多得獎紀錄，從她 2001 年去世後讀者如潮水般湧來的追懷，到瘂弦在《文訊》與「婦協」、「文協」合辦的追思紀念會上由衷的褒揚：「臺灣近四十年來美文的開拓者」；「繼何其芳之後的另一個高峰」；「如果沒有張秀亞，臺灣年輕一代的美文作家，會延遲出現，或根本不會出現」，都可見出她文字深切的感染力與廣袤的影響力。她的名字，代表一種美善心靈的極致，幾乎與田園詩心和抒情美文劃上了等號。創作 70 年，八十餘本著作（橫跨詩、散文、小說、評論與翻譯），凡千萬言，這種驚人產量，無論在本地或外省來臺作家中，都樹立了幾乎無人可及的成績。她的特殊性，除了女性之外，兼及散文創作與理論，且終身未曾停筆（據女兒于德蘭稱，她病床前猶念念兩個短篇及一個長篇未完）。光論散文成就，和她相較，蘇雪林、沉櫻、徐鍾珮、艾雯簡直都寫得太少了，琦君和胡品清前後期題材與風格變化不大，

---

[*] 發表文章時為逢甲大學中國文學系副教授，現為逢甲大學中國文學系教授。
[1] 張秀亞〈春之頌〉一文，是一篇生前未刊稿，由家人檢出發表於《聯合報》2003 年 6 月 17 日。今收入九歌版《九十二年散文選》與財團法人臺灣文學發展基金會編《張秀亞全集 9‧散文卷八‧未結集散文》。據《張秀亞全集 9‧散文卷八‧未結集散文》所見，張秀亞直到 2000 年（去世前一年），仍有作品（〈繽紛小品〉等）。

且已停筆多時。張秀亞這種用一生寫了二十幾本散文集的風雲氣魄,在來臺第一代女作家中,大概只有 30 年間寫了 20 本,罹患帕金森氏症猶寫作不輟,在病床上「裹傷而戰」[2]的鍾梅音可堪與之比並。

在掌聲與光環背後,質量俱優的寫作,除了才分的因素,她們超越常人的毅力與堅持緣何而來?在反共氛圍和嚴密體制(甚且加上道德)規範下,她們所信奉的文學藝術性是否以沉默顛覆了巨大的喧囂?文學史上目前給予她們的定位是恰當的嗎?繁華盛景,已然過去,讀者們的欣賞讚歎縱使是真的,能把她們的作品重讀或看完的,怕也不多了。這是一個記憶隨文本一起消逝了的時代,從中學課本多年不變的鍾梅音〈鄉居閒情〉和張秀亞〈小白鴿〉略可見出。琦君,那就是〈一對金手鐲〉,正如朱自清的〈背影〉和徐志摩的〈再別康橋〉,以張秀亞的寬容不爭,或不能說出鍾梅音晚年病中的話:「有一件事使我不服氣的是,人人選讀我的作品,包括最高學府,都只選我早年的作品〈鄉居閒情〉,好像我這一生只寫下了這一篇文章,其實這個文章比初中小朋友寫得好不了多少」。[3]〈鄉居閒情〉之於鍾梅音《冷泉心影》的意義,恐怕正如〈小白鴿〉之於張秀亞《三色堇》,這都是作者第一本散文集中的文字。雖然在文壇久享盛名,也早已進入文學典律(canon),但作品的精義沒能被完整解讀[4],佚文極多,未曾收錄整理,多少仍是個遺憾。尤其是對 1984 年《海棠樹下小窗前》以後就不再有散文集出版,身在美國仍繼續寫作的張秀亞,恐怕另有一種被時代遺忘的寂寞。這和 2001 年前來悼祭獻詩,暌違文壇已久的張菱舲(1936~2003,

---

[2]鍾梅音 1979 年罹帕金森氏症,1980 年出版最後一本散文集《天堂歲月》,以〈裹傷而戰〉一文為序。1983 年發表最後一篇散文〈何處是歸程〉,1984 年病逝。詳見張瑞芬〈文學兩「鍾」書──徐鍾珮與鍾梅音散文的再評價〉,《霜後的燦爛──林海音及其同輩女作家學術研討會論文集》(臺南:國立文化資產保存研究中心籌備處,2003 年)。

[3]見《文訊》第 32 期(1987 年 10 月),〈《當代作家研究資料彙編》之三‧鍾梅音卷(一)〉。鍾梅音更說:「甚至國立編譯館選來譯成英文、法文的,也都是這篇文章(按:〈鄉居閒情〉),我很懷疑人們的欣賞能力,有些書的書評,誇得也不是地方。」

[4]歷年有關張秀亞的評論,多以單篇或專書為研究對象,整體性的評估付諸闕如。2001 年張秀亞去世後,陸續有王小琳〈張秀亞散文論〉(2002 年 6 月 22~23 日第五屆兩岸中山大學中文學術研討會論文),及羅淑芬《50 年代女性散文的兩個範式──以張秀亞、艾雯為中心》(政大中文研究所碩士論文,2004 年 6 月),皆側重散文,且未及未結集部分。

長年隱居紐約）[5]，其實是一樣的。

　　「曾經誘我無憾的童年／以鄧肯美麗的赤足／牧羊女的草地或逸散的／柳絮長長的髮……」。[6]張菱舲的詩閃耀著她年輕時的文字輝光，說得多麼優雅。盛名如張秀亞，中學時代即崛起於 1930 年代中國北方，寫作的起頭是詩、散文、小說三者並轡共馳的（因之有張秀亞、陳藍、張亞藍三個筆名），輔大中文系、外文系、歷史所的求學背景，加上抗戰時擔任《益世報》編務，來臺 40 年，作育英才並獎掖新人無數，她的成就與影響力自與曇花一現的張菱舲有天壤之別。可是我們看張秀亞晚年居住美國（時身受風濕關節炎之苦），回信故交學姊王怡之的短箋與詩：「如今我已失落盡昔日的一切，／只餘下了／那日湖畔／漂白了暮色的／芰荷般鮮明記憶」。兩個輪椅老婦各自在異鄉悵望蔚藍大海，小亞子仍是小亞子，然而少女時薄衣輕衫的幻夢早已不再。用張秀亞自己的詩說：「青春漸在歲月裡褪色，我的紗巾現在早已失落。在時代的罡風裡……」。[7]那情景就令人想到昔日與張秀亞同窗的羅蘭，1990 年代她的返鄉散文《風雨歸舟》（《歲月沉沙》第三部）中，港口燈火明滅一如往昔，悵望逝水滔滔，當年愛情夢碎，隻身遠赴海島尋找自己未來的年輕女子，而今已成白髮翻飛的老婦……。

　　年華如逝水，且將歲月的光影暫且停格在 1935 年。河北第一女師校刊編輯室裡，14 歲的小亞子濃髮明眸，用掃把頭晃悠晃悠跳過圍牆，自小販處買來的幾串脆棗就掛在脖上，一臉調皮的她把老師和學姊都逗笑了。當

---

[5]張菱舲以《紫浪》、《聽，聽，那寂靜》、《琴夜》聞名，1970 年赴美，旋即在文壇上消失了蹤影，2003 年去世於紐約。近年張錯（張振翱）以〈食蓮人〉一文追懷張菱舲及 1960 年代文壇諸事（收入張錯《靜靜的螢河》，2004 年，三民出版社）。據張錯文中所稱，2001 年 7 月，在紐約一場鄭愁予主持的詩歌討論會中，張菱舲曾前往與會，端坐聽眾席上，臺上的焦桐、陳義芝、許悔之與讀者已多人不識其為何人。

[6]張菱舲，〈永不逸去的秀雅——追念張秀亞姑姑〉，《自由時報》，2001 年 7 月 5 日與〈月殤——贈于德蘭，詩人的女兒〉，《中央日報》，2002 年 4 月 8 日二詩，俱收入《甜蜜的星光——憶念張秀亞女士的文學與生活》（臺北：光啓文化，2003 年）。

[7]王怡之（1916～，本名王志忱），小說家王藍的姊姊，為張秀亞在河北女子師範時的知交同窗。〈濃郁友情一錦盒——珍藏秀亞的書札詩箋〉一文，載《中外雜誌》（2002 年 9 月），亦收入《甜蜜的星光——憶念張秀亞女士的文學與生活》（上），頁 325。下文所引王怡〈逝水——秀亞，好想念你〉，載《中華日報》，2001 年 8 月 29～30 日，收入九歌《九十年散文選》。

年張秀亞以一首小詩得到天津《大公報》編輯青睞，賺了八個銀元的稿費，開始在報上發表詩作。[8]那之後沒多久（1936年），「小小詩人」從天津獨自離家，到北京會見了仰慕的作家凌叔華（並見到沈從文），開始了她一生寫作跋涉的長遠征途。

一、五四、京派與美文傳統在臺灣的承繼

張秀亞出生於 1919 年，適且與五四同庚。是巧合抑或命定，她和約當年紀的林海音（1918～2001）同年去世。寫作初於大陸萌芽，而都在臺灣成就大器，並成爲把五四傳承和京派文學帶來臺灣的女性代表人物。[9]張秀亞和林海音，又都和凌叔華有關——這個五四女性知識分子中最接近自由主義的「新閨秀派」[10]小說家。

凌叔華（1900～1990）出身仕宦名門，河北第一女師、燕京大學畢業，曾與冰心同學，受教周作人門下，因陳源（西瀅）與徐志摩而加入新月社與現代評論社，爲現代評論派唯一的女作家。基本上這兩個文學社群都以北大教授（京派文人）爲班底，陳、徐二人外，胡適、沈從文、郁達夫亦爲後者成員。1930 年代中期，凌叔華隨夫婿陳源在武漢大學，並編《武漢日報》文藝副刊，張秀亞的投稿出現在她的編輯檯上，基本上就和蕭乾、沈從文的引薦有關。也因爲這項因緣，才有時爲中學生的張秀亞迢迢去北京訪凌叔華一事。這番文學啓蒙，對張秀亞的寫作起步衝擊不小，從張秀亞心心念念敍寫的〈其人如玉——憶閨秀派作家凌叔華女士〉、〈閨秀派作家凌叔華〉、〈尋找藍花的人〉、〈靜夜回想〉諸篇，約可見出。在

---

[8]張秀亞發表的第一篇詩作，《愛琳的日記‧寫作二十年》與《人生小景‧我的第一次投稿》所記不一，未詳何是。正如《曼陀羅‧我的寫作生活》記兒時受外文系大哥影響遍讀群書，在《書房一角‧書房的一角》中，所記明爲同一人，竟易爲「姊姊」，經求證於張秀亞家人，證實爲前者，後者（姊姊）或恐誤記。

[9]蘇雪林和謝冰瑩雖爲來臺女作家中以五四精神衝撞時代的先驅，然其作品猶帶舊時代的氣息，於當代文學，未稱建立範式。

[10]1930 年凌叔華第二本小說集《女人》出版，有別於冰心（謝婉瑩）、綠漪（蘇雪林）的閨秀派，和馮沅君、丁玲的新女性派，人稱「新閨秀派」。

〈閨秀派作家凌叔華〉中，張秀亞忻慕凌叔華有一顆「美而慧的心靈」，她的作品，有著「一種茵陳木的香味，一種檀香的氣味，一種橄欖枝的青澀氣味，她的作品能代表東方，而又結合了西方的情調」。[11]這些張秀亞形容凌叔華的字句，於今視之，恰恰也都適用於她自己的身上。

凌叔華於 1938 年因致信維吉妮亞・吳爾芙（Virginia Woolf，1882～1941），並得其鼓勵以英文書寫自傳《古韻》（*Ancient Melodies*）一書[12]，以其門生自居。而文學上受凌叔華啓迪的張秀亞，在 1961 年 1 月的《現代文學》「吳爾芙專號」上撰文介紹吳爾芙，並於 1973 年中譯吳爾芙《自己的屋子》，由同爲凌迷的林海音純文學出版社印行。在那之前，林海音於 1967 年和張秀亞、蘇雪林共同編著《近代中國作家與作品》時，收入凌叔華舊作〈繡枕〉，1970 年 7 月林海音主持的《純文學》月刊又刊登了凌叔華在臺灣的第一篇作品〈下一代〉，這些都是張秀亞和林海音被稱爲「凌叔華的兩個臺灣傳人」的原因。

學者范銘如在 2003 年〈京派・吳爾芙・臺灣首航〉一篇論文中，甚且指出，同樣著墨於閨閣婦女的困境，林海音承襲了凌叔華女性和京派的雙重特質，而早期小說受蕭乾、凌叔華詩化的寫實風格影響的張秀亞，後來在散文上推衍京派的抒情與詩意美學，終成美文一系。[13]棄吳爾芙的女性主義物質條件（五百磅）說，轉而強調女性書寫特質，范銘如解讀張秀亞對吳爾芙女性主義的修正性接受／轉譯，確頗有見地。張秀亞曾經不只一

---

[11] 見張秀亞，〈閨秀派作家凌叔華〉，《書房一角》（臺中：光啓出版社，1970 年），頁 125。

[12] 《古韻》一書，今有大陸學者傅光明中譯本。凌、吳結交始末，詳見吳魯芹〈維吉妮亞・吳爾芙與凌叔華〉，《文人相重》（臺北：洪範書店，1983 年）與趙毅衡〈朱利安與凌叔華〉，《雙單行道——中西文化交流人物》（臺北：九歌出版社，2004 年）。吳魯芹於武漢外文系時師事陳西瀅，故稱凌叔華師母。凌叔華與吳爾芙始終未曾見過面，然而凌叔華與吳爾芙的外甥朱利安・貝爾（Julian Bell，1935 年曾短暫任教於武漢大學），卻被虹影寫成《K》（後易名《英倫情人》）一書，致與凌叔華後人對簿公堂。

[13] 范銘如〈京派・吳爾芙・臺灣首航〉，收入《霜後的燦爛——林海音及其同輩女作家學術研討會論文集》（臺南：國立文化資產保存研究中心籌備處，2003 年）。楊義〈京派小說的型態與命運〉，《20 世紀中國小說與文化》（臺北：業強出版社，1993 年），亦可參考。京派散文，據范培松《中國現代散文史》（江蘇：江蘇古籍出版社，1994 年）稱，是在 1920 至 1930 年代以《大公報》爲主形成的一個散文作家群，包括沈從文、何其芳、蕭乾、廢名等。其實廣義而言應包括「文學研究會」的周作人、俞平伯等人。

次的指出吳爾芙文字的精妙,與她令人讚歎的想像力(詳下文)。但如果我
們試著跨越性別的楚河漢界,除了女性作家在新文學上共同的基底(蘇雪
林、冰心、盧隱)外,還有幾個京派作家對張秀亞有形無形的影響值得一
提,比方俞平伯和沈從文,甚至周作人。這在張秀亞後來形成的美文特質
與理論上,反而具有較大的關鍵性。

說到這裡,張秀亞《書房一角》(1970 年,光啓出版社)第一輯中評
論的作家頗不可小覷。從這些大學時期張秀亞所耽讀的作家,頗可看出他
們對張秀亞散文創作理念與實踐或深或淺的影響。除上文所提的凌叔華之
外,從張秀亞對盧隱、郁達夫的欣賞,可以見出她雖然一生行事保守(人
稱「聖女」)[14],其實並不那麼道學(比之同為天主教徒的蘇雪林)。[15]

盧隱以小說和自己的人生衝撞戀愛與婚姻體制,二次婚姻幾乎都是不
倫之戀(一為有婦之夫郭夢良,一為年紀與之懸殊的清大學生李唯建)。然
而張秀亞深體盧隱熱情孤獨之本質,她自稱欽慕她的作品,並且稱譽盧隱
是一個「思想超越,生活不陷庸俗的作家」。在張秀亞第二本散文集《牧羊
女》(1953 年)中,就有一篇〈或人的日記〉明顯仿盧隱〈或人的悲哀〉
而作。對總是「情多累美人」的郁達夫,張秀亞不像一般人只措意《沉
淪》的大膽頹廢,而注意他詩文的優美。在一篇說明節奏之於散文重要性
的文字中,她以「暗夜迷路的魚人之啜泣」來形容郁達夫的淒沉優美,「那
樣悲哀的震撼著你的存在」。[16]在〈郁達夫及其「遲桂花」〉中,她點出這
篇小說獨特的純樸與氣氛(atmosphere),至情人作無情態,以克制來顯濃

---

[14]據劉枋追憶,1950 年代即初識張秀亞並與之友好,當時張秀亞、徐鍾珮、張明(姚葳)且同為國
大代表。個性爽直,好吃好玩的劉枋,自稱與膽小,孤獨,案頭群書枕藉,「自律甚嚴」的秀
亞,「實在不是同一類型人物」。劉枋〈廣寒宮中一聖姑──記張秀亞〉,收入《當代作家列傳──
─非花之花》(臺北:采風出版社,1985 年)。劉枋在《中國一週》上亦曾以「聖女張秀亞」為
題,撰文描述她。從張秀亞為王文漪編《婦友》撰勵志性專欄雜文(後輯為《少女的書》):「既
經戴上他獻贈的婚戒,就將妳全部的身心任他綰住吧」,亦足見張秀亞對婚姻觀念頗保守。
[15]蘇雪林文學立場趨向守舊,1962 年與謝冰瑩大力抨擊郭良蕙《心鎖》敗俗,致郭良蕙遭婦協與文
協開除。
[16]張秀亞〈聲音的節奏〉,《湖上》(臺中:光啓出版社,1957 年)。

烈。[17]這些地方，都頗能見出她對盧隱與郁達夫「雖不能至，心嚮往之」
的底蘊。然而要論到散文理論與創作的啓迪，周作人、俞平伯師徒與賞識
張秀亞最早的沈從文，真正給了她「風行水上，自然成文」的基底。張秀
亞的美文講究的是「風格簡淨，殆無長語」，她最強調的不是辭藻華麗，反
而是條理謹嚴，以及哈姆生《牧羊神》中那種自然飄逸，樸質無華。擺脫
了格律詩的整齊韻腳與歐化的長句式，這是張秀亞與何其芳、徐志摩「濃
得化不開」的美文[18]殊途異路之處。

張秀亞曾描寫沈從文多次──《我與文學》（1967 年）中的〈讀書偶
得〉、《心寄何處》（1969 年）中的〈沈從文其人〉[19]，以及收入《張秀亞全
集》散文卷未結集部分的〈山坡上的石頭小屋〉。她對沈從文的忻服，在於
沈從文的所謂「文體」。沈從文講求用字簡鍊，風格純淨，往往能以陳腐的
字詞，吐出新鮮的氣息。他對初學寫作者建議的「文章寫好，不要急急的
寄出去發表，要把它擺在抽屜裡，將它燜一燜」，和後來張秀亞的「沉澱
說」（心意澎湃時先不要執筆，須得之冷靜、沉澱、凝結而後爲之）[20]，頗
有互爲發明之趣。在 1984 年出版的《海棠樹下小窗前》中〈叢叢玉色化，
植於心深處〉一文，張秀亞猶心心念念的拿沈從文小說比屋後野薑花的芬
香與微醺：「那一片片的純白，乍一看來又像一堆泡沫，如果套用一篇小說
傑作的話，那更是『美得使人有點發愁』」。熟悉沈從文《邊城》的人，一
下子就可以意識到張秀亞指涉爲何。

張秀亞論俞平伯，主要在〈「燕知草」的作者〉（《書房一角》）、〈一位

---

[17]〈郁達夫及其「遲桂花」〉與〈「海濱故人」盧隱〉，俱收入張秀亞《書房一角》（臺中：光啓出版
社，1970 年）。張秀亞自言，這些文章寫於 1970 年前後，對象是她大學時期所耽讀的作家，足
見多年來對他們的心儀未減。
[18]張秀亞曾於〈我的寫作生活〉（《曼陀羅》，1965 年）中自言，早年臨摹徐志摩使她的文字「愈寫
愈累贅」。〈散文概論〉（《心寄何處》，1969 年）中，亦稱徐志摩散文失之「累贅堆砌」，只能供
欣賞，不能臨摹。足見與其簡淨之散文風格迥異。
[19]〈沈從文其人〉（《心寄何處》，1969 年）還鬧了個錯誤，張秀亞誤聞沈從文死訊而爲文哀悼。沈
從文實於 1988 年 4 月才於大陸去世。此與 1970 年代夏志清在美誤聞錢鍾書驟逝，因撰文紀念，
同出一轍。
[20]張秀亞〈關於如何寫散文〉（原收入《湖上》（臺中：光啓出版社 1957 年）），此文又收入林錫嘉
編《耕雲的手──散文理論與創作》（臺北：金文圖書公司，1981 年）。

散文家〉《水仙辭》）中。俞平伯身爲周作人四大門生（沈啓無、朱肇洛、
廢名等）之一，被周作人譽爲最有詩人才分。他的文章早經周作人（在俞
平伯詩集《燕知草》序）點評爲「有澀味和簡單味」，有明人小品的雅致
（按：俞平伯〈重過西園碼頭〉與張岱〈湖心亭賞雪〉即形神俱似）。雖文
白夾雜，但注重情致，「有一種夏目漱石所說的依依戀戀的趣味」。

　　俞平伯所影響張秀亞的散文理論，主要是不反對辭句雕琢，但強調文
章必有條理。而這並非硬性的規範或格式，而是文章隨成熟心靈自然呈露
的條理。風行水上，自然成文，絢爛至極，化爲平淡。證諸張秀亞往後的
散文創作與理論，張秀亞對俞平伯，似較凌叔華更有會心之處。小說之筆
來臺之後已漸荒廢[21]的張秀亞，承接京派散文（沈從文、俞平伯）的成
分，或許還比京派小說（凌叔華、蕭乾）多一些。

　　俞平伯以詩人身分成就了散文，這也正如後來的張秀亞。俞平伯《燕
知草》詩云：「爐火不溫，燈還沒有上呢！」這朦朧純真的情調，彷彿又帶
領我們回到張秀亞湖水秋燈的古城。那一個背著手在荷花池畔看螢火蟲的
老人是周作人；沈從文瞇著雙眼與張兆和向著光鑑賞古物；烏木桌上黑釉
瓦罐插著梵谷的向日葵，凌叔華正在調弄丹青……。叢叢玉色花，植於心
深處，一個裙裾飄然的藍色身影，從門庭森然的北方大宅院中走出，秉承
了五四遺風、京派文學和美文傳統，經歷了人生淬煉後來臺。在散文的園
地裡，煥然升起一株永不凋謝的三色菫。

二、張秀亞散文技藝的三個高峰

　　綜觀張秀亞散文在臺灣的成就，雖然凡二十餘本，創作期橫跨半世
紀，但藝術高峰似乎仍然落在三個時間點上：1962 年的《北窗下》、1973
年的《水仙辭》和 1979 年的《湖水‧秋燈》。這使得張秀亞散文主要定位
在 1960、1970 年代，而並非 1950 年代。《北窗下》代表的是她在臺寫作的

---

[21]張秀亞來臺後出版的小說集《尋夢草》（後增訂易名《藝術與愛情》）、《七弦琴》、《女兒行》（後
　增訂易名《那飄去的雲》），均收錄許多舊作，不完全是來臺後所寫。

起點，卜居臺中，獨自照管一雙兒女的寧靜心情；《水仙辭》時已得獎成名，遷居臺北，任教輔大，是年且曾赴美考察；到了《湖水・秋燈》，兒女已然出國，獨居中央新村山上的張秀亞，與老作家孫如陵為鄰，並開始為病痛與生活不便所苦。進入 1980 年代後，張秀亞出版兩本散文新作《白鴿・紫丁花》（1981 年）、《海棠樹下小窗前》（1984 年），遂再無餘緒（1980 年代初，正是廖玉蕙、洪素麗等本土女性散文初崛起的時候了）。1994 年，張秀亞由於腿疾嚴重，遂依兒女之請赴美與家人團聚（是年亦正巧其分居多年的丈夫于犛伯病逝），遂正式遠離了臺灣文壇。此後張秀亞雖仍偶有著作，但產量銳減，不復有新作結集。

寫作甚早的張秀亞，早期以三種文類並進，且各有佳績。大學時即仿愛倫坡（Allan Poe）詩作*The Bells*，作長詩〈水上琴聲〉發表於《輔仁文苑》，聲動華北。小說集《在大龍河畔》、《幸福的泉源》、《皈依》、《珂蘿佐女郎》（即「命運女神」）也都出版於來臺之前。然而她的詩被鍾玲歸入古典婉約派，與林泠、馮青、翔翎、沈化木並列，她的小說，雖有佳構（如〈藝術與愛情〉者），卻早在大學時期，其師英千里即指出太過美化人物與世界。[22] 只有她的抒情散文，質量俱優，在臺灣女性散文中建立了半世紀來難以超越的藝術高度。

許多人嘗試以詩化、寫景、憶舊、宗教各種特質來解讀它。褒揚的，有「展現了對祖國的熱愛」之語；貶抑的，稱其生活視野狹小，「未能將宗教情緒轉化成有機部分，大段的祈禱和感恩，削弱了散文創作的成就」[23]云云，似乎都未能深中肯綮。在文學的國度裡，手執青枝，驅著字句的羊群，逐幻想的水草而居（《牧羊女》一書語）。二十餘本散文，無數的獎章與勳章，對張秀亞而言，或恐仍要感歎：「寫作是一件寂寞的事，非常的寂

---

[22]見鍾玲《現代中國繆思——臺灣女詩人作品析論》（臺北：聯經出版公司，1989 年），英千里事，見張秀亞〈清蔭〉一文，收入《詩人的小木屋》（臺中：光啟出版社，1978 年）。

[23]引自公仲《臺灣新文學史初編》（江西：江西人民出版社，1989 年），頁 164，和劉登翰《臺灣文學史》（福建：海峽文藝出版社，1993 年），頁 444。前者甚且將琦君的〈髻〉誤為張秀亞所作。

寞」，簡直「和一個修道者一樣孤寂」。[24]

　　張秀亞已結集之較重要散文作品，再版及易名改版者眾，諸家資料亦多有誤植。現依原書版權頁，以出版時間順序，重新校定，羅列如下，並附說明。大陸出版的合集暫不列入。（上文所標舉三個藝術高峰以★標明）。

　　一、《三色菫》（臺北：重光文藝出版社，1952 年）＊1981 年爾雅出版社重印。

　　二、《牧羊女》（臺北：虹橋書店，1953 年）＊1960 年光啓出版社重印。

　　三、《凡妮的手冊》（高雄：大業書店，1955 年）＊1984 年論壇出版社重印，易名爲《愛的輕歌》。

　　四、《懷念》（高雄：大業書店，1955 年）＊1985 年林白出版社重印，易名爲《杏黃月》。

　　五、《湖上》（臺中：光啓出版社，1957 年）＊《1999 年中華民國作家作品目錄》及再版本均作 1967 年。

　　六、《愛琳的日記》（臺北：三民書局，1958 年）。

　　七、《少女的書》（臺北：婦友社，1961 年）＊此書爲王文漪編《婦友》所撰勵志性專欄雜文，後收入《心寄何處》（臺中：光啓出版社，1969 年）第二部。

　　八、《兩個聖誕節》（臺中：光啓出版社，1961 年）＊此書爲耶穌誕生的宗教小故事，非純文學散文。

　　★九、《北窗下》（臺中：光啓出版社，1962 年）。

　　十、《張秀亞散文集》（高雄：大業書店，1964 年）。

　　十一、《張秀亞選集》（高雄：大業書店，1964 年）。

　　十二、《曼陀羅》（臺中：光啓出版社，1965 年）。

---

[24]張秀亞，〈心聲〉，收入《白鴿‧紫丁花》（臺北：九歌出版社，1981 年）。

十三、《我與文學》（臺北：三民書局，1966 年）。

十四、《心寄何處》（臺中：光啓出版社，1969 年）＊前半爲《中央日報》方塊專欄（以「心井」爲名），後半即《少女的書》。

十五、《書房一角》（臺中：光啓出版社，1970 年）。

十六、《張秀亞自選集》（臺北：皇冠出版社，1970 年）＊散文／小說／詩合集。

★十七、《水仙辭》（臺北：三民書局，1973 年）。

十八、《天香庭院》（臺北：先知出版社，1973 年）。

十九、《秀亞自選集》（臺北：黎明出版社，1975 年）。

二十、《人生小景》（臺北：水芙蓉出版社，1978 年）＊1985 晨星出版社重印。

二十一、《寫作是藝術》（臺北：東大圖書公司，1978 年）。

二十二、《詩人的小木屋》（臺中：光啓出版社，1978 年）。

二十三、《我的水墨小品》（臺北：道聲出版社，1978 年）＊小品文／詩合集。

★二十四、《湖水‧秋燈》（臺北：九歌出版社，1979 年）。

二十五、《石竹花的沉思》（臺北：道聲出版社，1979 年）。

二十六、《白鴿‧紫丁花》（臺北：九歌出版社，1981 年）。

二十七、《海棠樹下小窗前》（香港：星島出版社，1984 年）。

二十八、《與紫丁香有約》（臺北：九歌出版社，2002 年）＊此書集舊作若干而成選集，並非新作。

《三色菫》一書，做爲張秀亞在臺第一本散文集，主題以思親懷人或自敘胸臆居多，寫母親、丈夫、亡兒與重慶小友，文字技巧或未臻極致（和鍾梅音《冷泉心影》恰恰相同）。當時的張秀亞對自己的散文並沒有太大信心，在《三色菫》後，（出版於 1952 年）的小說集《尋夢草》序言中，甚有「我的小說和散文是同樣的失敗」之詞。她也自我期許，在《三色菫》之後，不再睡眼朦朧，或自灰色領域取材。可是這一時期的張秀

亞，終究尚未脫去婚變的陷溺與桎梏，從《牧羊女》、《凡妮的手冊》、《懷念》、《湖上》到《愛琳的日記》，無論是雯娜的悲劇、凡妮的隨筆，愛琳、微娜、菁菁、林嬋寄情書信的喁喁獨語，分身千萬，在在近乎「怨婦之訴」（劉枋語）。最典型即為〈結婚十年〉、〈或人的日記〉、〈秋夜草〉諸作。致使 1953 年第一次初訪張秀亞於臺中的劉枋，幾乎以為她必是「眼含淚光，兩頰生愁」的淒楚病弱模樣。[25]

這些早期散文，雖體制未見齊整，然感人之處，呂大明逕以「故園秋意，斷雁寒鴉的哀音」來形容。[26]其文字清俊脫俗，兼以真情至性，亦頗見佳篇。如〈月·小白鴿〉、〈遺珠〉、〈牧羊女〉、〈父與女〉、〈生辰〉等。1950 年代憶舊散文中的親情，歷來咸以琦君（〈髻〉）為首，實則張秀亞〈父與女〉、〈生辰〉諸篇頗不遑多讓。火車遠去聲中，身影單薄，佇立雪地的父親，與剝長生果遙念女兒平安的母親，足證張秀亞寫人絲毫不耽溺，實現了自己感情沉澱後再下筆的理念。而 1957 年的《湖上》（後再版多次），〈聲音的節奏〉、〈關於如何寫散文〉則已有了非常具體成熟的散文觀。穿越整個 1950 年代，張秀亞散文的第一期，雖已珠玉滿眼，仍稍欠獨特風格（憶舊思親的主題與琦君、張雪茵、鍾梅音相同，書信日記體的獨白手法又與艾雯無異）。直到《北窗下》的出現，才標示了張秀亞初期散文實驗的結束。

1962 年出版，獲首屆中山文藝創作散文獎的《北窗下》，以一系列精緻散文在《中央日報》連載，共 70 篇。承繼了《凡妮的手冊》以下對吉辛（George Gissing）《四季隨筆》的喜愛，以自然景物發端，張秀亞結合了詩、散文、寓言和隨筆，如碾珠作塵般將小品美文推向一種新高度。篇題精簡如詩，意象豐富，視野超拔。少去了自傷自憐和人間的煙火氣之後，張秀亞擅長的詩筆與純淨完全顯露出來。在娓娓自道中，別有一種令人悸

---

[25]劉枋，〈廣寒宮中一聖姑——記張秀亞〉，《非花之花》（臺北：采風出版社，1983 年 9 月）。

[26]呂大明，〈開在心靈澤畔的花朵——讀《三色菫》有感〉，《新生報》，1985 年 6 月 14 日。呂大明寫作受張秀亞與光啟出版社神父啟迪甚大，張秀亞且為其天主教代母。

動的哲思掩映其間，極爲耐人尋味。在星光、細沙、花瓣、春草與斜陽間，張秀亞以純美心靈，構築了一個人間天堂。像一隻知更鳥，「唱著無聲的歌曲，自天邊喚來了黎明」，又像「一滴海水般的春草」，綠意盈滿生命的夢境。而諸如「雲有時是一篇曲折的傳奇，有時是一篇華麗的六朝文，有時則是一首風格簡淨的陶詩」[27]這樣的句法，後來幾乎成了張曉風、陳幸蕙乃至簡媜初期散文摹寫的範本。

很難想像，即使到了《曼陀羅》（1965 年），散文對張秀亞仍然不是容易的事。17 歲就能寫出「春天還沒有來，雪用白鴿羽毛裝飾過這個世界」（〈二月杪〉），被時爲《武漢日報》編輯凌叔華賞識的她，自認沒有神來之筆，或一揮而就的本事。「有時真覺得自己低能，貧乏到絕望的地步」。枯草轉綠，敗花成蜜，原都是嘔心瀝血的結果。在〈我的寫作生活〉（《曼陀羅》）中，除了天才、努力，張秀亞揭櫫了她追隨瑪麗・韋伯（Mary Webb）的孤獨哲學──「熱愛藝術的人，應該忍耐荒涼的日子」，「我發出了這歎息，乃是爲了能在暗夜中回應的人」。[20]遷離臺中北窗下的小屋，因于斌樞機主教之請，北上任教輔大的張秀亞，離臺北文壇（或林海音家的客廳）彷彿仍然很遠。在創作與翻譯中，她有一個自足的世界，無待他求。那文字中的清明與寂靜，正如一朵搖曳在心中孤獨且永恆的小花。

《我與文學》、《心寄何處》，甚至《書房一角》，大約都是（稍後於《曼陀羅》，1965 年）同一時期的作品。《曼陀羅》中，書信（給愛兒山山的二十四封信）、憶舊、小說各種體制並陳，《我與文學》抒情共議論一色，《心寄何處》前後兩部分都是專欄雜文。《書房一角》第一輯偏向作家評傳（凌叔華等人，均爲張秀亞心儀的寫作典範），其餘則爲長短兼備的抒情散文。在 1960 年代中後期，張秀亞散文最值得注意的，除散文理論的完備外（此詳於下文），就是她現代主義的實驗。〈杏黃月〉、〈獨行，在黃

---

[27]引自張秀亞〈黎明〉、〈草〉、〈雲〉，見《北窗下》。
[28]瑪麗・韋伯（Mary Webb，1881～1927）爲英國詩人及小說家，著有《復歸於土》、《金箭》、《給世界》諸作，僅活了 47 歲。張秀亞文中曾多次提到她對自己影響甚鉅。

昏〉、〈十葉樹〉諸文允爲此中之尤。[29]這三篇散文，同樣寫作於 1960 年代中期，離 1978 年〈創造散文的新風格〉（《人生小景》）的正式宣示還有一段時間，與余光中同爲外文系出身的張秀亞，以創作響應了他改革傳統散文的呼聲。

一缸水藻掩映的熱帶魚，在等候好友來訪的夏夜中閃著記憶的光。杏黃色的冷月照臨逝去的年少幻影，杏黃衫子的盛放青春已然逝去，作者竟幻化爲沉酣睡去的熱帶魚，在缸中浮游，畫著不同的圓，「她向著夜空伸臂畫了一個圓圈，杏黃色的月亮又忍不住向她笑了，這笑竟像是有聲音的，輕金屬片的聲音，瑯瑯的」（〈杏黃月〉）。其手法，絕類收入 1973 年《水仙辭》中的〈詩箋〉：「月光，好似隱藏在黑貓的瞳孔裡，一下子又跳到燭臺上，變成了那一點紅燭上搖曳的光焰」。〈獨行，在黃昏〉的場景在涼雨的街頭，夜風撲面，往事故人歷歷浮上心頭。在溫暖的清涼裡，走盡一個黃昏，在亮著燈的小屋裡褪下風衣，一枚芒狀扣針閃著清輝，使她聯想到荷池上清石的映影。「掛在記憶的天空上的，那顆昨夕的星辰，她拿著它在燈光下打量了許久，又將它別在衣領上」（〈獨行，在黃昏〉）。〈十葉樹〉重返住了 15 年的臺中故居，探訪往事，踟躕於回憶的作者，竟與另一個幻化的堅毅自我對話起來。三篇文章，今昔跳接，時空幻化，事實上都挪用了小說的手法。這三篇文章，隨內心意念流動而呈現的意識流與超現實句法，又近於詩。

在這些 1960 年代現代主義的散文實驗中，張秀亞事實上已經跨越余光中所稱的五四遺風——「許多不知名的小黃花正搖曳著，像一串晶瑩透明的夢」、「綠蘿裙一般的芳草」[30]那種咿呀學語的抒情姿態，朝向時間／空間，幻想／現實的流動錯綜性努力。正如她自己 1978 年《人生小景・創造

---

[29] 〈杏黃月〉收入《我與文學》（1967 年）中，〈獨行，在黃昏〉載於《皇冠》第 23 卷第 3 期（1965 年 5 月），〈十葉樹〉載於《皇冠》第 23 卷第 1～3 期（1965 年 4～6 月），〈獨行，在黃昏〉和〈十葉樹〉未曾結集，現均收入財團法人臺灣文學發展基金會編《張秀亞全集 9・散文卷八・未結集散文》。〈杏黃月〉一文情致，和《水仙辭》（1973 年）的〈詩箋〉頗可並讀。
[30] 余光中，〈我們需要幾本書〉，《焚鶴人》（臺北：純文學出版社，1972 年）。

散文的新風格》中所主張，「新的散文側重人類的意識流，記錄不成形的思想斷片，探索靈魂的幽隱，心底的奇祕」。在小說的特質外，暗示性加強，朦朧度加深，亦逐漸與詩接近，形成一種跨越文類限制的散文新型態。

〈杏黃月〉這幾篇作品，僅僅曇花一現於張秀亞長遠的寫作歷程中，未能擴大寫作或結集成書，毋寧是件可惜的事。只像一個大海中的浮沫，張秀亞很快就回到她所擅長的抒情路子上。1973 年的《水仙辭》，之所以形成張秀亞散文的第二個高峰，應是吸取了各種飛揚成分之後，沉澱下來的精醇。這本散文看似卷帙不大，卻比其後的《天香庭院》（1973 年）、《人生小景》（1978 年）、《寫作是藝術》（1978 年）、《詩人的小木屋》（1978 年）、《我的水墨小品》（1978 年）[31]藝術性高，亦較具張秀亞抒情散文的代表性。

以法國詩人梵樂希（Valéry）同名詩集為題，《水仙辭》是一組短小如詩的懷念散文。雖非雄篇偉製，〈水仙辭〉、〈春寒〉、〈薄暮〉、〈沒有荷葉〉、〈秋天二章〉卻都其味醇醇，閃現著歲月打磨的幽光。〈一位散文家〉、〈喬治桑及其田園小說〉、〈水手作家康拉德〉在夾敘夾議間，較諸《書房一角》時期諸作，越發行雲流水。〈詩箋〉一文，在意識流的寫法上更上一層，看似抒情懷友（寫給一位女詩人），實則扣問本心，與自找對話。其文字煉金術之精純耀眼，令人歎服。〈古城的市招〉中，在桐油燈碗、蠟燭臺裡，充滿暗影和陳酒的香味。深色衫子的老人，默默守著他的風漬書，顫抖的字跡寫著「每本三角錢」。一首五個字的生命悲歌，成為張秀亞半生以來看過最動人的一塊招牌。翻譯多本西文著作，並完成《西洋藝術史綱》後，張秀亞此時的散文，雋美中開始有了人生的霧雨悲涼。

1979 年《湖水‧秋燈》，可稱張秀亞散文最圓熟時期作品，也是她寫作的第三個高峰。一路行來，從真情的抒發，自然風物的點染，文體的實

---

[31] 《天香庭院》（1973 年）多宗教小品，《人生小景》（1978 年）雜錄書評與議論，學術性高，《寫作是藝術》（1978 年）也是雜錄性質的散文，整體性稍欠，篇首〈寫作是藝術〉一文剖析散文理論頗精到。《詩人的小木屋》（1978 年）後半近於雜談，《我的水墨小品》（1978 年）結合詩與水墨畫，相當顯現藝術靈心，稍遠於散文體制，此書收入《張秀亞全集 1‧詩卷》中。

驗到沉澱的清明,真正到了「堂廡漸大,境界逐深」,「恬淡、澄明、不沾不滯」,「近乎哲學」的散文境界。從早期的工筆到晚期的潑墨,文字的純淨纖美絲毫不減當年,但深度明顯拓展了。在〈湖水・秋燈〉一文中,張秀亞描寫湖岸上小樓的窗開啓了,燈光「帶一點秋草的淺黃、微綠,自那窗口流瀉下來」;〈心靈畫頁〉中,自稱小詩是她沉思冥想偶得,「可說是心靈之樹搖落的幾張葉片」,紋鏤與斑痕,都是生活的一部分。[32] 這自然韻致,幾稱無人可及。〈湖水・秋燈〉、〈水之湄〉、〈竹〉皆爲此中佳篇。這種寫作高峰,一直延續到之後《石竹花的沉思》(1979 年)、《白鴿・紫丁花》(1981 年)、《海棠樹下小窗前》(1984 年)中的〈湖〉、〈雪漁圖〉、〈油燈碗與花〉、〈心靈畫頁〉等。

三、散文理論的先行者

張秀亞幾乎很早就確立了散文的路向,並且在《牧羊女》(1953 年)〈談散文〉中,已然提出她頗爲成熟的散文觀。她認爲詩是想像和感情的語言,不可分析,散文是思想的語言,需脈絡分明,最忌模糊、凌亂。抒情的散文雖然反映生活和心情,但「作者在文中不懈追蹤著的,是他自己的思想」。1957 年出版的《湖上》,將這個觀念闡述得更詳盡。在此書〈我的寫作經驗〉和〈關於如何寫散文〉二文中,張秀亞舉袁宏道的話說:

> 有一種學問,則生出一種意見,有一種意見,則創出一般言語。無意見則虛浮,虛浮則雷同矣。

一般人只看到張秀亞散文的窮極工致,不知道張秀亞極早就有這種體悟,「寫散文最重要的一點是義理——亦即思想」。辭藻不過外在形貌而已,義理才是文章的神髓。此外,她認爲整飭、謹嚴、收斂,和文章的重

---

[32] 引自張秀亞〈湖水・秋燈〉(收入《湖水・秋燈》)、〈心靈畫頁〉(收入《石竹花的沉思》)。

心，都極為重要。「散文的重點，如同一顆行星一般，篇中一切的立意遣詞，皆應該為了襯映它的光輝而存在。」張秀亞之注重刪削的功夫，由此可見。

一般人只重視詩的節奏（Rhythm），不知道散文也有節奏。張秀亞認為，節奏是文字的脈搏，隨著情緒的昂揚或幽沉，形成了起伏，也形成了文字的盎然生機。[33]「以思想為主體，情感為核心，想像為羽翼，靈感染色彩」，自然能成就一篇音韻鏗鏘，諧和雅麗的美妙文章。形式與內容，張秀亞是兩者並重的。

對於「雋妙」一詞，張秀亞好有一比：「文章中的句子如同蠟燭，短小沒有關係，要的是它頭上搖曳的那一點光焰」。[34]這一點靈心，大概就是張秀亞散文枯草轉綠、敗花成蜜的文字點金術。在一般認為八股寫實（或蒼白夢囈）的 1950、1960 年代，張秀亞的散文理論與寫作實踐，事實上已超前了當時許多名家。1960 年代中期左右[35]，在《我與文學》（1966 年）〈散文的抒情〉中，張秀亞甚且進一步闡釋，在抒情散文中，如何將感情過濾精純。主要是感情澎湃時需待沉澱，方可為之。思遠情深，方為勝境。1969 年《心寄何處》中的〈散文概論〉，加上簡淨、純真與韻致的訴求，堪稱到 1960 年代為止，張秀亞散文理論的總彙整。

1978 年張秀亞《人生小景》序言〈創造散文的新風格〉，等同於宣稱了「新的散文」（異於徐志摩、梁遇春等）時代的到來。一種不再以時間為脈絡的寫法，接受幻想與現實的流動錯綜性，暗示性增強，朦朧度加深，以象徵及隱喻，映射出行為後面更微妙、更根本的真實。如前所述，這項宣稱還晚於她的創作實驗十年之久，在當時女性散文中算得上新潮流派了。前此幾年，張秀亞中譯了吳爾芙的《自己的屋子》，並對吳爾芙書寫中的女性特質大加讚賞。即使未曾在女性意識上作發揮，張秀亞仍然能在文

---

[33]張秀亞，〈聲音的節奏〉，《湖上》。
[34]張秀亞，〈寫作二十年〉，《愛琳的日記》。
[35]1965 年《曼陀羅》中的〈我的寫作生活〉，僅將之前散文理論重述一遍，未有新意。

學上看穿吳爾芙的銳利真實，在某種程度上，兩人的敏慧心靈和寫作風格也有同質性。吳爾芙能將色彩、動力、音樂融入文字中，使之具有無限魅力，例如「思想使它的釣絲垂到河中，……直到一個人的釣絲一端突然凝聚上意念，隨即小心翼翼的把它拉絏起來」；「黃昏時分，夕陽與燈燭交輝，一片金紫，照映著窗玻璃，好像一顆激動的心」；張秀亞在〈吳爾芙夫人的散文傑作〉中，毫不保留的對她大表激賞：「她更曾將寂寞比作深沉的井，其中汲出了鴿子的咕嚕聲。她說，月光之雨潑濺；她說，樹木為迷途的陽光鋪展出重疊的陰影……」。[36]

關於作者與讀者的「合謀」，是吳爾芙提出的一個耐人尋味的理念。她說：「讀書要竭力的來與作者相適應，作他的合作人與同謀者」，也就是「使你的想像力和作者的想像力同時發揮效能」。[37] 張秀亞在 1978 年《寫作是藝術》一書中，更補充說，所謂「要讓讀者參與想像」，文章本身必須負荷量大，亦即意在言外，有多方面的暗示性。這也是文章有魅力，煥發個人獨特光彩的不二法門。[38]

在〈感覺派小說的創始者——維吉妮亞·吳爾芙〉（《寫作是藝術》）一文中，張秀亞指出吳爾芙注重意識和感受，幾乎生活在一個純粹感覺性的世界裡。

宛如一股綺風，在兩行石竹中穿過。是獨創一格的「文體家」（Stylist）吳爾芙，也是張秀亞。和羅蘭、林海音比起來，成長的順遂、宗教的理念與父母豐盈的愛，的確使張秀亞純潔天真得得天獨厚。然而在一個禁錮重重的保守時代裡，獨自飲過人生的苦酒，承擔了旁人無法想像的艱辛，張秀亞即便是「流落在一人星球上的小公主」[39]，也成了一種高貴品格的表徵。和後來心儀她的呂大明「天國式散文」相似，那是嘉樹美

---

[36]張秀亞，〈吳爾芙夫人的散文傑作〉，《石竹花的沉思》（臺北：道聲出版社，1979 年）。
[37]引自張秀亞〈書〉，《湖上》，頁 98。
[38]張秀亞，〈寫作是藝術〉，原為政大文學系演講詞，今收入《寫作是藝術》。
[39]黃秋芳，〈激流與風暴交奏出來的河唱——張秀亞女士心性中的柔與韌〉，《文訊雜誌》第 38 期（1988 年 10 月）。

竹，綠蔭清圓，再也不能重現的一方人間淨土了。

張秀亞曾在〈依依夢裡無尋處〉（收入 1984 年《海棠樹下小窗前》）一文中，藉悼念當時甫去世的 1950 年代《中央日報》「婦女與家庭版」主編武月卿，點染出文壇女作家群像。1950 年代初，武月卿迢迢來探訪臺中的張秀亞與孟瑤、繁露，並邀張秀亞繼艾雯「主婦隨筆」和孟瑤「給女孩子們的信」後，為專欄撰稿（後成張秀亞《凡妮的手冊》一書）。從這篇文字中，可知當時正是眾多女主編女作家們筆力遒健，風華正盛的年代。據武月卿稱，當時琦君猶新婚，這一支美好的筆隊伍領隊的是蘇雪林和謝冰瑩……，「聽得孟瑤、繁露同我（按：張秀亞）為之神往」。由此可知，同被定位於 1950 年代反共／官方屬性的女作家，身為國大代表，卻遠在臺中的張秀亞，儘管是後來婦協及青年寫作協會的重要成員[40]，事實上和 1950年代即活躍於臺北文壇的林海音或「女作家慶生會」諸人，並非一開始即有相同背景與私人情誼的。

張秀亞的散文，衡諸當今「計畫性寫作」（每本散文集皆主題清晰）的散文新盟主如簡媜，她不幽默嘲謔，也少負面書寫（犀利如菜巿場和土石流一概沒有），每一本散文都稍嫌無雜，體制不一。甚且也美得太不近情理了些。然而在一個荒蕪涸竭的時代中，堅持「在多少岬土瀝青中，濾取到那一閃的鐳光，在人的內心深處，顯示出照明的作用」[41]，張秀亞的生命力是昂揚的。終身的散文創作凝結在藝術的頂峰，以不懈的努力，為散文這項文類做了有力的「隱形宣言」，實現了「以作品給人印象，而不以人給人印象」的自我期許。她的理論和創作佳績，如瘂弦所稱，成為和林語堂、梁實秋、吳魯芹比肩的臺灣當代散文大家。

與蘇雪林、沉櫻這些銜接新舊時代的勇敢女性一樣，歷經婚姻的困

---

[40]婦協（臺灣省婦女寫作協會），是文協（中國文藝寫作協會，1950 年成立）的分流，成立於 1955 年，由蘇雪林等人發起，張秀亞僅列名監事，並兼任青年寫作協會理事，非文協成員。見唐玉純《反共時期的女性書寫策略——以「臺灣省婦女寫作協會」為中心》（政大中文研究所碩士論文，2004 年 7 月）。

[41]張秀亞〈寫作是藝術〉，《寫作是藝術》，頁 14。

境，在自己的書房裡，編織理想的夢土，又如同在黑暗的隧道裡，奮力要
鑿出靈魂的光源。張秀亞的散文，是俗世滔滔中，一朵誠實而沉默的小白
花，靜靜在風中佇立，而時間永遠是最後的選家……。正如浪漫詩人濟慈
的詩，年輕的那西修斯在水上凝思，時間的腳步靜止在他雙瞳的春水中。

　　她的名字，寫在水上。

——選自《文訊雜誌》，第 233 期，2005 年 3 月

張秀亞的散文理念及其創造性的詩化散文

◎封德屏*

一、張秀亞散文觀的建立

張秀亞第一篇有關散文理論的提出是在 1953 年的〈談散文〉，之後 1954 年發表在《文壇》上的〈散文概論〉，1957 年出版的《湖上》，其中〈我的寫作經驗〉和〈關於如何寫散文〉，以及在第三屆亞洲作家會議中宣讀之論文〈談現代散文〉，以及發表在 1970 年代的〈創造散文的新風格〉諸文中，綜合起來看，不但有非常成熟的「散文觀」，而且其觀念也隨著時日有所進展。我們檢視搜尋，分別從她對散文的風格、散文的內容、散文的寫法等，整理出幾項重要理念，並試著與張秀亞作品相互印證。

（一）散文是最能代表作者個性與人格的文類

張秀亞認為「自如、隨意」是散文的特徵，散文實在可以說是一種最庸常，最普通、平淡無奇的文體，但是它的特點也就含蘊在這平淡無奇之中。[1]她認為散文是最貼近作者的文體，最能夠表現出作者的性格，這是其他文類所無法做到的。因此她說：

> 散文是最能代表作者心性、個性與人格的。法國作家古爾蒙（Gourmont）曾說：La pensée est L'homme même, Le style est la pensée

---

*《文訊雜誌》社長兼總編輯、淡江大學中國文學學系助理教授。
[1]張秀亞，〈談散文〉，《張秀亞全集 2・散文卷一》（臺南：國家臺灣文學館，2005 年 3 月），頁 298。

même，意思是說思想即人格，風格即思想，換一句話，也就是風格即人格的意思，最能詮釋這句話的意義的，我以爲莫過於散文了，因爲散文是一種很自如很隨便的文體，可長可短，大之可以談天說地，小之可以談到身邊瑣事，自自然然的由作者心胸間流溢出來，如同一泓清泉，反映出作者的聲音笑貌，所以一篇大氣磅礡的作品，反映出一個性格豪邁的作家，而一篇神采飄逸的妙文，即來自一個個性瀟灑作者的筆端。[2]

在張秀亞〈關於如何寫散文〉一文中，談到散文的形式問題。首先她強調「煉格」，也就是鑄煉自己特殊的風格。姚鼐曾經說過：「所以爲文者八，神、理、氣、味、格、律、聲、色。」又說：「神理氣味文之精也。」所謂「文之精」，就是文章的風格之所繫。她更引王國維《人間詞話》中拈出「境界」二字以闡明文章的格調。此外她又舉蘇軾的「氣充乎其中，而溢乎其貌，動乎其言，而見乎其文而不自知」，其中的「氣」，與孟子所說的「吾善養吾浩然之氣」的「氣」，同指人格的陶冶及氣質的涵養。文章一道，關乎性靈，所謂「吐納英華，莫非性情。」張秀亞認爲在人格方面，有很高的修養，自然能吐屬芬芳，文章清奇。文格高而人格卑者，自古以來，絕無一人。散文這個文類，更能自字裡行間窺出作者。[3]

（二）寫我們所深知的，寫我們所動心的

至於散文要寫些什麼呢？張秀亞用兩句話來概括：寫我們所深知的，寫我們所動心的。[4]所謂「我們所深知的」也就是寫我們所深刻了解的。「寫我們所動心的」也就是寫我們所感興趣的，或深刻感受的。在散文中表現我們真正的「知」與「情」是一件重要的事，一切題材的可用與不可用，皆可以此二句來衡量而定取捨。她認爲，表現在散文中的真知識與真感情，較其他文體更爲重要。

---

[2]同前註，頁 198～299。
[3]張秀亞，〈關於如何寫散文〉，《張秀亞全集 3．散文卷二》（臺南：國家臺灣文學館，2005 年 3 月），頁 151。
[4]同前註，頁 148。

　　張秀亞的意思為要引起讀者的同情共鳴，必先放進自己的真情實感。她引托爾斯泰的一句話：「作者應本所經驗於自然或人生的感情，傳達給他人才成，這感情必得是最高的感情！」來自勉，張秀亞認為縱使人生的經驗不足，抒寫能力不夠，也要用「最真的感情」代替「最高的感情」。[5]

　　張秀亞認為，寫說理的散文，要鞭辟入裡，透徹犀利，表現出自己真正的知識與智慧。當你自己覺得有一種思潮鼓蕩心中，有一種意見橫互於胸臆，而不吐不快時，就可據理直書。不過，「思潮」與「意見」必須都是「慎思熟慮」的結果。當你把論據一個個的提出來，辯證層層寫出來，最後集中於一個點上，就形成你正確不移的結論，自然鏗鏘有聲，振動讀者的心弦。[6]她認為說理散文縱使為了引證、舉例用別人的話，但文中的見解，卻要來自個人心中，不去彈那些人云亦云的老調，「我們願做翻新聲的畫眉，卻不做學語的鸚鵡」，[7]因此，說理的散文，最重要的是為古老的真理，畫出新的面貌。

　　至於寫抒情散文，重要的是要有真正的感情埋藏在胸中，或有真正的感觸蘊結在心裡，這就是張秀亞所謂「寫我們所動心的」或深刻感受的，但她提出寫抒情散文最重要的「沉澱說」：

> 當你心潮澎湃不能自己時，先不要執筆，須俟感情冷靜、感情凝結、感情沉澱，然後為之。[8]

也就是等到你那喜怒哀樂的感情已成過去，和你有了一段距離，如此，你才能保持一份客觀的冷靜。好的抒情散文，應是冷靜後感情的結晶，而非一堆迸發的熔岩。

---

[5]張秀亞，〈散文概論〉，《張秀亞全集 5・散文卷四》（臺南：國家臺灣文學館，2005 年 3 月），頁 298～299。
[6]張秀亞，〈關於如何寫散文〉，《張秀亞全集 3・散文卷二》，頁 149。
[7]同前註。
[8]張秀亞，〈關於如何寫散文〉，《張秀亞全集 3・散文卷二》，頁 150。

　　因此，「寫我所深知者，寫我所動心者」一直是張秀亞寫作的信條。她也曾思考過：「一個文藝工作者，是應投身於繁鬧的市場中，抑或是退居到心靈的內室？」[9]作品的廣度與深度要如何兼顧？如何取捨？張秀亞深思後的解答是，「作品兼有廣度與深度當然是最理想的，而與其失之廣泛、浮泛，又何如將題材濃縮，試著寫得真摯而深沉？」[10]因此，她不會去寫一些別人認為驚心動魄，而對她自己卻極為陌生的東西。她並舉英國女作家瑪利・韋伯（Mary Webb）終其生未曾離開她的閣樓，蒙田則半生徘徊於他的方磚塔前；美國當代畫家安珠・魏思（Andrew Wheth），生平亦未離開他的故鄉一步。他們的作品都展現出新的深度。與張秀亞同一時期的前輩女作家劉枋，亦曾以〈廣寒宮中一聖姑──記張秀亞〉[11]，來描寫在她看來「孤獨、自律甚嚴」的張秀亞。這與張秀亞自認影響她甚大的瑪利・韋伯的性情與生活，有十分相似之處。

　　至於什麼是張秀亞所深知的，什麼是張秀亞所動心的，我們可以試著從她的散文的題材來分析。

　　不可諱言，感情的失落與婚姻的變調對張秀亞的影響十分巨大。對一個生長在傳統禮教、詩書傳承的環境中，青年時期又皈依天主的女子來說，這無疑是人生的重大打擊。獨自撫養一子一女，渡海來臺，心中悲苦自難排遣，因此，早期的散文，(1950～1959 年)，如《三色菫》中〈遷居〉、〈雯娜的悲劇〉[12]，《牧羊女》中〈結婚十年〉、〈或人的日記〉、〈秋夜草〉[13]，《凡妮的日記》中〈我要的是完整〉、〈客舍為家〉[14]，《懷念》中的〈懷念〉、〈等待〉[15]等，都直寫情感之傷痛與婚姻之悲苦，這傷痛與悲苦

---

[9]張秀亞，〈寫作・寫作〉，《張秀亞全集 5・散文卷四》，頁 383。
[10]同前註。
[11]劉枋，〈廣寒宮中一聖姑──記張秀亞〉，《當代作家列傳──非花之花》（臺北：采風出版社，1985 年），頁 13～17。
[12]張秀亞，〈遷居〉、〈雯娜的悲劇〉，《張秀亞全集 2・散文卷一》（臺南：國家臺灣文學館，2005 年 3 月），頁 71～80。
[13]張秀亞，〈結婚十年〉、〈或人的日記〉、〈秋夜草〉，《張秀亞全集 2・散文卷一》，頁 201～216。
[14]張秀亞，〈我要的是完整〉、〈客舍為家〉，《張秀亞全集 2・散文卷一》，頁 314～318、327～329。
[15]張秀亞，〈懷念〉、〈等待〉，《張秀亞全集 2・散文卷一》，頁 417～436。

成為她這個時期散文的主題，因為這些過程，是她刻骨銘心的經驗，她把如血如泣的哀愁化為篇篇文字，但張秀亞並不全然消極喪志，在抒發痛楚中，她不忘自勉，這也代表她面對現實的自許與期望。

對大自然的禮讚及描述，在張秀亞的散文中，可以說是歷歷可見。幼時故鄉的田園景色，大學時吟詩閱讀的湖畔，甚至窗外的雲影天光，庭院的一畦花圃，在她的筆下，都有不同的面貌及體會。她在一篇〈回到自然〉[16]的文章中說：「我們常常抱怨環境的冷酷，人們的無情，向了現實，盡量的吹毛求疵，但談到冷酷無情，孰有勝過我們對自然的慈母？而她呢，總是那麼和悅，那麼溫藹，充滿了愛心與耐心，儘管我們在俗事的糾纏中，在沉沉的昏睡中，對她視若無睹，聽而罔聞，但她從不曾忘懷我們……」，「造化者著力最多處，正是我們注意最少處，人只稍稍注意及之，則雲的映影，風的輕歌，曾把我們的心靈裝點得清新美好，不復藏污納垢，但茫茫世間，能有幾人體貼造化的苦心，而將大自然的賜予，高山長水，清風朗月，收諸懷抱？」

她也不只一次引述英國湖畔詩人華茲華斯的句子：「站到光明裡來，讓自然做你的老師。」並引用黃庭堅所說：「天下清景，不擇賢愚而予之。」來讚美造化為心和博大。

由於張秀亞熱愛大自然，所以她細心觀察大自然四時的變化，大自然的一切時時觸發她的情思，而她的所思所感，又藉著大自然景物予以表現。

（三）善用「文字煉金術」

張秀亞對文字的運用十分重視。她不只在一篇文章強調選字、煉字的重要。她說：「要選取那最精當的字，淘汰那繁冗重複的字。」她用「經濟」二字，形容寫文章用字的技巧，「如果人家能以一百個字表現出來的，我能以十個字表現出來，這最經濟的手腕，才是最藝術的手腕。」[17]這也

---

[16]張秀亞，〈回到自然〉，《張秀亞全集 3・散文卷二》，頁 87。
[17]張秀亞，〈散文概論〉，《張秀亞全集 5・散文卷四》，頁 297。

正如鍾嶸在《詩品》中，以「風格簡淨、殆無長語」道盡陶淵明文章的精髓。並強調對文字要訓練自己有一種操縱的能力，用字如用兵，對每個字詞的性能，有深刻的了解，才能操縱得宜。

在談到「什麼是優美的散文」時，張秀亞也以「簡淨」爲第一要素。[18]她認爲寫文章知道要寫什麼，要用什麼語句來表現，固然是一件很要緊的事，而要「避免」文章中寫入一些什麼，「刪除」一些什麼樣累贅的句子，這披沙煉金的工作，更難做到。她並用英國作家赫胥黎曾說過的：「寫文章要選那妥當的字，而不可用隨手拈來的字。」既不用那些艱澀難解的字自炫所學，更不可拿人家用得俗透了的字詞敷衍了事。去陳言是消極的避免，鑄新詞則是積極的創造。我們不只按照平常的用法安排字句，應該試驗它與其他字詞結合後所可能發揮的性能。張秀亞在〈創造散文的新風格〉一文中，如是說：

> 新的散文作家，皆致力於新的辭彙之創造；因爲他們要以文字的組曲，表達出心靈的微語，而此一理想，往往非現成的陳腔濫調所能達成，所以他們要在那些被前人用得陳舊了的字詞上，重下一番工夫，推敲它、鍛煉它、伸展它，並試驗其韌性、張力，以及負荷、涵容的能力，並將一些字詞重新加以安排、組合，使它閃耀出新的光輝，有了新的生機；對此，我們姑稱之爲使秋草變綠、殘花成蜜的「文字煉金術」。[19]

而張秀亞簡淨的文字，應是長期涵養中國古典文學豐美的內涵，以及熟稔西方文學作家、作品，取其典範及精華，再加上其對文字、語言、聲韻深刻的領會與研究，才能達到一定的藝術高度。我們試著由以下的例子來看看她的「文字煉金術」。

---

[18]同前註，頁 296。
[19]張秀亞，〈創造散文新風格〉，《張秀亞全集 6・散文卷五》（臺南：國家臺灣文學館，2005 年 3 月），頁 274。

> 鄰家的炊煙，裊裊的拂過花梢，玻璃走廊外徐徐飛來了暮色，溫柔、無
> 聲，如一隻美麗的灰鴿。[20]

張秀亞的散文善用明喻及隱喻，她觀察事物，不只是敘述表象，而是用心
靈去洞察感受事務的內層，再運用聯想，以哲思的筆和藝術技巧，成就出
一篇篇文字凝練的動人文章。往往短短一段文字，就將讀者帶入她所描繪
的意境中。

> 她走進了那個小園子，百合花是愁慘的，薔薇已經褪紅了。鷓鴣飛到哪
> 一個乾爽的角落去避雨了？誰又知道呢，古樹的洞穴裡，只留下幾片濕
> 了的羽毛。殷勤的青苔，已在為石徑覆衣了，雨的手指，敲碎了池面的
> 人影。落雨的園中是冷落的。[21]

> 月亮憑高眺望，臉變得更紅，像是飽飲了夜空氣的新鮮佳釀，又像是一
> 隻野生的酸蘋果，幾片微雲，在那紅紅的面頰上拭來拭去，月亮忍俊不
> 禁，笑出聲來了——金屬片似的聲音，是月亮的笑聲，還是流星的羽翼
> 相擦而過？[22]

張秀亞善用大自然中的花草樹木、雲月晴雨的意象，進一步運用文字技巧
去擬人化，開啟了讀者的想像世界，也邀請讀者做一場美的遨遊。

（四）創造散文新風格

對於一個繼承五四美文傳統，成名於 1950、1960 年代的前輩散文家而
言，張秀亞無疑是具有「現代性」的。已過世的評論家林燿德在其〈傳統

---

[20]張秀亞，〈孩子與鳥兒〉，《張秀亞全集 2・散文卷一》，頁 86。
[21]張秀亞，〈落雨的日子〉，《張秀亞全集 2・散文卷一》，頁 355～356。
[22]張秀亞，〈今天的月亮〉，《張秀亞全集 7・散文卷六》（臺南：國家臺灣文學館，2005 年 3 月），
　頁 189。

之軸與前衛之輪——半世紀的臺灣散文面目〉[23]一文中，即舉余光中及張
秀亞對現代散文的看法，強調追求「現代性」一直是臺灣現代散文發展過
程中的一個巨大軸線。

　　張秀亞在〈創作散文的新風格〉中，提出了散文「演化」的問題，她
指出，「新的散文已逐漸的擺脫了往昔純粹以時間爲脈絡的寫法，而部分的
接受了時間與空間、幻想與現實的流動錯綜性。在描寫方面，不只是按時
間順序排列起來的貫串的事件，而更注重生活橫斷面的圖繪，心靈上深度
的掘發，不只是敍述，不只是鋪陳，而更注重分剖再分剖。」這段具有開
創性的看法，證明了張秀亞在散文創作的理念上並不墨守成規，她時時觀
察，讓自己的創作理念與時俱進。她在這篇文章一開始便說：「今日的散文
在遣詞造句及內涵方面，已有若干的轉變」，她還強調「新的散文側重描寫
人類的意識流，……筆法顯得更爲曲折紆回。內容的暗示性加強，朦朧度
加深，如此一步步的發展下去，文字更呈窅緲之致，而逐漸與詩接近。」
不僅如此，張秀亞接著又強調新的散文中詩質之必要：「用象徵、想像、聯
想、意象以及隱喻，……表現出比現實事物更完全、更微妙、更根本的現
實。」

　　張秀亞在此篇文章中明顯的將意識流小說的形式、詩的素質加諸於
「新的散文風格」上。有意打破散文文類的固有界限，使得散文文類的刻
板印象，得以解除，而文類之間也可以截長補短，創造出文類的新的生命
力。張秀亞此篇論述散文新風格的文章，不只呼應更超越了余光中「現代
散文」的主張，更與西方現代主義詩學契合，她所提出「新的散文」，也正
是「現代散文」概念的延伸，將散文的改造推廣到臺灣小說與詩歌結構的
創作經驗。這種林燿德認爲的「隱性宣言」，縱使缺少文學社團、文學運動
背後的支撐、背書，有時只是以自己的「創作經驗談」的方式呈現，但如
果深究其義，我們即可發現，追求「現代性」一直是張秀亞散文發展過程

---

[23]林燿德，〈傳統之軸與前衛之輪——半世紀的臺灣散文面目〉，《聯合文學》第 132 期（1995 年 10
　月），頁 148～157。

的重要主張。

　　以上四點例證，只是張秀亞散文觀的一部分，可以看出張秀亞對散文的認知及堅持，然而這些文字不只是紙上談兵的理論，張秀亞更用一篇篇作品來實踐她的散文觀。

二、張秀亞詩化散文的源考及實踐

　　五四時周作人以〈美文〉一文中說到「讀美文如讀美文詩，因為他實在是詩與散文中間的橋」。因此，現代散文追求詩化，是五四以來的創作現象。「詩化散文」由徐志摩開其端緒，以詩筆為文，奠立抒情美文的典範，而張秀亞繼承了這個路子，且將這個特色發揚光大。[24]鄭明娳亦曾指出張秀亞「提出散文當向小說、詩等文類汲取營養，小說中的象徵手法，詩的象徵筆法等，比余光中還明白的指出詩法的散文的功用。」[25]

　　如果深究「詩」與張秀亞的「關係」，也許就會理解張秀亞「詩化散文」的歷史淵源，以及「詩」對張秀亞創作的影響。

　　張秀亞雖以散文聞名，其實她也是一位詩人。詩是她最早嘗試的文類，她最早發表的一首詩，是 1934 年 9 月 19 日天津《益世報》「文學週刊」，詩名為〈夏天的晚上〉[26]，那年她未滿 16 歲。此後有一段時間她瘋狂寫詩，但她心靈中也許將詩的靈魂高度懸舉，因此「我終於以一聲歎息，結束了詩人的美夢，而又走向散文的道路。」[27]儘管張秀亞如此謙遜，事實上她仍斷續寫詩，共出版了四本詩集。這個數目和她散文集的數量雖然不能相比，但當代不少詩集仍選進張秀亞的詩篇，鍾玲在《現代中國繆思——臺灣女詩人作品析論》[28]中，把她歸入古典婉約派，評論家何

---

[24]瘂弦，〈張秀亞，臺灣婦女寫作的燃燈人——從早期學思生活的發軔到「美文」創作版圖的完成〉，《張秀亞全集 1》（臺南：國家臺灣文學館，2005 年 3 月），頁 2～25。

[25]鄭明娳，〈臺灣的現代散文研究〉，《現代散文現象論》（臺北：大安出版社，1992 年 8 月），頁 164。

[26]張秀亞，〈夏天的晚上〉，《益世報》「文學週刊」（1934 年 9 月 19 日）。

[27]張秀亞，〈我的寫作經驗〉，《張秀亞全集 3・散文卷二》，頁 138。

[28]鍾玲，《現代中國繆思——臺灣女詩人作品析論》（臺北：聯經出版社公司，1989 年），頁 182～

欣認爲「散文家張秀亞在本質上是一位抒情詩人，實際上，她也確是一位抒情詩人。」[29]前輩詩人鍾鼎文在讀完張秀亞詩集《秋池畔》後，以〈詩人未必以詩名〉[30]，讚美張秀亞詩的造詣，鍾先生認爲，「詩，不一定存在於所謂『詩』的形式之中，……；但形式上或是詩而實質上不一定是詩，所在多是。」又說：「不以詩名自詩人──有人以詩名而不一定是詩人；有人不以詩名而自是詩人。」

先不論張秀亞是詩人或散文家，或二者兼具，「詩」確是張秀亞深愛的一種文類，她說：「我愛自然，卻更愛詩。對詩，我有著刻骨鏤心的愛，至於愛自然，也爲那涼雲，暮葉，衰草，寒煙可以爲我翻譯出詩的意蘊。」[31]「對於詩，我一直保持著那份不渝的愛。」[32]「我甚至不敢想像，沒有詩的心靈，沒有詩的生活，將是何等的幽暗可怕，甚過失了燈影的雨夜。在這世界上，如果獲得了一切，而失去了詩，又有什麼意味？一個人，即使失落了一切，但如有詩的眷顧，已應無憾。」[33]這些句子，在在顯示出張秀亞對詩的熱愛及眷戀。

除了 16 歲在《益世報》、《大公報》的副刊發表詩作外，張秀亞在河北女師讀書期間，就已在校刊上發表了多首新詩，她的同窗好友張敬銘在多年後回憶，說她 15 歲發表在校刊上的詩「轟動了校園」，張秀亞一時成爲眾多同學稱羨的「少年女作家」。[34]從她「夏天小詩二首」的片斷，卻可看出詩心的巧妙。

    夏天徘徊在，

188。
[29]何欣，〈張秀亞的詩〉，《張秀亞全集 1》，頁 135。
[30]梓園（鍾鼎文），〈詩人未必以詩名──旅途中讀張秀亞的《秋池畔》〉，《甜蜜的星光》（下）（臺北：光啓文化，2004 年 6 月），頁 634。
[31]張秀亞，〈詩與我〉，《張秀亞全集 2‧散文卷一》，頁 470。
[32]同前註，頁 471。
[33]張秀亞，〈詩與我〉，《張秀亞全集 2‧散文卷一》，頁 472。
[34]張敬銘，〈張秀亞少年時代的詩〉，《文訊雜誌》第 57 期（1990 年 7 月 1 日），頁 73。

乍蘇的草腳上，

夢醒的花心上，

蟬的薄翼上。

草腳、花心，不過是爲蟬翼鋪陳過渡，而蟬之薄翼又是以形代聲，寫的實
在是那夏日的蟬鳴。張秀亞在這並不給人以視覺的刺目而是喚起聽覺的感
受，因爲蟬聲與夏日等同一概念。

「把現實的景物與作者豐富的想像相結合，而以含蓄的美的語言表達
出來，有一種待讀者自行領會的含蓄的意境，才是好詩。」[35]這是張秀亞
早期對詩的概念。至於日後她有意或無意將對詩的概念或寫法，轉移到
「散文」的創作來，在這似乎已看出端倪。在〈創造散文的新風格〉一文
中，張秀亞說「新的散文喜用象徵、想像、聯想、意象以及隱喻因而極富
於『言在此而意在彼』的味道……。」[36]在此，「詩的概念」與「新的散
文」要素是可以互通借用的。

年輕時候，張秀亞愛寫詩，也大量讀詩。她喜歡劉大白、劉半農、徐
志摩的詩，更醉心於戴望舒的詩，極力想模仿他。外國詩人中她喜歡法國
拉馬丁的詩，喜歡波特萊爾的詩。再上輔仁大學的那年，寫出了近五百行
的故事詩〈水上琴聲〉淒涼的生命之歌。張秀亞承認彼時深受愛倫坡的影
響。在閱讀與寫作上，張秀亞頻頻與詩深交，這種深厚藝術的、文學的、
美感經驗及領悟，相信早已深植於心。

也許是對詩創作的體驗，自然而然地影響到張秀亞的散文創作及散文
觀。在一篇討論散文的文章裡，她談到詩和散文的比較，她說：「最易與散
文混淆的，要算是詩了，雖然就其形式來講，我們可以說，散文是以散體
寫成的，而詩則是有韻律的，但決定散文與詩的分野的，卻絕非韻的問
題。一首不押韻的自由體，有時可以是一首好詩，而一篇詩意毫無的押韻

---

[35]同前註。
[36]張秀亞，〈創造散文新風格〉，《張秀亞全集 6・散文卷五》，頁 274。

文字，實際也仍然是一篇散文。」[37] 因此，張秀亞借用艾略特（T. S.
Eliot）的話解釋：「詩與散文分別是很模糊的。」[38] 二者的關係本極微妙。

> 大體來說，散文是思想的語言（Language of thought），而詩則是想像與感
> 情的語言（Language of imagination and feeling）；散文多半涉及事實，而
> 詩則是訴諸性靈，由事引申，而給予我們思想上啓迪的，是散文；而大
> 開了想像的門戶，使我們體驗到一種新鮮而深刻的感情的，是詩。散文
> 中當然也不乏抒情的篇章，但在感觸及情緒以外，包含了較多的理性與
> 邏輯，在組織上，較爲謹嚴，所以說散文是脈絡分別的；而詩呢，寫的
> 皆是一種情緒。……是不可分析，亦不能分析的。[39]

　　張秀亞認爲詩和散文的界限是模糊的，以上是她「勉強」爲他們做的
區別。其實，早在 1930 年代，文學創作者就有文類出位的情形。前文已說
過，散文爲文類之母，比其他文類更具有邊緣性及包容性，所以它出位的
可能及機會都最大。在中國傳統文學觀念中，詩的風格要清空，散文的風
格主典實，而且詩與散文的區別內容重於形式，所以《莊子》、《列子》的
散文最近詩。王國維指出：「《莊子》具有詩歌的原質，即謂之散文詩，無
不可也。」鄭明娳認爲，「一般而言，詩歌多想像，散文多寫實；詩歌重意
象、散文重描寫；詩歌重韻律節奏、散文重畫面圖像。」[40] 前二者的對
比，想像與寫實，意象與描寫，和張秀亞前面一段詩和散文的區別十分吻
合，但「詩歌重韻律節奏，散文重畫面圖像」，這兩項不同文類的要素，經
常同時出現在張秀亞的散文作品中。先不論散文的畫面圖像，音樂性、韻
律、節奏感一向是詩所強調的，但張秀亞不只在一篇文章中強調散文的節
奏感與音樂性，也就是文章的之諧合之處。

---

[37] 張秀亞，〈談散文〉，《張秀亞全集 2・散文卷一》，頁 299。
[38] 同前註。
[39] 張秀亞，〈散文概論〉，《張秀亞全集 5・散文卷四》，頁 295。
[40] 鄭明娳，〈現代散文的出位〉，《現代散文》（臺北：三民書局，1999 年 3 月），頁 371。

文章是靈魂之歌，自然應該有諧合的節拍。昔人評文，每喜歡說「令人擊節」，文章的節拍所表現的正是作者情緒的昂揚或低沉，如果說文章中該激盪著一股充沛的生命力，那麼節奏正是這生命的象徵——躍動的脈搏，這脈搏的有力或微弱，端視作者能否巧妙的選字、擇聲，並智慧的控制字句的長短組合。[41]

我慶幸自己發表的一些短章，雖然淺薄，讀來卻尚不致過分的詰屈聱牙，因為那由字音合成的組曲，已先在我的心頭演奏了一遍，不能合拍中節的「逆耳」的部分，我已設法刪除。[42]

少年時熱愛讀詩、寫詩，使張秀亞的散文自自然然的詩化了。鄭明娳也說，創作是一種理性與感性、意識與潛意識同時運作的工程，有時作者未必能完全在知性中百分之百的操縱。因而，寫作出來的是詩或者散文，是偏向散文或者偏向詩，有時不是創作者能完全控制。游喚在〈詩的姿勢〉[43]中認為語言是決定一篇作品是否為詩的關鍵。但問題是什麼是詩的語言，什麼是散文的語言？這恐怕又有一些界線交疊之處可以論辯。

最早，張秀亞以本名發表新詩，以「張亞藍」的筆名發表散文，以「陳藍」筆名寫小說，以「心井」筆名寫方塊，這樣的排名次序，也許暗示著張秀亞對詩的看重。張秀亞說：「詩使我的生命擴大，詩使我的精神境界提高。……詩給了我安慰，也給了我快樂。」詩是張秀亞精神最高的向度，而散文卻是她寫作生活中不可或缺的文類，也是最大宗的文類。詩與散文，交互影響，交互滲透，是張秀亞文學生命裡一個重要特色。[44]

筆者在編纂《張秀亞全集》過程中，整理出一些張秀亞發表過但未結

---

[41]張秀亞，〈寫在「自選集」前面〉，《張秀亞全集 9‧散文卷八》（臺南：國家臺灣文學館，2005 年 3 月），頁 17。

[42]同前註，頁 18。

[43]游喚，〈詩的姿勢〉，《臺灣詩學季刊》第 20 期（1997 年 9 月），頁 125～128。

[44]蕭蕭，〈張秀亞：純心靈的浪漫主義詩風〉，《張秀亞全集 1》，頁 35～53。

集的作品。多篇在發表時張秀亞即注明「散文詩」。這些作品中有些詩的質素大於散文，但有些雖標明散文詩，但散文的質素較大於詩，其實應該算是「詩散文」了。另以張秀亞《我的水墨小品》的〈自序〉說：「收在這部集中的一些詩和散章，都是偶爾在無意寫詩、為文的情況下，出現在稿紙上的，那些感興，就像窗外一片流雲，偶然舒卷過我的心，但卻分得了我自己的幾分偏愛──，因為它們表現我心靈的生活最真切。」[45]這本書在《張秀亞全集》的編輯中也曾出現困擾，在全集體例的歸類中，這些文章並未清楚釐清詩與散文的區別，有的是詩，有的像散文，有的像散文詩，又有的像詩散文，或是隨意的散章、小品，也可見張秀亞無意去嚴格區分這些類型彼此的界限，其實正如〈自序〉中說這些文章是在「偶爾無意寫詩、為文的情況下」出現的。顯現作者創作的心情，以及十足率真的個性，這似乎也符合蕭蕭為其秀亞老師冠上的標題：張秀亞：純心靈的浪漫主義詩風。[46]

張秀亞寫詩不多，卻受詩的極大影響，以下分別以詩歌的特質舉一些作品，證明張秀亞散文中的詩化的程度。

（一）詩的想像

張秀亞曾在〈文學論〉一文中，引英國現代詩人兼批評家艾略特的一段話：「創作不外是一種點鐵成金的藝術手段，即是將舊材料予以新組合的一種過程。鐵砂遍地，而能點鐵成金者，唯詩人之想像是賴。」而張秀亞，正是服膺這句話寫散文，她不僅富於想像，更善用象徵與聯想。我們來看她是如何的寫「草」、寫「竹」、寫「霧」、寫「小鳥」：

這些大自然的長短句，雖比不上宋人的工整，但自有一種韻致，好像是這位作者飽飲了初夏的芳醪寫成的，繚亂而嫵媚。（草）[47]

[45]張秀亞，〈自序〉，《張秀亞全集1》，頁164。
[46]蕭蕭，〈張秀亞：純心靈的浪漫主義詩風〉，《張秀亞全集1》。
[47]張秀亞，〈草兒與我〉，《張秀亞全集7・散文集六》（臺南：國家臺灣文學館，2005年3月），頁297。

一片片的竹葉，像一隻綠色的鳥，是宋人詞句中的翠禽，小小尖尖的喙上，銜著的是永恆的春天。（竹）[48]

軟軟的霧，落到地上，真像小貓足步一般，默無聲息。（霧）

最能顯示出造化匠心的，是那一對眼珠，晶亮，柔媚，充滿了天真的狡黠神情，好像乍入城市的村童，充滿了喜悅、迷茫與畏懼。（小鳥）

（二）詩的意象

張秀亞重視散文中意象的營造，因而極富「言在此而意在彼」的味道，企圖重視人們內心中上演的啞劇，映射出行為後面的真實。且看她的〈白色小花〉：

白色的小花，好像是孩子的杯口灑落的牛奶，白得那麼溫潤可愛，它又像是一個穿著純白衣服做清潔工的小女孩，在清晨的庭院做著清理的工作，它時時張開小口而笑，似乎向未睡醒的天空喊著：「喂，睜開你那藍眼睛，看我又開始在風中忙碌了，我的墨綠色的葉片，就是我拂拭晨光，使它潔淨的菜瓜布。」天空聽得有趣，睜開了眼睛，比遠山還藍。[49]

用「孩子杯口灑落的牛奶」來形容平凡的白色小花，用「未睡醒」來形容不好的天氣，最後天空聽見勤勞小白花的呼喚，睜開了眼，展現「比遠山還藍」的明亮。意象的經營，有精妙的巧思。我們再舉一小段短文：

湖，嵌在我讀書的古城。湖水，溶漾在我心裡，還有那盞美麗的古銅燈，燃燒在湖邊的小屋中，透過了窗子，照影在湖心。[50]

---

[48]張秀亞，〈竹〉，《張秀亞全集 7・散文集六》，頁310。
[49]張秀亞，〈白色小花〉，《張秀亞全集 1》，頁168。
[50]張秀亞，〈湖水・秋燈——學校生活追記〉，《張秀亞全集 7・散文集六》，頁271。

湖，湖水，古銅燈連綴成一幅美麗的光影及記憶。

> 夜深了，水仙花的香氣更爲濃烈，花心黃得有如秋月，但是窗格上的空
> 隙被堵住了，流動的日光不能再在狸貓背上爬出爬進了……。古舊的靠
> 枕上，祖母花白的髻子散亂了，紅絨剪的石榴花拋在旁邊，茶几上沒有
> 銀亮的煙袋同茶杯，只是一碗煮好的草藥，冒著白汽，吐發著澀苦的香
> 味……。[51]

深夜、秋月，堵住日光的窗格，祖母花白的髻子，冒著白汽的草藥，營造
出因祖母病重的悲傷氣息，使家中景物也變得昏暗無光彩的意象。

（三）詩的韻律節奏

張秀亞不只在一篇文章中強調「聲音」、「節奏」的重要性。她認爲大
自然的一切節響，是應和著宇宙情緒的變化——寒暖、晴陰、風雨。「抑揚
頓挫，長短疾徐，風的微吟，雨的低唱，蟲的輕訴，形成了莊嚴神秘的交
響樂團。」[52]她認爲沒有節奏，是沒有脈搏的靜物，沒有進展的文字，是
一灘死水。談到文章的節奏，張秀亞極欣賞徐志摩散文中的一個片段：「靜
極了，這朝來水溶溶的大道，只遠處牛奶車的鈴聲點綴著周遭的沉
默，……聽，那曉鐘和緩的清音！」她認爲寥寥幾句，給人的感覺是詩的
柔麗與清新，包含著字的圖畫，字的音樂，諧和完美。同樣的，張秀亞運
用選字和擇聲兩種方式，選擇富有表現力的文字或者賦予舊詞新的生命，
並通過長短句的搭配產生抑揚頓挫、疾徐快慢的效果，形成跌宕起伏，自
然優美的節奏。如：

> 有時在黎明我看它，在銀亮的曉光中光彩煥發，枝葉微動，神態莊嚴，

---

[51]張秀亞，〈水仙辭〉，《張秀亞全集 6・散文卷五》（臺南：國家臺灣文學館，2005 年 3 月），頁
16。
[52]張秀亞，〈聲音的節奏〉，《張秀亞全集 3・散文卷二》，頁 74。

似一個詩人將自己整個的生命，化成了一枝不朽的大筆，向著雲，向著
天，寫下他無限的愛與熱誠的祝福。（柳）

寥寥幾句，充滿了詩的節奏。再如，她形容畫眉鳥的鳴唱：

那泉水一般清脆的鳥聲，在喧囂中開拓出一片澄明的境界，那聲音像是
一道雪泉，才在春風中融化，一路快活的淙淙著流下來，儘管旁邊是亂
石嶙崎，濕泥枯草，而它卻帶著春天與歡笑奔流而來了。[53]

這一段有節奏感與音樂律動的文字，使人讀之，也發出欣喜的共鳴。

家鄉，永遠是遊子心中最美的一角，那井邊，那灰色的磚屋前，一樹杏
花，如霜，如霞，如小蠟燭，驟然齊明，亮得照眼，雨中賞花，張一把
油紙傘，驀然牆上，枝梢，現出一片鵝黃，雨後的一抹斜陽，照著樹上
的雨滴，多麼動人的含淚的微笑啊！[54]

如用朗誦詩歌的方式將這一段文字朗誦起來，節奏自然進展，晴朗輕快。

三、結論

　　評論家何欣在〈張秀亞的詩〉一文中提到：「散文家張秀亞在本質上是
一位抒情詩人，實際上，她也確是一位抒情詩人。」這句話應有兩層意
思，一是讚歎張秀亞的散文具有詩的質素，其二是張秀亞是一位傑出的抒
情詩人。由此觀之，張秀亞作品中，詩與散文的互相影響、互相滲透時有
所見。何寄澎在〈當代臺灣散文的蛻變：以 1980、1990 年代為焦點的考
察〉一文中謂「五四以來，徐志摩以詩筆為文，奠立抒情美文之典範，殆

---

[53]張秀亞，〈小小的畫眉〉，《張秀亞全集 7・散文卷六》， 頁 307。
[54]張秀亞，〈春將半〉，《張秀亞全集 6・散文卷五》，頁 107～108。

現代散文跨文類（入詩）之先鋒，惜繼踵者鮮又不顯，至余光中始再張旗鼓，……」[55]，這其中顯然忽略了在臺灣張秀亞的作品繼承了抒情美文的傳統，以及張秀亞在〈創造散文的新風格〉中，陳述散文中詩質之必要，張秀亞借重詩質的表現遂成為「新的散文」的特徵。早殤的評論家林燿德，甚至認為張秀亞「新的散文」概念的提出，與他提出的「破文類」[56]，皆是打破各文類固有的界域，使得散文文類框限和「刻板印象」得以解決。

　　如果，我們進一步以楊昌年在《現代散文新風貌》中，對「詩化散文」表現重點來看，「以詩句的精練擺脫散文舊樣的鬆散冗瑣」、「意識流動跳接迅捷」、「意象密度要求較高，保留有深度的想像天地」、「使用詩作中常用的修辭技巧，擬人擬物，譬喻、隱喻、象徵」、「如詩作一般的音響感以造成韻律感受。同時也注意到色彩點染，視覺感受效果。」[57]等等，張秀亞散文作品無疑完全符合其要件，也就是說張秀亞「詩化散文」的作品，在徐志摩之後，應是一顯著的典範代表。

　　瘂弦在《張秀亞全集》的總論中說：「張秀亞本身就是詩人，對她來說，詩與散文之間的界限是模糊的，那是一種必要的模糊，基於藝術需要的模糊。」[58]詩對張秀亞的影響，其實不只是作品，「詩的確形成了我生活的一部分，也成了我自己的一部分。」她是以一個詩人的基本條件「愛藝術、愛自然」去充實自己，去「裝備」自己的心靈。她不只大量閱讀中、西文學名著，她因對繪畫的觀察及研究，作品中不僅分析畫家的畫作，影響所及，張秀亞作品中「色彩」以及「繪畫」感的呈現亦充分表現她在繪畫藝術上心力的投注。

---

[55]何寄澎，〈當代臺灣散文的蛻變：以八〇、九〇年代為焦點的考察〉，《戰後五十年臺灣文學國際學術研討會論文集》（臺北：文建會，2000 年 6 月），頁 24～25。

[56]林燿德，〈傳統之軸與前衛之輪──半世紀的臺灣散文面目〉，《聯合文學》第 132 期，頁 148～157。

[57]楊昌年，〈詩化散文〉，《現代散文新風貌》（臺北：東大圖書公司，1988 年 2 月），頁 1～19。

[58]瘂弦，〈張秀亞，臺灣婦女寫作的燃燈人──從早期學思生活的發軔到「美文」創作版圖的完成〉，《張秀亞全集 1》，頁 23。

　　張秀亞將中國古典文學深厚的薰陶，再加上她西洋文學的素養，融中西文學與藝術於一爐，創造了她獨特的散文風格。她善用象徵、想像、聯想、隱喻等詩的手法來抒發感情，揭示生活的精髓，表現出比現實世界更微妙、更完整的現象。在作品中，她常融情於物、觸景生情，同時她亦移情於物、移情於景，自然的呈現作品主題的靈動與跳躍。文學與藝術涵養使她的作品東西交會，古今融合。她時時以藝術家的慧眼來觀察自然界的一切，在同中尋異，見人之所未見，發人之所未發，所以才能在散文的風格上戞戞獨造。

——備註：本文選錄自〈張秀亞：詩化散文的典範〉，並更改篇名爲〈張秀亞的散文理念及其創造性的詩化散文〉。

參考文獻：

・現代散文研究小組，《中國現代散文理論》，臺北：蘭亭書店，1986 年 10 月 31 日。

・楊昌年，《現代散文新風貌》，臺北：東大圖書公司，1988 年 2 月。

・鄭明娳，《現代散文構成論》，臺北：大安出版社，1989 年 3 月。

・葉石濤，《臺灣文學史綱》，高雄：文學界雜誌社，1991 年 9 月。

・鄭明娳，《現代散文現象論》，臺北：大安出版社，1992 年 8 月。

・呂正惠，《戰後臺灣文學經驗》，臺北：新地文學出版社，1992 年 12 月。

・楊照，《文學、社會與歷史想像》，臺北：聯合文學，1995 年 10 月。

・鄭明娳，《現代散文》，臺北：三民書局，1999 年 3 月。

・趙遐秋、呂正惠主編，《臺灣新文學思潮史綱》，臺北：人間出版社，2002 年 6 月。

・封德屏編，《張秀亞全集》（共 15 冊），臺南：國家臺灣文學館，2005 年 3 月。

——選自「海峽兩岸文化與社會學術會議」
　　　四川：四川大學文學與新聞學院、淡江大學中國文學學系，2005 年 7 月 25～26 日

我觀察・我思味・我同情

◎范銘如[*]

　　張秀亞以散文見著於世，少有人注意，她的文學創作生涯一開始便是小說和散文同時並進的。中學時期的張秀亞時常投稿天津《大公報》的文藝副刊；1936 年，就已經自費出版了第一部小說創作《在大龍河畔》。接著她又陸陸續續出版《皈依》、《幸福的泉源》以及《珂蘿佐女郎》三本小說集。張秀亞來臺灣以後，1952 年出版散文集《三色菫》而聲名大噪，隔年起又繼續發表《尋夢草》、《七弦琴》、《感情的花朵》……等小說集。總括而言，從 1937 年到 1970 年，這 34 年來她一共出版了十部小說創作（包括兩部中篇、八部短篇小說集）。十本小說在張秀亞浩博的創作卷帙中占據的比例不是首位，卻扮演著舉足輕重的關鍵。她自己曾說：「雖然這幾年小說寫得較少，但是較之詩和散文，我是懷著更嚴肅的心情執筆的。」（《感情的花朵・前記》）細讀這十本小說的風格演變，並參對當時文學潮流的趨勢，此言確實不虛。張秀亞的寫作風格由模仿名家小說起步，期間歷經了一廂情願的理念化與幻想式的青年時期，最後逐漸形塑出一套具備作者自覺性的小說書寫技巧。換言之，她後期的小說是經過她自己——作家同時也是學者——對多方美學概念的淬取，不斷摸索改良下的成果。全面性地閱讀、觀察張秀亞的小說，對於張氏整體文學成就及其藝術信念將會有更貼近的感受和認識。

一

　　張秀亞的創作生涯溯源自中學時代，天津的《益世報》、《大公報》和《武漢日報》的文藝版都是她發表的園地。當時分任這三個文藝刊物的編

[*]發表文章時為臺北大學中國文學系教授兼系主任，現為政治大學臺灣文學研究所教授兼所長。

輯柳無忌、蕭乾以及凌叔華，都注意到這位新秀的才華。更由於蕭乾的慧眼與推薦，張秀亞結識了許多文壇名家，例如同屬京派文學陣營的凌叔華和沈從文。也許是受到這些大家的影響，收錄於《在大龍河畔》的短篇小說幾乎是京派風味的習作。詩化的敘述文字夾帶北方俚語方言，內容題材則多著墨於鄉土平凡百姓的苦難。雖然人物塑造、敘述結構與思想主旨還稱不上是完整深刻，但是遣詞造境上的才能已經耀眼奪目，預示她在創作上蓄勢待發的豐沛潛質。可惜《在大龍河畔》不曾在臺灣重刊，張秀亞寫過鄉土小說以及與京派文學的淵源遂少見提起。

考上北平輔仁大學以後，張秀亞浸淫在天主教的宗教氛圍中，修習教義並受洗成為虔誠的教徒。她在這個時期創作的《皈依》（1941 年）和《幸福的泉源》（1941 年）皆屬宗教文學的類型，可說並不令人意外。以文證道、以道弘文，是許多有布道使命感的作家宣揚宗教信念的策略，但強烈的目的性往往減弱了藝術性的發揮。尚屬新手階段的張秀亞，在選擇這類題材揮灑的同時，自然也不容易突破宗教小說可能具有的局限。不過我們倒可以從中注意到她寫作的兩個轉變。首先，這兩部作品，一則為五萬字，另一則為七萬字，是張秀亞最初也是最後嘗試的中篇小說。這似乎暗示著作者曾經有意挑戰中長篇體裁，不過最後還是選擇最為擅長的短篇形式。再者，張秀亞由京派小說路數初初崛起文壇，接著卻改弦易轍從事宗教文學的書寫，兩種迥異的風格流露出她勇於嘗試的企圖。這一點在她日後創作裡益發明顯。

大學畢業以後，張秀亞原本留校繼續攻讀研究所，只是隨著二次世界大戰全面開打，日軍對淪陷區展開更高壓的統治，張秀亞決定逃難到大後方。她的文名很快使她受邀擔任重慶《益世報》副刊主編。芳華正茂的文壇才女也在這個時期墜入愛河，繼而步入家庭。《珂蘿佐女郎》（1944 年）裡七篇故事主旨較之前作更顯多元、寬廣，既有描述情愛糾葛的〈珂蘿佐女郎〉、〈夢之花〉，亦有描寫間諜活動的政治小說〈未完成的傑作〉、〈一個故事的索隱〉和〈北國一詩人〉。最精彩的一篇〈動物園〉則是諷刺淪陷區

裡日本統治者及其走狗的嘴臉。政治小說與宗教小說一樣，分寸稍一拿捏不穩則有流於刻板宣導之嫌；可貴的是，〈動物園〉透過一位年輕新式女教員的視角來探照校園沉淪的生態、教育人員們刻薄、守舊、猜忌、欺善怕惡的嘴臉，間接折射日軍在淪陷區裡自文化根本的腐蝕。全篇不見慷慨激昂的陳義或是公式般對日本人的醜化，作者逕自描述現實社會裡的人性扭曲竟至連校園也成了「動物園」，政治性的諷刺意味濃厚深刻卻不露骨。〈動物園〉是全書最精彩、也是我認為張氏大陸時期創作小說裡最優異的一篇。整體而言，收錄在《珂蘿佐女郎》的七篇小說不論是文字修辭抑或是敘述結構的設計布局，皆可見水準的提升。張秀亞對小說創作的嘗試及摸索，在《珂蘿佐女郎》這個階段已經準備就緒。

二

　　隨著時局的動盪以及作者個人生涯上的一連串變動，張秀亞停筆數年。直到來臺後，先發表散文集《三色菫》，繼之才出版小說集《尋夢草》（1953 年）。這本書的〈前記〉可視為張秀亞對自己小說創作的回顧與批評。她先是引述兩位師友規勸過她的評語：一個認為她的小說太過埋想、與現實脫節，一個則認為說教意味太濃厚了；然後她不僅謙遜地接受兩位友人的針砭，並且毫不留情地大肆批判起自己的缺點：

　　我的小說中，說明，多於敘述，敘述，又多於描寫。藉了說明，我時或炫弄自己的小機智，間或愛掉個小書袋。這由於我在一個時期多讀了莫泊桑，（且迷戀沉酣於其作品中）。但我缺少了他的天才，所以小說寫成了這副模樣。（他的小說得力於觀察經驗。而我的小說則多來於想像、書本，對人生的一知半解。）另外，我又欣賞了梅立美，這一來就更為壞事，因為我沒有他的淵博，卻只學會了那誇張、鋪排，和一些浮光掠影，不切實際的場面！我雖然也喜讀近代一些英美作家，想學著來寫片斷繁複的生活，寫心理分析，但一個對人生過於淺視的人，倉促中更找

> 不到一具顯微鏡與一把解剖刀，好意的讀者說我的文字如「流風迴雪，
> 落花映草」，但我自己卻說：流麗的外表下，裝含不了太多的東西。
> ——〈尋夢草前記〉，《尋夢草》頁 3～4

　　如此嚴以律己的評論，流露出作家虛心容受的風範以及自我要求的精神。儘管過度自貶身價，這篇前記卻標誌著張秀亞再出發的不同：高度自覺的創作。也就是說，張秀亞從來臺灣後的第一本小說集開始，就有意識地修正、塑造自我的敘述方式，而非以往青年時期模仿名家或教化掛帥的習作。《尋夢草》裡的短篇〈幻影〉，前七頁講述一個癡情堅貞的悲劇愛情故事，最後一頁筆鋒直墜，暴露這癡情漢原來只是個感情的騙子。在這輕描淡寫的幾筆中，作者對自己早期作品裡堅信的人性、感情，發出前所罕見的懷疑與嘲諷。她的人生觀與創作觀的蛻變，由此可見。

　　張秀亞的小說試煉在下一部作品《七弦琴》（大業出版社，1954 年）中有著顯著的跡象。首先她在〈自序〉裡說道：「這集子中沒有一個故事道及了我自己，這在我是一個轉變。我一向是慣於自述悲喜的，但在這集子裡已找不到我的自畫像。」（頁 3）書中的七篇小故事，都取材平凡人物的平淡事蹟。卑屈生命中散發出淡霧般的幽怨與哀傷，像七首綺麗低迴的抒情詩。初讀此書，也許要覺得不脫夢幻綺想的舊習；既乏劇烈世變的紀實，也缺少小說應有的情節。單從小說集內的題材而言，她的確不「寫實」、與「時代脫節」，也看不出來地域特徵。然而仔細核對她在 1953、1954 年發表、卻未收錄於這兩本書的稿件，不難注意到其中似有蹊蹺。感謝此次全集的編纂工程，讓我們能重窺舊作原貌。這些未結集文章中，如原載於《中華婦女》的〈三代〉和〈訣〉都是原汁原味的反共小說，〈耶誕樹的故事〉更是「愛臺灣」小說。〈如願〉則是以臺灣為背景，寫一對本省籍青年因為女方比男方優越，致使男方自尊作祟的故事；跟當時許多作品一樣，所有阻撓都在男主角當兵入伍後獲得解決。這些附和官方意識形態的文本，其政治性的純度並不輸當時強調時代氛圍的創作，並且文字造詣

還更勝一籌。奇怪的是，爲什麼張秀亞不曾將此類作品收入《尋夢草》與
《七弦琴》二書，亦不見補錄在後來的著作之中？倘若收錄刊行，不正可
杜悠悠衆口、昭雪自己的社稷使命？

　　我以爲，未收錄這些「政治正確」的作品應該是張秀亞刻意的篩選。
雖然它們是足見時代意識的小說，但並不符合張秀亞日益嚴謹自覺的美學
標準。正如《尋夢草》的〈前記〉，《七弦琴》裡的序也是一篇對自己的文
學進行批評的文章，幾乎可說是學者張秀亞對作家張秀亞的批評以及小說
理念的闡釋。序言裡，她簡短地說明自己過往小說的問題，繼而談到當前
自由中國作家們的任務。這個任務並非是激發愛國情懷、收復失土，而是
以如何創新形式爲首要。她列舉歐美作家的成就爲標竿，論述小說實驗的
趨勢：

> 　　三十幾年以來，歐美的作家們，也有意無意的，將過去的法式棄而不用
> 了，而開始在小說的廣袤地域，作多方的探險，而獲致了多方的成功。
> 一支犀利的筆，權做了解剖刀使用，而將人生加以縱剖橫斷，同時，更
> 借助於生理、心理學，將人、將人生分剖得支離破碎，體無完膚！然
> 而，即由於這，我們看到了心靈深處的微妙沽動與顫動。看到了人的高
> 貴與卑微，偉大而平凡。甚至於有些作家（如維吉妮亞‧吳爾芙），在小
> 說中索性不要結構，否認人間諸象有所謂悲劇，喜劇，全不據慣例，而
> 純依據心理的感受寫作了。文章，遂如一道急流，在怪石巉岩上，跳躍
> 而過，又如晴陰不定的六月天氣，忽而細雨輕雷，忽而彩虹斜掛，美妙
> 神奇至不可思議。總之，大勢所趨，小說寫作已由外表而移向內在，而
> 不專以傳奇故事來博人喝采了。
>
> 　　　　　　　　　　　　　　　——〈作者自序〉，《七弦琴》，頁 2

　　換言之，學者張秀亞醉心的並非傳統、寫實主義類的敘述技巧與主旨
內容，而是現代派的文學標準。因此，在張氏後期的小說裡，缺乏「現

實」色彩不是耽溺於不食人間煙火的小兒女夢幻,而是一種刻意與現實脫節、轉向內在心理探索的文學嘗試。類似上述引文的小說觀念散見於她後來的評論、訪談之中。無需諱言,張秀亞對英美現代派小說的推崇與追隨並沒有使她創作出純粹的現代主義作品,不管是形式或內涵。但是她對小說創作的高度反思和挑戰(自我)習規的堅持,使她接下來的二部小說《感情的花朵》(1956年)以及《女兒行》(1958年)佳作迭出,留下她在小說文類裡的代表作。

三

在《感情的花朵》、《女兒行》這兩本小說集中,張秀亞的創作風格產生兩個明顯的轉向。一是重拾京派筆法,另一個則是取法了歐美女性現代派小說,寫出戰後臺灣女性文學中的佳作。〈暮年〉和〈娥姊〉是《感情的花朵》裡兩篇京派色彩濃郁的小說。前者以童稚的眼光敘述老農穆山伯伯喪妻之後倉促再娶卻落得人財兩失、悔恨以終的悲劇,後者以鄉下小少爺為第一人稱描述一段貧富差距的姊弟戀悲劇。從《在大龍河畔》出版之後就另闢蹊徑的作家,此番重拾京派小說路數,透視人性的深度以及說故事的功力直逼蕭乾、沈從文與凌叔華等前輩。描寫穆山伯伯續絃後還不住地呼朋引伴揮霍擺闊,表面上好像寫他快意人生,卻形容「那笑聲十分可怕,比在水邊呼喚他的亡妻的聲音更為可怕」,暗喻他心中的空虛已至崩潰邊緣。穆山死訊傳出,原本掏光他積蓄後夥同情郎私奔的老婆又回來了。張秀亞只淡淡補上一句,「她到了那座新墳上燒了紙,哭了一場,便承繼了河邊那座泥土造的房子,同那空了的盛麥子的倉囤。」簡潔俐落,就把寡婦的身段心機給諷刺入裡。〈娥姊〉刻畫故事主角小少爺由懵懂、情竇初開以致最後嫌棄疏離娥姊的心理轉折,通篇寫實而手法細膩。小說描述「我」本來不忍辜負從小對我一往情深的娥姊,踟躕中一看到新交往的同齡女學生,立刻知道「我的靈魂所追慕的是她,娥姊和她比起來,有如晚霞之於晨風。」成長所注定的背棄結局,發展得那麼順理成章,儘管

「我」無可奈何，然而在高下立見中，娥姊已成往事。「初戀，是我童年在原野上擷取的一朵小花，上面有露珠也有塵沙，我拾取它又拋棄了它。」鄉下姑娘刻骨銘心的託付，終究是小少爺隨手摘棄的童玩什物。

　　如果說《在大龍河畔》時期的張秀亞，對鄉俗民情懷抱的是天真的同情與憐憫，後期的她卻是將之隱藏在人情世故陰暗面的冷靜解剖中。村夫野婦固然有善良溫柔的一面，其自私可鄙的計較也是常情。青年時代的溫情主義已淬煉成通情練達的多層次關照。相較之下，張秀亞文中對於「新青年」的自我省思反倒是嚴格許多。《女兒行》裡的同名短篇，嘲諷一心嚮往成為作家的文藝少女不顧寡母掛念，毅然決然地離家到多采多姿的大城市，「去流浪，去體驗人生。」結果，「第一日流浪生活的開始，她不知道該做些什麼。」蟄居在吵雜昏闇的小旅館裡，眺望由電線、招牌交錯分割的灰濛城市景象，思忖著何處尋覓「書上寫的那般玄妙生動，美麗曲折的流浪生活。」三天後，她回家了。回到她原來覺得狹隘平凡、庸俗可怕得令人窒息的老家，撲向不敢阻礙女兒「前程」卻思女懷憂的慈母懷中。這篇故事據說是根據張秀亞中學時獨自從天津到北京拜訪文壇名家的切身經歷寫成的。隻身攜一雙兒女來臺的作家，中年後書寫年少作為，不僅孺慕情切，文中對於大陸時期所謂新文化、新生活的追求，委婉間接地提出反省。

　　至於張秀亞最念茲在茲、關於文學形式的省思，京派敘述技巧已不再能滿足她創新的需求。如前所述，她對歐美現代派文學的醉心使她轉向人物內心的探索。〈靜靜的日午〉代表著她長期實驗後精彩的展品。小說的背景發生在一個晴朗的週末午後，故事是說，不，嚴格來說，沒有故事，只有一個沒事找事的中年教師。他家庭幸福，生活安逸順遂，在這個閒適的午後他莫名地需要一些缺憾、一些犯罪，以便激發起心靈的波濤。想來想去，想到某位中學時代暗戀過的女同學，「他至今遺憾的是，他當時不曾握過她的手。」於是，他企圖給她寫了封信：

「……你知道，我常時感到異樣的孤獨，沒有人了解我……。」才寫到
這兒，隔壁又傳來了妻兒的笑聲，那溫柔低沉，充滿母性愛的笑聲，伴
奏著響亮如黎明鐘聲的童音，好像在譏諷他：「你這個孤獨的製造者！」
他惱恨，在那個愉快的，充滿了笑聲的世界裡，沒有他的份。他悵悵的
咬著煙蒂頭，但他卻無法繼續寫下去了，他漠然的垂下頭。

然而，他蠢動的欲念並不能就此平息。他索性尋找到女同學的家門
口，遠眺中編織著無數可能的對話，遐思中似乎又清醒地預見她眉目中將
藏不住的譏嘲：「呵，這個有妻有子，而又感到生活苦悶的中年男子！」只
好默默返家，苦思生命的意義卻又一無所得。

〈靜靜的日午〉的確深得英美現代派女性文學的精髓。不依附起伏的
情節或外在環境的描寫，淨是細寫心靈的躁動、不甘滿足現狀但又不敢犯
罪出軌的矛盾。文本裡的男性文人欲求不滿，可惜有色無膽，中年危機不
是依靠年輕時的浪漫懷想來排遣調適，就是裝模作樣地哲思、寫作。懦弱
可笑的行為，折射出所謂知識菁英的真實面貌。

寧靜幸福的家居生活底層，竄流著種種無名的原欲、焦慮、猜忌或恐
懼。男性不安於室的另一端，往往是女性的疑慮。收錄於《女兒行》書中
的〈晴陰〉，女主角猶似〈靜靜的日午〉的對照版，一樣是寂寥無事的某日
裡，女主角陰晴起伏地思想起出差在外的老公，同樣是覺得枯燥乏味的婚
姻關係令人窒息。儘管如此，她更擔憂老公離她而去。整篇小說白描閨中
少婦徘徊在自我追尋與完全擁有丈夫的時間及愛情的情理衝突心理。婚姻
既是戀愛成功的證明，也可能是埋葬愛情的墳墓。男女兩造即使走入家
庭，卻還是對訂下白首契約的另一半充滿不安全感。〈白夜〉索性描寫一對
夫妻對彼此交付的感情永不滿足、永遠匱乏而孳生的戀人齟齬。《那飄去的
雲》（1969 年）裡的〈不相遇的星球〉，同樣鎖定夫妻關係間的微妙情愫，
從細微瑣碎中迂迴探測深微窈冥的人心。

張秀亞自 1950 年代中葉起，對英美現當代文學，尤其是珍·奧斯汀

（Jane Austen）、曼殊菲爾（Katherine Mansfield）以及吳爾芙（Virginia Woolf）等等女作家的文本推崇備至。她持續地在她的文學評論、散文、序言以及訪問裡，倡導由日常切片透視靈魂內室的新批評式觀念，她的小說實踐的正是相似的美學。在白先勇、王文興等人還未書寫出最具代表性的臺灣現代派小說以前，張秀亞的開拓性與貢獻實在值得我們激賞。有趣的是，少女時期的張秀亞儘管熱愛凌叔華、冰心與廬隱的小說，她對這幾位作家文本中的性別省思或者細節書寫中的顛覆義涵並未特別著意。反而是透過歐美女作家的再閱讀，她的小說輾轉地貼近女性文學的脈絡。可惜自《感情的花朵》與《女兒行》這二部小說代表作出版之後，她的創作重心就轉移到其他的文類和學術研究上。《那飄去的雲》和《藝術與愛情》這二本最後的小說集，都已是選自舊作再增添幾篇新品的改版重刊本。

總括張秀亞小說創作歷程，每個時期都有不同的風格，展現著她各個生命階段的關注與藝術上的求新求變。張秀亞的文學雖然一般被歸類在抒情傳統的路數，她的小說哲思性質更為濃厚。不管是早期的京派鄉土、中期的宗教、愛情，以至後期的心理分析小說，敘述方式或題材選擇儘管迥異，張秀亞似乎都透過書寫在思索信仰、感情與人性的本質。只不過閱歷的增長與閱讀上的涵養，讓她從樂觀純粹的信念、宣揚到後來能夠哀矜憐憫地直視、剖析七情六欲裡曖昧灰黯的禁區。在一篇題為〈一本傑作〉的評論裡，張秀亞模仿吳爾芙對勃朗特（Charlotte Bronte）的評語轉而稱讚珍・奧斯汀的寫作態度是「我觀察・我思味・我同情」。事實上，在《感情的花朵》的〈前記〉裡，張秀亞也曾模仿吳爾芙的讚詞，點明自己的創作主旨正是「我觀察・我思索・我同情」。張秀亞與珍・奧斯汀的異同也許是比較文學研究者未來探討的議題，然而張秀亞的夫子自道的確貼切地詮釋了她個人的小說特質。盛哉斯言。

——選自《文訊雜誌》，第 233 期，2005 年 3 月

夢之華
張秀亞詩小說與散文詩的文體實驗

◎周芬伶*

前言

　　張秀亞之創作跨足散文、小說、詩、翻譯、評論，為多才多藝之作家，向有定評。跨類寫作在新文學初期為各家常見的現象，在 1950、1960 年代的女作家中，跨小說、詩、散文的就有張愛玲、胡品清，跨散文、小說的更多，舉凡大家林海音、琦君、羅蘭、孟瑤、徐鍾珮……比比皆是，余光中腳跨詩、散文，自稱為「文類的亂倫者」，張秀亞跨的文類更多樣，可稱為文類的嫁枝者，然本文欲討論的非跨類書寫，而是越界書寫，越界在文學創作中為文類之相互滲透，跟「出位」[1]不同的是，後者是部分犯規，前者為全面犯規，也就是把小說散文化，散文小說化，詩散文化，或散文詩化，在她的文集中被標誌或視為散文詩的作品也不少，被視為詩小說的也不少，令人難以分辨文類。收在她的散文集的小說化散文，與收在小說集中的散文化小說可說數量極多，且手法非常相似，收在詩中的散文詩數量也不少。張氏自言自己的散文詩受屠格涅夫、索忍尼辛影響，本文針對張氏「詩小說」、「散文詩」進行討論，比對這些作品，可看出作者的創作特色，以及其時對文類之觀念。

　　文體越界雖為非正式手段，然對文體之實驗與擴大確有幫助，一般而論，越界書寫與國族越界、性別越界緊密相關，在早期只能說是文類實驗。張氏之創作量驚人，跟跨類書寫有關，跟越界書寫更有關，在文學激

*發表時為東海大學中國文學系副教授，現為東海大學中文系教授。
[1]林央敏，〈散文出位〉，《文訊雜誌》第 14 期（1984 年 10 月），頁 55。

烈變動期越界書寫更為盛行，如 1920、1930 年代為一高峰，1950、1960 年代為另一高峰，越界帶來的文體討論、美學討論更促進各文類之蓬勃發展，1920 年代周作人、朱自清、林語堂等人對美文的諸多討論，使散文這文類百花齊放，名家輩出，魯迅的《野草》是散文詩也是詩小說，它標誌著白話文的成熟與文體越界之可能；1930 年代楊熾昌同時寫出「詩小說」與「小說詩」；1950 年代紀弦出散文詩集，1970 年代蘇紹連、渡也出散文詩集，都說明此文類之越來越受重視，作品雖不少，還剛開始邁入理論的討論。本文在越界書寫的基礎上同時討論張氏詩、散文與小說寫作的求新求變，這其中有傳統的有現代的，有東方的有西方的，有人學也有神學的，頭緒雖紛繁，卻也形成她個人的特色。她的越界書寫也只能說是張秀亞式的，風格與美學終歸於作家個人所有，如此獨特性才具備普遍性的基礎。

　　張秀亞一共出版了十部小說集，在這裡先作簡單分類，長篇兩部，《皈依》、《幸福的泉源》、俱為宗教小說，《在大龍河畔》偏寫實主義的客觀描寫，《珂蘿佐女郎》、《尋夢草》主角皆有作者的影子，可稱為自傳小說，《七弦琴》、《感情的花朵》、《女兒行》、《那飄去的雲》、《藝術與愛情》為作者刻意抽離自我描寫世情的小說，其中具有「詩小說」意味的數量不少；詩集計四冊，標題為散文詩的也有一些，散文 28 冊，採散文詩寫法的甚多。也許在張秀亞的創作中「散文詩」於她是最自由的地帶，也是最能揮灑的空間。有時她的作品是詩散文，有時是散文詩，有時是詩小說，這三種如何區別？我認為詩小說是短篇小說的一種，散文詩是敘事形態的極短篇或散文；詩散文則以靜態抒情居多，為富於詩質的散文，三者的交集是詩，這說明張秀亞強烈的詩人氣質。她也是散文詩的提倡者與實踐者，她書寫大量詩小說與散文詩，並有多篇文章提及散文詩的理論。散文詩的理論最早由楊熾昌提出，後來紀弦、瘂弦、林以亮、渡也、蕭蕭皆提出相關理論。

　　實則散文詩這非詩非文，亦詩亦文的文類確是令人頭痛。

　　莫怪乎余光中對散文詩持鄙棄的態度，他說：「在一切文體之中，最可厭的莫過於所謂『散文詩』了。這是一種高不成低不就、非驢非馬的東西。它是不一匹不名譽的騾子，一個陰陽人，一隻半人半羊的faun。往往，它缺乏兩者的美德，但兼具兩者的弱點。往往，它沒有詩的緊湊和散文的從容，卻留下前者的空洞和後者的鬆散。」[2]

　　散文詩如果盡是缺點，也不會有這麼多大師樂於寫作，它一定具有別的文類所沒有的魅力，這也是本文想尋找的答案。詩小說在早期與散文詩混爲一談，後來分道揚鑣，散文詩被極短篇與現代詩瓜分，詩小說則成爲實驗小說的一種，張秀亞一生書寫過許多散文詩與詩小說，可說是文類的實驗者。

詩小說與散文詩

　　追溯詩小說與散文詩，不能不談到愛倫坡與波特萊爾，愛倫坡的小說具有濃厚的詩意，波特萊爾〈巴黎的憂鬱〉組詩標誌爲（Pctits poèmes en prose）[3]，爲近代散文詩的先驅作家。1882 年屠格涅夫死前一年的短篇作品，原先題爲「老人的話」，編輯將它命名爲「散文詩」，一般認爲是得自波特萊爾散文詩的影響，編輯說：

> 原稿並沒有總標題，作者只在包裹上寫著「老人的話」，我們從作者的來信中取得靈感，選了《散文詩》做爲標題，這個標題不但能夠充分表現引發作者的靈魂去面對人生的問題和觀察的根源，同時也精妙顯現「觸動讀者心靈」的豐富內涵，事實上這是用散文寫的，但其實是詩。[4]

　　編輯所認定的「散文詩」，從現在的眼光看有隨筆、短詩、極短篇，他

---

[2]余光中，〈剪掉散文的辮子〉，《文星雜誌》第 68 期（1963 年 6 月），頁 4。
[3]波特萊爾著；胡品清譯，《巴黎的憂鬱》（臺北：志文出版社，1973 年）。
[4]許海燕，〈屠格涅夫的生平和珠玉之作《散文詩》〉，《屠格涅夫散文詩》（臺北：志文出版社，2004 年），頁 19。

卻認爲是「詩」，這種隨性自由的寫法被認定爲散文詩，是個美麗的錯誤，
後來魯迅的《野草》深受波特萊爾、屠格涅夫影響，有人視爲散文詩，有
人視爲詩小說，有人直接納入散文集。這是新文學文類混亂的開端，紀弦
寫了相當多的散文詩，但並不怎麼接受散文詩，還主張取消這個文類，瘂
弦也認爲：「散文缺乏詩的絕對性，詩有著比散文更多的限制，更大的壓縮
和更高的密度，更嚴格的提煉和更嚴酷的可能。」[5]但是，瘂弦並不輕視
「散文詩」，他承認：「散文詩，它絕非散文與詩的雞尾酒，而是借散文的
形式寫成的詩，本質上仍詩。」[6]林以亮則將「散文詩」放在「散文」與
「詩」之間，他說：「文學作品，從其內容上說，大體可以分爲散文和詩，
而介乎這二者之間，卻又並非嚴格地屬於其中任何一個，存在著散文詩。」
「就好像白日與黑夜之間，存在著黃昏，黑夜與白日之間，存在著黎明一
樣，散文詩是一種朦朧的、半明半暗的狀態。」[7]張秀亞不但不排斥這文
類，還大力提倡，她在〈談散文詩〉一文中說：

> 散文詩此一體例，大概是舶來品，我國的古典文學作品中，好像還沒有
> 跟它相似的「成品」，它和我國的那些篇不大講求格律的古詩也並無相同
> 之處，粗看之下，覺得它款款道來，如同散文，而讀畢之後，才知其晶
> 瑩圓潤，芳馥滿口，是一首「無名」而「有實」的詩歌。[8]

主要它是舶來品，也是新起的文類，其性質尚不明確，就連張秀亞也
把散文詩納入詩的一種，實則它的始祖是詩，形態像散文，常含有小說企
圖，可說是三合一的文體，魯迅的《野草》、索忍尼辛的散文詩，小說的企
圖更強一點，散文詩的主題與形式承襲性很強，不管是有意或無意，如波

---

[5]瘂弦，〈現代詩短札〉，《中國新詩研究》（臺北：洪範書店，1982 年），頁 52。
[6]同前註。
[7]林以亮，〈論散文詩〉，《文學雜誌》第 1 期（1956 年 9 月）。此文之後收入《林以亮詩話》（臺
北：洪範書店，1976 年），頁 45。
[8]張秀亞，〈談散文詩〉，《張秀亞全集 8》（臺南：國家臺灣文學館，2005 年），頁 302。

特萊爾有〈死〉，屠格涅夫有〈當我不在人世的時候〉，魯迅有類似的〈死後〉，張秀亞有〈她的解脫〉，屠氏有〈乞丐〉、〈對手〉，魯迅有十分接近的〈求乞者〉、〈這樣的戰士〉，而且在主題技法上非常接近，很巧的張秀亞有一篇定義為散文的〈榆葉——青錢〉，跟索忍尼辛的散文詩〈榆樹幹〉文題相像，我們不妨將之相比：

誰看過榆錢呢？

誰又記得榆錢呢？

榆錢，多美妙的名字，那鮮碧的榆樹的葉子，圓圓的像生鏽的古幣。老榆樹生長在村前，那更夫住的小屋前面。春來，綴滿了圓圓的樹葉，我們往往攀拉著那最低的枝柯，摘到盈握的榆錢，放到口中，甜甜的、涼涼的，帶著薄荷與茴香的味道。

那些綠色的古幣似的小餅，是不能充饑的，卻滿足了孩子們心理的饜求。

那綠色小餅似的榆錢，一直是點綴在我的記憶裡。

在我的回想中，它們營養了我的心靈，有如《聖經》中說到的嗎哪。

張秀亞〈榆樹——青錢〉[9]

當我們鋸木材時，撿起了一根榆樹幹，並且對它感到十分驚訝。它被砍下來整整一年了，我們曾把它放在牽引機後面拖曳著，並且將它鋸成一段一段，然後裝到貨船及運貨馬車上，把它滾成一堆再堆疊起來。而它，那塊榆樹幹竟然還不願放棄！在它身上長出了一顆鮮綠的嫩芽，而且有著長成濃密枝幹，甚至是全新一株的旺盛生命力。

我們把它放在好像是劊子手行刑的鋸木架上，然而我們終究無法將它截斷。試問，我們怎麼能夠呢？那樹幹就像我們一樣，是如此珍惜著它的

---

[9] 張秀亞，《張秀亞全集8》，頁24。

生命；也的確，它的求生力量比我們更要強勁。

——索忍尼辛〈榆樹幹〉[10]

張秀亞寫榆錢，散文的質素較高，是靜態式的描寫，著重在它的生命之美，也被收在散文集《石竹花的沉思》中，索忍尼辛寫榆錢著重在它的生命之力，收在散文詩集中：相同的他們都愛詩，也是小說家，也都熱愛這種中間文類，我們要把這中間文類放到哪個位置？值得深思與探討。

另一個令我們頭痛的文類是詩小說，想到詩小說，近的我們想到七等生、林燿德、舞鶴、郭松棻、李渝，遠的我們想到楊熾昌與龍瑛宗。這中間應該包含一個張秀亞。

維吉妮亞·吳爾芙的〈達洛維夫人〉寫於 1925 年，此作品是意識流小說的代表，也有很高的詩質，張秀亞的〈二月杪〉寫於 1936 年，也具有很高的詩質。臺灣作家首先提出「詩小說」這名詞的是楊熾昌，他在 1934 年 3 月寫〈花粉與唇〉，自稱這是一篇「詩小說」，可說是定義非常明白，文中他寫著：

把妻子拋在家裡，推開 Bar Pantheon 的門扉的我只是渴望著要過新鮮的戀之瞬間罷了。把一切反省暫時夾在我的文學書之間，我想在不著邊際的虛無和沒有反撥力的液體一樣溶解起來。這時我的意志像原生動物一樣地分裂了……我是毫無罪惡感的。[11]

將知識分子的敗北感透過酒精和女人，所產生的麻醉與迷醉寫得非常華麗。令我們想到波特萊爾與象徵主義。在這裡我們找到散文詩與詩小說的共同源頭——象徵主義與超現實主義，所以蕭蕭把張秀亞定義為浪漫主

[10]劉安雲譯，《蘇忍尼辛選集》（臺北：東大圖書公司，1988 年），頁 255。
[11]楊熾昌，〈花粉與唇〉，《水蔭萍作品集》（臺南：臺南市立文化中心，1995 年），頁 197～203。

義詩人是有點偏差的[12]，她的散文、詩偏保守，散文詩與詩小說前衛性格較強。

　　楊熾昌同名的「小說詩」有著類近的細膩手法。〈花粉與嘴唇〉這首詩寫於 1934 年 5 月，人物、情節、高潮、懸疑具足於小詩七行中，是詩小說〈花粉與唇〉的「迷你版」：

> 房間的空氣井底一樣沉甸甸的
> 把長衫捲到三角褲處
> 美里以白色的手撫摸腳的線
> 煙斗的聲音和爵士和腋臭⋯⋯
> 夢醒就看到『再見──M 子』的字型
> 玫瑰的花粉蓋上口紅
> 敗北的意識沉重地流過去。[13]

　　所謂「小說詩」是指具有「小說企圖」的詩，楊熾昌以分段不分行的方式寫成的四首詩：〈尼姑〉、〈茉莉花〉、〈無花果〉與〈青白色鐘樓〉，更是凸顯這種魅惑性敘事系統的魔力。這四首詩特別採用「散文詩」的形式，顯示作者有另立文類的企圖：他自己也說「從散文詩中故事的幻影、重疊的形象和暗喻，帶著愉悅的音響，煞像披靡於什麼涼風的夢似地搖曳著。」[14]

　　把詩小說與小說詩互寫，這是玩文字，也是玩文類，偏是這種文類的亂倫者，給予書寫者極大的自由與滿足。當詩人對敘事形態的文體感到興趣，甚而有寫小說的企圖，「詩小說」與「散文詩」於焉產生。詩小說與散文詩的興起，跟象徵主義與超現實主義有關，如紀弦、楊熾昌都是超現實

---

[12]蕭蕭，〈張秀亞：純心靈的浪漫主義詩風〉，《張秀亞全集・導讀》（臺南：國家臺灣文學館，2005年）。

[13]楊熾昌，〈花粉與嘴唇〉，《水蔭萍作品集》（臺南：臺南市立文化中心，1995年），頁 100。

[14]楊熾昌，《燃燒的臉頰・後記》，《水蔭萍作品集》，頁 219。

主義詩人，他們強調非理性的世界，追求內心的自由，故也勇於突破文類，越界書寫。

詩小說與散文詩在文類中是麻煩分子，也是曖昧分子，唯其麻煩曖昧才有討論空間，從字義來看詩小說是富於詩質的小說，散文詩是以散文形式寫成的詩，散文詩與詩小說是中間文類、綜合文類、也是實驗文類，尚未進入理論化，也未進入學術的殿堂，散文詩通常短一點，詩小說則長一點。喜歡這類寫作的都是具實驗性格的作家，張秀亞就是其一。

移動的字——小說中的書信體

張秀亞 17 歲就出版小說《在大龍河畔》，可謂早慧而不能說早熟的小說家，她所私淑的作家如盧隱、郁達夫、凌叔華、謝冰瑩，皆為小說家，前三者皆以氣氛見長，文體也遊走在散文與小說之間，而張秀亞最早的小說還是以說故事見長，尤其是人物刻畫用力，如〈山鷹〉描寫不受世俗拘束的女子，自名為「山鷹」；〈碾〉描寫一個失去一切的老人反而把人生看開了；〈瞎眼睛〉寫活一個半瞎的單眼女孩；〈在大龍河畔〉也把一個思念亡兒的說書老人寫得活靈活現，這些形制短小的小說，可說是短故事的形態，故事與小說之區別，據佛斯特的說法「故事是按時間順序排列的事件，小說是按因果關係排列的事件」[15]，《在大龍河畔》中的小說，強調的是時間順序而非因果關係，在情節上也無衝突與糾葛，大約是描寫一特殊人物在特定時空的造像或剪影，形成瘂弦所說的「靜劇式」。[16]然也未必全書如此，〈六爺的家〉就有較曲折的情節，窮當家的老太爺，拿不出錢來替媳婦的衣服贖當，跟她說不出口，想藉著跟兒子說話傳達他的困境，傳達是傳達了，事情無後續發展，寫得是入情入理，可惜有衝突而無解決，像這樣後續無力的小說，是散文家寫小說的通病，然在這當中出現了典型的

[15]佛斯特著；李文彬譯，《小說面面觀》（臺北：志文出版社，2002 年），頁 45。
[16]瘂弦，〈張秀亞，臺灣婦女寫作燃燈人——從早期學思生活的發軔到「美文」創作版圖的完成〉，《張秀亞全集‧總論》（臺南：國家臺灣文學館，2005 年），頁 9。

張秀亞式的小說，也是具有詩小說意義的小說，在兩難之中往往以書信解決或解釋所有問題，這是無解決的解決，在靜態的情節中，出現心靈互動的書信，那是唯一的動作，可也解決停頓不前的情節，在這裡書信（散文）與情節（小說）相互合作，共創出張氏小說，並成為創作基調，通常是一個謎樣的人物帶出謎樣的人生或問題，如寫得較為詩意的〈二月杪〉，謎樣的人物亞麗「有火燄樣的心，和瀑流作成的情感，適宜扮演點綴故事，天就在一段曲折的故事裡安放上她，附贈一片海樣的憂愁」，亞麗遭逢到什麼不幸，她的同學薏也感到好奇了，然亞麗只說了一些玄之又玄的話，然後遞給薏一封信，「也展開亞麗的靈魂深處」：

> 老天不該叫我遇到一個人，更不該叫這人那麼好，見過海的人，眼珠將永瞧不上清淺的河水，對海，她將永保持那崇拜。海的偉大，終成就了她無邊無際的夢。她知道自己的渺小與海的廣闊成一個太懸殊的比例，但一份自慚，就掩不住那份癡狂，了解海，慕海，但海水面上，只合印上響藍空闊長天的映影，這渺小的投影，印在上面也只與海底藻行重疊。在大海波心不會占位置。

這是單戀了，對於這樣沉溺於憂傷的好友，薏也回一封信，亞麗懷疑「一些擺在紙上不會動的字，還會移動我？」在張秀亞的小說中偏是這些不會動的字，移動了人，我們來看薏寫了些什麼：

> 我夢見空氣中擁擠著燕鳴聲，白雲和星點跌碎在草間，成了白的黃的。春天就要來，你心上秋天的布景，也該撤換，換個鮮綠顏色的最好。成分裡不缺少鐵質的人！不要懸有一顆鐵樣沉重的心，要作個鐵樣結實的人！

短短幾句讓亞麗頓時徹悟，她「預備堅實硬朗地活下去，迎接春

天。」這篇三千多字的小說，以兩封信的互動，打開主角凍結的心靈，邏輯上有點牽強，然對作者來說書信是開啓心靈，即啓悟的關鍵，這關鍵通常是由信件啓動的。在這裡抒情的筆調，幻想式的情節與人物，帶著淡淡的憂愁，這裡有作者的心影，跟前述客觀描寫不同，是結合散文與小說的雙重魅力，在客觀中有主觀，而且書信與小說常是各自為政，互不流動的。這樣的文體令我們想到珍・奧斯汀的小說，書信在情節中的作用，往往是深層心理刻畫，與事件真相的揭露，在《傲慢與偏見》[17]中，透過書信，交代人物的性情與情節起伏，不管在姊妹之間，朋友之間，舅舅的信更直接說明了男主角不為人知的善行，扭轉依莉莎白對男主角的偏見；使用書信最多的莫過於《理性與感性》[18]，作者透過理性的姊姊與感性的妹妹之間的書信，表露姊妹情深，也表現不同的個性通往不同的結果。在珍・奧斯汀小說中，書信是言談的一種，跟輿論與一般俗見有所不同，它委婉曲折地表達被隱藏的真實，有層層揭露的效果，也是實事求是的；在張秀亞的小說中，書信是私密的心情的流露，是心靈的潛流，表達一般言語不能表達的心境與意境，也提供作者另一表達優美文筆的管道，是更抒情更深邃的。

　　張秀亞在第一本小說即顯露類似的喜好，書信在她的小說，甚或散文皆扮演重要的地位。就算在宗教小說《皈依》、《幸福的泉源》中，書信也扮演了重要的地位，前書中的第三章「寄箋」即是由男主角華的書信構成，此書的女主角珍與華原是青梅竹馬的戀人，在華到公教大學念書之後，心靈漸漸皈依天主，然珍並無相同的體悟，兩人遂難以契合，直至一場大洪水來襲，珍的一家人坐著大木桶求生，父親攀著浮木失蹤，奇蹟式地被一個聲音恩愛的人拯救，珍探尋這恩人，原來就是華，華將一切恩典歸功於人愛的天主，珍受此感悟，決心皈依天主。書信在這裡確有畫龍點睛的作用。另一本《幸福的泉源》，士琦如同華一樣扮演宗教的引領者，引

---

[17]珍・奧斯汀著；夏穎慧譯，《傲慢與偏見》（臺北：志文出版社，2003 年）。
[18]珍・奧斯汀著；孫致禮譯，《理性與感性》（臺北：新潮社，2004 年）。

領文菁到天主的面前，兩人終成一對佳偶，第 14 章「兩封情書」，即由士琦與文菁的書信對答，說明兩人之間的距離消失「同站在耶穌聖愛的鮮碧草原上了」，書信自成一章，說明書信即是移動、互動，也是情節的動作之一。

　　這三本寫於 1936 至 1941 年的小說，我們不妨稱之為作者小說的「試煉期」，在這個階段，她確立了自己的信仰，也奠定小說基調，一是充滿人道關懷的社會寫實小說，一是夾雜書信的詩小說，技法雖有一點生澀，思想的理路是清晰的。第二期從 1944 至 1954 年，以《珂蘿佐女郎》（1944年），《尋夢草》（1953 年）、《七弦琴》（1954 年）為代表，為小說的成熟期，此時期不僅篇幅較長，且情節完整曲折，出現許多佳構；第三期從 1956 至 1970 年，以《感情的花朵》、《女兒行》、《藝術與愛情》為代表，為小說實驗期，此時期，偏重情緒的捕捉，事件情節不明朗，氣氛濃郁，受意識流小說影響明顯，詩意更加突顯。

湖畔詩人──詩與小說

　　經過三、四年的沉潛，再提筆寫小說的張秀亞，除了寫出大時代的愛國情操，也寫出女性高貴聖潔的心靈，〈珂蘿佐女郎〉是唯一一篇描寫女性的負面個性，因嫉妒引發的愛情悲劇，在這裡引希臘神話典故，珂蘿佐是命運三女神中最小的那一個，比喻命運之作弄，其實是人性之自私使然。書中的主角以懺悔的心情說出這段往事，如同對神的告解，女主角亞對央訴說多年前的一段往事，她在美麗的古城與花園中養病，經由愛戀她的羅琦介紹，認識一年方 16、17 歲的小姑娘宛宛為伴。宛宛愛戀羅琦，亞雖不愛羅琦，卻也不願成全他們，宛宛留書離去，後來宛嫁給一個音樂家，一年之後丈夫拋棄她，留給她無限的哀愁。作者擅長營造如詩如畫的場景，再加上喜愛文藝的夢幻男女，以及悲悽的結局，形成詩質濃厚的作品，作者編織夢幻情節，除去慣有的書信問答，也常引前人詩句或自己的詩作，

令我們想到同為詩小說的《茵夢湖》[19]，有詩有歌也有書信問答。其中〈夢之花〉可謂達到夢幻與詩意的頂端，我認為是此書的代表作。書中描寫薇與珊結伴到如茵夢湖般的琵琶湖邊小住，薇想看薔薇，珊想到湖上探險，兩個人分道揚鑣，珊在湖上找到一個純真可愛的小女孩荷姑，薇遇到一似薔薇派詩人的青年畫家。珊喜愛自然，薇喜愛藝術，兩人為自然與藝術孰為真美辯論。珊計畫跟荷姑遠走他方，薇想跟青年畫家到熱帶度蜜月，結果畫家離她而去，薇也不見了，只留下幾朵褪色的薔薇。珊跟荷姑一起遠走了，荷姑唱著「星星的光芒，散在水上，好像一朵水蓮花。」珊說：「那不是水蓮，是夢之花——值得我們追尋的，燦爛之花。」很明顯的作者認為自然勝過藝術，勝過愛情，而她描寫的大自然是夢的國度。

這篇帶著神祕色彩的象徵小說，文字優美，意境脫俗，風格與手法接近施篤姆的《茵夢湖》，在張的作品中「湖」與「花」是主要意象，它們象徵愛與詩人的心靈，是夢幻且易凋逝的，然又是永恆的。施篤姆也是詩人、散文、小說三合一的作家，他的《茵夢湖》，描寫一詩人在湖邊的淒戀故事，詩與歌加上書信貫穿其間，形成文類複雜的作品，作者自言：

> 今日之短篇小說，在其最上乘成就之下，乃話劇之姊妹，與散文詩之最嚴格的形式。[20]

施氏認為最上乘的小說，應是散文詩。他的詩小說與張秀亞的詩小說，在意境與神采上，是多麼接近。

所以說散文詩不是散文也不是小說，它跟詩更接近，是越界文類，也是綜合文類，散文詩必須包含音樂的元素與哲理的元素，〈夢之花〉都包含了，如果說《珂蘿佐女郎》追求的是夢幻之美，那麼其它幾篇描寫愛國女性的〈未完成的傑作〉、〈一個故事的索隱〉、〈北國一詩人〉、〈動物園〉雖

---

[19] 施篤姆著；俞辰譯，《茵夢湖》（臺北：桂冠圖書公司，2001 年）。
[20] 鄭芳雄，〈施篤姆的生平與創作〉，《茵夢湖》，頁 87。

取材於大時代，也有那麼點夢幻氣習，而缺少真實的血肉感，但不可否認這是一本把夢幻之力寫得最酣暢淋漓的作品，作者自己也發現這個問題，在《尋夢草》的序她寫著：

> 我曾鄭重的向一些朋友說過，散文集《三色菫》之後，我將不再自灰色
> 的感想領域取材，而小說《尋夢草》之後，再也不睡眼朦朧的吟唱曉風
> 殘月，夢破之後，我意識到自己原是置身於破碎的門檻上，向雪萊、魏
> 爾倫、王爾德道聲再見，我勇敢的投入現實荊棘的懷抱。如果我這次的
> 病症，一如我作品的病症，是由於夢與現實脫節而形成，我想，粉碎了
> 夢之桎梏，正視現實，會使我的身心一齊走向康莊之路。

　　在這樣的創作自覺下，作者在《尋夢草》中確也寫出一些人性真實，小說的力度更強的創作，如〈藝術與愛情〉寫出年輕女畫家嫁給老教授，像　件藝術品被收藏的悲哀；〈美·距離〉寫年輕男子菲力在歡送會上對安妮神魂顛倒，三天後拜訪安妮，對方家庭卻提出婚姻等諸多要求，幻滅的菲力決心到修道院去，比喻美神是狡黠的，要保持距離欣賞；〈天鵝之歌〉描寫年少的男孩戀慕已近中年的女人，女人指出他的愛是假愛，是欺騙，少年留書離去：「當我試著用你的理論來化驗我心頭的感情時，我發現它是『環境』、『無知』與『幻想』摻雜造成的贋品，這是情感中的糟粕，怪不得你鄙棄它。但當我發現這的一刹那，我突然覺得真正的愛上你了！」這裡寫出愛的微妙與閃爍；〈饒恕〉描寫年老的女醫生救治當年搶走丈夫的女人，如今丈夫死去，女人也老了，並懇求她的原諒。這幾篇小說寫得飽滿有力，夢幻與真實兼而有之，在小說技法上，夢幻不能說是病，怕的是過度，如何結合夢幻與真實，讓小說在虛構與寫實中遊走才是重要，《尋夢草》可說是結合得最好的一本。

　　1954 年出版的《七弦琴》，包含七個短篇故事，作者明言是「其中沒有一篇道及或影射到我自己，然而流貫全書中的，卻是我的憂鬱」，感覺上

本書是《尋夢草》的延續，並集合了張氏小說的三大元素：第一，詩書風雅的人物、第二，浪漫的愛情與幻滅、第三，書信的穿插，其中最經典的是〈永恆的惆悵〉，儒雅的鴻愛上喜歡寫作的宛青，因戰爭分隔兩地，開始一封接一封的書信往返。在長久的分離中，宛青皈依宗教，鴻卻無法接受。傷心的宛青倉促嫁給擁有相同信仰的偉，不久離異。宛青收到鴻的來信，她在信中謊稱婚姻幸福以絕鴻之深情。像這樣夢幻式的小說一再出現在張秀亞的筆下，更顯出〈疑雲〉一篇的可貴。本篇描寫一少婦對丈夫的妒嫉與懷疑，疑他變心，疑他自殺，連街上走過的女子皆有嫌疑，寫得相當生動，也符合作者對小說的要求「由外表移向內在，而不專以傳奇故事來博人喝彩了」，這時期她已接觸維吉妮亞・吳爾芙的意識流小說，但我認為此時期只有理論，並未落實在小說創作上。

綜合觀之，此時期的作品技巧更為成熟，題材更為多樣，當夢幻與真實結合得恰到好處時，便有佳構產生。

小說實驗與詩小說

小說寫到第八本，在此園地耕耘也有 20 年，張秀亞對小說的要求與眼界更高，她一方面希望「試著在內在生活與真實情感上，探尋奧蹟」[21]，一方面又希望「寫出地球表面，一片創痛的呼聲」[22]，於是在《感情的花朵》中出現了〈靜靜的日午〉這樣的篇章，作者是有自覺進行小說的實驗，她說：「〈靜靜的日午〉這篇是一個試驗，由於經驗不足，魄力不夠，我從未敢寫人生大事，記錄半世來的哀樂，而只企圖自一粒沙中，描繪世界。」現在回頭看這篇小說，是具有現代主義風格的詩小說，描寫異化與疏離的現代人心靈，全文三千多字，有如川端康成的掌篇小說，從屠格涅夫到索忍尼辛，從奧亨利到川端康成，在小說的競技場上掀起寫極短篇的風潮，連杜斯妥也夫斯基都寫過極短篇，雖然小說家稱它們為「散文詩」，

---

[21]張秀亞，〈前記〉，《感情的花朵》，《張秀亞全集 11》（臺南：國家臺灣文學館，2005 年），頁 74。
[22]同前註，頁 75。

現在我們可看出從一次大戰前後到 1950、1960 年代，極短篇已形成三種類型：一是以奧亨利為首的戲劇式極短篇，它通常具有新穎的故事意念，嚴謹的結構，突爆與驚愕的結局，也是最常見的極短篇；另一種是散文詩式的，以屠格涅夫的散文詩為代表，強調文字與意境的美；一是實驗型的小小說，即是詩小說，以維吉妮亞・吳爾芙的〈達洛維夫人〉、海明威〈在我們的時代〉為代表，具有強烈的實驗性格。跟散文詩著重詩意不同的，它捕捉的是心靈的寫真，也較有情節與衝突。短篇與極短篇的區別不在篇幅與字數，而在結尾，短篇的結構可明顯地看出頭・中・尾，高潮接近尾端，但極短篇的高潮等於尾端，所以只有頭尾兩端，而且重點在尾端，不管是令人驚愕或意味深長，它都有當頭棒喝的效果。小說僅有長篇與短篇兩種基型，中篇與極短篇是後起的，有眾多佳篇，然還未進入理論的建構，以致小說家也寫起「詩小說」、「散文詩」來了，其實是極短篇。

張秀亞早期的小說佳構是散文詩式的極短篇，後期的小說則是實驗性的極短篇，她一旦把小說寫長，就會出現脫離現實的愛情傳奇或宣道小說。找覺得她在小說上的貢獻應在極短篇，不管是散文詩式的或實驗型的。

〈靜靜的日午〉藉　個無聊男子寫生命之徒然虛擲，結尾的意境極好：

> 天花板的一角，懸掛著一個蜘蛛網，一隻透明的蜘蛛在其中蠕動著，突然，牠附著的絲斷了，拍的一聲跌到地上。
> 外面，仍是陽光強烈的，炎熱的日午，大地在昏睡。

在 1958 年出版的《女兒行》中，作者自稱這本書是「在我的寫作旅程中是一道橋樑，憑藉了寫作這書，我一支無力的筆達到了現實的彼岸，擺

脫了若干年來繚繞於我心間的那片暗雲，我試著向現實舉步了。」[23] 她還自稱是練習寫作上的蛻變期，然在風格上是《感情的花朵》的延續，新舊手法交雜，這裡出現一書信體小說〈斐的來信〉，全篇以 13 封信連綴成一對男女的悲戀故事。張秀亞喜歡在小說中穿插書信，可說是維多利亞時代的遺風，我們的鴛蝴小說也喜歡書信贈答，大概在社會封閉的時代，書信是唯一心靈開放的空間，張氏這篇小說令我們想到褚威格《一個陌生女子的來信》，書信體的直接自剖，可以直抒胸臆，確是小說抒情的最佳工具。它跟日記體相似，不同的是日記是封閉的，書信是互動的，後者有對象性，這對象容或是虛構的，也要強調他確實存在。在〈斐的來信〉中的信件不像是真實書信，作者在後記也特別註明「亡友斐歿世一年了，昨天整理箱篋，撿出他這一束舊信，商得《聯副》編者同意，發表於此，他生前磊落的堅毅行徑，值得我們欽佩，謹綴數語，並向他的在天之靈致無限的崇敬與哀悼。」

　　無論真假，這無疑又是作者小說實驗的手法之一。

　　另外具有實驗意義的是〈白夜〉和〈晴陰〉，在〈白夜〉中，作者「企圖把捉的，是那如游絲般縹渺的情緒」，在這裡寫出不愛也是愛，願意捨棄的愛才是真愛，一對老夫少妻在夜晚中的愛的對白與辯證，情節是不動的，時空相當集中，情緒的流動是唯一的變化，對話在這裡扮演如同書信般的角色，亦是移動的語言。

　　〈晴陰〉寫的是近中年婦女的徒然喟歎與等待，亦無甚情節動作，連對話也抽離了，只有呆滯的心靈狀態。這些篇章說明作者對小說的刻意追求，朦朧的美感有之，但因數量不多，淺嘗即止，作品的光華還是被較溫馨感人的兒童小說掩蓋。

　　1969 年出版的《那飄去的雲》，收集的大多是《女兒行》中的舊作，也就是說作者小說創作約在 1960 年代終止，多年來她想做一個小說家，到

---

[23]〈談小說（代序）〉，《女兒行》，《張秀亞全集 11》（臺南：國家臺灣文學館，2005 年），頁 147～155。

1960 年代她的散文創作成績遠超過小說，尤其是散文集《北窗下》大受好評與歡迎，印行二十幾版，這讓她將創作主力轉向散文，所以她小說的創作高峰在前，大約在 1940 年代；散文的高峰在後，約在 1960 年代。所以在小說上她應與張愛玲、蘇青、龍瑛宗、張文環相比評的，她的年紀也與他們相當，一樣在戰鼓聲中奮起，描寫的也多骨肉離散、民族分裂之痛。在文風上，張秀亞小說文風較近龍瑛宗，唯美而富於詩意，身世的感傷，孤獨的飄流也略近之。然一個是日文作家，一個是中文作家，一個生活在殖民體制，一個在大中國意識中，只能作為相互參照的座標。

總結張秀亞小說實驗的成就及特色如下：

首先，建構以詩人為主體的小說世界，不管是寫實或寫虛，作者都一再強調自己的詩人之心，詩人之眼，如在《尋夢草》的序上她寫著：「我仍然搖筆寫著，寫那平凡、潔淨、素樸而詩意化的人生，雖然不只一次我聽到讀者讚美我的文字，他們卻懷疑我作品的現實性，但我仍然執迷不悟的在夢中小徑上，栽植著我理想的藍花，我在每部作品的扉頁上，都加了一個注釋：Novalis 的藍花象徵著：期望‧愛情‧詩，」她的小說世界如此潔靜，有時遠遠逃遁真實人生。她就像湖邊詩人不斷吟哦，追尋她的夢中之花。她又喜歡用詩來說明自己的創作精神：「以曉空為頭巾／朝陽作外衣／我跪在芳鮮的青草上／感謝度過昏沉、漫長的昨夜／感謝這愛的又一日／忽然，隔著那道疏籬／一張粉紅的小臉向著我微笑／呵，自那甘焦的土地上枯萎的葉叢裡／又掙扎開放了／那小小的玫瑰」，她始終不忘自己身為詩人的角色，以懷抱七弦琴的抒情詩人自我命名，並以詩銘刻自己的小說，並大聲呼喊：「我觀察，我思索，我同情，我潸然淚下。」

其次，是以書寫愛情為重心，張秀亞雖寫了一些悟道的宗教小說，也寫了一些關懷現實與小人物的小說，愛情故事才是她小說的大宗，淒美的悲戀故事是她最擅長的，愛情於她亦是悟道求道的過程，宗教是大愛，在張的小說中個人的小愛也常有大愛的胸襟，就像她的宗教小說讀來像愛情小說，她的愛情小說讀來也像宗教小說，她在《感情的花朵》序言中就

說：「書中的六篇有四篇是寫愛情的，這是一個古老的題目呵，但在寫作上它又多麼的千變萬化永遠新鮮，而人類最能表現出其『自我』來時，莫過於在『愛的追求』的辰光了。」愛情是書寫不盡的，如同人性永遠探索不盡，從愛切進人性自我，詩人反照自身，悲感莫名，她寫的故事常常連她也沉醉其中。

第三，從極保守到極前衛，技巧變化多端，早期是富於詩意的書信體小說，書信、贈詩、日記不斷在情節中穿插，有著 19 世紀遺風的古典浪漫氣息，湖水、詩歌、花園、書畫是頻頻出現的元素，這是作者較傳統的部分，然她也有以描寫瞬間情緒與感覺的現代主義小說，從浪漫主義、寫實主義跨越到現代主義，所以在張秀亞身上可以看見現代女性小說的歷史與進程，是由外而內，從實而虛的。畢竟她寫小說的歷史接近半個世紀，在寫作上擁有高度自覺與理論基礎。

水上琴聲——散行的詩篇

張秀亞在詩、散文、小說中，似乎特別偏愛詩，她說：「詩使我的生命擴大，詩使我的精神境界提高。」她寫詩，也寫散文詩，蕭蕭認為「張秀亞寫作裡的最大宗，詩與散文交互影響，交互滲透，是張秀亞文學生命裡另一個重要特色。」[24] 在她的《全集》中「未結集詩」即有標題為「散文詩」的：

> 孩子，你知道我是誰？我原是一本古老典籍中飛出的一縷詩魂，我愛站在昏睡的山巔等待黎明。我愛最先來到橋下的藍色黃昏，我愛聽雨中樓頭的簫管，還有那荒園裡無人賞味的芳香，沉落在海底的晶瑩淚珠我也愛，還有那比蟬翼更薄的飄忽晚雲，我最喜歡和詩、夢、歌聲一同在群星間流轉，閃躲又追尋。

---

[24]蕭蕭，〈張秀亞：純心靈的浪漫主義詩風〉，《張秀亞全集・導讀》（臺南：國家臺灣文學館，2005年），頁 49。

最傷心竟有一日我也具有了形象，在星月下，我更拋不掉那人間的影子，當人們背誦著處世的藝術，我卻癡癡的懷戀著我靈魂的鄉土。遲早有一天，我的生命卸脫了世俗的衣裳，到無人的天邊和雲彩一同飛翔，人呵，為什麼要愛我，恨我，嗔我？我不過是彗星，我不過是「頃刻」。

這首 1955 年在《新新文藝》發表的文章，為什麼未收入詩集或散文集中，是因為它不夠好，還是難以分類？恐怕後者的因素居多，這篇文章詩質濃厚，十分貼近作者的心靈，雖是散行，也有詩的節奏感，它看似接近泰戈爾與紀伯倫，卻多了女性的纖柔與夢幻。另一篇〈荒園〉，詩的質素更高：

白色的日影，不快意的，緩緩爬上牆垣，蒼苔織滿了一地，綠色的幽怨。玉石的石階無人走，叫蜥蜴縱情踱個夠。

池子裡凝聚著不流的淺眼波裡，已消失了昔日青春的明媚。樹枝不耐寂寞的向外伸，指尖常拉住了間步的白雲。

在亂草的糾纏裡，幾枝玫瑰頹然開放，無人知芳香。潺潺的流過短牆，時起，時停，是草綠的叫聲，像長短的針，引著細細的線，穿縫剝落的紅磚牆隙。

一片葉，墮落了。有行人，用眼睛穿過門縫，要窺看；有什麼綺麗景色，展在這深鎖的園子。

這首詩寫得更早，1937 年，作者年方 18 歲，在題目下標示「散文詩」。如果這首詩用詩行而非散行，是標準的現代詩，作者執意如此，是想另闢蹊徑，在新詩體上追求創新罷！另一篇〈迴廊〉，也寫於 18 歲，散文的質素高一點：

一天我似在一道迴旋的玻璃樓梯上走著，對面來了一個女孩，她穿著藍衣裳長髮飄拂，眉目似是深鎖著憂鬱，我問她是誰，她只微微一笑，並

不回答，我再問：

「你是誰呢？」

她仍然默不作聲。

寂靜的空氣中，卻傳來鳥鳴般細碎的聲音：

「你自己，你自己，還是你自己！」

這聲音本身好像是插了翅翼的，飛了過來，又飛了過去，這原來是我自己嗎？何以對我是如此的陌生？我們一向忙著去分析別人，卻忘了去認自己……，我想著想著，不覺入神了，一跤跌下那迴旋的玻璃樓梯……我驚悸的醒了過來，發現手中的小圓鏡已掉到地上。

除去人物，還有情節、對話，它更像是散文詩式的極短篇，作者在越界書寫上很早就奠定基礎，這一點她像徐志摩，1980 年代的林燿德亦是越界高手，我們要說把詩寫得像散文，或把小說寫得像詩，並不難，重要的是它的主要文類個性不能失去，否則會造成文類的大混亂，這點作者必需具有高度自覺。張秀亞是有自覺的，她的詩、散文、小說並不會讓人混淆，凡越界過度的她會以「散文詩」說明之，比較麻煩的是 1954 年的〈樂師的夢〉，是 1940 年寫的「故事詩」〈水上琴聲〉的散文化，原詩是以聲音意象作為銜接，如：

叮叮

　珍珍

　　讚美歌唱

　　　歌唱那

　　　　秋日藍空

　　　　　藍空一片雲彩

　　　　　　有無限的憂鬱

　　　　　　　自那白雲飛來

原詩有 640 行，是作者讀愛倫坡的長詩有感而發，1954 再寫成散文詩，可見她對此一題材之喜愛，在這裡我們又看到湖邊詩人之再現，湖水除了是詩人夢幻的心靈，也是超脫世俗的潔淨世界，標題旁亦注文散文詩。全文散行近兩千字，寫一樂師苓苓「是天才的女兒，純潔的靈妃，詩人的純情，像是美麗的孔雀，遇到珍貴的理想，才展開了彩屏」，不幸的是她遇到一少年，琴弦斷了，心上流溢的鮮血染紅了琴弦，這個作品充滿音聲之美，不管是詩人的名字，還是語言鏗鏘如樂章，是接近詩的，它具有散文詩的音樂性，卻沒有散文詩哲理的層次，顯得文字較堆砌而內容空洞，我們也可視為作者的另一實驗，從故事長詩到散文詩，她反覆寫這題材，音韻是其中最重要的因子。

　　從以上的實例可以看出，張秀亞寫詩時可以捨棄散文，寫散文不能捨棄詩，寫小說更不能捨棄。於是「散文詩」這中間文類就成為她藏身且自由揮灑的空間。我們再來看她 1998 年寫的〈紅茶──憶山城〉，詩題旁也標示著散文詩，到 80 歲她還是喜歡越界書寫：

　　山城的霧又來了，好濃呵
　　霧將一切織入詩意的朦朧，
　　聽那竹雞一聲聲，啄去了濕霧，清晰的描出了驛站前敞篷的馬車，
　　馬兒頭際發亮的銅鈴，和那茅頭尖尖的寂寞茶亭。
　　那個戴上布頭巾的小姑娘在向我笑呢。
　　她為我捧來一杯熱茶。
　　茶杯口映照出對面石坡上，山花隱約的紅影。

蕭蕭認為這個作品散文的質素大於詩，我則認為語言較口語化淺白化不能說是散文化，可能是她的散文詩作品裡，散文與詩最和平共處的一首，也是作者不拘泥於文類，最自然之作。

　　張秀亞愛詩成癡，她說「詩已成了我生活的一部分，詩已成為我自己

的一部分」[25]，她的作品皆有濃濃的詩質，時而把散文寫成詩，或把小說寫成詩，再把詩散文化小說化，這說明文類無法規範一個作家，或者具開創力的作家，終究是要衝破文類的限制的。

詩中哲人──另一種散文詩

　　張秀亞雖然出入多種文類，在所有行當中最出色的應該是散文，她可說是 1960 年代具代表性散文家，她的小說與詩可能不如散文重要。她的散文中最好的又以《北窗下》、《曼陀羅》爲最好，而這兩本都是正宗的散文，並未涉及文體越界文體實驗，難道她那些題爲「散文詩」的作品都是失敗之作？或者一時誤入歧途，有一事實我們不能忽視，自從她的散文受肯定且作品變多，她的小說幾乎不寫，詩作也變少了，她集中火力寫散文，每隔兩三年出一本，有時舊作摻新作一年出一本的也有，她散文技藝的成熟跟結構嚴謹、情感更爲內斂有關，《北窗下》篇幅短約在八百字之間，《曼陀羅》篇幅較長，也長不過兩千，在篇幅上適中而嚴謹。

　　她早期的散文有的偏長，有的與小說差別不大，如《愛琳的日記》中的〈栗色馬〉，寫只有一隻耳朵的盜賊想搶一對祖孫的栗色馬，祖父在一旁歎息說：「唉，如果那個綽號『沒耳朵』的搶匪頭兒來了，他也不會硬搶我們的馬呀，我聽說他是一個俠義的漢子呢，可歎你們卻……」，話沒說完，奇蹟出現了，盜賊不但把馬還給他們，眼中還閃現感人的光芒，原來他就是那「沒耳朵」的搶匪頭。

　　這篇長約五千字的「散文」，有人物、情節、對話，人物可能是聽來的，情節卻不怎麼合理，這個盜賊未免太有良心了，有極大可能是虛構的故事，像這樣的作品在她早期的散文集裡還蠻多見的。在這裡不得不提作者的散文理論，在《張秀亞全集 5》附錄中的〈散文概論〉中提到，她把文學分散體、詩體，散體分爲說部與非說部散文，非說部散文分爲傳記、

---

[25]張秀亞，〈詩・生活〉，《張秀亞全集 5》（臺南：國家臺灣文學館，2005 年），頁 105。

戲劇、論文與雜體散文。她認為雜體散文即是純散，它又分為歷史、遊記、隨筆、書札、日記、報紙時文、演講詞、回憶錄、散文故事、諷刺，她還特別標舉散文故事分為傳奇（如英國早期流行民間的亞瑟王的故事）、譬喻的小故事、諷喻的小故事。[26]

在我們傳統的古文理念裡，也包含寓言或譬喻文、諷喻文，如陶淵明的〈桃花源記〉與莊子的若干散文，張秀亞似乎偏愛這些界於小說與散文之間的散文故事，它應是中間文類，也是越界書寫的一種。就算在較正宗的散文集《北窗下》、《曼陀羅》也有類似的散文故事，如〈幕起幕落〉寫一個不會演戲的女孩，在舞臺上沉溺在自己的幻想中，因此常忘詞或在喜劇中哭起來，她黯淡地下臺後，回到家裡又跌入幻想中。這篇又像小說又像散文的作品，是「散文詩」也是「散文故事」，這讓散文家具有通往虛構與小說的通行證。必需注意的是這些篇幅都很短小，大多在兩千字之內，稱為短篇太短，只能說是極短篇。另一篇〈午後〉就算放在小說集裡也無不可，描寫一個女子曾受丈夫憐愛，被稱為「小樹葉」。她就像小樹葉一樣處處依附著他，自從丈夫客死異域，她從枯了的枝柯上飄墜下來，成了一片落葉，在參加老同學的婚禮中，她不斷回憶自己婚禮景象，最後她逃了回去。

《北窗下》、《曼陀羅》標誌著她散文的成熟與高峰，這時期的她歌詠自然，內心總是充滿喜悅與感恩，然而悲傷的往事還是會從她筆下流溢出來，那憂鬱淡藍的影子，自歎身世的怨婦，她用散文故事將它包裝起來，這時詩人陳藍的筆調又出現了。她是無法忘情於最初的文學夢啊！

1970 年代末，1980 年代以後，她的散文越寫越短，有短至一兩百字的，如〈苦蓬草〉：

　　一日黃昏，鄰家有人在燃燒蓬蒿，驅逐蚊蚋。

---

[26]張秀亞，〈散文概論〉，《張秀亞全集 5》，頁 292。

苦蓬的氣息，在我卻是芳香又甘美的。

記著童年時候，村人常常把苦蓬擰編成草繩，掛在屋前，當暮色來臨時燃著了它，驅除蚊蚋，那氣息薰香了那山村的夏天，連同夏夜藍色的星光。[27]

淡淡幾筆，從視覺運接到嗅覺，又從嗅覺回到視覺，也有散文詩的意味。另一篇〈日記〉，除去圖象化，還有音韻與節奏：

> 牆陰下，苜蓿已經長得很高，長長的游椅上，一個人遮覆在陽傘下，
> 靜靜的在默讀她的心靈日記。
> 在迴想曲的繚繞中，夏日的庭園遂顯得更為淒綠。
> 記憶的腳步響亮踏過長苺苔的小徑，過去的歲月原是一條花色的小蛇，
> 蛻化於小徑的旁邊。
> 不遠處是一池蓮，簇簇、密集，在風中搖曳，向了她過去的影子。
> 池上，沒有飛起的鷗鷺，也沒有咿啞的船歌。
> 在這濃綠的七月，一個人坐在那裡，默讀著她那本失去已久的精裝日記，遮覆在陽傘下面。[28]

這是詩質很高的散文詩，這個時期她也有散文詩理論，在〈談散文詩〉一文中，她說：

> 在文藝創作的體制中，散文詩確實是有，在英文裡它被稱為poem in prose，意謂此類作品，詩意豐盈，而不講求固定的格式及韻律，換言之，即是詩的靈魂，含蘊在小巧、精緻的散文形式中，亦即以玲瓏的散

---

[27]張秀亞，〈苦蓬草〉，《張秀亞全集 8》，頁 26。
[28]張秀亞，〈日記〉，《張秀亞全集 8》，頁 33。

文水晶瓶，裝盛芬芳的詩之佳釀也。[29]

　　她又舉出三個散文詩的作者，分別是波特萊爾、屠格涅夫、索忍尼辛，這裡牽涉兩種意義的散文詩，一是以小說為底的極短篇，一是以詩為底的散行詩，這兩種中間文類張秀亞都寫過，而且數量極多，稱她為文類的實驗者，應該沒錯，但她認為無論是哪一類，哲理是共同的交集，也是不可或缺的元素，正如她所說：

　　散文詩這種文體，宛如畫中的山水小品，易寫而難工，著筆也許不難，難在短小的篇幅中，含蘊著深厚的哲思，以極少的、疏朗的筆墨，表現出真理的面影，達到言有盡而意無窮的境界，使人讀來並不費力，而得到不少的啟示。[30]

　　從這裡我們可以看出，為何張秀亞偏愛散文詩，散文詩的作家第一個條件即是哲學家，或富於哲思的哲人，然後才是一個文類實驗者，我們看泰戈爾、紀伯倫即是富於哲思的詩人，晚年的屠格涅夫與索忍尼辛也是富於哲思的小說家。作家有思想欲表達，當人與自己，人與宇宙的界線都失去，文字只是它的工具，文類的界限又豈是重要的？

　　總結以上張秀亞的散文詩形態有三：一是以音韻為主的，如〈水上琴聲〉或〈樂師的夢〉，師從愛倫坡；一是以故事為主，為散文故事，師從屠格涅夫；一是以哲思為主的，師從索忍尼辛。

結論

　　本文分別從小說、詩、散文不同面向談論張秀亞的詩小說與散文詩，說明的多才多能，寫作興趣廣泛，新文學至今不滿百年，還很年輕，各文

---

[29]張秀亞，〈談散文詩〉，《張秀亞全集 8》，頁 301。
[30]同前註，頁 302。

類也還有擴充與發展空間，文類相互滲透，許是擴大自身豐富自身的途徑。尤其在我們的文學傳統中，非詩非文的騷體、賦體、騈體亦是重要文類，它們的興盛期常在新舊交替的年代、也是政治較混亂的年代，它是變體，不是正宗，然多有奇礫之作，如屈原之〈離騷〉，陶淵明之〈歸去來兮辭〉，誰能說不是傑作？

詩小說不只是小說，散文詩也不只是詩，它們應是新起的文類，跟上個世紀初的前衛運動有關，跟象徵主義與超現實主義更有關，是一種實驗性新文類，而且會持續延燒，爲避免紛爭，與其把詩小說跟散文詩歸併到詩，不如歸併到極短篇，如川端康成的掌篇小說，蘇紹連、渡也的散文詩也是極短篇，如此便可解決許多文類與文體的紛爭，也不至於像紀弦所說乾脆取消算了。

張氏生於五四之年，又遭逢戰亂，顛沛流離，在新舊交替的年代，跨越文類，實驗文類，以展其奇氣自是當然，她的文體實驗將現代散文推進一步，其聖潔靈氣充盈無人能及，後來者可學到她的靈氣，卻難學到她哲思，她的學養豐富，閱讀甚廣，使她的散文觀一直站在較前衛的位置，文體實驗精神之用力與氣魄，不輸維吉妮亞・吳爾芙。

散文詩與詩小說的公約數與其說是詩，不如說是音樂性與哲理性，兩者交相作用，提高其意境，是創作者追求文學高度之努力。

然而她的文體實驗也並非都是成功的，我認爲小說的成績最弱，散文詩頗有可觀之處，如果要評定她在文學上的成就當然是散文第一、詩第二、小說第三，這其中散文詩則是她的獨家行當，衡諸整個文學史，專門書寫散文詩而可以成爲大家的，女性作家中除了她還有誰呢？

參考文獻

一・專書

・封德屏主編，《張秀亞全集 1～14》，臺南：國家臺灣文學館，2005 年。

· 波特萊爾著；胡品清譯，《巴黎的憂鬱》，臺北：志文出版社，1973 年。

· 屠格涅夫著；許海燕譯，《散文詩》，臺北：志文出版社，2004 年。

· 索忍尼辛著；劉安雲譯《蘇忍尼辛選集》，臺北：東大圖書公司，1988
  年。

· 魯迅，《野草》，香港：三聯書店，2004 年。

· 珍·奧斯汀著；夏穎慧譯，《傲慢與偏見》，臺北：志文出版社，2003
  年。

· 珍·奧斯汀著；孫致禮譯，《理性與感性》，臺北：新潮社，2004 年。

· 維吉妮亞·吳爾芙著；史蘭亭譯，《達洛維夫人》，臺北：希代出版公
  司，2000 年。

· 佛斯特著；李文彬譯，《小說面面觀》，臺北：志文出版社，1973 年。

· 劉紀蕙，《孤兒、女神、負面書寫──文化符號之徵狀式閱讀》，臺北：
  立緒文化出版公司，2000 年。

· 楊熾昌，《水蔭萍作品集》，臺南：臺南市立文化中心，1995 年。

· 施篤姆著；俞辰譯，《茵夢湖》，臺北：桂冠圖書公司，2001 年。

· 盧卡奇著；楊恆達編譯，《小說理論》，臺北：唐山出版社，1997 年。

· 川端康成著，喬遷·張妤譯，《川端康成袖珍小說選》，臺北：幼獅文化
  公司，1975 年。

二·單篇

· 瘂弦，〈張秀亞，臺灣婦女寫作的燃燈人──從早期學思生活的發軔到
  「美文」創作版圖的完成〉，《張秀亞全集》，臺南：國家臺灣文學館，
  2005 年。

· 蕭蕭，〈張秀亞：純心靈的浪漫主義詩風〉，《張秀亞全集 1·詩卷》，臺
  南：國家臺灣文學館，2005 年。

· 林以亮，〈論散文詩〉，《文學雜誌》第 1 期，1956 年 9 月。

· 蕭蕭，〈現代散文詩美學〉，《臺灣詩學》第 20 期，1997 年 9 月。

· 劉紀蕙，〈變異之惡的必要──楊熾昌異常為書寫〉，《孤兒、女神、負面

書寫——文化符號之徵壯性閱讀》，臺北：立緒出版社，2000 年。

・鄭芳雄，〈《茵夢湖》寫作背景及主題結構分析〉，《茵夢湖》，臺北：桂冠圖書公司，2001 年。

・許海燕，〈屠格涅夫的生平和珠玉之作《散文詩》〉，《屠格涅夫散文詩》，臺北：志文出版社，2004 年。

・劉述先，〈屠格涅夫的短篇小說與散文詩〉，《蘇忍尼辛選集》，臺北：東大圖書公司，1988 年。

・周芬伶，〈蘇軾〈赤壁賦〉與屠格涅夫〈在海上〉之比較研究〉，《臺灣日報》副刊，1981 年。

・林央敏，〈散文出位〉，《文訊雜誌》第 14 期，1984 年 10 月。

・張瑞芬，〈張秀亞的散文美學及其文學史意義〉，《張秀亞全集 2・散文卷一》，臺南：國家臺灣文學館，2005 年。

——選自文訊雜誌社編《永不凋謝的三色堇：張秀亞文學研討會論文集》
臺南：國家臺灣文學館，2005 年 12 月

奇麗的異色薔薇

張秀亞與文學翻譯

◎高天恩*

　　活躍文壇超過一甲子的張秀亞女士，也許由於在散文、詩，以及小說等不同文類上表現得太耀眼了，相形之下她在翻譯方面的卓越成就似乎迄未獲得應有的重視。即使在此次《張秀亞全集》的編輯過程中，由於「篇幅所限」，最後不得不忍痛割捨的也是她的若干本譯著。

　　其實，終其一生，張秀亞的創作與翻譯一直是「雙管齊下」的：從1939 年她 20 歲就讀北平輔仁大學西洋文學系時，翻譯《同心曲》，直到她逝世前一年（2000 年）81 歲時，譯作《自己的屋子》由大培文化重排出版（改書名為《自己的房間》）。這一甲子漫長文學生涯中的八十餘本著作裡，其中有 13 本都是西洋典籍的中譯。如果按照年代來檢視這十幾部譯作分布於她全部文學創作之間的情形，史不難窺出張秀亞一生人格與文格發展的脈絡：從一開始，她就對人性的美與善一往情深，而且不停地追索靈魂的終極歸宿。從她多年後自傳性質頗濃的〈心曲〉一文，我們知道，在輔大那幾年，她一面吟詠著波特萊爾以及奧瑪開嚴那些頹廢而虛無的詩篇，卻在另一面深感踟躕而迷惘，內心燃著一股追求真理的火焰。透過一位外國修女的啟迪與贈書：《遵主聖範》，張秀亞遂逐步走上信仰的不歸路，即使為此而一度犧牲了友誼與愛情。也就是在這種時空背景下，芳齡21 的張秀亞一面模仿愛倫坡的風格，在輔仁《文苑》發表長篇浪漫新詩

*發表文章時為世新大學英語學系教授，現為臺灣大學外國語文學系暨研究所兼任教授、世新大學英語學系客座教授。

〈水上琴聲〉，同時卻為香港天主教真理教會翻譯了《同心曲》及《聖誕海航》，而她在 22 歲時出版的第一部中篇小說，題目就叫《皈依》。

翻譯：靈魂的探險

24 歲時，在重慶與于斌樞機主教之弟于犁伯先生結婚。28 歲時生女，取名為德蘭，顯然這個名字是為了紀念或崇揚天主教歷史上的西班牙聖女大德蘭（St. Teresa of Avila, 1515～1582），或法國聖女小德蘭（St. Therese of Lisieux, 1873～1897）。當然，一點也不令人意外的是，於 1952 年，在臺灣出版第一部散文集《三色堇》的同時，年方 33 歲的張秀亞也推出了長達三十四萬字的弗朗茲‧魏菲（Franz Werfel）小說名著《聖女之歌》（*The Song of Bernadette*）中譯本。此後，張秀亞在近半個世紀的漫長歲月裡出版了三十多本散文集，成為一位文筆日益精鍊、情操日益升華、視野日益空靈的「美文大師」，並且如同「一個修道人一樣孤寂」地持續透過她的筆尖去「探索靈魂的幽隱，心底的奇祕」。但是，值得強調的是，在這近半個世紀的歲月裡，這位「美文大師」也持續不斷地編譯、翻譯了《露德百年紀念》、《現任的教宗是誰？》、《心曲笛韻》、《恨與愛》、《友情與聖愛》、《回憶錄——聖女小德蘭》、《改造世界》、《金嗓子與狐狸》、《愛火炎炎》、《在華五十年——陶明修女傳》、《論藝術》，以及吳爾芙夫人（Virginia Woolf）的《自己的屋子》（*A Room of One's own*）。這 12 本譯作之中，有童話故事（《金嗓子與狐狸》），有藝術評論，有女性主義濫觴的經典名著（《自己的屋子》），有諾貝爾獎得主莫瑞亞珂（Francois Mauriac）的小說鉅著（《恨與愛》*Viper's Tangle*），有聖女小德蘭的自傳，有現代作家為聖母瑪利亞寫的傳記（《心曲笛韻》），也有其他的天主教會修女的傳記。雖然這些譯作篇幅長短不一，風格各別，但共通之處正是張秀亞在〈創造散文的新風格〉（《人生小景》）一文所揭櫫的，它們都旨在「探索靈魂的幽隱，心底的奇祕」——以不同的方式，從不同的角度。而且每一本書，不論是小說、傳

記或評論，即使是表面上有「傳教」味道的一篇文字，在張秀亞那具有無限魅力的譯筆之下，透過鮮活的辭藻、意象、色彩、節奏，都能帶領讀者的心靈「在其中做了一次靈魂的探險」，一如張秀亞在翻譯《自己的屋子》過程中所感受到的一樣。

　　張秀亞畢生在創作與翻譯兩方面，一直是「雙管齊下」，已如上述。但她爲何要這樣做呢？她發表在 1964 年 7 月 24 日《中央日報》副刊的一篇文章〈翻譯與創作〉，表達出了她在長達四分之一個世紀裡一邊創作、一邊翻譯的過程當中所體會到的心得。她深信文學創作爲了開拓新境界，除了「縱的繼承」（致力研讀本國典籍，以求自「舊」生「新」），更須「他山之石」。她引用一位詩人的話來描述翻譯作品對文藝創作的影響：「我們的白薔薇園裡，開的是一色雪白的花，飛鳥偶爾撒下一把異色的種子，看園子的人不明白，第二個春天竟開了多少樣奇麗的異色薔薇，那全是美麗的，因爲一樣是花。」張秀亞舉了許多中外文學史上，本國傑出作家如何受了異邦作者的影響而在作品風格及內容上得到提升的例子。她舉的第一個例子便是 19 世紀法國詩人波特萊爾：「人稱其詩句宛如寶石般光彩奪目，但實際上他卻是受了美國詩人愛倫坡的影響，他更曾將這位美國詩人的作品譯爲法文。」前文曾提及，張秀亞在大學時代即受到這兩位西洋詩人的影響。從她 45 歲時發表的這篇談「翻譯與創作」的文字看來，雖然她在思想上早已擺脫了波特萊爾式的頹廢與虛無，但在藉著翻譯跟自己靈犀相通的外國作家而滋潤自己的風格與題材方面，她顯然由衷地願意師法波特萊爾。回顧我國五四運動以後的新文學作品，張秀亞也指出，「我們試取出一篇徐志摩或梁遇春的散文來讀一下，其飄灑秀逸之處，可說完全是得了 18、19 世紀英國散文家的真傳……。」

雙管齊下：文學創作與翻譯

　　張秀亞曾於 1970 年在母校輔仁大學的文學研究所教授「英美文學研究與翻譯」，當時她已年逾五十。是一股什麼力量在驅策她開這樣一門課？筆

者本人多年來也在大學外文系及研究所開設英美文學的專題課程，但是對於教「翻譯」卻是能避則避，能閃則閃的。為什麼名作家、名教授張秀亞主動要教「英美文學研究與翻譯」？答案仍然在於她對文學創作及翻譯的相互關聯的真知灼見。她同意一些作家的看法：過去在大陸時期的一頁文學史已翻過去了，如今在臺灣必須重新奠定文學的傳統，以促成燦爛的文藝復興。她舉英國維多利亞時代文學為例，為何那個時代文學如此輝煌，有如我國的盛唐？原因之一就是：「大量的翻譯作品的出現」。彼邦在維多利亞女王時代，不但拉丁古典文學，而且近代法國、希臘、義大利、西班牙各國的作品都穿著「英文」的外衣而呈現在讀者與作家眼前。張秀亞最心儀 18 世紀英國新古典主義詩人鮑波（Alexander Pope）從事翻譯荷馬（Homer）史詩時，對讀者的忠告：「欲對荷馬心領神會，端賴白晝研讀，靜夜玩味」。

因此，張秀亞「雙管齊下」的四字訣，不但自己奉為圭臬，也苦口婆心地奉獻給其他志同道合的文友。在 1964 年「中副」那篇文章結尾，她語重而心長：

> 一些懷抱著理想且有此才能的作家詩人們啊，寫作而外，更以鮑波般的謹嚴的態度來從事翻譯歐美的名著吧，你譯成一本名著，就等於在通向文藝復興的路徑上，鋪了一塊方磚，讓我們寫作、翻譯雙管齊下吧，不要蔑視翻譯的工作，須知佳妙的譯品，實在也等於一篇完美的創作。

　　這是多麼令人動容的呼籲啊！而這段文字也最貼切地詮釋了張秀亞畢生孜孜不倦地翻譯西洋經典名著的動機與態度。

催生翻譯類獎項

　　直到 1979 年她 60 歲時，張秀亞仍然念茲在茲，發表〈翻譯上的問題〉一文，重申「翻譯在我國一直未得到它應得的地位，而讀者，以及譯

者自己，也往往不以太嚴肅的態度來對待這門藝術」。她感嘆我國「在各項文學獎金中，獨不設翻譯獎，」而且「一般人談到翻譯，每以爲那只不過是將別人的作品嚼過、轉餔別人而已，總認爲它的等級應列在創作之下，實際上，好的翻譯是再創作，其價值與創作相等。」遺憾的是，張秀亞那先知般的聲音始終被湮沒在曠野的朔風裡，而文壇上有理想、有能力、又肯以嚴謹的態度從事翻譯的有心人（像當年的梁實秋先生、當前的余光中先生）的確是像麒麟一般稀有。至於高居廟堂的政府單位，許多年來更是不動如山。行之數十寒暑的僵化政策是：大學各級教師即使針對一部二流外國文學著作寫出一篇或一本評論，都可以提到教育部申請升等，或提到國科會申請獎勵，但是縱使你窮數年之力翻譯出但丁的《神曲》或托爾斯泰的《戰爭與和平》，在僵化的大學門牆內，它仍會被視爲「不具學術性」，無法拿來做升遷或獎掖的依據。當然，從光明面來看，也正由於學界及文壇有愈來愈多支持張秀亞的看法的人士努力爭取，近年來已頗有若干寒冰解凍的跡象：例如一年一度專門鼓勵英譯中的「梁實秋文學獎翻譯類」已持續進行到了第 17 屆；文建會數年前曾專案提出中書外譯計畫；國科會亦於數年前開始，主動邀約各大學知名學者進行「西洋經典名著譯注計畫」；有些大學外文系也已准許研究生提出含有序論及註解的西洋名著中譯本做爲碩士論文……。當年張秀亞「希望從事翻譯的人，雖不似古代僧人之譯經，須齋戒或沐浴方才執筆，」至少也「應以極嚴肅的態度，從事這項文化交流的神聖工作。」如今，我們欣然看到國內翻譯界這塊園地漸有冬去春來的跡象，當然這也正是一個恰當的時機，讓我們藉著《張秀亞全集》誕生的吉時良辰，一同回到臺灣文學的「白薔薇園裡」，仔細欣賞一代散文聖手張秀亞是如何像飛鳥般「撒下了一把異色的種子」，並培育出「多少樣奇麗的異色薔薇」。

　　篇幅所限，在張秀亞琳瑯滿目的翻譯作品中，在此僅能簡略討論三本最凸出而值得深究的書。亦即，筆者認爲，《聖女之歌》、《心曲笛韻》和《回憶錄——聖女小德蘭》三本書適合併爲一類，可以連續研讀，並且找

出三者共通的質素：每本書都是一曲感人至深的頌歌，細膩探索、生動呈現出「宇宙的奧祕，以及人的聖潔」。

發誓願，譜奇書

　　張秀亞曾寫過多篇文章介紹她所翻譯的名著的作者，例如莫瑞亞珂，以及吳爾芙夫人。但是對於《聖女之歌》的作者弗朗茲・魏菲，僅以寥寥數行提及他是「德籍猶太裔作家，後歸化美國……。」此處擬提供更多具體的資料，便於讀者深入了解魏菲的生平與思想。

　　事實上，雖然說德語，魏菲於 1890 年生在布拉格，是捷克詩人、劇作家、小說家。父親為富有的手套商人，魏菲少年時代在布拉格接受教育，是體育系學生，曾遇見過卡夫卡。他跟卡夫卡一樣，是個說德語的猶太人，且從未忘懷自己的猶太文化背景。1911 年出版第一本詩集，即歌頌四海皆兄弟的博愛情操：「我唯一的願望就是與你相互關聯，噢，我的兄弟！」在第一次世界大戰期間，他與後來成為名哲學家的馬丁・布博（Martin Buber）等人合組鼓吹和平主義的反戰組織。1916 年他改編古希臘悲劇家尤里庇底斯的名劇《特洛城的女人》，呼籲和平與博愛。1915 至 1917 年服役於奧地利軍隊，到俄羅斯前線作戰，被調職回維也納國防部出版處，卻因公然鼓吹反戰思想而被控叛國罪。1919 年詩集《審判日》透露出他對人類前途的絕望。在維也納他與作曲家馬勒（Mahler）的遺孀相戀，於 1929 年結婚。一次大戰後，魏菲成為職業作家，專注於戲劇與小說兩種文類，劇本尤其在英倫和美國廣受歡迎。他在奧地利一直住到 1938 年，直到納粹軍隊以他反對希特勒暴政為由派兵追緝，他才被迫流亡法國，在巴黎首次心臟病發作，之後又逃到西班牙，終於在 1940 年在美國定居。1945 年 8 月 26 日在加州比佛利山莊病逝，當時他正在病床上為畢生最後一本詩集校稿。

　　就是當魏菲流亡法國之時，他曾一度為躲納粹而逃到法國比倫尼山區

的露德城，也就是聖女勃娜黛的故鄉。隱匿露德期間，英國無線電臺曾突然播送出一則誤傳的消息，說魏菲已被國社黨判處死刑。就在流言與事實混淆莫辨之際，「每晨醒來，我不知自己是自由人還是已判決死刑的囚徒」，就在那恐怖黑暗的時期，魏菲很快「熟知了蘇奕儒‧勃娜黛的神奇歷史，也知道了露德城使病人得痊的異事。一天，在心緒煩亂徬徨無主之頃，我許下了一願，如果我能夠在這危急的情況下脫身，抵達平安的美國海岸，我將拋開一切他事，盡心竭力的唱一支勃娜黛之歌。」

《聖女之歌》這本史詩一般的小說，便是作者「誓願之實踐」。他把當初在露德城外沿著清溪，循著山徑，細心探尋到的有關聖女勃娜黛生平的資料，在美國加以「排比編列」，更應用一位作家所獨具的想像力，「將材料的空隙缺漏處加以彌補。」於是，一位非天主教徒的猶太人，為了還願，而大膽的唱出了一闋聖女之歌，而且更發誓，「不管時代的背向，……隨時隨地在我所寫的全部作品中，謳歌神的奧妙，與人的聖潔。」這本書於 1943 年拍成電影，由珍妮佛‧瓊絲主演，贏得三項奧斯卡獎。

張秀亞繼 1952 年出版 419 頁長的《聖女之歌》譯本之後，於 1959 年又出版了 124 頁長的《心曲笛韻》（《上帝的蘆笛》 *The Reed of God*），這是英國女作家郝思蘭（Caryll Houselander）所作關於聖母一生行止的小書。與魏菲的傳記小說《聖女之歌》相比，魏菲的大作是史詩，這部則是抒情小品；前者有劇力萬鈞的情節，後者則是作者以「豐富的想像，纖柔的感覺，深摯的愛慕之情」，透過默想，而對聖母瑪利亞一生的行誼做出詮釋。張秀亞在「譯者序」裡說得好：「通篇充滿了隱喻、象徵之美，掀開書頁，我們好似看到一片朦朧的微光，心頭充滿了喜悅與希冀。在試譯這本書的時候，我時而似聽到一陣婉轉的笛韻，時而似聞到一股飄忽的芳馨，時而又似看到淡藍的天宇，煙淨雲收，彩虹斜掛，而沉醉在那最高度的精神之美裡。」可惜這樣一本以幽雅雋永的筆觸，深入描繪聖母內心生活的文學名著，此次未能收錄在全集內，在此，筆者至少要把這本如詩如畫的散文默想當中，唯一的一首〈牧歌〉錄在下面，讓讀者可以淺嘗張秀亞的譯詩

風格：

> 甜蜜的牧人呵，我願做你的蘆笛，
> 此刻，如果你高興，請自我吹奏出你的歡喜，
> 更唱出快樂的歌曲。
> 當你的愛悅未能使迷途的羊群感動轉回。
> 吹奏我吧，吹奏出你愛情的溫柔傷悲。
>
> 吹一支兒歌或短調吧，
> 使你的蘆笛充滿了生命的氣息；
> 當你心中的音樂歸於沉寂，
> 只要你心願
> 便可放下你的笛子來休憩，
> 你的蘆笛瘖啞無聲，
> 靜靜的置放於你的心臆。

神祕主義與靈修

　　張秀亞在 1962 年出版的《回憶錄——聖女小德蘭》，是法國里修（Lisieux）一位僅在人間停留了短短 24 年的聖女的自傳。小德蘭的父親是位鐘錶匠，母親在她四歲時過世，她自己是九位兄弟姊妹中的么女。四位兄姊早夭，她便在慈父及四位姊姊的撫育照料下長大。八歲時生重病，結果因為看見一尊聖母瑪利亞的雕像對她微笑，不藥而癒。小德蘭曾說她的家庭是「神聖的土壤，一切都浸潤在純潔的芳香中。」她的四個姊姊——寶琳、瑪利、萊奧尼、瑟琳，先後成為聖衣隱修會的修女，她自己也在 15 歲時出家進入聖衣會修院。這本自傳便是敘述她們姊妹成長的情境，尤其是小德蘭可歌可泣的成聖歷程。其實，許多「神蹟」在她生命中顯現，但

謙遜甜美的聖女極不情願聲張，只是奉了聖衣會修院院長——同時也是待她如慈母的胞姊寶琳——之命不得不做了口述的告白。

　　小德蘭在自傳裡描述她靈修生活的歷程時，曾提到聖奧古斯丁（St. Augustine）的《懺悔錄》（*Confessions*），更曾多次引用聖十字若望的聖詩。這其實正好顯示出小德蘭的自傳應該被放置在西洋天主教「神祕主義」（"mysticism"）傳統的脈絡中加以檢視。此處所用的「神祕主義」一辭，指的就是羅馬天主教傳統裡，從聖奧古斯丁、葛里哥萊（Gregory of Nyssa）、伯納（Bernard）等教會長老常使用的「默想」（"contemplation"）一字。被世人尊稱為「基督教神祕主義傳統之父」的聖奧古斯丁，在《懺悔錄》裡曾有一段膾炙人口的描繪：他的母親莫尼卡同他，母子二人在奧斯霞的花園裡，星空下，默想著造物主奇妙的手蹟，突然靈光乍現，母子浸潤在欣喜無已的神聖輝光裡。小德蘭在她自己的《回憶錄》第 16 章，描寫自己 14 歲時與姊姊瑟琳每晚促膝談心時，便引用了這段文字，解釋當時她「自己也好似接受到大聖人們所接受的同樣恩寵；宛如《遵主聖範》中所說：『天主以兩種方式顯現他自己；對於某些人在光焰中顯現，對於另一些人則以一種隱約的象徵及形象。』」

　　小德蘭所提及的「兩種方式」，事實上應該就是西洋基督教神祕主義傳統的「肯定之路」（"the via affirmativa"）及「否定之路」（"the via negativa"）兩大派。而這兩派，前者強調上帝可以在世間一切事物中覓得，因此透過冥思、默想、祈禱，終能靈光乍現，與上帝結合。後者，否定之路，完全不依靠觀念、意向或象徵，而藉著否定（negation）、忘卻（forgetting）及無知（unknowing）的道路抵達上帝那裡。上帝「不是這，不是那」（"not this, not that"）。16 世紀西班牙聖女大德蘭（St. Teresa of Avila）代表的即是肯定之路的神祕主義靈修傳統。她沒受過正式教育，但卻在祈禱中獲得「神賜的知識」。一如比她晚生 360 年的里修小德蘭，大德蘭也是在修道院的上級命令之下，不十分情願地寫下她的靈修紀錄的。她把人的靈魂描述為一座極美的水晶或鑽石城堡，裡面有無數的房間——類

似《聖經》中天國裡的許多華廈。上帝自己住在城堡正中央，而且時刻不停地邀請世人進入祂愛心與真理的內殿。大德蘭的「神祕主義之旅」，即是她進入城堡，遍歷七階，在城堡中央終於得睹君王廬山真面目的經驗。這一階、一階，歷經「神聖的瘋狂」、「聖潔的陶醉」、「結合的祈禱」，終至於「神祕結合」（"mystical marriage"）或靈魂的轉化。讀者若有機會將大德蘭與小德蘭兩位聖女的自傳做一比較研究，一定會有豐富的領會。代表否定之路靈修傳統的聖十字若望（St. John of the Cross），也比小德蘭早三百餘年，他所寫的許多聖詩，雖然把人的靈魂比做新娘，把上帝喻為新郎，但「與上帝結合」的終極目標卻須歷經黃昏、午夜、黎明三個階段。他深切體會在神祕之旅的攀峰過程之中，處處是危機與陷阱，因此他的作品是為那些「缺乏適切而熟練的導師指引的人」而寫的，它系統地展示了淨滌（purgative）、啟蒙（illuminative）和結合（unitive）三層次的修習要領。小德蘭在《回憶錄》屢屢引用聖十字若望的作品，而且在第 29 章表示：「我自我們的聖祖十字若望的作品中，得的啟示之多，簡直難以盡述。當我 17、18 歲時，我所需要的精神食糧盡在於此。」不過，她卻接著表示，後來她覺得一切神修的書對她不再有太大助益。為什麼？這也是讀者可以進一步思考的議題。

靜待春天的白色薔薇園

綜上所述，張秀亞一連翻譯了三本有關聖女與聖母的靈修書籍，也難怪這些宗教情懷會自自然然像一把把的「異色種子」，不知不覺撒進了她的散文、詩，乃至小說創作的「白薔薇園」裡，無數個春天過去了，竟開出「多少樣奇麗的異色薔薇」。張秀亞曾被好友戲稱為「廣寒宮中一聖姑」，或「聖女張秀亞」，單從她的這些譯作也能瞧出端倪吧？

最後，筆者想要強調一點，您不必因為自己是無神論者或不可知論者，或沒有任何信仰，就對這些作品「退避三舍」，因為如果失之交臂，吃虧的還是您自己。打個也許不甚妥貼的比方，你必須要相信魔法，才能欣

賞《哈利波特》嗎？畢竟，翻譯的目的，對張秀亞而言，一如寫作的目的，那就是為了「在多少噸土瀝青中，濾取到那一閃的鐳光，在人的內心深處，顯示出照明的作用。」

——選自《文訊雜誌》，第 233 期，2005 年 3 月

靈動的藝術大書

◎賴瑞鎣*

2004 年 4 月底《文訊》雜誌封德屏小姐來電，提及將承製編印《張秀亞全集》，有關張女士執筆之 11 冊《西洋藝術史綱》是否收進全集一事，希望我能提供意見。

關於此書之著述，張女士本人曾在〈我試寫西洋藝術史綱〉(《我與文學》) 一文的開首寫道：「前年的夏天，在此間光啓出版社負責人的鼓勵之下，我開始搖著筆來寫這部《西洋藝術史綱》，實際上，是由一位外籍的雷文炳神父指示我寫作的綱領，並供給我寫作的資料，只是由我執筆而已。」由此可知，該部著作是由當時光啓出版社負責人雷文炳神父 (Rev. Lefeuvere) 搜集資料及主導，是參考多本西洋美術史外文版的內容，而且書中所附圖片顯然直接採用原文書上的圖版。在這種情況之下，將此部《西洋藝術史綱》列入全集中是否妥當？圖片的版權如何解決？還有事隔 40 年，西洋美術史之教材及出版品在質和量方面皆有長足的進展，1960 年代出版的這部書仍具再版價值否？況且這部書只出到第 11 冊——從史前藝術到哥特藝術為止，原計出版的義大利文藝復興藝術至 20 世紀藝術尚未完成，不能算是完整的一部著作。

種種質疑委實令我難以立即做出完善的答覆，尤其是考慮到西洋中古世紀之前美術史的中文資料在臺灣甚為匱乏，張女士此書正好彌補了這份缺憾，讓讀者能夠一窺中古時期的西方文明，了解西洋文化發展那段漫長的篳路藍縷歷程，更讓我不忍割捨。最後張女士的家屬和國家臺灣文學館

---

*發表文章時為臺北藝術大學美術系副教授，現為臺北藝術大學美術系教授。

達成協議，將 11 冊的《西洋藝術史綱》縮編成一本收入《全集》中，囑我協助合輯之工作。

目前臺灣經常舉辦有關西洋美術史方面的展覽，但在研究方面仍少有進展，主要原因是缺乏足夠的條件以提供研究者到各國去考察，讓學者從事精密的分類研究，以至於很難推出詳實的綜合研究成果。一個成功的美術史研究者必須擁有豐富的歷史知識，掌握有利的文獻和圖像資料，並且具備現場探勘、親身感受美術作品的經驗。因為美術史是人類歷史的一部分，是人類文明發展史中的一個重要項目，若是撇開歷史成因只談藝術品本身，勢必無法洞悉美術發展過程之種種現象和真諦。還有，一個美術史研究者若不能獲得大量文獻和圖像，就無法整理出詳實的資料，貧瘠的資訊將導致偏頗不正確的研究結果。更重要的是，美術史研究者若缺乏現場的經驗，不曾目睹真蹟或遺蹟，只是一味地紙上談兵、人云亦云，說不出自己的見解，其論述的價值將大打折扣，無法取信讀者。現場考察可培養研究者明辨作品、鑑別真偽的能力，一方面可提高研究者的鑑賞眼光，發覺他人沒看到的新東西，一方面則可鍛鍊研究者的判斷能力，直接感受並掌握作品的品質，才不會在眾說紛紜的言論中不知所措。藝術品是活生生的人類史實和活動的見證，它既是文學性的、也是歷史性的，更是藝術性的視覺表徵，因此面對實際作品，從整體到細部深入地觀察，不斷地發現隱藏在作品中的新事物，對美術史的研究而言是極為重要的。

歷來無數偉大的藝術品，不論原本目的何在，莫不是藝術家表現自我內心世界的幻覺窗口，極少作品在創作中不被注意到審美的作用，即令是工匠製作的日常器皿，也表現出對勻稱美和裝飾美的需求。對美的追求是人類共同的嗜好，因此在大自然中發覺並歸納出秩序，而且在人和人之間、群體和群體之間凸顯出不同的特性，按照其對某種形式和某些色彩的偏愛，創造出代表各個傳統的藝術，這種形式和色彩表現出各民族傳統生活的面面觀。由於藝術品是在一定的時空環境中被製造出來的，因此要徹底了解這些古代藝術精華，唯有與當時的環境聯繫起來，才能呈現其原本

之面貌和意義。藝術家採用直接或暗喻的手法，將各種含意透過表現方式在視覺上傳達出來。所有藝術品不論建築、雕刻或繪畫，其目的和意義、效果和手法之間都有著息息相關的牽制力，不同的藝術家就有不同的表現方式，也就是個人的視覺語彙，即為通稱的「風格」。從藝術風格的變化中，可看出該風格的傳承和外來的影響，風格反映了時代和社會文化的變遷，大凡思想、信仰、政治、倫理等觀念皆可在藝術風格中見分曉。藝術風格取決於傳統的繼承，以及時代、地域的影響，它和文學、音樂等其他藝術的發展情形一樣，都是藝術家的創造物。

生動之筆使藝術品再現

　　各類藝術原是相通的，美術與文學尤然。作家駕馭文字，寫出行雲流水的文章，訴說心靈的感受，就如同畫家揮舞彩筆，畫出活生生的形象世界一樣。張女士在編寫《西洋藝術史綱》時，一面欣賞作品，一面將感情融入字句中，與讀者分享她心靈的感受。她於〈我試寫西洋藝術史綱〉之文中自述道：「在編寫這部書的過程中，我得以獲知了西洋藝術的淵源與流派，並得機會觀賞了一些藝術傑作的複製品及圖片，白種人的祖先們在西班牙的山洞岩壁上所拍出的手印，色彩斑斕，有著近代圖案般的勻稱排比，古波斯優美典麗的壁上浮雕，激發了我嚮古的幽情，更使我知道：愛美乃是人類與生俱來的天性，對諧和，勻稱的喜愛，雖穴居野處的初民亦不例外，這反映出人類的喜愛秩序乃出自本性。」透過她的生動描述，閱讀《西洋藝術史綱》時彷彿聆聽無數藝術家對我們訴說創作的心境一般，每件藝術品都向我們吐露著一個美好的故事。

　　編輯過程中，逐字逐句閱讀《西洋藝術史綱》，一方面溫習西洋美術史，一方面欣賞張女士的文筆。張女士以誠懇的語調述說西洋美術史，措詞遣字平易近人，並且不厭其煩地把千古文化遺產一項一項娓娓道出，設身處地為讀者解說作品精美獨特之處。數千年的西洋歷史和文物，藉由她的轉述，竟然變得那麼通曉易懂，使人絲毫不覺生疏和艱澀。拜讀她的文

章猶如目睹真蹟一般，讓人感受到浩瀚的時空中，人類文化長河中之片片鱗光與日月同輝，件件名作有如夜空中點點的明星，永遠閃爍照耀著人寰，不分地域，不分古今。

由於文化隔閡，西洋美術史對國人而言頗為深邃難解，一般翻譯文章又多語詞生澀，造成閱讀之不便。這部《西洋藝術史綱》除了信、達、雅之外，字裡行間還流露著真摯的情感，閱讀起來極為輕鬆溫馨，彷彿書中記述的事物就發生在我們生活周遭一般，那麼的親切和耐人尋味。張女士不僅天賦文學才華，也具有高度的藝術修養，這份特質俱見其一生的著作中。自云對藝術的喜好及審美素養是源自幼年的生活環境，由於出生在一個靜美的小村莊，自小浸潤在綺麗的田園風光中，早就與大自然結下不解之緣，大地的呼吸和自然的韻律不知不覺牽動了她整個的心思，透過細膩的感性和敏銳的觀察，美的種子早已在她心中萌芽。在她一生中，家鄉美好的記憶常化為詩句，字裡行間縈繞著美的旋律，有如畫一般浮現紙面，吟詠頓挫間筆端總帶著泥土的芬芳，不斷地散發出愛的訊息。

潛移默化的藝術才情

她的文才和敏慧的心思自幼天成，14 歲時曾寫了一首詩〈蜜蜂〉，稚嫩的筆意已具體勾畫出童真心靈的真善美世界。

> 蜜蜂展著透明的黃翅子
> 像是一隻華麗的金色船
> 划著細足做成的桂木槳
> 輕盈輕盈的泛過
> 一片密葉鋪成的碧波。

詩中以天真的筆調，描述一隻小蜜蜂瞬間飛來映入眼簾的情景，滿懷喜悅和欣欣的生命氣息躍然紙上，字字充滿對大自然的禮讚。值此年少之

時，她的詩文已帶著生動活潑的畫意，小小心靈滿盈著對大自然一草一木的愛意。透過純真的童心，她眼中大自然的一切永遠是那麼的美妙，生意盎然的大地不時傳送出造物主關愛的情意。

故鄉明媚的風光、溫暖的親情以及師友的關愛，交揉塑造了張女士樂觀、堅毅的個性。縱令時局動盪、世事變幻難測，她仍一本初衷，現實生活的風風雨雨，絲毫未能動搖她達觀的本性，人生的歷練在她身上已化為晶瑩的智慧，透過珠璣字句綻放出溫馨的花朵。謙遜的她心中總是充滿著愛和感恩，常將成就歸功造物主的恩賜，並推己及人，以深帶感情的文字把心中的喜悅分享讀者。在〈我的筆耕生涯〉（《海棠樹下小窗前》）中聲稱：「去擷取大自然中生長的喜悅，造物主博大的情懷，為此，寫至真切、深切處，乃可將一個有情的世界全盤的推出，於是一股溫暖，一種溫愛自會迴旋於紙上。」因此常常為文捕捉人生舞臺上動人的片刻加以描繪，使深刻的感情融入和諧的背景裡，營造一種如畫似的字幕。在〈我的筆耕生涯〉文末，更語重心長地說道：「我覺得每篇作品中應寫出了我們對國家、對同胞那份熾烈的愛與誠摯的祝福，如此，作品才不是空泛的，而是充實的，且具有了時代的意義。」用誠懇的辭語表達愛的溫煦和人性的光輝，藉此抒發真理和正義，型構一個無私的愛的世界，這份理想一直是她終身奉行的目標。除了身體力行外，也不斷地寫作淑世，時時將自己的精神體驗分享讀者。

閱讀她用文筆彩繪的文章，徜徉在如畫的意境裡，於欣賞文辭聲韻之餘，也能兼收感受斑斕色彩的喜悅。她曾自述，求學期間選修的「美學」課程對自身啟示匪淺。由博覽中西藝術經典名作、廣開視野中，培育出來的敏銳審美眼光和活潑的思考力，惠及她日後的寫作。在孜孜不倦的筆耕生涯中，不斷思索如何添加新意，甚至於寫作《西洋藝術史綱》過程中，整理資料、觀賞圖片之際，發現「接近藝術，不僅可以獲得美趣，且可間接的參悟出寫作的奧祕。」她自文藝的觀點出發欣賞美術作品，在畫家和雕刻家的選材和表現技法中，揣摩出寫作原理的一部分。運用這種靈活的

巧思,使她體會到如何以文字彩繪人生的技巧,也領悟出如何善用象徵的
筆法,還有如何在文章中醞釀詩意的訣竅。

補美術史之不足

　　1960 年代資訊尚未發達,在臺灣能夠取得西洋美術史相關的資料殊屬
不易,鳳毛麟角的譯本中,對於中古時期以前的美術史若非缺蕪便是寥寥
數語交代之,使得原本艱深難懂的上古和中古美術史更形高深莫測。當此
之時,張女士陸續出版了 11 冊的《西洋藝術史綱》,雖然中途擱筆未再繼
續,但是完成的部分從史前藝術、近東古代藝術、克里特藝術、埃及藝
術、希臘藝術、羅馬文化前的歐洲藝術、伊特里魯安藝術、羅馬藝術、基
督教文化的初期藝術、拜占庭藝術、波斯藝術、回教藝術、北蠻藝術、中
古前期藝術、羅馬尼斯克藝術到哥特藝術,篇篇精采、敘事詳盡,正好填
補國內西洋上古和中古美術史文獻的不足。即使是在今日,資訊發達,西
洋美術史資料漸多,上古和中古美術史之中文資料仍甚匱乏,《西洋藝術史
綱》依然具有相當的參考價值,提供一般人西洋美術史的基本知識,指引
有志者一條入門的途徑。

　　編寫《西洋藝術史綱》之初,張女士居住臺中,幽居的生活裡本著對
藝術的熱愛和興趣,不辭千勞執筆寫作西洋美術史。雖然謙稱這項任務是
業餘的客串,但是沉浸在觀賞藝術品中,接受美的洗禮,乃至渾然忘卻現
實生活的煩惱,且試著以自己的心靈與藝術家的心靈相溝通,體會藝術家
創作時的心理感受,從中領悟文藝寫作的奧妙,希望藉此能夠增進自己日
後的寫作技巧,由此可見她虛心向上、鍥而不捨的學習精神。在著述《西
洋藝術史綱》的過程,她不只從中獲得不少樂趣,又將感情傾注筆端,不
知不覺中,這部詮釋西洋美術史的文章,竟然形同一部述說歷史長河中人
類文明足跡的文學著作。豐富的辭藻、流利的句子,還有感性的口吻,引
導讀者欣賞西洋藝術之餘,也共同傾心感動於一個真善美的有情世界。在
〈我試寫西洋藝術史綱〉一文中,她感於時局紛擾,曾寫道:「在這干戈擾

攘的世界上，我們如何藉了藝術的力量，喚醒了人們心中原有的優美意念，實在是一些藝術工作者的責任。」她悲天憫人、關懷眾生的心意不獨見諸一生著作裡，就連撰述《西洋藝術史綱》之際也心懷厚望，期許藝術家能夠發揚淑世的精神。

可惜的是，其後張女士北上執教於輔仁大學，自此課務繁忙又兼會議頻仍，乃至頓筆未能竟書餘冊。原來計畫出版的義大利文藝復興、義大利藝術的極峰、歐洲的文藝復興、17 世紀藝術、18 世紀藝術、19 世紀藝術、現代藝術的開始、印象派、立體派、野獸派、超現實派、20 世紀的雕刻和 20 世紀的建築等篇章就此無緣問世，讓我們失去了拜讀她筆下文藝復興以降藝術繽紛多變的面貌之機會。

儘管如此，光憑出版的部分，這部未完成的著作已夠分量合輯成一本西洋上古至中古的美術史。它記載的不只是歐洲先民胼手胝足的奮鬥史，也見證了文藝復興之前的曙光——中古世紀不是黑暗的時期，而是歐洲人求生存、求安定的過程中，建立的物質文明和精神文明。中古時代是基督教文明的盛期，流行的藝術風格迥異於義大利的古典傳統，這種象徵性的宗教藝術蘊含著人類智慧的結晶，乃歐洲人自奢華的物質生活裡面醒悟過來，轉而講究精神層面的生活，歸真返璞的表現。將古典寫實的藝術風格化約成含斂的抽象圖式，以直率的表徵取代古典藝術的敘述性，中古時期的藝術其實更具說服力，簡單的構圖和約定俗成的典故，使畫面一目瞭然，一切盡在不言中，隨時提示信徒宗教的要理，無形間發揮了敦風勵俗的作用。

藝術的大融合

今日，當我們目睹西方國家的富強和昌盛時莫不欽羨每逢暑假擁進歐洲參拜古蹟、接受藝術洗禮的人潮，把歐洲的文化古城擠得水洩不通。可是遠在 1500 年前，歐洲大部分地區仍舊處於蠻荒未開的局面。當時羅馬帝國國祚衰頹，異族伺機崛起，動盪的時局中基督教成為鞏固人心的堡壘，

南侵的蠻人在遷徙過程中接受基督教的教化，逐漸走上文明的道路。基督教文明的傳播，使歐洲初現安貧樂道、守分守己的社會秩序。如今，一座一座的教堂見證著當時人們忠貞虔誠的信仰，秩序井然的社會風氣彰顯出基督教的精神傳統，基督教思想已融入西方人日常生活裡面，成爲倫理道德的規範。

《西洋藝術史綱》從原始時代開始，逐一述說人類的成長和文化的傳承，以便強調出藝術的發展。文中輒見種族傾軋、兄弟鬩牆的故事，這些再大的深仇大怨並未在藝術發展上劃下楚河漢界，相反的卻共濟共融於藝術形式中，不管是干戈相向抑或和親同處，種族與種族間折衝對應的接觸都在藝術風格上留下痕跡。由此得知藝術是公正的，它包容萬千的涵量鋪陳出人類文明發展的真諦──和衷共齊、互相尊重，這就是千古藝術歷久彌新的道理所在。

由於顧慮到圖片版權的爭議，因此這本納入《張秀亞全集》的《西洋藝術史綱》不附錄圖片，僅以文章刊行。此番考量也是參照張女士於 1972 年出版的專書《論藝術》，當時她將《西洋藝術史綱》中的第 6 冊──基督教文化的初期藝術，與第 7 冊──拜占庭藝術抽出，合併題名爲〈拜占庭藝術〉，發表於《論藝術》書中，而且只採錄文章並未附上圖片。解決了圖版的問題後，接下來的工作便是，如何把長達 11 冊 155 萬字左右的文章縮成一本 28 萬字左右的篇幅。

在不違反作者寫作此部書時的原本精神，不更改原來的綱目及維持原有結構之下，首先考慮的是取消附錄的文章，其次便是刪掉一些作品解說的部分。如此一來，縮編後的《西洋藝術史綱》雖在舉例說明方面分量銳減，但是依舊彰顯張女士論述美術史的寫作功力。

雖然《西洋藝術史綱》是張女士和雷神父合撰的，但是執筆爲文的工作全仰仗張女士，透過她的詮釋和代言，一些早已褪去光彩、殘破不堪的古物都獲得了新生命，一件一件重新展現迷人的風采。在她斑斕的文筆渲染下，數千年的西洋美術史渾然成爲一則美的故事。在這裡，她引領我們

飽嘗文明的盛宴，與我們分享她的心得和喜悅。

——選自《文訊雜誌》，第 233 期，2005 年 3 月

第三隻耳朵與第三隻眼睛
析論張秀亞〈重來〉的寫作技巧

◎沈謙[*]

　　每當我讀到張秀亞的文章，就會想起她的兩段話。

　　一是《北窗下》書首扉頁的：「驅字句之牛羊，逐幻想之水草而居。」一是《回首故園》序前面的：「……我逍遙在文字茂密的林裡，咀嚼著書中作家的妙句幽思——」

　　前者是張秀亞創作的名言，後者是張秀亞改譯一位羅馬詩人的名句。充分顯現了她的文學觀。其實，有許多人在閱讀和創作時的態度和張秀亞沒有兩樣，但是沒有她說得如此美妙動人。

　　以如此的文學觀，來印證張秀亞的作品，可謂名副其實，密切契合。張秀亞之所以能成為現代散文的大家，必有其過人之處。最主要的，她具有高度的敏感，豐富的想像創造力，能見常人之所未能見，聞常人之所未能聞。從文學的語言而言，那就是她比我們多一隻眼睛和一隻耳朵，所以能比我們看得更深遠，聽得更細微，再加生花妙筆，以靈動的文字，提供了更多的美感經驗。

　　〈重來〉一文，就是張秀亞的代表性傑作，其寫作技巧，有兩項特殊的獨到之處：

---

[*]沈謙（1947～2006），論述家與散文家。江蘇東臺人。發表文章時為中興大學中國文學系副教授兼系主任。

聽到內心深處的聲音

張秀亞獨具慧耳，能聽到內心深處的聲音，在本文中迭見精采的片段。如：

一、第一段描寫主角小女孩出場時：「我看見一個玄色衫子的美麗婦人自前排站起身來，將身邊一個小女孩送上臺去……那個慈祥的好母親俯在孩子的身邊叮嚀了兩句，似是告訴她『不要心慌』。」

一般觀眾，只能看見小女孩和她母親的形象與動作，張秀亞卻能聽到母親的叮嚀，這是其過人之處。

二、第四段敘小女孩演唱失敗走進後臺之後：「隔著那拉下來的沉沉布幕，我似乎隱隱聽到那個小孩子的啜泣，也許在人生的途程中，這是她第一次的『出場失敗』，她小心坎中的悲哀，是無法形容的，但自她退場時倔強的神色與堅定的步伐看來，我斷定她不是個平凡的孩子，她有著『不服輸』的靈魂。」

當全場觀眾在發笑、同情，為小女孩的怯場失敗而感到意外有趣時，張秀亞卻聽到了小女孩的啜泣與內心深處的不服輸，這就是文學家棋高一著之處。

三、第五段寫三年後小女孩再度登臺演唱：「這次她要唱的是《天倫歌》，這小歌手的態度分明從容得多了，她的目光掃視著臺下的聽眾，充滿了堅定與自信的神情。我因為坐在前排，所以看得格外清楚，自她的眼光裡，我似是讀出了她的心靈之聲：『靜靜的聽吧，我這次發誓要改正了前次給你們的印象。』」

坐在前排的觀眾不止張秀亞一個，她卻能聽到小女孩的心靈之聲，這是一種突破，也正是作者超越常人的關鍵因素。

四、第九段敘小姑娘「重來」之後的歌聲：「小姑娘的歌聲，如同帶著神異的翅膀，又飛展在空氣中了，那聲音婉轉，曼妙，而微帶著蒼涼哀戚的意味，顯然的，歌聲中所表達的情感，已超過了小姑娘的年齡，但卻極

適度的發揮出那支悲壯的《天倫歌》的內蘊，那歌聲，更像是秋林中一隻孤獨的鶯鳥在鳴唱，那鳴聲，宛如一片溫柔的陰影，鋪展上聽眾的靈魂深處。」

張秀亞感覺歌聲「如同帶著神異的翅膀」，又以「秋林中一隻孤獨的鶯鳥在鳴唱」譬喻形容小姑娘的歌聲。不但聽得細微而且顯現了超現實的想像力。

從以上舉例可知，張秀亞的聽覺竟是如此靈敏，她聽到慈母懇切關愛的叮嚀，聽到小女孩無聲的啜泣，聽到了小女孩心底的信誓，更聽到歌聲的飛展與溫柔的陰影。若非具有第三隻靈耳，曷克至此？

看到超乎現實的形象

張秀亞獨具慧眼，能看到超乎現實的形象，在本文中具體地播映到讀者面前，如：

一、第　段描寫小女孩上臺：「那孩子是那麼矮小，著了一件白色的絲質衫子，但當她佇立臺上之頃，就像是一支涌明的銀燭，為那幽黯的舞臺，增加了無限光彩，這光彩我不知是自那充滿智慧的小面孔上，抑是自那閃閃的絲衫上發射出來的。」作者以「一支涌明的銀燭」形容穿著白絲衫的小女孩，譬喻佳妙，若非心靈具有異彩，又怎麼能描寫得如此「光彩」！

二、第三段描寫小女孩隨著風琴發出歌聲：「那柔弱而顫抖的童音，甜美得如同一瓣瓣的小玫瑰花片，在音樂的風裡，飛落到每個人的心上。那歌聲又像是一些小珠子，透明而圓潤，只因那小歌者心中有點惶悚，珠顆中間遂缺少了那根串連的線兒，只任那些小珠子零散的拋擲迸落⋯⋯」

作者用「小玫瑰花片」和「小珠子」形容歌聲，仍然是絕妙的譬喻，譬喻之佳音，能以具體顯現抽象，使意象躍然紙上，栩栩若生。張秀亞此段文字正是典型範例。不僅如此，以視覺形容聽覺，寫得有聲有色，還有「甜美」的味覺與「拋擲迸落」的動作，真是耐人尋味！

　　三、第五段寫三年後小姑娘再度出場：「臺中央站著一個藍紗衣裳的小姑娘，雖然她的身材抽長了，面孔更爲圓潤，但我依稀辨認得出她就是當年『未能終場』的那個小把戲，她比三年前更美了一些，在微黃的燈影裡，她那著了委地旗袍的小身軀，像是一株充滿了生機的青色桂樹。」

　　兩度登臺，作者都以妙喻形容女主角的形象。許多人描寫同一人物，難免辭窮，張秀亞這兩度描寫，譬喻佳妙而異曲同工，顏色氣氛的烘托，足以使文章生色增輝，從「一支通明的銀燭」到「一株充滿了生機的青色桂樹」，真是設想巧妙而多采多姿！

　　四、第十段寫小姑娘第二度演唱成功謝幕的神情：「小姑娘拉著裙子，向臺下答禮，她的嘴角，第一次浮現出那麼感人的美麗的微笑……這笑容裡，混合著傷痛的回憶，成功的歡欣，些微的謙虛與等量的驕矜……。」

　　一般人只看到美麗的微笑，作者卻從表象浮面的微笑中，看到隱藏在微笑背後的種種歷程與複雜情思，又以靈動的文字，一一呈現到讀者面前，使我們感覺歷歷在目，若非具有第三隻慧眼，曷克至此！

　　到這裡又使我想起亞里斯多德的名言：「只有天才才能善用譬喻！」本文中作者設喻之巧妙，恐怕連亞里斯多德都要爲之驚賞歎服！

　　當然，本文之精妙絕不止於以上兩項，其中所描述女主角邁向成功奮鬥掙扎的過程、不服輸的靈魂……都深具啓發性的意義，且能提升我們的意志，振奮我們的精神，感染我們的心智……基於「高手過招，點到爲止」的原則，就留給讀者自行尋味了！

　　　　——原刊《幼獅少年》第 108 期，1985 年 10 月，頁 105～107

　　　　　　　——選自《張秀亞全集 15・資料卷》
　　　　　　　臺南：國家臺灣文學館，2005 年 3 月

陽光的美酒
重讀《三色菫》

◎劉靜娟*

「她沒有伴侶，沒有僕從，孤單而美麗，就像一隻天鵝。」張秀亞女士在〈湖畔〉一文中這麼寫著。那是民國 26 年她讀高中時的作品，這位早慧的女作家已在文字中表現出她靈魂中的一片清境。句中的美麗一詞，表示出她對此一境界的歌讚——但後來她改變了，在人生的旅途中，她變得樂觀而堅定。

當我還是個中學生時，讀她一本本推出的《三色菫》、《牧羊女》、《湖上》，就在心中為她畫出了一幅素描。在我的想像中，她當真幻成為一隻天鵝，一個獨立於一片綠原上，純真、熱愛大自然的牧羊女，以蘆笛吹奏出她心靈的樂章。

我想像中的她就是這樣的，而假如只用一個字來詮釋她的作品，那就是「美」，她的文集隨意一翻，就可以看到對自然中美景的描繪，一張張鮮明的圖畫呈現在眼前。她的遣詞造句，充滿了詩的意味，她極注意字句的節奏感，所以往往也可在其中聆聽到悠揚的心曲笛韻。克羅齊曾說過：「成功的表現，就是美。」當時在我心目中，她不僅成功的表現出她的苦樂，也成功的表現出她堅強的心志與健康的人生觀。

在〈遷居〉一文中，她曾說：

> 走吧，孩子們走吧，……我們三個要建築起新的居處，我們要修葺竹籬，糊塗紙壁……每晚姆媽將記著放下了簾帷，為你們遮擋住夜來的

---

*發表文章時為《臺灣新生報》編輯，現專職寫作。

風雨，每晨你們也不要忘記用小手打開窗門……

讀到這兒，我想起了葉慈的一首詩〈湖上茵島〉：

我欲動身前去

去到茵妮斯菲島，

以泥土，以樹枝，構築小屋一椽；

……

我將獲得恬靜，因恬靜緩緩降臨，

降臨自清晨的面紗，至蟋蟀鳴唱之地。

儘管張秀亞的人生哲學是入世的，進取的，與持超然遠引、隱逸出世態度的葉慈並不相同，但其作品之深邃處，同樣富於濃重的詩意。

在這本文集中，代表她的人生觀與寫作技巧的有好多篇，我們似看到當時的她──一個未滿 30 歲的年輕母親，帶著兩個蹣跚學步的孩子，以無比堅定的步伐，迎著風風雨雨，向前奔馳。她曾說：「我想，只要熟悉生命，嚴肅、認真、執著的活下去，向生命的井水中，投進一粒『愛』的糖晶，則頃刻之間，人我所汲飲者，即可由苦水化為甘泉！」她以仁愛的慧心，鑄造出這樣的句子。

集中更有一些篇章，表現出她處理文字的藝術與愛國的情操。

因為她有一顆「詩心」，所以字句間透發出詩的芬芳與韻味。雖然無數日子水般的流逝了，張秀亞女士的散文仍保有著一貫的清純、澹雅。在她迻譯的《聖女之歌》前記中寫過：

「單純的心靈，如同原野中一朵小花，往往卻是裝盛陽光的美酒最多的玉盞。」她的文字，一直是美而純淨，有如原野的百合。這種優美的文字，有的是經過她精心推敲的；有的是她搦管立就的，而讀來同樣的清新自然，好像風行水上，好像畫眉低唱；細心的讀者可以體會出隱藏在文字

中作者那顆溫婉、寬和、靈慧的心，以及浮漾其上的淡淡的惆悵、喜悅，同發自靈魂深處的感喟。但這感喟不曾侵蝕了她健全的身心，卻更加深入了她人生的感悟，提高了她精神境界。

　　20 年前讀《三色菫》，我只看到了百合的美麗，而未品味出杯盞中盛放的「陽光的美酒」，心中倒是常惦記著：「三色菫」到底是什麼樣子的花？幾年前偶遊榮星花園，才第一次看到一簇簇的三色菫，那花兒看來就如同小花狸的臉，非常可愛；果然不負我十幾年的牽縈、思量。

　　最近我又以兩天的時間，慢慢讀完「爾雅」出版的《三色菫》，我一邊讀，一邊叮嚀自己：美是一種感覺，無須詮釋。我決定在花開時節，再去看看那些「小花狸」臉上的笑靨，它的三種色彩，在張秀亞的筆下，象徵著對大自然的愛、孩童的愛，以及對人生的愛呢！

——原刊《中央日報》12 版，1981 年 7 月 24 日

——選自《張秀亞全集 15・資料卷》

臺南：國家臺灣文學館，2005 年 3 月

——修改於 2013 年 10 月 4 日

輯五◎
研究評論資料目錄

作家生平、作品評論專書與學位論文

專書

1. 于德蘭編　　甜蜜的星光：憶念張秀亞女士的文學與生活（上、下）　　臺北　　光啓文化公司　2003 年 9 月　1114 頁

本書分上下冊，收錄張秀亞的作品、評論報導等相關資料。全書共 6 輯：1.張秀亞女士作品選輯：詩與文；2.彌撒證道詞，各界書信來函；3.紀念文詞；4.評介、評論及專訪；5.新聞報導；6.附錄〈作品書目〉、〈國家圖書館評論張秀亞女士文章目錄〉。

2. 封德屏主編　　張秀亞全集・資料卷　臺南　國家臺灣文學館　2005 年 3 月　534 頁

本書收錄張秀亞照片、手稿、日記、書信、文學創作及其相關評論文章，全書共 6 輯：1.照片與手稿；2.書信與日記；3.年表與目錄；4.文學與創作，共收〈《尋夢草》前記〉、〈《牧羊女》序〉與〈我試寫《湖上》〉、〈我試譯《恨與愛》〉、〈《曼陀羅》後記〉、〈寫作二十年〉、〈略談我散文寫作的經驗〉、〈談散文〉、〈寫作・寫作〉、〈我的寫作生活〉、〈我譯《聖女之歌》〉、〈我的編輯經驗〉、〈《感情的花朵》前記〉、〈抗戰時期中我的文藝生活〉、〈結婚十年〉、〈千里姻緣〉17 篇；5.訪談與懷念，共收夏麗祖〈張秀亞在享受人生〉、程榕寧〈為萬千女性讀者所喜愛的女性作家張秀亞〉、陳敏華〈訪張秀亞女士談新詩〉、封德屏〈以文字作水墨畫的藝術家〉、周安儀〈用愛心寫人生的張秀亞〉、鐘麗慧〈信望愛的張秀亞〉、莊秀美〈返景入深林——訪女作家張秀亞女士〉、黃秋芳〈激流與風暴交奏出來的河唱——張秀亞女士心性中的柔與韌〉、繁露〈謙和寬厚的張秀亞〉、琦君〈秀亞〉、林海音〈女子弄文誠可喜〉、林黛嫚〈張秀亞不曾放下寫作的筆〉、孫如陵〈張大作家，慢慢走！〉、韓濤〈明月梅花伊孟——遙祭秀亞大姐在天之靈〉、王怡之〈逝水——秀亞，好想念妳〉16 篇；6.綜論與分論，共收何欣〈張秀亞的詩（代序）〉、舒蘭〈中國新詩史 22：張秀亞〉、杜元明〈張秀亞的散文〉、張敬銘〈張秀亞年少時代的詩〉、徐學〈梁實秋、張秀亞與五十年代的散文創作〉、侯江〈張秀亞淪陷時期作品淺析〉、丘秀芷〈重讀《三色菫》〉、劉靜娟〈陽光的美酒——《三色菫》〉、陳範生〈《尋夢草》讀後〉、公孫嬿〈尋夢與畫夢——論張秀亞女士的《尋夢草》〉、司徒衛〈張秀亞的《尋夢草》〉、羅傳輝《我讀《牧羊女》〉、陳宗敏〈《牧羊女》欣賞〉、沈謙〈第三隻耳朵與第三隻眼睛——析論張秀亞〈重來〉的寫作技巧〉、郭明福〈溫柔之必要—

　一重讀《北窗下》有感〉、秦嶽〈沙粒晶瑩世界新──評介張秀亞《北窗下》〉、朱
星鶴〈淺析張秀亞的〈星的故事〉〉、施國英〈張秀亞〈星的故事〉〉、梓園〈詩
人未必以詩名──旅途中讀張秀亞的《秋池畔》〉、重提〈張秀亞的《書房一
角》〉、桂文亞〈《張秀亞自選集》讀後〉、金劍〈《湖水・秋燈》讀後感〉、蘇
雪林〈讀張譯《回憶錄》〉23 篇。正文後附錄于德蘭〈關於張振亞〉。

3. 文訊雜誌社編　　永不凋謝的三色堇：張秀亞文學研討會論文集　臺南　國家
　　　臺灣文學館　2005 年 12 月　287 頁

本書為張秀亞文學研討會論文集。全書共收錄 9 篇論文：1.周芬伶〈夢之華──張秀
亞詩小說與散文詩的文體實驗〉；2.曾進豐〈風格，美麗的存在──論詩人張秀亞之
抒情傳統〉；3.簡弘毅〈跨越海峽的一代──關於張秀亞的文學史閱讀與考察〉；4.
許琇禎〈感傷寫實──張秀亞小說之美學建設〉；5.仇小屏〈論譬喻修辭中的虛實交
流──以張秀亞《北窗下》、《水仙辭》為考察對象〉；6.吳偉特〈張秀亞女士文章
中的宗教意涵〉；7.戴華萱〈愛的成長紀事──張秀亞小說中的主體性論述〉；8.石
曉楓〈作家的「隱性宣言」──張秀亞散文創作理論及其實踐〉；9.許芳儒〈當詩人
推開她的窗──以《文心雕龍・物色》析論張秀亞《北窗下》的美文書寫〉。正文
後附錄許劍橋〈三色堇，迎風綻放──「張秀亞文學研討會」現場側記〉、許劍橋
〈向走過的歲月與作家致意──「張秀亞和她的時代」座談會紀實〉。

4. 宋稚青　　張秀亞的神修歷程　臺南　聞道出版社　2006 年 12 月　118 頁

本書從張秀亞的神修發展寫起，並參考《張秀亞全集》中的散文及小說，以探討張
秀亞神修歷程為主，兼論宗教在張秀亞作品中所呈現出的樣貌。全書共 3 章：1.皈
依；2.昇華；3.新境界。

學位論文

5. 羅淑芬　　五〇年代女性散文的兩個範式──以張秀亞、艾雯為中心　政治大
　　　學國文教學研究所　碩士論文　陳芳明教授指導　2004 年 7 月　199
　　　頁

本論文以張秀亞和艾雯的時代背景為經、個人生平為緯，劃出兩位女性作家的歷史
座標，以及張秀亞與艾雯所建構而出的兩個範式。全文共 6 章：1.緒論；2.兩位散文
作家的文學生涯；3.張秀亞散文藝術的造詣；4.艾雯散文的美學演出；5.女性散文書
寫的特質與意涵；6.結論：兩個範式的建立。正文後附錄〈張秀亞、艾雯著作年表與
五〇年代藝文大事〉。

6. 傅如絹　　張秀亞散文研究　政治大學中國文學系　碩士論文　李瑞騰教授指

導　2005 年 12 月　225 頁

本論文探討張秀亞及其散文作品。全文共 7 章：1.緒論；2.張秀亞的生平；3.張秀亞的散文觀；4.張秀亞的散文型態；5.張秀亞散文的內涵；6.張秀亞散文的寫作藝術；7.結論。正文後附錄〈張秀亞著作及大事年表〉。

7. 張靖敏　　張秀亞散文研究　高雄師範大學國文學系回流中文碩士班　碩士論文　林晉士教授指導　2006 年 6 月　203 頁

本論文以張秀亞之散文為主要研究對象，旁及詩、小說、翻譯及藝術史的探討，兼參照相關的文獻、資料，進行整理歸納，並佐以文學理論分析，以了解張秀亞散文的各個面向與藝術經營。全文共 6 章：1.緒論；2.張秀亞的生平與著作；3.張秀亞散文的淵源與分類；4.張秀亞散文的主題；5.張秀亞散文的藝術經營；6.結論。

8. 余英馨　　張秀亞散文中的臺中書寫　東海大學中國文學系　碩士論文　周芬伶教授指導　2006 年　256 頁

本論文透過張秀亞小傳與臺中書寫，藉以建構其散文美學，並評價其在現代散文史上的地位。全文共 6 章：1.緒論；2.張秀亞小傳；3.模範村的文化地景；4.意象與象徵；5.女性書寫與散文美學；6.結論。

9. 游曉婷　　張秀亞散文研究　佛光人學文學系　碩士論文　陳信元教授指導　2006 年　195 頁

本論文從張秀亞的「創作及理論淵源」、「主題內涵」、「散文理論」、「跨類書寫」四個面向深入分析，並以《張秀亞全集》中散文作品為研究主體，旁及詩及小說，探討其文學特質及成就，以呈現出她在文學史上承先啓後的地位。全文共 6 章：1.緒論；2.張秀亞散文風格與理論溯源；3.張秀亞散文的主題內涵；4.張秀亞的散文創作理論及實踐；5.張秀亞的跨類書寫；6.結論。

10. 黃雅芬　　張秀亞小說研究　銘傳大學應用中國文學系碩士在職專班　碩士論文　游秀雲教授指導　2007 年 7 月　237 頁

本論文以張秀亞小說為研究主軸。首先為作者的創作歷程分期，歸納她於創作小說過程上的蛻變；最後剖析其作品主題思想與寫作技巧。全文共 6 章：1.緒論；2.張秀亞人生經歷；3.小說淵源與作品分期；4.小說之主題思想；5.小說之寫作技巧；6.結論。

11. 洪婉真　　張秀亞抒情散文研究　銘傳大學應用中國文學系碩士在職專班　碩

士論文　陳成文教授指導　2007 年 7 月　333 頁

本論文以張秀亞的抒情散文爲主題，就其在主題、理論、特色加以分析，並透過對文本的分析歸納，完整呈現作者的散文美學。全文共 6 章：1.緒論；2.張秀亞的人生經歷與創作背景；3.張秀亞抒情散文題材；4.張秀亞抒情散文的語言藝術；5.張秀亞抒情散文的修辭技巧；6.結論。

12. 孫亦昀　　張秀亞中篇小說研究　銘傳大學應用中國文學系碩士在職專班　碩
　　　士論文　陳成文教授指導　2007 年 12 月　287 頁

本論文站在「宗教文學」類作品的基線上來析論張秀亞的中篇小說，歸納出張秀亞對「小說」及「宗教文學」領域的貢獻，以給予《皈依》、《幸福的泉源》文學史上的定位。全文共 6 章：1.緒論；2.張秀亞生平及作品；3.張秀亞中篇小說的主題思想；4.張秀亞中篇小說的內容；5.張秀亞中篇小說語言的美文風格；6.結論。正文後附錄〈張秀亞年表〉。

13. 李珮吟　　張秀亞抒情散文修辭格研究　華梵大學中國文學系　碩士論文　蔡
　　　謀芳教授指導　2010 年 7 月　174 頁

本論文以陳望道先生《修辭學發凡》所提出之四大類辭格爲基礎，參考唐松坡、黃建霖先生《漢語修辭格大辭典》和成偉鈞、唐仲揚、向宏業先生《修辭通鑑》等書所提出的各種辭格，研究張秀亞抒情散文的修辭技巧。全文共 7 章：1.緒論；2.材料上的辭格；3.意境上的辭格；4.詞語上的辭格；5.章句上的辭格；6.其他的辭格；7.結論。

14. 黃寶萱　　張秀亞散文與臺灣現代主義文學　政治大學中等學校教師在職進修
　　　班　碩士論文　陳芳明教授指導　2011 年 7 月　228 頁

本論文透過詳密而全盤的作品分析，以表格全幅呈現，再歸因出張秀亞創作生涯中極具價值的散文理論，如何在臺灣五〇年代的文壇播種現代主義文學苗種；並探索作品中的藝術技巧、空間語境和文體的跨界書寫，如何呈現女性生命省思和覺察，在不同於西方現代主義文學外，另闢一畦看似結盟，卻又分立的感性天地。全文共 6 章：1.緒論；2.臺灣五、六〇年代現代主義文學與女性散文書寫；3.張秀亞及其文學觀；4.張秀亞的現代主義散文書寫；5.張秀亞散文創作歷程與理論；6.張秀亞散文的歷史定位。正文後附錄〈張秀亞散文作品／理論整理列表〉。

作家生平資料篇目

自述

15. 張秀亞　　自序　在大龍河畔　天津　海風社　1936 年 12 月　頁 1—9

16. 張秀亞　　我的自白　在大龍河畔　天津　海風社　1936 年 12 月　頁 1—18

17. 張秀亞　　寫在前面　幸福的泉源　山東　保祿印書館　1941 年 10 月　頁 1
　　　　　　　—4

18. 張秀亞　　《幸福的泉源》寫在前面　張秀亞全集・小說卷一　臺南　國家臺
　　　　　　　灣文學館　2005 年 3 月　頁 219—222

19. 張秀亞　　我譯《聖女之歌》　中央日報　1953 年 5 月 18 日　4 版

20. 張秀亞　　我譯《聖女之歌》　牧羊女　臺中　光啟出版社　1979 年 12 月
　　　　　　　頁 95—99

21. 張秀亞　　我譯《聖女之歌》　張秀亞全集・散文卷一　臺南　國家臺灣文學
　　　　　　　館　2005 年 3 月　頁 278—282

22. 張秀亞　　我譯《聖女之歌》　張秀亞全集・資料卷　臺南　國家臺灣文學館
　　　　　　　2005 年 3 月　頁 266—270

23. 張秀亞　　《牧羊女》序　中央日報　1953 年 6 月 18 日　6 版

24. 張秀亞　　前記　牧羊女　臺中　光啟出版社　1979 年 12 月　頁 1—3

25. 張秀亞　　《牧羊女》前記　張秀亞全集・散文卷一　臺南　國家臺灣文學館
　　　　　　　2005 年 3 月　頁 189—191

26. 張秀亞　　《牧羊女》序　張秀亞全集・資料卷　臺南　國家臺灣文學館
　　　　　　　2005 年 3 月　頁 222—224

27. 張秀亞　　作者自序　七弦琴　高雄　大業書店　1954 年 1 月　頁 1—3

28. 張秀亞　　作者自序[1]　張秀亞選集　高雄　大業書店　1964 年 8 月　頁 1—3

29. 張秀亞　　《七弦琴》作者自序　張秀亞全集・小說卷二　臺南　國家臺灣文
　　　　　　　學館　2005 年 3 月　頁 7—9

---

[1]《張秀亞選集》爲《七弦琴》、《凡妮的手冊》、《懷念》三書之集結。

30. 張秀亞　　　　我寫《田園之歌》²　暢流　第 10 卷第 10 期　1955 年 1 月　頁 45

31. 張秀亞　　　　自序　湖上　臺中　光啓出版社　1979 年 12 月　頁 1—2

32. 張秀亞　　　　《湖上》自序　張秀亞全集‧散文卷二　臺南　國家臺灣文學館
　　　　　　　　　2005 年 3 月　頁 9—10

33. 張秀亞　　　　我寫《田園之歌》　張秀亞全集‧散文卷八　臺南　國家臺灣文學
　　　　　　　　　館　2005 年 3 月　頁 191　194

34. 張秀亞　　　　《凡妮的手冊》序　幼獅文藝　第 7 期　1955 年 3 月　頁 34

35. 張秀亞　　　　自序　凡妮的手冊　高雄　大業書店　1955 年 3 月　頁 1—3

36. 張秀亞　　　　《凡妮的手冊》自序　張秀亞散文集　高雄　大業書店　1962 年
　　　　　　　　　12 月　頁 1—3

37. 張秀亞　　　　《凡妮的手冊》自序　張秀亞選集　高雄　大業書店　1964 年 8 月
　　　　　　　　　頁 1—3

38. 張秀亞　　　　《凡妮的手冊》自序　張秀亞全集‧散文卷一　臺南　國家臺灣文
　　　　　　　　　學館　2005 年 3 月　頁 307—309

39. 張秀亞　　　　《凡妮的手冊》再版題記　文壇　第 53 期　1955 年 11 月　頁 18

40. 張秀亞　　　　《凡妮的手冊》再版後記　張秀亞全集‧散文卷一　臺南　國家臺
　　　　　　　　　灣文學館　2005 年 3 月　頁 409—410

41. 張秀亞　　　　《感情的花朵》前記　自由中國　第 13 卷第 12 期　1955 年 12 月
　　　　　　　　　頁 27

42. 張秀亞　　　　前記　感情的花朵　臺北　文壇社　1974 年 7 月　頁 1—4

43. 張秀亞　　　　《感情的花朵》前記　張秀亞全集‧小說卷二　臺南　國家臺灣文
　　　　　　　　　學館　2005 年 3 月　頁 73—76

44. 張秀亞　　　　《感情的花朵》前記　張秀亞全集‧資料卷　臺南　國家臺灣文學
　　　　　　　　　館　2005 年 3 月　頁 277—280

45. 張秀亞　　　　指向平凡——我的寫作南針　幼獅文藝　第 39 期　1958 年 1 月
　　　　　　　　　頁 11

---

²《田園之歌》後易名爲《湖上》。

46. 張秀亞　　　我試寫《湖上》　中央日報　1958 年 2 月 28 日　6 版

47. 張秀亞　　　我試寫《湖上》　曼陀羅　臺中　光啓出版社　1979 年 6 月　頁 300—304

48. 張秀亞　　　我試寫《湖上》　張秀亞全集‧散文卷三　臺南　國家臺灣文學館 2005 年 3 月　頁 377—380

49. 張秀亞　　　我試寫《湖上》　張秀亞全集‧資料卷　臺南　國家臺灣文學館 2005 年 3 月　頁 225—228

50. 張秀亞　　　再版題記　女兒行　臺中　光啓出版社　1959 年 6 月　〔1〕頁

51. 張秀亞　　　《女兒行》再版題記　張秀亞全集‧小說卷二　臺南　國家臺灣文 學館　2005 年 3 月　頁 263—266

52. 張秀亞　　　談小說（代序）　女兒行　臺中　光啓出版社　1959 年 6 月　頁 5 —12

53. 張秀亞　　　談小說（代序）　張秀亞全集‧小說卷二　臺南　國家臺灣文學館 2005 年 3 月　頁 147—155

54. 張秀亞　　　談小說（節選）　張秀亞作品選　西安　陝西人民出版社　1987 年 6 月　頁 376—384

55. 張秀亞　　　前記　現任的教宗是誰？　臺中　光啓出版社　1959 年 7 月　頁 3

56. 張秀亞　　　苦奈樹——我的生活及文藝道路　三色菫　臺北　重光文藝出版社 1962 年 2 月　頁 73—83

57. 張秀亞　　　苦奈樹——我的生活及文藝道路　三色菫　臺北　爾雅出版社 1981 年 10 月　頁 133—150

58. 張秀亞　　　苦奈樹——我的生活及文藝道路　月依依　北京　人民日報出版社 1996 年 10 月　頁 188—201

59. 張秀亞　　　苦奈樹——我的生活及文藝道路　張秀亞全集‧散文卷一　臺南 國家臺灣文學館　2005 年 3 月　頁 160—172

60. 張秀亞　　　苦奈樹——我的生活及文藝道路　種花記　南京　江蘇文藝出版社 2007 年 8 月　頁 267—276

61. 張秀亞　　　作品與時代（代序）　張秀亞散文集　高雄　大業書店　1962 年 12 月　頁 1—4

62. 張秀亞　　　作品與時代（代序）　懷念　高雄　大業書店　1964 年 8 月　頁 1—4

63. 張秀亞　　　作品與時代（代序）　張秀亞選集　高雄　大業書店　1964 年 8 月 頁 1—4

64. 張秀亞　　　作品與時代（代序）　張秀亞自選集　臺北　皇冠出版社　1976 年 4 月　頁 161—165

65. 張秀亞　　　作品與時代（代序）　張秀亞全集・散文卷一　臺南　國家臺灣文 學館　2005 年 3 月　頁 413—416

66. 張秀亞，雷文炳　　總序　西洋藝術史綱・第一冊　臺中　光啓出版社　1964 年 4 月 頁 3—8

67. 張秀亞，雷文炳　　總序　西洋藝術史綱・第四冊　臺中　光啓出版社　1968 年 12 月　頁 3—8

68. 張秀亞，雷文炳　　總序　西洋藝術史綱・第五冊　臺中　光啓出版社　1969 年 6 月　頁 3—8

69. 張秀亞，雷文炳　　總序　西洋藝術史綱・第二冊　臺中　光啓出版社　1969 年 10 月　頁 3—8

70. 張秀亞，雷文炳　　總序　西洋藝術史綱・第六冊　臺中　光啓出版社　1970 年 9 月　頁 3—8

71. 張秀亞，雷文炳　　總序　西洋藝術史綱・第七冊　臺中　光啓出版社　1970 年 11 月　頁 3—8

72. 張秀亞，雷文炳　　總序　西洋藝術史綱・第八冊　臺中　光啓出版社　1971 年 1 月　頁 3—8

73. 張秀亞，雷文炳　　總序　西洋藝術史綱・第九冊　臺中　光啓出版社　1971 年 3 月　頁 3—8

74. 張秀亞，雷文炳　　總序　西洋藝術史綱・第三冊　臺中　光啓出版社　1974

年 6 月　頁 3—8

75. 張秀亞，雷文炳　　總序　西洋藝術史綱·第十冊　臺中　光啓出版社　1977
　　　年 10 月　頁 3—8

76. 張秀亞，雷文炳　　總序　西洋藝術史綱·第十一冊　臺中　光啓出版社
　　　1978 年 10 月　頁 3—8

77. 張秀亞　　詩和我　懷念　高雄　大業書店　1964 年 8 月　頁 57—60

78. 張秀亞　　詩與我　張秀亞選集　高雄　大業書店　1964 年 8 月　頁 57—60

79. 張秀亞　　詩和我　張秀亞自選集　臺北　皇冠出版社　1976 年 4 月　頁 73
　　　—77

80. 張秀亞　　詩與我　杏黃月　臺北　林白出版社　1985 年 12 月　頁 97—102

81. 張秀亞　　詩和我　杏黃月　武漢　長江文藝出版社　1993 年 10 月　頁 242
　　　—245

82. 張秀亞　　詩和我　月依依　北京　人民日報出版社　1996 年 10 月　頁 310
　　　—314

83. 張秀亞　　詩與我　秋水詩刊　第 97 期　1998 年 4 月　頁 8

84. 張秀亞　　詩與我　種花記　南京　江蘇文藝出版社　2007 年 8 月　頁 263—
　　　266

85. 張秀亞　　我學寫詩　懷念　高雄　大業書店　1964 年 8 月　頁 61—67

86. 張秀亞　　我學寫詩　張秀亞選集　高雄　大業書店　1964 年 8 月　頁 61—
　　　67

87. 張秀亞　　我學寫詩　杏黃月　臺北　林白出版社　1985 年 12 月　頁 103—
　　　112

88. 張秀亞　　我學寫詩　張秀亞全集·散文卷一　臺南　國家臺灣文學館　2005
　　　年 3 月　頁 474—481

89. 張秀亞　　《曼陀羅》後記　中央日報　1965 年 4 月 15 日　6 版

90. 張秀亞　　後記　曼陀羅　臺中　光啓出版社　1965 年 5 月　頁 333—335

91. 張秀亞　　後記　曼陀羅　臺中　光啓出版社　1967 年 10 月　頁 333—335

92. 張秀亞　　　　後記　曼陀羅　臺中　光啓出版社　1979 年 6 月　頁 333—335

93. 張秀亞　　　　《曼陀羅》後記　張秀亞全集・散文卷三　臺南　國家臺灣文學館　2005 年 3 月　頁 403—404

94. 張秀亞　　　　《曼陀羅》後記　張秀亞全集・資料卷　臺南　國家臺灣文學館　2005 年 3 月　頁 234—235

95. 張秀亞　　　　我試譯《恨與愛》　曼陀羅　臺中　光啓出版社　1965 年 5 月　頁 316—321

96. 張秀亞　　　　我試譯《恨與愛》　曼陀羅　臺中　光啓出版社　1967 年 10 月　頁 316—321

97. 張秀亞　　　　我試譯《恨與愛》　曼陀羅　臺中　光啓出版社　1979 年 6 月　頁 316—321

98. 張秀亞　　　　我試譯《恨與愛》　張秀亞全集・散文卷三　臺南　國家臺灣文學館　2005 年 3 月　頁 389—393

99. 張秀亞　　　　我試譯《恨與愛》　張秀亞全集・資料卷　臺南　國家臺灣文學館　2005 年 3 月　頁 229—233

100. 張秀亞　　　《尋夢草》前記[3]　尋夢草　臺北　臺灣商務印書館　1965 年 12 月　頁 1—5

101. 張秀亞　　　《尋夢草》前記　尋夢草　臺北　晨星出版社　1984 年 4 月　頁 5—12

102. 張秀亞　　　前記　藝術與愛情　臺北　三民書局　1985 年 9 月　頁 13—19

103. 張秀亞　　　《尋夢草》前記　張秀亞全集・小說卷一　臺南　國家臺灣文學館　2005 年 3 月　頁 397—402

104. 張秀亞　　　《尋夢草》前記　張秀亞全集・資料卷　臺南　國家臺灣文學館　2005 年 3 月　頁 216—221

105. 張秀亞　　　寫作・寫作——張秀亞　中央日報　1967 年 1 月 5 日　6 版

106. 張秀亞　　　寫作・寫作——張秀亞　書房一角　臺中　光啓出版社　1970 年

---

[3]《尋夢草》一書後略有新增，改名爲《藝術與愛情》，由三民書局出版。

6 月　頁 129—139

107. 張秀亞　　寫作‧寫作　張秀亞自選集　臺北　皇冠出版社　1976 年 4 月
　　　　　　　頁 171—178

108. 張秀亞　　寫作‧寫作　筆墨生涯　臺北　中央日報社　1979 年 9 月　頁 60
　　　　　　　—67

109. 張秀亞　　寫作‧寫作　月依依　北京　人民日報出版社　1996 年 10 月　頁
　　　　　　　297—304

110. 張秀亞　　寫作‧寫作　張秀亞全集‧散文卷四　臺南　國家臺灣文學館
　　　　　　　2005 年 3 月　頁 382—388

111. 張秀亞　　寫作‧寫作　張秀亞全集‧資料卷　臺南　國家臺灣文學館
　　　　　　　2005 年 3 月　頁 253—259

112. 張秀亞　　寫作‧寫作（代序）　種花記　南京　江蘇文藝出版社　2007 年
　　　　　　　8 月　頁 1—6

113. 張秀亞　　明年的寫作計畫　中國一周　第 873 期　1967 年 1 月 16 日　頁
　　　　　　　15

114. 張秀亞　　我的編輯經驗　牧羊女　臺北　光啓出版社　1967 年 3 月　頁
　　　　　　　109—114

115. 張秀亞　　我的編輯經驗　張秀亞全集‧散文卷一　臺南　國家臺灣文學館
　　　　　　　2005 年 3 月　頁 292—297

116. 張秀亞　　我的編輯經驗　張秀亞全集‧資料卷　臺南　國家臺灣文學館
　　　　　　　2005 年 3 月　頁 271—276

117. 張秀亞　　我的寫作生活　曼陀羅　臺中　光啓出版社　1967 年 10 月　頁
　　　　　　　322—332

118. 張秀亞　　我的寫作生活　女作家寫作生活與書簡　臺南　慈暉出版社
　　　　　　　1974 年 10 月　頁 27—36

119. 張秀亞　　我的寫作生活　曼陀羅　臺中　光啓出版社　1979 年 6 月　頁
　　　　　　　322—332

120. 張秀亞　我的寫作生活　愛的輕歌　臺北　論壇出版社　1984 年 9 月　頁
76—80

121. 張秀亞　我的寫作生活　張秀亞全集・散文卷三　臺南　國家臺灣文學館
2005 年 3 月　頁 394—402

122. 張秀亞　我的寫作生活　張秀亞全集・資料卷　臺南　國家臺灣文學館
2005 年 3 月　頁 260—265

123. 張秀亞　第五版的話　北窗下　臺中　光啓出版社　1968 年 2 月　〔2〕頁

124. 張秀亞　第五版的話　北窗下　臺中　光啓出版社　1981 年 1 月　頁 12—
13

125. 張秀亞　《北窗下》第五版的話　張秀亞全集・散文卷三　臺南　國家臺
灣文學館　2005 年 3 月　頁 153—154

126. 張秀亞　第五版的話　北窗下　臺北　爾雅出版社　2005 年 10 月　頁 22
—23

127. 張秀亞　三版題記　北窗下　臺中　光啓出版社　1968 年 2 月　〔1〕頁

128. 張秀亞　三版題記　北窗下　臺中　光啓出版社　1981 年 1 月　頁 14

129. 張秀亞　《北窗下》三版題記　張秀亞全集・散文卷三　臺南　國家臺灣
文學館　2005 年 3 月　頁 152

130. 張秀亞　三版題記　北窗下　臺北　爾雅出版社　2005 年 10 月　頁 24

131. 張秀亞　前記　北窗下　臺中　光啓出版社　1968 年 2 月　頁 1—3

132. 張秀亞　前記　北窗下　臺中　光啓出版社　1981 年 1 月　頁 1

133. 張秀亞　《北窗下》前記　張秀亞全集・散文卷三　臺南　國家臺灣文學
館　2005 年 3 月　頁 9—10

134. 張秀亞　前記　北窗下　臺北　爾雅出版社　2005 年 10 月　頁 25—26

135. 張秀亞　寫在《愛琳的日記》四版付印前夕　愛琳的日記　臺北　三民書
局　1968 年 8 月　〔1〕頁

136. 張秀亞　寫在《愛琳的日記》四版付印前夕　張秀亞全集・散文卷二　臺
南　國家臺灣文學館　2005 年 3 月　頁 307—309

137. 張秀亞　　寫作二十年（代序）　愛琳的日記　臺北　三民書局　1968 年 8
　　　　　　　月　頁 1—9

138. 張秀亞　　寫作二十年　現代中國文學家傳記　臺北　大人出版社　1978 年
　　　　　　　10 月　頁 127—137

139. 張秀亞　　寫作二十年（節選）　張秀亞作品選　西安　陝西人民出版社
　　　　　　　1987 年 6 月　頁 340—348

140. 張秀亞　　寫作二十年（代序）　張秀亞全集・散文卷二　臺南　國家臺灣
　　　　　　　文學館　2005 年 3 月　頁 164—174

141. 張秀亞　　寫作二十年　張秀亞全集・資料卷　臺南　國家臺灣文學館
　　　　　　　2005 年 3 月　頁 236—246

142. 張秀亞　　《文苑》──一個學生們編的刊物　愛琳的日記　臺北　三民書
　　　　　　　局　1968 年 8 月　頁 90—93

143. 張秀亞　　《文苑》──一個學生們編的刊物（節選）　張秀亞作品選　西
　　　　　　　安　陝西人民出版社　1987 年 6 月　頁 335—340

144. 張秀亞　　《文苑》──一個學生們編的刊物　張秀亞全集・散文卷二　臺
　　　　　　　南　國家臺灣文學館　2005 年 3 月　頁 268—272

145. 張秀亞　　談文藝創作（代跋）　愛琳的日記　臺北　三民書局　1968 年 8
　　　　　　　月　頁 111—122

146. 張秀亞　　談文藝創作（代跋）　張秀亞全集・散文卷二　臺南　國家臺灣
　　　　　　　文學館　2005 年 3 月　頁 293—306

147. 張秀亞　　《愛琳的日記》序　中央日報　1969 年 1 月 14 日　9 版

148. 張秀亞　　《愛琳的日記》序　張秀亞全集・散文卷八　臺南　國家臺灣文
　　　　　　　學館　2005 年 3 月　頁 298—301

149. 張秀亞　　自序　那飄去的雲　臺北　三民書局　1969 年 7 月　頁 1

150. 張秀亞　　自序　那飄去的雲　臺北　三民書局　1988 年 5 月　頁 1

151. 張秀亞　　自序　那飄去的雲　臺北　三民書局　2005 年 1 月　頁 1

152. 張秀亞　　《那飄去的雲》自序　張秀亞全集・小說卷二　臺南　國家臺灣

　　　　　　　　文學館　2005 年 3 月　頁 267

153.　張秀亞　　《心之所寄》自序[4]　中央日報　1969 年 8 月 26 日　9 版

154.　張秀亞　　前記　心寄何處　臺中　光啓出版社　1969 年 9 月　頁 1—3

155.　張秀亞　　《心寄何處》前記　張秀亞全集・散文卷四　臺南　國家臺灣文
　　　　　　　　學館　2005 年 3 月　頁 219—220

156.　張秀亞　　我們對文學的意見——我們對文學的意見　文壇　第 120 期
　　　　　　　　1970 年 6 月　頁 17

157.　張秀亞　　《湖上》第十版短序　中央日報　1970 年 9 月 25 日　9 版

158.　張秀亞　　寫在第十版前面　湖上　臺中　光啓出版社　1979 年 12 月
　　　　　　　　〔 1 〕頁

159.　張秀亞　　《湖上》寫在第十版前面　張秀亞全集・散文卷二　臺南　國家
　　　　　　　　臺灣文學館　2005 年 3 月　頁 160

160.　張秀亞　　譯者前記　改造世界　臺北　光啓出版社　1971 年 3 月　頁 1—3

161.　張秀亞　　《在華五十年》序　在華五十年　臺北　光啓出版社　1971 年 7
　　　　　　　　月　頁 1—4

162.　張秀亞　　我的道路　女作家自傳　臺北　中美文化出版社　1972 年 5 月
　　　　　　　　頁 76—87

163.　張秀亞　　不算「選集」——寫在《自選集》的前面[5]　中央日報　1972 年 7
　　　　　　　　月 23 日　12 版

164.　張秀亞　　寫在《自選集》的前面　張秀亞自選集　臺北　皇冠出版社
　　　　　　　　1976 年 4 月　頁 3—11

165.　張秀亞　　驀的回首——序《自選集》（皇冠版）　人生小景　臺北　水芙
　　　　　　　　蓉出版社　1978 年 6 月　頁 143—151

166.　張秀亞　　驀的回首——序《自選集》（皇冠版）　人生小景　臺北　晨星
　　　　　　　　出版社　1985 年 9 月　頁 169—179

---

[4]《心之所寄》後易名爲《心寄何處》。
[5]本文後改篇名爲〈驀的回首——序《自選集》（皇冠版）〉。

167. 張秀亞　驀的回首——序《自選集》　張秀亞全集・散文卷五　臺南　國家臺灣文學館　2005 年 3 月　頁 388—395

168. 張秀亞　寫在《自選集》的前面　張秀亞全集・散文卷八　臺南　國家臺灣文學館　2005 年 3 月　頁 11—18

169. 張秀亞　前記　水仙辭　臺北　三民書局　1973 年 2 月　頁 1—3

170. 張秀亞　《水仙辭》前記　張秀亞全集・散文卷五　臺南　國家臺灣文學館　2005 年 3 月　頁 9—11

171. 張秀亞　談現代散文（代跋）　水仙辭　臺北　三民書局　1973 年 2 月　頁 161—164

172. 張秀亞　談現代散文（代跋）　張秀亞全集・散文卷五　臺南　國家臺灣文學館　2005 年 3 月　頁 139—142

173. 張秀亞　談現代散文（代跋）　種花記　南京　江蘇文藝出版社　2007 年 8 月　頁 247—249

174. 張秀亞　自序　天香庭院　臺北　先知出版社　1973 年 7 月　頁 3

175. 張秀亞　《天香庭院》自序　張秀亞全集・散文卷五　臺南　國家臺灣文學館　2005 年 3 月　頁 145

176. 張秀亞　後記　天香庭院　臺北　先知出版社　1973 年 7 月　頁 201—204

177. 張秀亞　《天香庭院》後記　張秀亞全集・散文卷五　臺南　國家臺灣文學館　2005 年 3 月　頁 265—267

178. 張秀亞　談散文　張秀亞自選集　臺北　皇冠出版社　1976 年 4 月　頁 179—182

179. 張秀亞　談散文　月依依　北京　人民日報出版社　1996 年 10 月　頁 305—309

180. 張秀亞　談散文　張秀亞全集・資料卷　臺南　國家臺灣文學館　2005 年 3 月　頁 249—252

181. 張秀亞　千里姻緣——我的另一半　中華日報　1977 年 6 月 13 日　11 版

182. 張秀亞　千里姻緣——我的另一半　寫作是藝術　臺北　東大圖書公司

1978 年 8 月　頁 30—39

183. 張秀亞　千里姻緣　歡喜冤家　臺北　健行文化出版公司　1991 年 7 月　頁 254—266

184. 張秀亞　千里姻緣　月依依　北京　人民日報出版社　1996 年 10 月　頁 172—181

185. 張秀亞　千里姻緣　張秀亞全集・散文卷六　臺南　國家臺灣文學館　2005 年 3 月　頁 40—48

186. 張秀亞　千里姻緣　張秀亞全集・資料卷　臺南　國家臺灣文學館　2005 年 3 月　頁 305—313

187. 張秀亞　千里姻緣　種花記　南京　江蘇文藝出版社　2007 年 8 月　頁 204—211

188. 張秀亞　大龍河畔的尋夢者（上、下）　愛書人　第 51—52 期　1977 年 9 月 21 日，10 月 1 日　3 版

189. 張秀亞　大龍河畔的尋夢者　人生小景　臺北　水芙蓉出版社　1979 年 1 月　頁 135—141

190. 張秀亞　大龍河畔的尋夢者　人生小景　臺北　晨星出版社　1985 年 9 月　頁 161—168

191. 張秀亞　大龍河畔的尋夢者　張秀亞全集・散文卷五　臺南　國家臺灣文學館　2005 年 3 月　頁 382—387

192. 張秀亞　大龍河畔的尋夢者　張秀亞全集・資料卷　臺南　國家臺灣文學館　2005 年 3 月　頁 295—300

193. 張秀亞　大龍河畔的尋夢者　張秀亞散文精選　臺北　臺灣商務印書館　2008 年 6 月　頁 63—70

194. 張秀亞　我寫詩　張秀亞自選集　臺北　皇冠出版社　1978 年 3 月　頁 78—85

195. 張秀亞　我寫詩（節選）　張秀亞作品選　西安　陝西人民出版社　1987 年 6 月　頁 331—334

196. 張秀亞　　　自序　我的水墨小品　臺北　道聲出版社　1978 年 6 月　〔4〕頁

197. 張秀亞　　　《我的水墨小品》自序　張秀亞全集・詩卷　臺南　國家臺灣文學館　2005 年 3 月　頁 162—164

198. 張秀亞　　　創造散文的新風格——代序　人生小景　臺北　水芙蓉出版社　1978 年 6 月　頁 3—5

199. 張秀亞　　　創造散文的新風格　張秀亞作品選　西安　陝西人民出版社　1987 年 6 月　頁 384—386

200. 張秀亞　　　創造散文的新風格（代序）　張秀亞全集・散文卷五　臺南　國家臺灣文學館　2005 年 3 月　頁 273—275

201. 張秀亞　　　創造散文的新風格　種花記　南京　江蘇文藝出版社　2007 年 8 月　頁 250—251

202. 張秀亞　　　我學寫小說　人生小景　臺北　水芙蓉出版社　1978 年 6 月　頁 57—60

203. 張秀亞　　　我學寫小說　人生小景　臺北　晨星出版社　1985 年 9 月　頁 63—67

204. 張秀亞　　　我學寫小說　張秀亞全集・散文卷五　臺南　國家臺灣文學館　2005 年 3 月　頁 320—326

205. 張秀亞　　　我第一次投稿　人生小景　臺北　水芙蓉出版社　1978 年 6 月　頁 61—68

206. 張秀亞　　　我第一次投稿　人生小景　臺北　晨星出版社　1985 年 9 月　頁 69—77

207. 張秀亞　　　我第一次投稿　張秀亞作品選　西安　陝西人民出版社　1987 年 6 月　頁 325—328

208. 張秀亞　　　我第一次投稿　張秀亞全集・散文卷五　臺南　國家臺灣文學館　2005 年 3 月　頁 320—326

209. 張秀亞　　　自序　寫作是藝術　臺北　東大圖書公司　1978 年 8 月　頁 1—4

210. 張秀亞　　　《寫作是藝術》自序　張秀亞全集・散文卷六　臺南　國家臺灣

　　　　　　　文學館　　2005 年 3 月　　頁 9—12

211. 張秀亞　　自序　詩人的小木屋　臺中　光啓出版社　1978 年 9 月　　頁 1—7

212. 張秀亞　　《詩人的小木屋》自序　張秀亞全集・散文卷六　臺南　國家臺
　　　　　　　灣文學館　2005 年 3 月　　頁 127—131

213. 張秀亞　　談寫詩——答客問　詩人的小木屋　臺中　光啓出版社　1978 年
　　　　　　　9 月　頁 75—82

214. 張秀亞　　談寫詩——答客問　張秀亞全集・散文卷六　臺南　國家臺灣文
　　　　　　　學館　2005 年 3 月　　頁 183—187

215. 張秀亞　　《聖女之歌》[6]　詩人的小木屋　臺中　光啓出版社　1978 年 9 月
　　　　　　　頁 153—158

216. 張秀亞　　新版前記　聖女之歌　臺北　大地出版社　1986 年 4 月　　頁 1—4

217. 張秀亞　　《聖女之歌》　張秀亞全集・散文卷六　臺南　國家臺灣文學館
　　　　　　　2005 年 3 月　　頁 238—241

218. 張秀亞　　《聖女之歌》新版前記　張秀亞全集・翻譯卷一　臺南　國家臺
　　　　　　　灣文學館　2005 年 3 月　　頁 59—62

219. 張秀亞　　夢・風雨・墨痕　中副選集・第十八輯　臺北　中央日報社
　　　　　　　1978 年 10 月　頁 1—11

220. 張秀亞　　《秋池畔》後記　秋池畔　臺中　光啓出版社　1979 年 4 月　　頁
　　　　　　　117

221. 張秀亞　　《秋池畔》後記　張秀亞全集・詩卷　臺南　國家臺灣文學館
　　　　　　　2005 年 3 月　　頁 158

222. 張秀亞　　《湖水・秋燈》前記　中央日報　1979 年 6 月 21 日　10 版

223. 張秀亞　　前記　湖水・秋燈　臺北　九歌出版社　1981 年 12 月　頁 3—5

224. 張秀亞　　《湖水・秋燈》前記　張秀亞全集・散文卷六　臺南　國家臺灣
　　　　　　　文學館　2005 年 3 月　　頁 269—270

225. 張秀亞　　我寫《石竹花的沉思》　中央日報　1979 年 6 月 27 日　11 版

---

[6]本文為《聖女之歌》新版前記。

226. 張秀亞　　我寫《石竹花的沉思》　海棠樹下小窗前　香港　星島出版社　1984 年 6 月　頁 158—160

227. 張秀亞　　我寫《石竹花的沉思》　張秀亞全集・散文卷七　臺南　國家臺灣文學館　2005 年 3 月　頁 454—456

228. 張秀亞　　《石竹花的沉思》題記[7]　中央日報　1979 年 7 月 25 日　10 版

229. 張秀亞　　前記　石竹花的沉思　臺北　道聲出版社　1981 年 10 月　〔2〕頁

230. 張秀亞　　《石竹花的沉思》前記　張秀亞全集・散文卷七　臺南　國家臺灣文學館　2005 年 3 月　頁 12—13

231. 張秀亞　　再版序言　牧羊女　臺中　光啓出版社　1979 年 12 月　頁 3—4

232. 張秀亞　　《牧羊女》再版序言　張秀亞全集・散文卷一　臺南　國家臺灣文學館　2005 年 3 月　頁 302—303

233. 張秀亞　　寫在第六版付印的前夕　湖上　臺中　光啓出版社　1979 年 12 月　〔1〕頁

234. 張秀亞　　《湖上》寫在第六版付印的前夕　張秀亞全集・散文卷二　臺南　國家臺灣文學館　2005 年 3 月　頁 159

235. 張秀亞　　寫在五版前　湖上　臺中　光啓出版社　1979 年 12 月　〔1〕頁

236. 張秀亞　　《湖上》寫在五版前　張秀亞全集・散文卷二　臺南　國家臺灣文學館　2005 年 3 月　頁 158

237. 張秀亞　　三版的話　湖上　臺中　光啓出版社　1979 年 12 月　〔1〕頁

238. 張秀亞　　《湖上》三版的話　張秀亞全集・散文卷二　臺南　國家臺灣文學館　2005 年 3 月　頁 157

239. 張秀亞　　再版題記　湖上　臺中　光啓出版社　1979 年 12 月　〔2〕頁

240. 張秀亞　　《湖上》再版題記　張秀亞全集・散文卷二　臺南　國家臺灣文學館　2005 年 3 月　頁 155—156

241. 張秀亞　　我的寫作經驗　湖上　臺中　光啓出版社　1979 年 12 月　頁 132

---

[7]本文後改篇名爲〈《石竹花的沉思》前記〉。

—139

242. 張秀亞　我的寫作經驗　張秀亞全集・散文卷二　臺南　國家臺灣文學館 2005 年 3 月　頁 136—142

243. 張秀亞　前記　書房一角　臺北　光啓出版社　1980 年 2 月　頁 1—2

244. 張秀亞　《書房一角》前記　張秀亞全集・散文卷四　臺南　國家臺灣文 學館　2005 年 3 月　頁 307—308

245. 張秀亞　寫在五版前面　恨與愛　臺中　光啓出版社　1980 年 10 月 〔1〕頁

246. 張秀亞　《恨與愛》寫在五版前面　張秀亞全集・翻譯卷二　臺南　國家 臺灣文學館　2005 年 3 月　頁 223

247. 張秀亞　四版的話　恨與愛　臺中　光啓出版社　1980 年 10 月　〔1〕頁

248. 張秀亞　《恨與愛》四版的話　張秀亞全集・翻譯卷二　臺南　國家臺灣 文學館　2005 年 3 月　頁 222

249. 張秀亞　再版序言　恨與愛　臺中　光啓出版社　1980 年 10 月　頁 1—4

250. 張秀亞　《恨與愛》再版序言　張秀亞全集・翻譯卷二　臺南　國家臺灣 文學館　2005 年 3 月　頁 218—221

251. 張秀亞　譯者前記　恨與愛　臺中　光啓出版社　1980 年 10 月　頁 5—10

252. 張秀亞　寫在第二十版的前面　北窗下　臺中　光啓出版社　1981 年 1 月 〔3〕頁

253. 張秀亞　崇高的庸俗——寫在《北窗下》第二十版印行前夕　湖水・秋燈 臺北　九歌出版社　1981 年 12 月　頁 137—139

254. 張秀亞　崇高的庸俗——寫在《北窗下》第二十版印行前夕　與紫丁香有 約　臺北　九歌出版社　2002 年 3 月　頁 210—212

255. 張秀亞　《北窗下》寫在第二十版的前面　張秀亞全集・散文卷三　臺南 國家臺灣文學館　2005 年 3 月　頁 156—158

256. 張秀亞　崇高的庸俗——寫在《北窗下》第二十版印行前夕　張秀亞全 集・散文卷六　臺南　國家臺灣文學館　2005 年 3 月　頁 359—

360

257. 張秀亞　寫在第二十版前面　北窗下　臺北　爾雅出版社　2005 年 10 月　頁 17—19

258. 張秀亞　《北窗下》十版題記　北窗下　臺北　光啓出版社　1981 年 1 月　頁 11

259. 張秀亞　《北窗下》十版題記　張秀亞全集・散文卷三　臺南　國家臺灣文學館　2005 年 3 月　頁 155

260. 張秀亞　《北窗下》十版題記　北窗下　臺北　爾雅出版社　2005 年 10 月　頁 20—21

261. 張秀亞　詩畫長卷作者的自白　新文藝　第 300 期　1981 年 3 月　頁 90—91

262. 張秀亞　略談我散文寫作的經驗　中央月刊　第 13 卷第 5 期　1981 年 3 月　頁 100—101

263. 張秀亞　略談我散文寫作經驗　張秀亞全集・資料卷　臺南　國家臺灣文學館　2005 年 3 月　頁 247—248

264. 張秀亞　《我與文學》前記　我與文學　臺北　三民書局　1981 年 5 月　頁 1—3

265. 張秀亞　《我與文學》前記　張秀亞全集・散文卷四　臺南　國家臺灣文學館　2005 年 3 月　頁 9—10

266. 張秀亞　前記　我與文學　臺北　三民書局　2006 年 6 月　頁 1—2

267. 張秀亞　詩・生活　我與文學　臺北　三民書局　1981 年 5 月　頁 110—113

268. 張秀亞　詩・生活　我與文學　西安　陝西人民出版社　1998 年 5 月　頁 96—94

269. 張秀亞　詩・生活　我與文學　臺北　三民書局　2006 年 6 月　頁 103—106

270. 張秀亞　我與文學　我與文學　臺北　三民書局　1981 年 5 月　頁 171—

176

271. 張秀亞　我與文學　荷塘之憶　西安　陝西人民出版社　1998 年 5 月　頁 80—85

272. 張秀亞　我與文學　張秀亞全集・散文卷四　臺南　國家臺灣文學館 2005 年 3 月　頁 158—162

273. 張秀亞　我與文學　我與文學　臺北　三民書局　2006 年 6 月　頁 161— 166

274. 張秀亞　我試寫《西洋藝術史綱》　我與文學　臺北　三民書局　1981 年 5 月　頁 225—227

275. 張秀亞　我試寫《西洋藝術史綱》　張秀亞全集・散文卷四　臺南　國家 臺灣文學館　2005 年 3 月　頁 209—211

276. 張秀亞　我試寫《西洋藝術史綱》　我與文學　臺北　三民書局　2006 年 6 月　頁 217—219

277. 張秀亞　心靈的內在世界——《白鴿・紫丁花》前記　九歌雜誌　第 12 期 1981 年 7 月　1 版

278. 張秀亞　前記　白鴿・紫丁花　臺北　九歌出版社　1981 年 10 月　頁 3— 4

279. 張秀亞　《白鴿・紫丁花》前記　張秀亞全集・散文卷七　臺南　國家臺 灣文學館　2005 年 3 月　頁 163—164

280. 張秀亞　我的座右銘　白鴿・紫丁花　臺北　九歌出版社　1981 年 10 月 頁 204

281. 張秀亞　我的座右銘　與紫丁香有約　臺北　九歌出版社　2002 年 3 月 頁 210—212

282. 張秀亞　我的座右銘　張秀亞全集・散文卷七　臺南　國家臺灣文學館 2005 年 3 月　頁 311—312

283. 張秀亞　一株心靈的植物（代序）　三色堇　臺北　爾雅出版社　1981 年 10 月　頁 1—8

284. 張秀亞　　一株心靈的植物（代序）──爾雅版新增篇目　張秀亞全集・散文卷一　臺南　國家臺灣文學館　2005 年 3 月　頁 175—180

285. 張秀亞　　學習寫作者的自白　湖水・秋燈　臺北　九歌出版社　1981 年 12 月　頁 130—136

286. 張秀亞　　學習寫作者的自白　張秀亞全集・散文卷六　臺南　國家臺灣文學館　2005 年 3 月　頁 353—358

287. 張秀亞　　談我的兩本書　湖水・秋燈　臺北　九歌出版社　1981 年 12 月　頁 140—153

288. 張秀亞　　談我的兩本書　與紫丁香有約　臺北　九歌出版社　2002 年 3 月　頁 213—225

289. 張秀亞　　談我的兩本書　張秀亞全集・散文卷六　臺南　國家臺灣文學館　2005 年 3 月　頁 361—370

290. 張秀亞　　值得付出的代價　新文藝　第 314 期　1982 年 5 月　頁 16—17

291. 張秀亞　　年輕的湖　新文藝　第 325 期　1983 年 4 月　頁 16—17

292. 張秀亞　　譯者前記[8]　自己的屋子　臺北　純文學出版社　1983 年 5 月　頁 1—8

293. 張秀亞　　穿過陰影，散布智慧的星光（譯序）　自己的房間　臺北　天培文化公司　2000 年 1 月　頁 9—17

294. 張秀亞　　《自己的屋子》譯者前記　張秀亞全集・翻譯卷一　臺南　國家臺灣文學館　2005 年 3 月　頁 497—503

295. 張秀亞　　前記　論藝術　臺北　大地出版社　1983 年 9 月　頁 1—3

296. 張秀亞　　《論藝術》前記　張秀亞全集・翻譯卷二　臺南　國家臺灣文學館　2005 年 3 月　頁 491—492

297. 張秀亞　　抗戰時期中我的文藝生活[9]　文訊雜誌　第 7、8 期合刊　1984 年 2 月　頁 145—155

---

[8]本文後改篇名為〈穿過陰影，散布智慧的星光〉。
[9]本文後改篇名為〈把眼淚化為力量的泉源〉。

298. 張秀亞　把眼淚化爲力量的泉源　抗戰時期文學回憶錄　臺北　文訊雜誌
　　　　　　　社　1987 年 7 月　頁 297—309

299. 張秀亞　抗戰時期中我的文藝生活　張秀亞全集・資料卷　臺南　國家臺
　　　　　　　灣文學館　2005 年 3 月　頁 281—294

300. 張秀亞　我的筆耕生涯　海棠樹下小窗前　香港　星島出版社　1984 年 6
　　　　　　　月　頁 1—6

301. 張秀亞　我的筆耕生涯　張秀亞全集・散文卷七　臺南　國家臺灣文學館
　　　　　　　2005 年 3 月　頁 313—317

302. 張秀亞　前記　愛的輕歌　臺北　論壇出版社　1984 年 9 月　頁 1—2

303. 張秀亞　《愛的輕歌》前記　張秀亞全集・散文卷七　臺南　國家臺灣文
　　　　　　　學館　2005 年 3 月　頁 478—479

304. 張秀亞　張秀亞日記　感人的日記　臺北　希代書版公司　1984 年 12 月
　　　　　　　頁 157—167

305. 張秀亞　初春的夜空　風簷展書讀　臺北　純文學出版社　1985 年 1 月
　　　　　　　頁 278—284

306. 張秀亞　奔赴山城——抗戰時期的回憶　幼獅文藝　第 379 期　1985 年 7
　　　　　　　月　頁 45—50

307. 張秀亞　我寫作道路上的足跡——代序　人生小景　臺北　晨星出版社
　　　　　　　1985 年 9 月　頁 1—4

308. 張秀亞　我寫作道路上的足跡（代序）——晨星版《人生小景》　張秀亞
　　　　　　　全集・散文卷五　臺南　國家臺灣文學館　2005 年 3 月　頁 409
　　　　　　　—411

309. 張秀亞　自序　杏黃月　臺北　林白出版社　1985 年 12 月　頁 3—5

310. 張秀亞　《杏黃月》自序　張秀亞全集・散文卷七　臺南　國家臺灣文學
　　　　　　　館　2005 年 3 月　頁 511—513

311. 張秀亞　譯者前記　聖女之歌　臺北　大地出版社　1986 年 4 月　〔2〕頁

312. 張秀亞　《聖女之歌》譯者前記　張秀亞全集・翻譯卷・　臺南　國家臺

灣文學館　2005 年 3 月　頁 56—58

313. 張秀亞　　後記　聖女之歌　臺北　大地出版社　1986 年 4 月　頁 459

314. 張秀亞　　《聖女之歌》後記　張秀亞全集·翻譯卷一　臺南　國家臺灣文
學館　2005 年 3 月　頁 494

315. 張秀亞　　譯寫迢迢四十年　世界日報　1986 年 12 月 2 日　頁 35

316. 張秀亞　　譯寫迢迢四十年　走過歲月　臺北　晨星出版社　1988 年 3 月
頁 215—224

317. 張秀亞　　寫作是莊嚴的心靈事業（代跋）　愛的又一日　臺北　光復書局
1987 年 4 月　頁 117

318. 張秀亞　　寫作是莊嚴的心靈事業（代跋）　張秀亞全集·詩卷　臺南　國
家臺灣文學館　2005 年 3 月　頁 308

319. 張秀亞　　譯者序　心曲笛韻　臺北　光啓出版社　1987 年 9 月　〔2〕頁

320. 張秀亞　　張秀亞詩觀　秋水詩選　臺北　秋水詩刊社　1989 年 7 月　頁
201

321. 張秀亞　　文藝與我——心靈的莊嚴　中華日報　1992 年 9 月 30 日　10 版

322. 張秀亞　　心靈的莊嚴　張秀亞全集·散文卷八　臺南　國家臺灣文學館
2005 年 3 月　頁 454—456

323. 張秀亞　　譯者前序[10]　回憶錄：聖女小德蘭　臺北　光啓出版社　1996 年 8
月　頁 1—4

324. 張秀亞　　《回憶錄》譯者前記　張秀亞全集·翻譯卷二　臺南　國家臺灣
文學館　2005 年 3 月　頁 227—229

325. 張秀亞　　我爲什麼要寫作（代序）　月依依　北京　人民日報出版社
1996 年 10 月　〔1〕頁

326. 張秀亞　　我爲什麼要寫作（代序）　張秀亞全集·散文卷八　臺南　國家
臺灣文學館　2005 年 3 月　頁 66

327. 張秀亞　　不算序文　荷塘之憶　西安　陝西人民出版社　1998 年 5 月

[10]本文後改篇名爲〈《回憶錄》譯者前記〉。

〔2〕頁

328. 張秀亞　不算序文　張秀亞全集・散文卷八　臺南　國家臺灣文學館　2005 年 3 月　頁 89

329. 張秀亞　文字的手工藝　中副與我　臺北　中央日報社　1999 年 2 月　頁 26—30

330. 張秀亞　心聲　與紫丁香有約　臺北　九歌出版社　2002 年 3 月　頁 229—231

331. 張秀亞　我譯《心曲》　張秀亞全集・散文卷八　臺南　國家臺灣文學館　2005 年 3 月　頁 217—220

332. 張秀亞　我譯《蛇結》　張秀亞全集・散文卷八　臺南　國家臺灣文學館　2005 年 3 月　頁 221—224

333. 張秀亞　我的生活　張秀亞全集・散文卷八　臺南　國家臺灣文學館　2005 年 3 月　頁 231—234

334. 張秀亞　一年來的寫作生活　張秀亞全集・散文卷八　臺南　國家臺灣文學館　2005 年 3 月　頁 240—242

335. 張秀亞　十葉樹　張秀亞全集・散文卷八　臺南　國家臺灣文學館　2005 年 3 月　頁 275—276

336. 張秀亞　北窗之下──作者的心聲　張秀亞全集・散文卷八　臺南　國家臺灣文學館　2005 年 3 月　頁 322—324

337. 張秀亞　「詩畫長卷」作者的自白　張秀亞全集・散文卷八　臺南　國家臺灣文學館　2005 年 3 月　頁 325—327

338. 張秀亞　「亞藍手記」──前記　張秀亞全集・散文卷八　臺南　國家臺灣文學館　2005 年 3 月　頁 509—511

339. 張秀亞　《在大龍河畔》自序　張秀亞全集・小說卷一　臺南　國家臺灣文學館　2005 年 3 月　頁 51—56

340. 張秀亞　作者自傳　張秀亞全集・小說卷一　臺南　國家臺灣文學館　2005 年 3 月　頁 165—168

341. 張秀亞　《皈依》自序　張秀亞全集‧小說卷一　臺南　國家臺灣文學館
2005 年 3 月　頁 169—172

342. 張秀亞　《珂蘿佐女郎》寫在前面　張秀亞全集‧小說卷一　臺南　國家
臺灣文學館　2005 年 3 月　頁 299

343. 張秀亞　結婚十年　張秀亞全集‧資料卷　臺南　國家臺灣文學館　2005
年 3 月　頁 301—304

344. 張秀亞　寄給薔　我與文學　臺北　三民書局　2006 年 6 月　頁 120—123

他述

345. 碧　川〔琦　君〕　也無風雨也無晴——寄張秀亞女士　中央日報　1953
年 8 月 19 日　6 版

346. 碧　川　也無風雨也無晴——寄張秀亞女士　甜蜜的星光（下）——憶念
張秀亞女士的文學與生活　臺北　光啟文化公司　2003 年 9 月
頁 556—557

347. 繁　露　臺中二個女作家的遭遇〔張秀亞部分〕　聯合報　1953 年 12 月 4
日　5 版

348. 柳綠蔭　「聖女」張秀亞　中國一周　第 233 期　1954 年 10 月 11 日　頁
25

349. 歸　人　記張秀亞　筆匯　第 32 期　1958 年 10 月 1 日　3 版

350. 歸　人　記張秀亞　甜蜜的星光（下）——憶念張秀亞女士的文學與生活
臺北　光啟文化公司　2003 年 9 月　頁 562—566

351. 王怡之　田園女作家張秀亞　婦友　第 53 期　1959 年 2 月　頁 10—13

352. 〔中國時報〕　首屆文藝獎得獎人簡介〔張秀亞部分〕　中國時報　1960
年 5 月 4 日　2 版

353. 繁　露　謙和寬厚的張秀亞　自由青年　第 23 卷第 10 期　1960 年 5 月 16
日　頁 18

354. 繁　露　謙和寬厚的張秀亞　甜蜜的星光（下）——憶念張秀亞女士的文
學與生活　臺北　光啟文化公司　2003 年 9 月　頁 580—582

355. 繁　露　謙和寬厚的張秀亞　張秀亞全集・資料卷　臺南　國家臺灣文學館　2005 年 3 月　頁 388—390

356. 〔亞洲文學〕　作家書簡——張秀亞北上　亞洲文學　第 39、40 期合刊　1963 年 9 月　頁 28

357. 百　篇　張秀亞做喻麗清代母　幼獅文藝　第 160 期　1967 年 4 月　頁 231

358. 〔笠〕　笠下影——張秀亞　笠　第 22 期　1967 年 12 月　頁 15—17

359. 琦　君　秀亞　純文學　第 7 卷第 4 期　1970 年 4 月　頁 11

360. 琦　君　秀亞　張秀亞全集・資料卷　臺南　國家臺灣文學館　2005 年 3 月　頁 391—392

361. 程榕寧　為萬千女性讀者所喜愛的女作家張秀亞[11]　大華晚報　1972 年 2 月 27 日　8 版

362. 程榕寧　女作家張秀亞　水仙辭　臺北　三民書局　1973 年 2 月　頁 165—171

363. 程榕寧　為萬千女性讀者所喜愛的女作家張秀亞　甜蜜的星光（下）——憶念張秀亞女士的文學與生活　臺北　光啓文化公司　2003 年 9 月　頁 794—801

364. 程榕寧　為萬千女性讀者所喜愛的女作家張秀亞　張秀亞全集・資料卷　臺南　國家臺灣文學館　2005 年 3 月　頁 322—327

365. 應未遲　散文大家　藝文人物　臺北　空中雜誌社　1972 年 12 月　頁 167—168

366. 〔編輯部〕　小傳　秀亞自選集　臺北　黎明文化公司　1975 年 1 月　頁 1—2

367. 李立明　張秀亞　中國現代六百作家小傳　香港　波文書局　1977 年 10 月　頁 367—368

368. 羅　禾　文藝長廊——張秀亞　幼獅文藝　第 308 期　1979 年 8 月　頁

---

[11]本文後改篇名為〈女作家張秀亞〉。

177—178

369. 小　民　唯美、唯善的張秀亞　幼獅文藝　第 309 期　1979 年 9 月　頁
49—51

370. 小　民　唯美、唯善的張秀亞　親情　臺北　道聲出版社　1985 年 5 月
頁 215—217

371. 樸　月　綠苔庭院　中央日報　1981 年 3 月 4 日　12 版

372. 樸　月　綠苔庭院　綠苔庭院　臺北　學英文化公司　1984 年 5 月　頁 49
—61

373. 小　民　紫色的書簡——給秀亞大姊　中華日報　1981 年 4 月 12 日　10
版

374. 小　民　給秀亞大姊　紫色的書簡　臺北　道聲出版社　1981 年 12 月　頁
3—7

375.〔張　默編〕　張秀亞小傳、小評　剪成碧玉葉層層　臺北　爾雅出版社
1981 年 6 月　頁 1

376. 沙　穗　剪成碧玉葉層層——我讀《現代女詩人選集》〔張秀亞部分〕
臺灣時報　1981 年 8 月 8 日　12 版

377. 小　民　崇高的平凡美——張秀亞及他的作品　石竹花的沉思　臺北　道
聲出版社　1981 年 10 月　頁 185—191

378. 小　民　崇高的平凡美——張秀亞及他的作品　甜蜜的星光（下）——憶
念張秀亞女士的文學與生活　臺北　光啓文化公司　2003 年 9 月
頁 642—649

379. 王紹楨　傑出校友群像——蜚聲文壇的張秀亞校友　學府紀聞：輔仁大學
臺北　南京出版社　1982 年 2 月　頁 364

380. 齊志堯　張秀亞　作家的青少年時代　香港　昭明出版社　1982 年 11 月
頁 71

381. 林海音　剪影話文壇——女子弄文誠可喜　聯合報　1983 年 6 月 24 日　8
版

382. 林海音　女子弄文誠可喜　剪影話文壇　臺北　純文學出版社　1984 年 8 月　頁 62—65

383. 林海音　張秀亞／女子弄文誠可喜　林海音作品集・剪影話文壇　臺北　遊目族文化公司　2000 年 5 月　頁 61—64

384. 林海音　女子弄文誠可喜　甜蜜的星光（下）——憶念張秀亞女士的文學與生活　臺北　光啓文化公司　2003 年 9 月　頁 558—561

385. 林海音　女子弄文誠可喜　張秀亞全集・資料卷　臺南　國家臺灣文學館　2005 年 3 月　頁 393—395

386. 鐘麗慧　信望愛的張秀亞　青年戰士報　1983 年 8 月 10 日　11 版

387. 鐘麗慧　信望愛的張秀亞　甜蜜的星光（下）——憶念張秀亞女士的文學與生活　臺北　光啓文化公司　2003 年 9 月　頁 834—840

388. 鐘麗慧　信望愛的張秀亞　張秀亞全集・資料卷　臺南　國家臺灣文學館　2005 年 3 月　頁 361—365

389. 王晉民，鄺白曼　張秀亞　臺灣與海外華人作家小傳　福州　福建人民出版社　1983 年 9 月　頁 123—124

390. 許薌君　張秀亞——心靈的花園　聯合報　1983 年 10 月 17 日　12 版

391. 許薌君　張秀亞——心靈的花園　甜蜜的星光（下）——憶念張秀亞女士的文學與生活　臺北　光啓文化公司　2003 年 9 月　頁 936—938

392. 鐘麗慧　「五項全能」張秀亞　文藝月刊　第 180 期　1984 年 6 月　頁 8—18

393. 張樹柏　編者的話　海棠樹下小窗前　香港　星島出版社　1984 年 6 月　〔1〕頁

394. 張樹柏　《海棠樹下小窗前》編者的話　張秀亞全集・散文卷七　臺南　國家臺灣文學館　2005 年 3 月　頁 311—312

395. 劉枋　廣寒宮中一聖姑——記張秀亞　非花之花　臺北　采風出版社　1985 年 9 月　頁 13—17

396. 蔡秋銘　生命之美與力——張秀亞學長的世界　輔友　第 16 期　1985 年

11 月　3 版

397.〔九歌雜誌〕　　書緣‧書香〔張秀亞部分〕　九歌雜誌　第 62 期　1986 年
4 月　4 版

398. 鄭榮珍　從淪陷區奔往重慶──張秀亞　益世雜誌　第 74 期　1987 年 1 月
頁 12—13

399. 鐘麗慧　學貫中西──張秀亞　織錦的手　臺北　九歌出版社　1987 年 1
月　頁 107—121

400. 小　民　張秀亞永懷童心　中華日報　1987 年 4 月 16 日　11 版

401. 小　民　張秀亞永懷童心　九歌雜誌　第 78 期　1987 年 8 月　4 版

402. 趙立忠，田　宏　張秀亞簡介　張秀亞作品選　西安　陝西人民出版社
1987 年 6 月　頁 437—441

403. 齊　怡　赴美半載遍訪文藝城鎮──張秀亞歸來歡欣滿懷　民生報　1987
年 8 月 14 日　10 版

404. 齊　怡　赴美半載遍訪文藝城鎮──張秀亞歸來歡欣滿懷　甜蜜的星光
（下）──憶念張秀亞女士的文學與生活　臺北　光啓文化公司
2003 年 9 月　頁 944—945

405. 涂靜怡　詩人的畫像──唯美的女詩人張秀亞　秋水詩刊　第 56 期　1987
年 10 月　頁 86　92

406. 涂靜怡　唯美的女詩人──張秀亞　詩人的畫像　臺北　詩藝文出版社
2003 年 7 月　頁 66—75

407. 舒　蘭　女詩人群像──張秀亞　文訊雜誌　第 35 期　1988 年 4 月　頁
21—24

408. 潘瑞如　根深葉茂的苦奈樹──簡介臺灣女作家張秀亞　語文月刊　1988
年第 4 期　1988 年 4 月　頁 3—4

409.〔九歌雜誌〕　　書緣‧書香〔張秀亞部分〕　九歌雜誌　第 86 期　1988 年
4 月　4 版

410. 丘秀芷　老小老小──張大姊　青年日報　1988 年 10 月 19 日　14 版

411. 丘秀芷　老小老小──張大姊　風範：文壇前輩素描　臺北　正中書局 1996 年 10 月　頁 151─152

412. 黃秋芳　激流與風暴交奏出來的河唱──張秀亞女士心性中的柔與韌　文 訊雜誌　第 38 期　1988 年 10 月　頁 263─272

413. 黃秋芳　激流與風暴交奏出來的河唱──張秀亞女士心性中的柔與韌　筆 墨長青──十六位文壇耆宿　臺北　文訊雜誌社　1989 年 4 月 頁 294─303

414. 黃秋芳　激流與風暴交奏出來的河唱──張秀亞女士心性中的柔與韌　甜 蜜的星光（下）──憶念張秀亞女士的文學與生活　臺北　光啟 文化公司　2003 年 9 月　頁 772─787

415. 黃秋芳　激流與風暴交奏出來的河唱──張秀亞女士心性中的柔與韌　張 秀亞全集‧資料卷　臺南　國家臺灣文學館　2005 年 3 月　頁 376─387

416. 鍾　玲　50 年代清越女高音──張秀亞　現代中國繆司──臺灣女詩人作 品析論　臺北　聯經出版公司　1989 年 6 月　頁 182─188

417. 林慧文　舊京校園文學[12]　燕都　第 26 期　1989 年 10 月　頁 6─8

418. 林黛嫚　北窗之下獨長吟──張秀亞寫作五十年（上、下）　中央日報 1991 年 3 月 13─14 日　16 版

419. 姚儀敏　綵筆具有雙飛翼的張秀亞　中央月刊　第 24 卷第 5 期　1991 年 5 月　頁 102─105

420. 姚儀敏　綵筆具有雙飛翼的張秀亞　甜蜜的星光（下）──憶念張秀亞女 士的文學與生活　臺北　光啟文化公司　2003 年 9 月　頁 802─ 814

421. 林黛嫚　張秀亞不曾放下寫作的筆　中央日報　1992 年 10 月 3 日　16 版

422. 林黛嫚　張秀亞不曾放下寫作的筆　風範：文壇前輩素描　臺北　正中書 局　1996 年 10 月　頁 24─27

---

[12]本文談論 1939 年張秀亞在輔仁大學編輯《文苑》的情形。

423. 林黛嫚　　張秀亞不曾放下寫作的筆　甜蜜的星光（下）——憶念張秀亞女
　　　　　　　　士的文學與生活　臺北　光啓文化公司　2003 年 9 月　頁 650—
　　　　　　　　653

424. 林黛嫚　　張秀亞不曾放下寫作的筆　張秀亞全集・資料卷　臺南　國家臺
　　　　　　　　灣文學館　2005 年 3 月　頁 396—398

425. 蕭　蕭　　轉與化——寫張秀亞老師　青年日報　1992 年 10 月 3 日　18 版

426. 蕭　蕭　　轉與化——寫張秀亞老師　47 歲的蘇東坡，47 歲的我　臺北　九
　　　　　　　　歌出版社　1994 年 6 月　頁 5—8

427. 蕭　蕭　　轉與化——寫張秀亞老師　風範：文壇前輩素描　臺北　正中書
　　　　　　　　局　1996 年 10 月　頁 110—112

428. 蕭　蕭　　轉與化——寫張秀亞老師——北窗下遠逝的身影，張秀亞紀念專
　　　　　　　　輯　中央日報　2001 年 7 月 21 日　18 版

429. 蕭　蕭　　轉與化——寫張秀亞老師　甜蜜的星光（上）——憶念張秀亞女
　　　　　　　　士的文學與生活　臺北　光啓文化公司　2003 年 9 月　頁 278—
　　　　　　　　279

430. 〔劉　屏主編〕　　張秀亞小傳　杏黃月（臺灣當代著名作家代表作大系）
　　　　　　　　武漢　長江文藝出版社　1993 年 10 月　頁 12—13

431. 張　泉　　張秀亞——純情孤高與公教情結　淪陷時期北京文學八年　北京
　　　　　　　　中國和平出版社　1994 年 10 月　頁 325—331

432. 黃美之　　雨中行，又見張秀亞　青年日報　1995 年 2 月 24 日　15 版

433. 黃美之　　雨中行，又見張秀亞　甜蜜的星光（下）——憶念張秀亞女士的
　　　　　　　　文學與生活　臺北　光啓文化公司　2003 年 9 月　頁 710—716

434. 王景山　　輔仁校友張秀亞　旅人隨筆　北京　首都師範大學出版社　1995
　　　　　　　　年 11 月　頁 116—118

435. 〔臺灣新聞報〕　　張秀亞在加州休養　臺灣新聞報　1996 年 3 月 2 日　19
　　　　　　　　版

436. 〔九歌雜誌〕　　書緣・書香〔張秀亞部分〕　九歌雜誌　第 180 期　1996

年 3 月　4 版

437. 何香久　靈魂之約（編後記）　月依依　北京　人民日報出版社　1996 年
　　　10 月　頁 350—354

438. 何香久　靈魂之約（編後記）　張秀亞全集・散文卷八　臺南　國家臺灣
　　　文學館　2005 年 3 月　頁 83—86

439. 葛　令　琦君、張秀亞都病了　臺灣新聞報　1996 年 11 月 1 日　13 版

440. 莊宜文　聆聽歲暮的聲音——資深前輩作家現況報導——張秀亞[13]　聯合報
　　　1997 年 12 月 16 日　41 版

441. 莊宜文　身在海外，心在故園——資深作家現況報導　甜蜜的星光（下）
　　　——憶念張秀亞女士的文學與生活　臺北　光啓文化公司　2003
　　　年 9 月　頁 939—940

442. 范智紅　張秀亞　中國文學通典・小說通典　北京　解放軍文藝出版社
　　　1999 年 1 月　頁 901

443. 李元貞　臺灣現代女詩人的詩壇顯影〔張秀亞部分〕　詩潭顯影　臺北
　　　書林出版公司　1999 年 9 月　頁 7

444. 王　璞　永不凋謝的三色堇——爲張秀亞拍攝「作家錄影傳記」（上、下）
　　　聯合報　2000 年 12 月 28—29 日　37 版

445. 王　璞　永不凋謝的三色堇——爲張秀亞拍攝「作家錄影傳記」　甜蜜的
　　　星光（下）——憶念張秀亞女士的文學與生活　臺北　光啓文化
　　　公司　2003 年 9 月　頁 609—621

446. 吳疏潭　張秀亞用愛寫人生　藝文大師 100 家　臺北　淑馨出版社　2001
　　　年 1 月　頁 362—371

447. 陳洛薇　資深作家張秀亞去世　中央日報　2001 年 7 月 1 日　14 版

448. 民生報加州洛杉磯訊　張秀亞病逝加州，影響華文文學深遠　民生報
　　　2001 年 7 月 1 日　A7 版

449. 聯合報加州洛衫磯訊　作家張秀亞病逝，享年八十三歲　聯合報　2001 年

---

[13]本文後改篇名爲〈身在海外，心在故園——資深作家現況報導〉。

7月1日　14版

450. 王盛弘　比苦奈樹更高——北窗下遠逝的身影，張秀亞紀念專輯　中央日
報　2001年7月2日　18版

451. 王盛弘　比苦奈樹更高　甜蜜的星光（上）——憶念張秀亞女士的文學與
生活　臺北　光啓文化公司　2003年9月　頁280—283

452. 林黛嫚　初見以及最後的忘年情誼——北窗下遠逝的身影，張秀亞紀念專
輯[14]　中央日報　2001年7月2日　18版

453. 林黛嫚　初見及最後的忘年情誼　甜蜜的星光（上）——憶念張秀亞女士
的文學與生活　臺北　光啓文化公司　2003年9月　頁217—220

454. 林黛嫚　初見以及最後——記張秀亞阿姨　你道別了嗎？　臺北　三民書
局　2005年5月　頁109—113

455. 孫如陵　張大作家，慢慢走！——北窗下遠逝的身影，張秀亞紀念專輯
中央日報　2001年7月2日　18版

456. 孫如陵　張大作家，慢慢走！　甜蜜的星光（上）——憶念張秀亞女士的
文學與生活　臺北　光啓文化公司　2003年9月　頁221—223

457. 孫如陵　張大作家，慢慢走！　張秀亞全集・資料卷　臺南　國家臺灣文
學館　2005年3月　頁399—401

458. 歸　人　珍惜，回憶張秀亞姐——北窗下遠逝的身影，張秀亞紀念專輯
中央日報　2001年7月2日　18版

459. 歸　人　珍惜——回憶張秀亞姐　甜蜜的星光（上）——憶念張秀亞女士
的文學與生活　臺北　光啓文化公司　2003年9月　頁224—226

460. 桑品載　去拜訪張秀亞　中華日報　2001年7月17日　19版

461. 桑品載　去拜訪張秀亞　甜蜜的星光（上）——憶念張秀亞女士的文學與
生活　臺北　光啓文化公司　2003年9月　頁197—209

462. 小　民　憶秀亞大姐兩三事　中華日報　2001年7月18日　19版

463. 小　民　憶秀亞大姐兩三事　甜蜜的星光（上）——憶念張秀亞女士的文

[14]本文後改篇名爲〈初見以及最後——記張秀亞阿姨〉。

學與生活　臺北　光啓文化公司　2003 年 9 月　頁 321—324

464. 周　　愚　風雨・燭光・明燈——我與秀亞姊的文緣[15]　青年日報　2001 年 7
月 18 日　13 版

465. 周　　愚　風雨燭光夜　甜蜜的星光（下）——憶念張秀亞女士的文學與生
活　臺北　光啓文化公司　2003 年 9 月　頁 717—721

466. 韓　　濤　明月梅花一夢——遙祭秀亞大姊在天之靈　中央日報　2001 年 7
月 21 日　18 版

467. 韓　　濤　明月梅花一夢——遙祭秀亞大姊在天之靈　甜蜜的星光（上）—
—憶念張秀亞女士的文學與生活　臺北　光啓文化公司　2003 年
9 月　頁 264—268

468. 韓　　濤　明月梅花一夢——遙寄秀亞大姊在天之靈　張秀亞全集・資料卷
臺南　國家臺灣文學館　2005 年 3 月　頁 402—405

469. 潘　　罡　作家張秀亞安葬洛城　中國時報　2001 年 7 月 30 日　21 版

470. 于德蘭　甜蜜的星光——寄給母親[16]　聯合報　2001 年 8 月 21 日　37 版

471. 于德蘭　甜蜜的星光：張秀亞女士的文學與生活——寄給母親　甜蜜的星
光：憶念張秀亞女士的文學與生活（上、下）　臺北　光啓文化
公司　2003 年 9 月　頁 479—490

472. 于德蘭　甜蜜的星光——寄給母親　北窗下　臺北　爾雅出版社　2005 年
10 月　頁 1—10

473. 于德蘭　甜蜜的星光——寄給母親——張秀亞女士的文學與生活　愛的叮
嚀　臺北　文史哲出版社　2011 年 5 月　頁 30—38

474. 王怡之　記我與張秀亞 68 年的友情（上、下）　中華日報　2001 年 8 月
29—30 日　19 版

475. 陳宛蓉　作家張秀亞辭世　文訊雜誌　第 190 期　2001 年 8 月　頁 88

476. 封德屏　張秀亞——一個值得尊敬的名字　文訊雜誌　第 190 期　2001 年

---

[15]本文後改篇名爲〈風雨燭光夜〉。
[16]本文後改篇名爲〈甜蜜的星光：張秀亞女士的文學與生活——寄給母親〉。

8 月　頁 1

477. 封德屏　　張秀亞──一個值得尊敬的名字　甜蜜的星光（上）──憶念張
　　　　　　　　秀亞女士的文學與生活　臺北　光啓文化公司　2003 年 9 月　頁
　　　　　　　　189─190

478. 樸　月　　此情已自成追憶──悼念張秀亞阿姨[17]　文訊雜誌　第 190 期
　　　　　　　　2001 年 8 月　頁 109─113

479. 樸　月　　此情已自成追憶　甜蜜的星光（上）──憶念張秀亞女士的文學
　　　　　　　　與生活　臺北　光啓文化公司　2003 年 9 月　頁 368─379

480. 潔　容　　門楣上黃蟬花盛開──追思張秀亞女士　中華日報　2001 年 9 月
　　　　　　　　22 日　19 版

481. 潔　容　　門楣上黃蟬花盛開──追思張秀亞女士　甜蜜的星光（上）──
　　　　　　　　憶念張秀亞女士的文學與生活　臺北　光啓文化公司　2003 年 9
　　　　　　　　月　頁 385─390

482. 趙淑俠　　活出一個永恆的花季──回憶張秀亞大姐　明道文藝　第 306 期
　　　　　　　　2001 年 9 月　頁 118─121

483. 趙淑俠　　活出一個永恆的花季──回憶張秀亞大姐　甜蜜的星光（上）─
　　　　　　　　─憶念張秀亞女士的文學與生活　臺北　光啓文化公司　2003 年
　　　　　　　　9 月　頁 302─306

484. 王蘭芬　　追思張秀亞，琦君拄杖悲　民生報　2001 年 11 月 10 日　A13 版
485. 李令儀　　書迷文友聚會追思張秀亞　聯合報　2001 年 11 月 10 日　14 版
486. 高大鵬　　悼張秀亞談美文　青年日報　2001 年 11 月 15 日　10 版
487. 高大鵬　　悼張秀亞談美文　甜蜜的星光（上）──憶念張秀亞女士的文學
　　　　　　　　與生活　臺北　光啓文化公司　2003 年 9 月　頁 227─229

488. 龔則韞　　心水清美溫潤如玉──憶吾師張秀亞女士　人間福報　2001 年 11
　　　　　　　　月 23 日　9 版

489. 龔則韞　　心水清美溫潤如玉──憶吾師張秀亞女士　甜蜜的星光（上）─

---

[17]本文後改篇名為〈此情已自成追憶〉。

—憶念張秀亞女士的文學與生活　臺北　光啓文化公司　2003 年
9 月　頁 391—400

490. 丁文玲　遠逝 40、50 年代女作家——巨星殞落文學喟嘆〔張秀亞部分〕
中國時報　2001 年 12 月 9 日　14 版

491. 小　民　中山堂和秀亞大姐　中國時報　2002 年 1 月 8 日　39 版

492. 王昭慶　張秀亞老師爲我證婚　中央日報　2002 年 2 月 11 日　18 版

493. 王昭慶　張秀亞老師爲我證婚　甜蜜的星光（上）——憶念張秀亞女士的
文學與生活　臺北　光啓文化公司　2003 年 9 月　頁 382—384

494. 羅　蘭　愛玩的和愛讀書的　中央日報　2002 年 3 月 16 日　16 版

495. 王　藍　文雅而勇敢的活辭典　中央日報　2002 年 3 月 16 日　16 版

496. 王　藍　文雅而勇敢的活辭典　甜蜜的星光（下）——憶念張秀亞女士的
文學與生活　臺北　光啓文化公司　2003 年 9 月　頁 531—532

497. 〔九歌雜誌〕　　書緣·書香〔張秀亞部分〕　九歌雜誌　第 252 期　2002
年 3 月　4 版

498. 王怡之　逝水——秀亞，好想念妳　九十年散文選　臺北　九歌出版社
2002 年 4 月　頁 250—259

499. 王怡之　逝水——秀亞，好想念妳　甜蜜的星光（上）——憶念張秀亞女
士的文學與生活　臺北　光啓文化公司　2003 年 9 月　頁 252—
263

500. 王怡之　逝水——秀亞，好想念妳　張秀亞全集·資料卷　臺南　國家臺
灣文學館　2005 年 3 月　頁 406—414

501. 于德蘭　秋夕湖上永恆之歌，永不沉落的星辰——紀念母親張秀亞女士升
天週年[18]　中外雜誌　第 426 期　2002 年 8 月　頁 43—47

502. 于德蘭　秋夕湖上永恆之歌——紀念母親張秀亞女士升天週年　甜蜜的星
光（上）——憶念張秀亞女士的文學與生活　臺北　光啓文化公

---

[18] 本文後改篇名爲〈秋夕湖上永恆之歌——紀念母親張秀亞女士升天週年〉、〈秋夕湖上永恆之歌，
永不沉落的星辰——懷念母親〉。

司　2003 年 9 月　頁 503—515

503. 于德蘭　秋夕湖上永恆之歌，永不沉落的星辰——懷念母親　北窗下　臺北　爾雅出版社　2005 年 10 月　頁 237—247

504. 于德蘭　永不沉落的星辰——秋夕湖上永恆之歌　愛的叮嚀　臺北　文史哲出版社　2011 年 5 月　頁 39—49

505. 正　琴　小心目中的大作家——紀念于伯母張秀亞女士去世週年　青年日報　2002 年 9 月 17 日　10 版

506. 正　琴　小心目中的大作家——紀念于伯母張秀亞女士去世週年　甜蜜的星光（上）——憶念張秀亞女士的文學與生活　臺北　光啓文化公司　2003 年 9 月　頁 443—446

507. 王怡之　濃郁友情一錦盒——珍藏秀亞的書札詩箋　中外雜誌　第 427 期　2002 年 9 月　頁 107—113

508. 王怡之　濃郁友情一錦盒——珍藏秀亞的書札詩箋　甜蜜的星光（上）——憶念張秀亞女士的文學與生活　臺北　光啓文化公司　2003 年 9 月　頁 325—344

509. 黃美之　錦心繡口的張秀亞——紀念秀亞姐姐去世週年　中華日報　2002 年 10 月 16 日　19 版

510. 黃美之　錦心繡口的張秀亞——紀念張秀亞姊姊去世週年　甜蜜的星光（上）——憶念張秀亞女士的文學與生活　臺北　光啓文化公司　2003 年 9 月　頁 364—367

511. 羅　青　春日夜訪北窗下——懷張師秀亞先生　中華日報　2003 年 4 月 10 日　19 版

512. 羅　青　春日夜訪北窗下——懷張師秀亞先生　甜蜜的星光（上）——憶念張秀亞女士的文學與生活　臺北　光啓文化公司　2003 年 9 月　頁 348—356

513. 王明書　憶秀亞大姐（上、中、下）　青年日報　2003 年 4 月 23—25 日　10 版

514. 王明書　憶秀亞大姐　甜蜜的星光（上）——憶念張秀亞女士的文學與生活　臺北　光啓文化公司　2003 年 9 月　頁 307—320

515. 王明書　憶秀亞大姐　月是故鄉明　臺北　〔自行出版〕　2004 年 4 月　頁 432—440

516. 趙素瑩　創作不輟的張秀亞　2001 臺灣文學年鑑　臺北　行政院文建會　2003 年 4 月　頁 149—150

517.〔胡建國主編〕　張秀亞女士生平傳略　國史館現藏民國人物傳記史料彙編（第二十六輯）　臺北　國史館　2003 年 6 月　頁 252—256

518. 夏　烈　想起一些瑣事——紀念張秀亞阿姨　中華日報　2003 年 7 月 29 日　19 版

519. 夏　烈　想起一些瑣事——紀念張阿姨　甜蜜的星光（上）——憶念張秀亞女士的文學與生活　臺北　光啓文化公司　2003 年 9 月　頁 286—288

520.〔王景山主編〕　張秀亞　臺港澳暨海外華文作家辭典　北京　人民文學出版社　2003 年 7 月　頁 816—819

521. 美國紀念張秀亞女士籌備會　張秀亞女士生平傳略——留下一個永恆的花季　甜蜜的星光（上）——憶念張秀亞女士的文學與生活　臺北　光啓文化公司　2003 年 9 月　頁 110—116

522. David Wu　Congressional Record　甜蜜的星光（上）——憶念張秀亞女士的文學與生活　臺北　光啓文化公司　2003 年 9 月　頁 118—119

523. 林澄枝　臺北張秀亞女士追思紀念會〔致詞〕　甜蜜的星光（上）——憶念張秀亞女士的文學與生活　臺北　光啓文化公司　2003 年 9 月　頁 167—168

524. 高希均　點燃一支蠟燭——秀亞女士的啓迪　甜蜜的星光（上）——憶念張秀亞女士的文學與生活　臺北　光啓文化公司　2003 年 9 月　頁 174—177

525. 李三寶　美國加州橙縣追思會〔致詞〕　甜蜜的星光（上）——憶念張秀

亞女士的文學與生活　臺北　光啓文化公司　2003 年 9 月　頁
181—186

526. 胡樂塞　天主教跨世紀的才女教友——張秀亞　甜蜜的星光（上）——憶
念張秀亞女士的文學與生活　臺北　光啓文化公司　2003 年 9 月
頁 210—214

527. 中副編輯小組　中央副刊——張秀亞紀念專輯　甜蜜的星光（上）——憶
念張秀亞女士的文學與生活　臺北　光啓文化公司　2003 年 9 月
頁 215—216

528. 王成聖　最善良的作家女強人——張秀亞蕙質蘭心　甜蜜的星光（上）—
—憶念張秀亞女士的文學與生活　臺北　光啓文化公司　2003 年
9 月　頁 230—239

529. 王成聖　紀念藝文作家張秀亞教授　甜蜜的星光（上）——憶念張秀亞女
士的文學與生活　臺北　光啓文化公司　2003 年 9 月　頁 240—
241

530. 顧保鵠　悼念名作家張秀亞教授　甜蜜的星光（上）——憶念張秀亞女士
的文學與生活　臺北　光啓文化公司　2003 年 9 月　頁 242—251

531. 楊念慈　昨夜有夢　甜蜜的星光（上）——憶念張秀亞女士的文學與生活
臺北　光啓文化公司　2003 年 9 月　頁 269—277

532. 喻麗清　想念代母　甜蜜的星光（上）——憶念張秀亞女士的文學與生活
臺北　光啓文化公司　2003 年 9 月　頁 284—285

533. 雷煥章　憶張秀亞女士　甜蜜的星光（上）——憶念張秀亞女士的文學與
生活　臺北　光啓文化公司　2003 年 9 月　頁 289—290

534. 梁宜玲　念秀亞　甜蜜的星光（上）——憶念張秀亞女士的文學與生活
臺北　光啓文化公司　2003 年 9 月　頁 291—301

535. 蓬 舟　不捨——懷念秀亞阿姨離去一週年　甜蜜的星光（上）——憶念
張秀亞女士的文學與生活　臺北　光啓文化公司　2003 年 9 月
頁 361—363

536. 王克難　珍惜那才開的薔薇——紀念老師　甜蜜的星光（上）——憶念張秀亞女士的文學與生活　臺北　光啟文化公司　2003 年 9 月　頁 380—381

537. 譚　彥　北窗情緣——憶秀亞師　甜蜜的星光（上）——憶念張秀亞女士的文學與生活　臺北　光啟文化公司　2003 年 9 月　頁 401—408

538. 張銘義　文壇彗星張秀亞　甜蜜的星光（上）——憶念張秀亞女士的文學與生活　臺北　光啟文化公司　2003 年 9 月　頁 409—411

539. 夏麗蓮　錦繡文章，十指春風　甜蜜的星光（上）——憶念張秀亞女士的文學與生活　臺北　光啟文化公司　2003 年 9 月　頁 412—413

540. 謝竹君　璀璨的生命——憶女作家張秀亞教授　甜蜜的星光（上）——憶念張秀亞女士的文學與生活　臺北　光啟文化公司　2003 年 9 月　頁 414—416

541. 陳劍秋　女作家・玲瓏心　甜蜜的星光（上）——憶念張秀亞女士的文學與生活　臺北　光啟文化公司　2003 年 9 月　頁 417—418

542. 顧保鵠　敬悼天主教名作家張秀亞教授　甜蜜的星光（上）——憶念張秀亞女士的文學與生活　臺北　光啟文化公司　2003 年 9 月　頁 419—420

543. 古偉瀛　從喜好到認識的一段因緣——回憶與張秀亞女士的一些回憶　甜蜜的星光（上）——憶念張秀亞女士的文學與生活　臺北　光啟文化公司　2003 年 9 月　頁 421—425

544. 吳偉特　「白鴿」因緣一線牽——對張秀亞女士的一些回憶　甜蜜的星光（上）——憶念張秀亞女士的文學與生活　臺北　光啟文化公司　2003 年 9 月　頁 426—439

545. 趙路得　上天的高貴使者——張秀亞教授　甜蜜的星光（上）——憶念張秀亞女士的文學與生活　臺北　光啟文化公司　2003 年 9 月　頁 440—442

546. 習賢德　追憶一位作家的身影——張秀亞教授與臺北市吉林路憶往　甜蜜

的星光（上）——憶念張秀亞女士的文學與生活　臺北　光啓文化公司　2003 年 9 月　頁 447—456

547. 小　沂　含淚憶念于媽媽——張秀亞教授　甜蜜的星光（上）——憶念張秀亞女士的文學與生活　臺北　光啓文化公司　2003 年 9 月　頁 457—458

548. 黃海華　幸結師生緣　甜蜜的星光（上）——憶念張秀亞女士的文學與生活　臺北　光啓文化公司　2003 年 9 月　頁 459—461

549. 于金山　紀念我的母親、我的雙親，張秀亞教授——11 月 8 日聖家堂追思彌撒悼念詞　甜蜜的星光（上）——憶念張秀亞女士的文學與生活　臺北　光啓文化公司　2003 年 9 月　頁 471—474

550. 于德蘭　致謝辭——2001 年 11 月 9 日臺北文訊、中國文藝協會、婦女寫作協會紀念典禮　甜蜜的星光（上）——憶念張秀亞女士的文學與生活　臺北　光啓文化公司　2003 年 9 月　頁 475—478

551. Rosemarie Yu　In Memoriam　甜蜜的星光（上）——憶念張秀亞女士的文學與生活　臺北　光啓文化公司　2003 年 9 月　頁 491—494

552. Paul Ruei-Cheng Yeh　My Grandma　甜蜜的星光（上）——憶念張秀亞女士的文學與生活　臺北　光啓文化公司　2003 年 9 月　頁 498—500

553. 張君默　玲瓏溫馨的文字　甜蜜的星光（下）——憶念張秀亞女士的文學與生活　臺北　光啓文化公司　2003 年 9 月　頁 728—729

554. 陳乃輝　一代散文大家張秀亞　甜蜜的星光（下）——憶念張秀亞女士的文學與生活　臺北　光啓文化公司　2003 年 9 月　頁 823—826

555. 程榕寧　張秀亞喜歡均衡之美　甜蜜的星光（下）——憶念張秀亞女士的文學與生活　臺北　光啓文化公司　2003 年 9 月　頁 904—910

556. 半　雅　散文聖手　甜蜜的星光（下）——憶念張秀亞女士的文學與生活　臺北　光啓文化公司　2003 年 9 月　頁 921—922

557. 馮鳴台　張秀亞來美考察文教，見愛倫坡手稿宿願　甜蜜的星光（下）——憶念張秀亞女士的文學與生活　臺北　光啓文化公司　2003 年

9 月　頁 941—943

558. 尹　桃　張秀亞不斷追求真善美　甜蜜的星光（下）——憶念張秀亞女士的文學與生活　臺北　光啓文化公司　2003 年 9 月　頁 946—948

559. 林　珊　著名女作家張秀亞現洛城小住，寫詩作散文又體認到藝術之美　甜蜜的星光（下）——憶念張秀亞女士的文學與生活　臺北　光啓文化公司　2003 年 9 月　頁 949—951

560. 王艾倫　張秀亞洛城會老友，促膝談心話當年　甜蜜的星光（下）——憶念張秀亞女士的文學與生活　臺北　光啓文化公司　2003 年 9 月　頁 952—953

561. 陳螢蓁　于斌樞機弟媳張秀亞與會　甜蜜的星光（下）——憶念張秀亞女士的文學與生活　臺北　光啓文化公司　2003 年 9 月　頁 954—955

562. 于德蘭　記「甜蜜的星光」——念母親張秀亞女士　文學人　第 3 期　2003 年 11 月　頁 45—47

563. 于德蘭　寫出內心的感受　中央日報　2003 年 12 月 30 日　17 版

564. 于德蘭　寫出內心的感受　愛的叮嚀　臺北　文史哲出版社　2011 年 5 月　頁 50—54

565. 吳達芸　荊棘欲尖欲利，歌聲愈柔愈和——詠讚和好典範張秀亞女士　喜訊　第 40 期　2004 年 2 月　頁 12—14

566. 吳達芸　荊棘欲尖欲利，歌聲愈柔愈和——詠讚和好典範張秀亞女士　知恩報愛與存糧於天　臺北　天主教之聲雜誌社　2006 年 12 月　頁 209—213

567. 編輯部　閱讀魯迅・懷念秀亞　文訊雜誌　第 222 期　2004 年 4 月　頁 97—102

568. 丘秀芷　念張先生　青年日報　2005 年 3 月 23 日　10 版

569. 許蘩君　重來——懷念張秀亞老師　中華日報　2005 年 3 月 23 日　23 版

570. 楊念慈　《張秀亞全集》問世紀念專輯——一生四季　中央日報　2005 年

　　　　　　3 月 24 日　17 版

571. 陳希林，林采韻　　散文名家生前心願終得償，快樂兒女爲張秀亞出全集
　　　　中國時報　2005 年 3 月 25 日　E8 版

572. 林瑞明　　序　張秀亞全集〔全 15 冊〕　臺南　國家臺灣文學館　2005 年 3
　　　　月　頁 3—4

573. 應鳳凰　　小傳　張秀亞全集・資料卷　臺南　國家臺灣文學館　2005 年 3
　　　　月　頁 144—147

574. 于德蘭　　母心、我心　聯合報　2005 年 6 月 4 日　E7 版

575. 于德蘭　　母心・我心　愛的叮嚀　臺北　文史哲出版社　2011 年 5 月　頁
　　　　61—64

576. 王碧儀　　牧羊女之歌——兼談張秀亞女士　葡萄園　第 167 期　2005 年 8
　　　　月　頁 24—25

577. 林　芝　　在文字的橋樑上相遇——懷念張秀亞　中華日報　2005 年 10 月 7
　　　　日　23 版

578. 吳麗珠　　紀念一位作家的最好方式（序）　永不凋謝的三色堇：張秀亞文
　　　　學研討會論文集　臺南　國家臺灣文學館　2005 年 12 月　頁 3—
　　　　4

579. 封德屏　　全集，作家的文學生命　永不凋謝的三色堇：張秀亞文學研討會
　　　　論文集　臺南　國家臺灣文學館　2005 年 12 月　頁 5—7

580. 周芬伶　　張秀亞的老木屋　中華日報　2006 年 3 月 3 日　23 版

581. 周芬伶　　張秀亞的老木屋　青春一條街　2009 年 2 月　頁 140—146

582. 許俊雅　　張秀亞　我心中的歌：現代文學星空　臺北　文史哲出版社
　　　　2006 年 6 月　頁 137—139

583. 于金山　　張秀亞小傳　文薈　第 20 期　2006 年 11 月　1 版

584. 趙淑敏　　我讀張秀亞　青年日報　2007 年 9 月 27 日　10 版

585. 朱廣平　　感謝・愛的又一日——紀念張秀亞教授 89 歲冥誕　中華日報
　　　　2007 年 11 月 16 日　C5 版

586. 〔封德屏主編〕　　張秀亞　2007　臺灣作家作品目錄　臺南　國立臺灣文學館　2008 年 7 月　頁 714

587. 于德蘭　母親的身影——憶母親張秀亞　文訊雜誌　第 277 期　2008 年 11 月　頁 64—66

588. 于德蘭　母親的身影——憶母親張秀亞女士　愛的叮嚀　臺北　文史哲出版社　2011 年 5 月　頁 67—70

589. 封德屏等[19]　　溫柔的文學火花——「作家的忘年情誼」座談紀實〔張秀亞部分〕　文訊雜誌　第 277 期　2008 年 11 月　頁 106—107

590. 唐潤鈿　美化心靈的文學家張秀亞教授　優游於快樂時空　臺北　文史哲出版社　2009 年 1 月　頁 89—97

591. 林明德　懷念全能作家張秀亞老師　2009　張秀亞教授紀念學術研討會　臺北　輔仁大學主辦　2009 年 3 月 18 日

592. 王　璞　永不凋謝的三色堇——為張秀亞拍攝「作家錄影傳記」　作家錄影傳記十年剪影　臺北　國家圖書館　2009 年 6 月　頁 32—40

593. 于德蘭　甜蜜的星光（貳）——由臺中公園想起　愛的叮嚀　臺北　文史哲出版社　2011 年 5 月　頁 58—60

594. 于德蘭　愛的叮嚀——思念母親張秀亞女士　愛的叮嚀　臺北　文史哲出版社　2011 年 5 月　頁 65—66

595. 于德蘭　甜蜜的負荷——紀念母親　愛的叮嚀　臺北　文史哲出版社　2011 年 5 月　頁 85—87

596. 于德蘭　一位天主的好女兒——我的母親張秀亞教授　愛的叮嚀　臺北　文史哲出版社　2011 年 5 月　頁 91—96

597. 于德蘭　上天對我的獨厚　愛的叮嚀　臺北　文史哲出版社　2011 年 5 月　頁 97—101

598. 于德蘭　難忘春暉　愛的叮嚀　臺北　文史哲出版社　2011 年 5 月　頁 102—104

---

[19]主持人：封德屏；與會者：宇文正、樸月；記錄：吳丹華。

599. 于德蘭　母親的心靈之家　愛的叮嚀　臺北　文史哲出版社　2011 年 5 月　頁 105—108

600. 朱廣平　由耕莘寫作會那段美好歲月想起…——紀念張秀亞恩師去世十周年　中華日報　2011 年 6 月 25 日　B4 版

601. 李宗慈　文學風景——張秀亞　誰領風騷一百年：女作家　臺北　天下遠見出版公司　2011 年 9 月　頁 76—78

602. 畢　璞　傷逝〔張秀亞部分〕　老來可喜　臺北　釀出版　2011 年 11 月　頁 157—159

603. 符立中　三坊七巷的臺灣文學緣——1.張秀亞　旺報　2012 年 1 月 15 日　B7 版

604. 〔管　管等編〕[20]　張秀亞小傳　臺灣十大散文家選集　香港　曉林出版社　〔未著錄出版日期〕　頁 12

訪談、對談

605. 張麗寧　我們怎樣寫作——什麼是散文　中國一周　第 793 期　1965 年 7 月 5 日　頁 20—21

606. 夏祖麗　張秀亞在享受人生[21]　婦女雜誌　第 27 期　1970 年 12 月 1 日　頁 44—45

607. 夏祖麗　張秀亞在享受人生　她們的世界　臺北　純文學出版社　1981 年 6 月　頁 153—158

608. 夏祖麗　享受人生的張秀亞　甜蜜的星光（下）——憶念張秀亞女士的文學與生活　臺北　光啓文化公司　2003 年 9 月　頁 815—822

609. 夏祖麗　張秀亞在享受人生　張秀亞全集・資料卷　臺南　國家臺灣文學館　2005 年 3 月　頁 316—321

610. 陳敏華　訪張秀亞女士談新詩　葡萄園　第 51 期　1975 年 1 月　頁 19—25

---

[20] 編著者：管管、辛鬱、菩提、張默、張漢良。
[21] 本文後改篇名爲〈享受人生的張秀亞〉。

611. 陳敏華　訪張秀亞女士談新詩　寫作是藝術　臺北　東大圖書公司　1978年8月　頁123—133

612. 陳敏華　訪張秀亞女士談新詩　張秀亞全集・資料卷　臺南　國家臺灣文學館　2005年3月　頁328—340

613. 亞　衡　訪學者、詩人兼作家的張秀亞女士　婦女世界　第28期　1975年5月　頁10—12

614. 亞　衡　訪學者、詩人兼作家的張秀亞女士　甜蜜的星光（下）——憶念張秀亞女士的文學與生活　臺北　光啓文化公司　2003年9月　頁827—833

615. 林小戀　以文藝綴飾人生，使思想成爲一支歌——訪女作家張秀亞　愛書人　第45期　1977年7月　2版

616. 林小戀　以文藝綴飾人生，使思想成爲一支歌——訪女作家張秀亞女士　人生小景　臺北　水芙蓉出版社　1978年6月　頁175—180

617. 林小戀　以文藝綴飾人生，使思想成爲一支歌——訪女作家張秀亞女士　人生小景　臺中　晨星出版社　1985年9月　頁205—212

618. 林小戀　以文藝綴飾人生，使思想成爲一支歌——訪女作家張秀亞女士　甜蜜的星光（下）——憶念張秀亞女士的文學與生活　臺北　光啓文化公司　2003年9月　頁870—876

619. 董雲霞　訪徐鍾珮、張秀亞、葉蟬貞談當前國事——政治文學兩者俱能觀察入微　民聲日報　1978年3月20日　3版

620. 周安儀　用愛心來寫——訪張秀亞談寫作[22]　青年戰士報　1978年4月7日　11版

621. 周安儀　用愛心寫人生的張秀亞　湖水・秋燈　臺北　九歌出版社　1981年12月　頁185—201

622. 周安儀　用愛心寫人生的張秀亞　甜蜜的星光（下）——憶念張秀亞女士的文學與生活　臺北　光啓文化公司　2003年9月　頁877—892

---

[22]本文後改篇名爲〈用愛心寫人生的張秀亞〉。

623. 周安儀　　用愛心寫人生的張秀亞　張秀亞全集・資料卷　臺南　國家臺灣
　　　　　　　文學館　2005 年 3 月　頁 349—360

624. 封德屏　　以文字作水墨畫的藝術家──訪作家張秀亞　幼獅文藝　第 297
　　　　　　　期　1978 年 9 月　頁 63—70

625. 封德屏　　以文字作水墨畫的藝術家──訪作家張秀亞　石竹花的沉思　臺
　　　　　　　北　道聲出版社　1981 年 10 月　頁 175—184

626. 封德屏　　以文字作水墨畫的藝術家──訪張秀亞　美麗的負荷　臺北　三
　　　　　　　民書局　1994 年 4 月　頁 63—72

627. 封德屏　　以文字作水墨畫的藝術家──訪作家張秀亞　甜蜜的星光（下）
　　　　　　　──憶念張秀亞女士的文學與生活　臺北　光啓文化公司　2003
　　　　　　　年 9 月　頁 761—771

628. 封德屏　　以文字作水墨畫的藝術家──訪作家張秀亞　張秀亞全集・資料
　　　　　　　卷　臺南　國家臺灣文學館　2005 年 3 月　頁 341—348

629. 林淑蘭　　筆觸輕靈的張秀亞　中央日報　1979 年 5 月 9 日　11 版

630. 林淑蘭　　筆觸輕靈的張秀亞　九歌雜誌　第 1 期　1979 年 7 月 10 日　2 版

631. 林淑蘭　　筆觸輕靈的張秀亞　湖水・秋燈　臺北　九歌出版社　1981 年 12
　　　　　　　月　頁 181—183

632. 林淑蘭　　筆觸輕靈的張秀亞　甜蜜的星光（下）──憶念張秀亞女士的文
　　　　　　　學與生活　臺北　光啓文化公司　2003 年 9 月　頁 841—844

633. 張秀亞等[23]　《中華文藝》、《明道文藝》、《新文藝》「文藝與心理建設」座
　　　　　　　談會　明道文藝　第 39 期　1979 年 6 月　頁 97—98

634. 程榕寧　　張秀亞的創作生涯　九歌雜誌　第 12 期　1981 年 7 月　1 版

635. 張秀亞等[24]　專題座談──如何展開對大陸文藝進軍座談實錄　中華文藝
　　　　　　　第 128 期　1981 年 10 月　頁 15—23

---

[23]主持人：程石泉；與會者：羅蘭、洛夫、魯稚子、小野、吳東權、邵幼軒、陳克環、汪廣平、劉
德義、程國強、陳憲仁、張秀亞、王璞、尹雪曼。
[24]主席：尹雪曼；與會者：陳紀瀅、唐紹華、尹雪曼、張秀亞、劉枋、琦君、尼洛、趙淑敏、朱西
甯、魏萼、呼嘯、李牧、古錚劍、于還素、施良貴、岳騫、司馬中原、丁穎、程國強；記錄：沙
金。

636. 祈志凱，高永霖　　訪問天資高曠的女作家張秀亞　白鴿・紫丁花　臺北　九歌出版社　1981 年 10 月　頁 205—215

637. 祈志凱，高永霖　　訪問天資高曠的女作家張秀亞　甜蜜的星光（下）——憶念張秀亞女士的文學與生活　臺北　光啓文化公司　2003 年 9 月　頁 911—920

638. 陳玲珍　文壇一株碧樹——張秀亞女士訪問記　文學時代雙月叢刊　第 4 期　1981 年 11 月　頁 46—54

639. 陳玲珍　文壇一株碧樹——張秀亞女士訪問記　甜蜜的星光（下）——憶念張秀亞女士的文學與生活　臺北　光啓文化公司　2003 年 9 月　頁 851—863

640. 尙德敏　迎向藍天與陽光的苦奈樹——訪張秀亞女士　中華文藝　第 130 期　1981 年 12 月　頁 49—58

641. 鐘麗慧　高舉文藝聖火——訪永遠不退休的張秀亞女士　中央月刊　第 14 卷第 11 期　1982 年 9 月　頁 82—84

642. 鐘麗慧　高舉文壇聖火——訪永不退休的張秀亞　甜蜜的星光（下）——憶念張秀亞女士的文學與生活　臺北　光啓文化公司　2003 年 9 月　頁 845—850

643. 陳幸蕙　北窗下的一支彩筆——張秀亞女士訪問記　中華日報　1983 年 10 月 10 日　9 版

644. 陳幸蕙　北窗下的一隻彩筆——秋訪張秀亞　欖仁樹下　臺北　駿馬文化公司　1988 年 6 月　頁 117—121

645. 陳幸蕙　北窗下的一支彩筆——張秀亞女士訪問記　甜蜜的星光（下）——憶念張秀亞女士的文學與生活　臺北　光啓文化公司　2003 年 9 月　頁 788—793

646. 莊秀美　返景入深林——訪女作家張秀亞女士　大華晚報　1985 年 8 月 19 日　10 版

647. 莊秀美　返景入深林——訪女作家張秀亞女士　愛的又一日　臺北　光復

書局　1987 年 4 月　頁 121—131

648. 莊秀美　返景入深林——訪女作家張秀亞女士　甜蜜的星光（下）——憶念張秀亞女士的文學與生活　臺北　光啓文化公司　2003 年 9 月　頁 923—935

649. 莊秀美　返景入深林——訪女作家張秀亞女士　張秀亞全集‧資料卷　臺南　國家臺灣文學館　2005 年 3 月　頁 366—375

650. 林　芝　我來到澄明的藍湖之畔——張秀亞訪問記[25]　幼獅少年　第 10 期　1985 年 10 月　頁 98—101

651. 林　芝　我來到澄明的藍湖之畔——張秀亞　望向高峰：速寫現代散文作家　臺北　幼獅文化公司　1992 年 12 月　頁 172—182

652. 林　芝　握有浪漫奇幻之筆的張秀亞　妙筆生花：伴你我成長的現代作家　臺北　正中書局　2005 年 2 月　頁 29—43

653. 張國立　張秀亞的 50 年文學夢　中華日報　1986 年 5 月 14 日　11 版

654. 喻麗清　北窗下的牧羊女——我寫作的啓蒙師張秀亞女士　中央日報　1989 年 12 月 7 日　16 版

655. 王令璿　北窗下的湖水——訪女作家張秀亞　甜蜜的星光（下）——憶念張秀亞女士的文學與生活　臺北　光啓文化公司　2003 年 9 月　頁 864—869

656. 樸　月　張秀亞訪問記　甜蜜的星光（下）——憶念張秀亞女士的文學與生活　臺北　光啓文化公司　2003 年 9 月　頁 893—903

年表

657. 〔張秀亞〕　張秀亞寫作年表　三色菫　臺北　爾雅出版社　1981 年 10 月　頁 155—160

658. 張秀亞　張秀亞寫作年表　愛的一日　臺北　光復書局公司　1987 年 4 月　頁 133—139

659. 羅淑芬　張秀亞、艾雯著作年表與五〇年代藝文大事　五〇年代女性散文

[25]本文後改篇名爲〈握有浪漫奇幻之筆的張秀亞〉。

　　　　　　　的兩個範式——以張秀亞、艾雯爲中心　政治大學國文教學研究
　　　　　　　所　碩士論文　陳芳明教授指導　2004 年 7 月　頁 183—199

660. 應鳳凰編纂；于德蘭增補　　年表　張秀亞全集·資料卷　臺南　國家臺灣
　　　　　　　文學館　2005 年 3 月　頁 148—167

661. 應鳳凰編纂；于德蘭增補　　張秀亞年表（節錄）　臺灣文學館通訊　第 7
　　　　　　　期　2005 年 4 月　頁 46—48

662. 傅如絹　　張秀亞著作及大事年表　張秀亞散文研究　政治大學中國文學系
　　　　　　　碩士論文　李瑞騰教授指導　2005 年 12 月　頁 219—225

663. 應鳳凰　　張秀亞年表　文學風華：戰後初期 13 著名女作家　臺北　秀威資
　　　　　　　訊科技　2007 年 5 月　頁 8—11

664. 孫亦昀　　張秀亞年表　張秀亞中篇小說研究　銘傳大學應用中國文學系碩
　　　　　　　士在職專班　碩士論文　陳成文教授指導　2007 年 12 月　頁 259
　　　　　　　—275

其他

665. 張語凡　　致張秀亞　中央日報　1958 年 3 月 26 日　6 版

666. 琦　君　　金縷曲——寄贈秀亞　中央日報　1963 年 8 月 19 日　6 版

667. 琦　君　　金縷曲——寄贈秀亞　琦君小品　臺北　三民書局　1966 年 12 月
　　　　　　　頁 233—234

668. 琦　君　　金縷曲——寄贈秀亞　甜蜜的星光（下）——憶念張秀亞女士的
　　　　　　　文學與生活　臺北　光啓文化公司　2003 年 9 月　頁 572—573

669. 凌叔華　　作家書信　幼獅文藝　第 193 期　1970 年 1 月　頁 192

670. 沉　櫻　　寄自遠方——給張秀亞　春的聲音　臺北　純文學出版社　1986
　　　　　　　年 9 月　頁 184—191

671. 張夢瑞　　文協榮譽獎章，五四將贈兩人，張秀亞月底返國領獎會老友　民
　　　　　　　生報　2001 年 4 月 11 日　A7 版

672. 羅茵芬　　文協文藝獎章——張秀亞、鍾肇政、蔡文甫等人獲獎　中央日報
　　　　　　　2001 年 5 月 4 日　18 版

673. 賴素鈴　準備和張秀亞新作約會吧——抽屜裡有很多文稿，女兒覺得責無
　　　　　　　旁貸　民生報　2001 年 7 月 2 日　A6 版

674. 中央社洛杉磯訊　　張秀亞追思彌撒今舉行　中央日報　2001 年 7 月 15 日
　　　　　　　14 版

675. 賴素鈴　張秀亞追思會，28 日在紐約華埠顯容堂舉行　民生報　2001 年 7
　　　　　　　月 24 日　A6 版

676. 民生報訊　作家張秀亞的生平，列入美國國會紀錄　民生報　2001 年 8 月 5
　　　　　　　日　A7 版

677. 許瀠芳　張秀亞生平列美國國會紀錄　中央日報　2001 年 8 月 5 日　14 版

678. 陳宛蓉　張秀亞生平列入美國會記錄　文訊雜誌　第 192 期　2001 年 10 月
　　　　　　　頁 80

679. 林寶慶　哀悼華人作家張秀亞文章，吳振偉列入美國國會紀錄　聯合報
　　　　　　　2001 年 11 月 6 日　14 版

680. 王蘭芬　紀念追思張秀亞——明追贈華夏獎章　民生報　2001 年 11 月 8 日
　　　　　　　A13 版

681. 高琇芬　國民黨追贈張秀亞獎章　中央日報　2001 年 11 月 10 日　14 版

682. 邱怡瑄　留下一個永恆的花季——臺北「張秀亞教授追思紀念會」側記
　　　　　　　文訊雜誌　第 194 期　2001 年 12 月　頁 89—90

683. 邱怡瑄　留下一個永恆的花季——臺北「張秀亞教授追思紀念會」側記
　　　　　　　甜蜜的星光（上）——憶念張秀亞女士的文學與生活　臺北　光
　　　　　　　啓文化公司　2003 年 9 月　頁 191—196

684. 洪士惠　張秀亞教授追思紀念會　文訊雜誌　第 195 期　2002 年 1 月　頁
　　　　　　　62

685. 人間福報紐約電　　張秀亞文學基金會成立　人間福報　2002 年 7 月 10 日
　　　　　　　6 版

686. 中央社紐約訊　　張秀亞文學基金會成立　中央日報　2002 年 7 月 10 日　10
　　　　　　　版

687. 夏立言　　紐約張秀亞女士追思紀念會〔致詞〕　甜蜜的星光（上）——憶
念張秀亞女士的文學與生活　臺北　光啓文化公司　2003 年 9 月
頁 178—179

688. 龔中誠　　洛杉磯張秀亞女士追思紀念會〔致詞〕　甜蜜的星光（上）——
憶念張秀亞女士的文學與生活　臺北　光啓文化公司　2003 年 9
月　頁 180

689. 鄭志誠　　美國加州橙縣追思會〔致詞〕　甜蜜的星光（上）——憶念張秀
亞女士的文學與生活　臺北　光啓文化公司　2003 年 9 月　頁
187—188

690. 陳　青　　張秀亞獲中國文協榮譽獎章　甜蜜的星光（下）——憶念張秀亞
女士的文學與生活　臺北　光啓文化公司　2003 年 9 月　頁 956
—958

691. 本報訊　　周末座談紀念張秀亞手稿文物捐贈文學館　民生報　2003 年 10 月
14 日　10 版

692. 大　成　　張秀亞文物捐南加大　中央日報　2004 年 2 月 7 日　17 版

693. 楊浦麗琳　南加州大學展出張秀亞相片、手稿、著作　文訊雜誌　第 222 期
2004 年 4 月　頁 102

694. 妙　益　　張秀亞作品贈洛加大收藏　人間福報　2004 年 12 月 28 日　6 版

695. 封德屏　　編序　張秀亞全集〔全 15 冊〕[26]　臺南　國家臺灣文學館　2005
年 3 月　頁 27—34

696. 封德屏　　永不凋謝的三色菫——關於《張秀亞全集》　臺灣文學館通訊
第 7 期　2005 年 4 月　頁 42—45

697. 江侑蓮　　綠原中不凋的葵花——《張秀亞全集》新書發表會側記　文訊雜
誌　第 235 期　2005 年 5 月　頁 118—120

698. 于德蘭　　美文一生——張秀亞教授全集出版　中外雜誌　第 463 期　2005
年 9 月　頁 144—148

---

[26]本文後改篇名爲〈永不凋謝的三色菫——關於《張秀亞全集》〉。

699. 于德蘭　美文一生——張秀亞教授全集出版　愛的叮嚀　臺北　文史哲出版社　2011 年 5 月　頁 71—79

700. 許劍橋　三色堇，迎風綻放——「張秀亞文學研討會」現場側記　文訊雜誌　第 241 期　2005 年 11 月　頁 97—100

701. 許劍橋　三色堇，迎風綻放——「張秀亞文學研討會」現場側記　永不凋謝的三色堇：張秀亞文學研討會論文集　臺南　國家臺灣文學館　2005 年 12 月　頁 270—274

702. 許劍橋　向走過的歲月與作家致意——「張秀亞和她的時代」座談會紀實　文訊雜誌　第 241 期　2005 年 11 月　頁 101—104

703. 許劍橋　向走過的歲月與作家致意——「張秀亞和她的時代」座談會紀實　永不凋謝的三色堇：張秀亞文學研討會論文集　臺南　國家臺灣文學館　2005 年 12 月　頁 275—279

704. 何　賓　張秀亞紀念文學講座吸引文學愛好者　大紀元時報　2006 年 11 月 27 日　B2 版

705. 宋怡幀　張秀亞文學講座，法拉盛續辦　世界日報　2006 年 12 月 4 日　E3 版

706. 于德蘭　詩之禮讚　愛的叮嚀　臺北　文史哲出版社　2011 年 5 月　頁 109—112

707. 桑品載　56 年前張秀亞的兩封信　文訊雜誌　第 310 期　2011 年 8 月　頁 26—28

708. 程大城　張秀亞與林海音的散文　文學批評集　臺北　半月文藝社　1961 年 2 月　頁 73—75

作品評論篇目

綜論

709. 張枝鮮　女作家談「女性文學」〔張秀亞部分〕　臺灣新聞報　1968 年 5 月 13 日　2 版

710. 公孫嬿　　論張秀亞的散文　青年戰士報　1972 年 10 月 7 日　9 版

711. 谷瑞華　　張秀亞的散文（1—3）　文壇　第 183—185 期　1975 年 8，10—11 月　頁 32—44，62—86，32—52

712. 楊昌年　　張秀亞　近代小說研究　臺北　蘭臺書局　1976 年 1 月　頁 572—573

713. 舒　蘭　　中國新詩史話——張秀亞　新文藝　第 259 期　1977 年 10 月　頁 70—74

714. 舒　蘭　　中國新詩史話——張秀亞　中國新詩史話（一）　臺北　渤海堂文化公司　1998 年 10 月　頁 346—347

715. 舒　蘭　　中國新詩史話——張秀亞　張秀亞全集・資料卷　臺南　國家臺灣文學館　2005 年 3 月　頁 422—424

716. 季　季　　當代八位女作家——張秀亞　文藝月刊　第 105 期　1978 年 3 月　頁 16—19

717. 吳慧君　　張秀亞和她的散文世界　幼獅文藝　第 297 期　1978 年 9 月　頁 92—96

718. 吳慧君　　張秀亞和她的散文世界　甜蜜的星光（下）——憶念張秀亞女士的文學與生活　臺北　光啓文化公司　2003 年 9 月　頁 730—736

719. 何　欣　　張秀亞的詩（代序）　秋池畔　臺中　光啓出版社　1979 年 4 月　頁 7—14

720. 何　欣　　張秀亞的詩　甜蜜的星光（下）——憶念張秀亞女士的文學與生活　臺北　光啓文化公司　2003 年 9 月　頁 520—527

721. 何　欣　　張秀亞的詩（代序）　張秀亞全集・詩卷　臺南　國家臺灣文學館　2005 年 3 月　頁 135—140

722. 何　欣　　張秀亞的詩　張秀亞全集・資料卷　臺南　國家臺灣文學館　2005 年 3 月　頁 416—421

723. 陳信元　　享受生活情趣的張秀亞　中學白話文選　臺北　故鄉出版社　1979 年 7 月　頁 120—121

724. 舒　蘭　　張秀亞　抗戰時期的新詩作家和作品　臺北　成文出版社　1980
　　　　　　　年7月　頁129—143

725. 張　健　　六十年代的散文——民國五十年到五十九年——女作家（上）
　　　　　　　〔張秀亞部分〕　文訊雜誌　第13期　1984年8月　頁80

726. 王怡之　　關於張秀亞——代序　藝術與愛情　臺北　三民書局　1985年9
　　　　　　　月　頁1—12

727. 王怡之　　關於張秀亞（代序）　張秀亞全集・小說卷二　臺南　國家臺灣
　　　　　　　文學館　2005年3月　頁349—358

728. 杜元明　　張秀亞的散文　現代臺灣文學史　瀋陽　遼寧大學出版社　1987
　　　　　　　年12月　頁747—755

729. 杜元明　　張秀亞的散文　張秀亞全集・資料卷　臺南　國家臺灣文學館
　　　　　　　2005年3月　頁425—434

730. 公　仲，汪義生　　50年代後期及60年代臺灣文學〔張秀亞部分〕　臺灣新
　　　　　　　文學史初編　南昌　江西人民出版社　1989年8月　頁164—165

731. 〔賈植芳，蔣孔陽，潘旭瀾主編〕　　張秀亞　中國現代文學辭典　上海
　　　　　　　上海辭書出版社　1990年12月　頁347—348

732. 徐　學　　女作家散文〔張秀亞部分〕　臺灣新文學概觀（下）　廈門　鷺
　　　　　　　江出版社　1991年6月　頁184—186

733. 鄭明娳　　張秀亞　人學散文選　臺北　業強出版社　1991年10月　頁146

734. 鄭明娳　　當代臺灣女作家散文中的父親形象（上、中、下）〔張秀亞部
　　　　　　　分〕　臺灣日報　1992年1月8—10日　14版

735. 鄭明娳　　臺灣現代散文女作家筆下的父親形象〔張秀亞部分〕　現代散文
　　　　　　　現象論　臺北　大安出版社　1992年8月　頁125

736. 鄭明娳　　臺灣的現代散文研究——以創作指標或個人品味建立的文論〔張
　　　　　　　秀亞部分〕　現代散文現象論　臺北　大安出版社　1992年8月
　　　　　　　頁162—164

737. 金　漢，馮雲青，李新宇　　張秀亞　新編中國當代文學發展史　杭州　杭

州大學出版社　1993 年 1 月　頁 707

738. 莊明萱　文學的極端政治化和非政治化傾向對它的離棄——「戰鬥文學」
的高倡及其演變和特點〔張秀亞部分〕　臺灣文學史（下）　福
州　海峽文藝出版社　1993 年 1 月　頁 38

739. 徐　學　梁實秋、張秀亞與 50 年代的散文創作　臺灣文學史（下）　福州
海峽文藝出版社　1993 年 1 月　頁 439—445

740. 劉　屏　序——走近張秀亞　杏黃月（臺灣當代著名作家代表作大系）
武漢　長江文藝出版社　1993 年 10 月　頁 1—11

741. 劉　屏　序——走近張秀亞　張秀亞全集・散文卷八　臺南　國家臺灣文
學館　2005 年 3 月　頁 51—62

742. 徐　學　訴說與獨白——當代臺灣散文中的兩種敘述方式〔張秀亞部分〕
臺灣研究集刊　1993 年第 4 期　1993 年 11 月　頁 88—94

743. 王晉民　張秀亞的散文　臺灣當代文學史　南寧　廣西教育出版社　1994
年 2 月　頁 725—735

744. 侯　江　張秀亞淪陷時期作品淺析　中國現代文學研究叢刊　1994 年第 1
期　1994 年 2 月　頁 142—152

745. 侯　江　張秀亞淪陷時期作品淺析　張秀亞全集・資料卷　臺南　國家臺
灣文學館　2005 年 3 月　頁 444—456

746. 劉紅林　文質相扶——張秀亞散文論　臺港與海外華文文學評論和研究
1994 年第 1 期　1994 年 4 月　頁 29—33

747. 莊秀美　張秀亞　作家素描　臺北　國語日報出版社　1994 年 8 月　頁
131—137

748. 徐　學　訴說與獨白〔張秀亞部分〕　走向新世紀：第六屆世界文學國際
學術研討會論文集　北京　人民文學出版社　1994 年 11 月　頁
232

749. 方　忠　宗教情懷，秀逸文章——張秀亞散文　臺港散文 40 家　鄭州　中
原農民出版社　1995 年 9 月　頁 124—128

750. 郭國昌　心靈的傾訴——張秀亞小說解讀　青海師範大學學報　1997 年第
　　　　　　1 期　1997 年 2 月　頁 96—99

751. 封德屏　東西交會，古今融合——張秀亞散文論[27]　當代臺灣散文文學研討
　　　　　　會　臺北　國立臺灣師範大學教育大樓國際會議廳主辦　1997 年
　　　　　　3 月 30 日　〔14〕頁

752. 封德屏　東西交會，古今融合——記作家張秀亞　國語日報　2001 年 10 月
　　　　　　20 日　5 版

753. 封德屏　東西交會，古今融合——張秀亞散文論　沿波討源，雖幽必顯—
　　　　　　—認識臺灣作家的十二堂課　桃園　中央大學　2005 年 8 月　頁
　　　　　　121—145

754. 舒　蘭　格律派時期——張秀亞　中國新詩史話（一）　臺北　渤海堂文
　　　　　　化公司　1998 年 10 月　頁 564—568

755. 鄭明娳　現代散文的感性與知性——感性散文的侷限〔張秀亞部分〕　現
　　　　　　代散文　臺北　三民書局　1999 年 3 月　頁 54—55

756. 倪金華　淒清姸婉，典雅動人——張秀亞散文創作論　華僑大學學報
　　　　　　1999 年第 3 期　1999 年 9 月　頁 79—82

757. 陳義芝　繆思歌唱——臺灣戰前世代女詩人選介——張秀亞、蓉子、林
　　　　　　冷、夐虹　從半裸到全開——臺灣戰後世代女詩人的性別意識
　　　　　　臺北　臺灣學生書局　1999 年 9 月　頁 146—147

758. 覃　玫　漫談張秀亞散文「詩化」的藝術　山西青年管理幹部學院學報
　　　　　　1999 年第 3 期　1999 年 9 月　頁 50—53

759. 覃　玫　漫談張秀亞散文「詩化」的藝術　遼寧青年管理幹部學院學報
　　　　　　1999 年第 3 期　1999 年　頁 63—65

760. 陳芳明　橫的移植與現代主義之濫觴：聶華苓與《自由中國》文藝欄〔張
　　　　　　秀亞部分〕　聯合文學　第 202 期　2001 年 8 月　頁 139

---

[27]本文探討張秀亞作品與生活歷程，以了解張秀亞散文特色與風格。全文共 5 小節：1.前言；2.張
秀亞的生長環境與創作背景；3.張秀亞散文的分期概述；4.張秀亞散文的特色；5.結論。

761. 瘂　弦　　把文學的種子播在臺灣的土地上　文訊雜誌　第 194 期　2001 年
　　　　　　　12 月　頁 91—92

762. 瘂　弦　　把文學的種子播在臺灣的土地上　甜蜜的星光（上）——憶念張
　　　　　　　秀亞女士的文學與生活　臺北　光啓文化公司　2003 年 9 月　頁
　　　　　　　169—173

763. 汪　平　　張秀亞《與紫丁香有約》——張秀亞其人其文　九歌雜誌　第 252
　　　　　　　期　2002 年 3 月　3 版

764. 〔汪　平〕　　張秀亞其人其文　與紫丁香有約　臺北　九歌出版社　2002
　　　　　　　年 3 月　頁 3—7

765. 〔汪　平〕　　張秀亞其人其文　張秀亞全集・散文卷八　臺南　國家臺灣
　　　　　　　文學館　2005 年 3 月　頁 105—108

766. 王小琳　　張秀亞散文論評　第五屆兩岸中山大學中國文學學術研討會　高
　　　　　　　雄　中山大學中國文學系主辦　2002 年 6 月 22—23 日

767. 王　敏　　臺灣散文創作的繁榮——琦君、張秀亞、胡品清　簡明臺灣文學
　　　　　　　史　北京　時事出版社　2002 年 6 月　頁 351—355

768. 朱嘉雯　　北窗譯事——張秀亞（1919—2001）　亂離中的自由——五四自
　　　　　　　由傳統與臺灣女性渡海書寫　中央大學中國文學系　博士論文
　　　　　　　康來新，李瑞騰教授指導　2002 年 6 月　頁 114—126

769. 朱嘉雯　　北窗譯事——張秀亞　追尋，漂泊的靈魂：女作家的離散文學
　　　　　　　臺北　秀威資訊科技公司　2009 年 2 月　頁 95—119

770. 陳文芬　　范銘如：京派文學深受英國作家吳爾芙影響——認爲林海音與張
　　　　　　　秀亞作品承襲凌叔華特質「非常吳爾芙」　中國時報　2002 年 12
　　　　　　　月 1 日　14 版

771. 范銘如　　京派・吳爾芙・臺灣首航〔張秀亞部分〕　霜後的燦爛——林海
　　　　　　　音及其同輩女作家學術研討會論文集　臺南　國立文化資產保存
　　　　　　　研究中心籌備處　2003 年 5 月　頁 191—205

772. 范銘如　　京派・吳爾芙・臺灣首航〔張秀亞部分〕　文學地理：臺灣小說

的空間閱讀　臺北　麥田・城邦文化公司　2008 年 9 月　頁 111
—112，116—130

773. 陳芳明　在母性與女性之間——五〇年代以降臺灣女性散文的流變〔張秀
　　　亞部分〕　霜後的燦爛——林海音及其同輩女作家學術研討會論
　　　文集　臺南　國立文化資產保存研究中心籌備處　2003 年 5 月
　　　頁 299—301

774. 陳芳明　在母性與女性之間——五〇年代以降臺灣女性散文的流變〔張秀
　　　亞部分〕　五十年來臺灣女性散文・選文篇（下）　臺北　麥田
　　　出版公司　2006 年 2 月　頁 16—18

775. 王小琳　青春與家國記憶——論五〇年代大陸遷臺女作家的憶舊散文〔張
　　　秀亞部分〕　霜後的燦爛——林海音及其同輩女作家學術研討會
　　　論文集　臺南　國立文化資產保存研究中心籌備處　2003 年 5 月
　　　頁 317—318，324—325，327—328

776. 施英美　從漂浪之旅到落地生根的女作家〔張秀亞部分〕　《聯合報》副
　　　刊時期（1953—1963）的林海音研究　靜宜大學中國文學系　碩
　　　士論文　陳芳明，胡森永教授指導　2003 年 6 月　頁 154—157

777. 王宗法　張秀亞　20 世紀中國文學通史　上海　東方出版中心　2003 年 9
　　　月　頁 588—590

778. 張雪茵　張秀亞的詩與散文　甜蜜的星光（下）——憶念張秀亞女士的文
　　　學與生活　臺北　光啓文化公司　2003 年 9 月　頁 550—555

779. 唐潤鈿　美化心靈的文學家——張秀亞《甜蜜的星光》　國語日報　2004
　　　年 5 月 8 日　4，13 版

780. 唐玉純　展翼的「鳳凰」：「逆」旅・逆女的旅程——母親的女兒——張秀
　　　亞　反共時期的女性書寫策略——以「臺灣省女性寫作協會」爲
　　　中心　政治大學中國文學系　碩士論文　陳芳明教授指導　2004
　　　年　頁 137—140

781. 應鳳凰，黃恩慈　戰後臺灣文學風華——五〇年代女作家系列（一）——

在文字草原裡尋夢的牧羊女——張秀亞　明道文藝　第 345 期 2004 年 12 月　頁 70—75

782. 應鳳凰　張秀亞——在文字草原裡尋夢的牧羊女　文學風華：戰後初期 13 著名女作家　臺北　秀威資訊科技　2007 年 5 月　頁 1—7

783. 陳信元　《張秀亞全集》問世紀念專輯——重讀張秀亞的人生與散文　中央日報　2005 年 3 月 24 日　17 版

784. 瘂　弦　張秀亞，臺灣婦女寫作的燃燈人——從早期學思生活的發軔到 「美文」創作版圖的完成　文訊雜誌　第 233 期　2005 年 3 月 頁 36—50

785. 瘂　弦　張秀亞，臺灣婦女寫作的燃燈人——從早期學思生活的發軔到 「美文」創作版圖的完成　張秀亞全集〔全 15 冊〕　臺南　國家 臺灣文學館　2005 年 3 月　頁 5—26

786. 瘂　弦　張秀亞，臺灣婦女寫作的燃燈人——從早期學思生活的發軔到 「美文」創作版圖的完成　於無聲處　香港　明報月刊出版社 2011 年 6 月　頁 96—123

787. 蕭　蕭　張秀亞：純心靈的浪漫主義詩風　文訊雜誌　第 233 期　2005 年 3 月　頁 51—61

788. 蕭　蕭　張秀亞：純心靈的浪漫主義詩風　張秀亞全集‧詩卷　臺南　國 家臺灣文學館　2005 年 3 月　頁 35—53

789. 蕭　蕭　張秀亞：純心靈的浪漫主義詩風　現代新詩美學　臺北　爾雅出 版社　2007 年 7 月　頁 36—48

790. 張瑞芬　張秀亞的散文美學及其文學史意義　文訊雜誌　第 233 期　2005 年 3 月　頁 62—77

791. 張瑞芬　張秀亞的散文美學及其文學史意義　張秀亞全集‧散文卷一 2005 年 3 月　頁 35—59

792. 張瑞芬　張秀亞的散文美學及其文學史意義　狩獵月光：當代文學及散文 散評　臺北　聯合文學出版社　2007 年 4 月　頁 225—252

793. 范銘如　我觀察・我思味・我同情　文訊雜誌　第 233 期　2005 年 3 月
　　　　　　頁 78—84

794. 范銘如　我觀察・我思味・我同情　張秀亞全集・小說卷一　臺南　國家
　　　　　　臺灣文學館　2005 年 3 月　頁 35—45

795. 范銘如　我觀察・我思味・我同情　像一盒巧克力——當代文學文化評論
　　　　　　臺北　印刻出版公司　2005 年 10 月　頁 184—198

796. 高天恩　奇麗的異色薔薇——張秀亞與文學翻譯　文訊雜誌　第 233 期
　　　　　　2005 年 3 月　頁 85—92

797. 高天恩　奇麗的異色薔薇——張秀亞與文學翻譯　張秀亞全集・翻譯卷一
　　　　　　臺南　國家臺灣文學館　2005 年 3 月　頁 35—47

798. 劉素梅　張秀亞六十年代的散文理論與實踐　東方人文學誌　第 4 卷第 1
　　　　　　期　2005 年 3 月　頁 219—236

799. 徐　學　梁實秋、張秀亞與五十年代的散文創作　張秀亞全集・資料卷
　　　　　　臺南　國家臺灣文學館　2005 年 3 月　頁 441—443

800. 蔡玫姿　張秀亞（1919—2001）「美少女誘敵」敘事　閨秀風格小說歷時衍
　　　　　　生與文學體制研究　清華大學中國文學系　博士論文　劉人鵬教
　　　　　　授指導　2005 年 6 月　頁 119—120

801. 封德屏　張秀亞：詩化散文的典範　海峽兩岸文化與社會學術研討會　四
　　　　　　川　四川大學主辦　2005 年 7 月 25—26 日

802. 封德屏　詩化散文的典範——代編後記　種花記　南京　江蘇文藝出版社
　　　　　　2007 年 8 月　頁 309—317

803. 封德屏　遷臺初期文學女性的聲音——以武月卿主編《中央日報・婦女與
　　　　　　家庭週刊》爲研究場域——張秀亞（1919—2001）　琦君及其同
　　　　　　輩女作家學術研討會　桃園　中央大學中文系琦君研究中心
　　　　　　2005 年 12 月 15—16 日

804. 封德屏　遷臺初期文學女性的聲音——以武月卿主編《中央日報・婦女與
　　　　　　家庭週刊》爲研究場域——張秀亞（1919—2001）　永恆的溫

柔：琦君及其同輩女作家學術研討會論文集　桃園　中央大學中
文系琦君研究中心　2006 年 7 月　頁 21—22

805. 周芬伶　夢之華——張秀亞詩小說與散文詩的文體實驗[28]　永不凋謝的三色
董：張秀亞文學研討會論文集　臺南　國家臺灣文學館　2005 年
12 月　頁 11—40

806. 周芬伶　夢之華——張秀亞詩小說與散文詩的文體實驗　芳香的祕教：性
別、愛欲、自傳書寫論述　臺北　城邦文化公司　2006 年 12 月
頁 145—186

807. 曾進豐　風格，美麗的存在——論詩人張秀亞之抒情傳統[29]　永不凋謝的三
色董：張秀亞文學研討會論文集　臺南　國家臺灣文學館　2005
年 12 月　頁 41—82

808. 簡弘毅　跨越海峽的一代：關於張秀亞的文學史閱讀與考察[30]　永不凋謝的
三色董：張秀亞文學研討會論文集　臺南　國家臺灣文學館
2005 年 12 月　頁 83—99

809. 簡弘毅　跨越海峽的一代：關於張秀亞的文學史閱讀與考察　「世界華文
文學研究：理論與實踐」國際學術研討會　福州　中國世界華文
文學會，福建省海峽文化研究會主辦　2007 年 8 月 17—20 日

810. 簡弘毅　跨越海峽的一代：關於張秀亞的文學史閱讀與考察　世界華文文
學研究：理論與實踐——國際學術研討會論文集　香港　中國文
化出版社　2007 年 8 月　頁 141—149

811. 許琇禎　傷感寫實——張秀亞小說之美學構設[31]　永不凋謝的三色董：張秀

---

[28]本文探討其小說、詩與散文中具有越界精神與實驗意義的作品，以展現其傳統又前衛的性格，兼
討論其散文詩與小說文類與文體。全文共 8 小節：1.前言；2.詩小說與散文詩；3.移動的字——小
說中的書信體；4.湖畔詩人——詩與小說；5.小說實驗與小說；6.水上琴聲——散行的詩篇；7.詩
中哲人——另一種散文詩；8.結論。
[29]本文重新檢視張秀亞的詩作，以評價其在文學史上的定位。全文共 5 小節：1.前言；2.抒情之主
題及素材；3.抒情之模式與技法；4.抒情之姿態及風格；5.結語。
[30]本文探討張秀亞文學創作，以重新詮釋與考察其文學史定位。全文共 4 小節：1.前言：與文學史
對話；2.張秀亞文學創作綜觀；3.「跨越海峽的一代」：張秀亞、五〇年代、女性作家；4.小結：
張秀亞文學史「位置」。
[31]本文藉三〇年代寫實主義的引證與新人文主義學者歐文・白璧德對浪漫主義精神的評比，探討張

亞文學研討會論文集　臺南　國家臺灣文學館　2005 年 12 月　頁
101—124

812. 吳偉特　張秀亞女士文章中的宗教意涵[32]　永不凋謝的三色堇：張秀亞文學
研討會論文集　臺南　國家臺灣文學館　2005 年 12 月　頁 149—
184

813. 戴華萱　愛的成長紀事——張秀亞小說中的主體性論述[33]　永不凋謝的三色
堇：張秀亞文學研討會論文集　臺南　國家臺灣文學館　2005 年
12 月　頁 185—204

814. 石曉楓　作家的「隱性宣言」——張秀亞散文創作理論及其實踐[34]　永不凋
謝的三色堇：張秀亞文學研討會論文集　臺南　國家臺灣文學館
2005 年 12 月　頁 205—246

815. 張瑞芬　永不凋謝的三色堇——論張秀亞散文　五十年來臺灣女性散文‧
評論篇　臺北　麥田出版公司　2006 年 2 月　頁 72—85

816. 黃萬華　臺灣文學——散文〔張秀亞部分〕　中國現當代文學‧第 1 卷
（五四—1960 年代）　濟南　山東文藝出版社　2006 年 3 月　頁
490—491

817. 許珮馨　移植五四美文傳統於臺灣文藝新生地——五四時期美文風格的流
風餘韻——文學研究會與新月社美文風格的餘緒——張秀亞　五
〇年代的遷臺女作家散文研究　臺灣師範大學國文學系　博士論
文　柯慶明教授指導　2006 年 6 月　頁 102—107

秀亞以文藝青年情愛生活的小說文本。全文共 5 小節：1.前言——浪漫？寫實？；2.人的「理型」；3.「散」小說；4.藝術對宗教自然的皈依；5.結語——文藝青年的情愛構圖。
[32]本文探討張秀亞文章中的宗教意涵，以了解其人、性情與風格。全文共 7 小節：1.張秀亞的信仰之路；2.天主教信仰的中心思想與精神；3.張秀亞寫作中心思想與精神；4.不同時期文章風格的轉變與變化；5.信仰體驗醞釀在文章中的意境、轉化與意涵；6.張秀亞文章中的地上天國；7.結語。
[33]本文藉「成長小說」的概念，探討張秀亞在文本中尋求自我主體的建構與發展。全文共 4 小節：1.公教與家國的大愛；2.男女情愛；3.再建構的主體性；4.結語。
[34]本文由創作心態、想像發揮、技巧琢磨以及內涵意境四方面，探討張秀亞理論與創作的實踐程度。全文共 4 小節：1.張秀亞散文的創作歷程及其轉折；2.張秀亞散文創作論及其體現；3.融入時代或自外於時代？；4.張秀亞散文的歷史定位。

818. 許珮馨　各具風姿的閨秀散文——北窗下的尋夢女——張秀亞　五〇年代
的遷臺女作家散文研究　臺灣師範大學國文學系　博士論文　柯
慶明教授指導　2006 年 6 月　頁 189—205

819. 黃玉振　讀張秀亞美化心靈的作品——在「張秀亞紀念文學講座」發言
大紀元時報　2006 年 11 月 27 日　B2 版

820. 周芬伶　愛的神祕劇——聖徒小說的終極探索——張秀亞　聖與魔——臺
灣戰後小說的心靈圖像（1945—2006）　臺北　印刻出版公司
2007 年 3 月　頁 25—34

821. 張瑞芬　張秀亞、艾雯的抒情美文及其文學史意義　臺灣當代女性散文史
論　臺北　麥田出版社　2007 年 4 月　頁 199—256

822. 李姝嫻　五〇年代女性懷舊散文作家作品及其題材（下）——寫在水上的
名字——張秀亞　五〇年代女性懷舊散文研究　玄奘大學中國語
文學系　碩士論文　何淑貞教授指導　2007 年 6 月　頁 52—71

823. 李姝嫻　五〇年代女性懷舊散文作家的書寫風格與審美內涵——張秀亞—
—纖柔惆悵　五〇年代女性懷舊散文研究　玄奘大學中國語文學
系　碩士論文　何淑貞教授指導　2007 年 6 月　頁 109—116

824. 張　璇　恬美的一首詩——論張秀亞的小說詩化藝術　樂山師範學院學報
第 23 卷第 1 期　2008 年 1 月　頁 50—52

825. 劉秀珍　苦奈花開來時路，尋夢草留身後香——從創作歷程看張秀亞散文
的藝術嬗變　重慶職業技術學院學報　第 17 卷第 1 期　2008 年 1
月　頁 123—125

826. 劉秀珍　論張秀亞散文的自然書寫　常州工學院學報　第 26 卷 3 期　2008
年 6 月　頁 29—32

827. 王鈺婷　語言政策與女性主體之想像——解讀《中央日報・婦女與家庭週
刊》中女性散文家之美學策略〔張秀亞部分〕　臺灣文學研究學
報　第 7 期　2008 年 10 月　頁 60—62

828. 方　忠　五四散文精神在當代臺灣的傳承與流變——冰心與臺灣當代女性

散文〔張秀亞部分〕　臺灣散文縱橫論　南京　江蘇教育出版社
2008 年 12 月　頁 17—18

829. 葉淑美　徐志摩現象：臺灣文藝界對徐志摩的接受——「志摩體」抒情美
文在臺灣文壇的延續——五四美文風格的餘緒——張秀亞　徐志
摩在臺灣的接受與傳播　政治大學臺灣文學系　碩士論文　陳芳
明教授指導　2009 年 1 月　頁 116—119

830. 朱心怡　父親的身影——張秀亞憶父散文評析　2009 張秀亞教授紀念學術
研討會　臺北　輔仁大學主辦　2009 年 3 月 18 日

831. 顧正萍　立體的熱誠禱詞——論張秀亞的宗教情懷與宗教詩　2009 張秀亞
教授紀念學術研討會　臺北　輔仁大學主辦　2009 年 3 月 18 日

832. 蔣興立　張秀亞婚姻小說之研究[35]　2009 張秀亞教授紀念學術研討會　臺
北　輔仁大學主辦　2009 年 3 月 18 日

833. 蔣興立　張秀亞婚姻小說之研究　嘉義大學中文學報　第 2 期　2009 年 9
月　頁 307—328

834. 葉琮銘　張秀亞散文中的輔大書寫　2009 張秀亞教授紀念學術研討會　臺
北　輔仁大學主辦　2009 年 3 月 18 日

835. 林于弘　張秀亞新詩的四季書寫[36]　2009 張秀亞教授紀念學術研討會　臺北
輔仁大學主辦　2009 年 3 月 18 日

836. 林于弘，林容萱　張秀亞新詩的四季書寫　當代詩學年刊　第 5 期　2009
年 12 月　頁 131—156

837. 林于弘　張秀亞新詩的四季書寫　群星熠熠：臺灣當代詩人析論　臺北
秀威資訊科技公司　2012 年 12 月　頁 9—28

838. 葉衽榤　臺灣戰後美文涵化現象——以張秀亞為中心的散文史演繹　2009
張秀亞教授紀念學術研討會　臺北　輔仁大學主辦　2009 年 3 月

[35]本文從張秀亞來臺後的婚姻小說為主線，觀察作家對男女婚戀關係的思考與詮釋。全文共 5 小節：1.前言；2.閨秀文學女作家的婚姻書寫；3.張秀亞婚姻小說的內容探討；4.張秀亞婚姻小說的寫作手法；5.結語。
[36]本文探討張秀亞新詩四季書寫特色，及其賦予的意義與價值。全文共 4 小節：1.前言；2.張秀亞四季新詩的形式特色；3.張秀亞四季新詩的內容特色；4.結語。

18 日

839. 閻純德　20 世紀五、六十年代的臺灣女性散文〔張秀亞部分〕　南京師範
　　　大學文學院學報　2010 年第 1 期　2010 年 3 月　頁 42—45

840. 陳芳明　臺灣女性詩人與散文家的現代轉折——臺灣女性詩學的營造〔張
　　　秀亞部分〕　臺灣新文學史　臺北　聯經出版社　2011 年 10 月
　　　頁 448—449

841. 陳芳明　臺灣女性詩人與散文家的現代轉折——臺灣女性散文書寫的開創
　　　〔張秀亞部分〕　臺灣新文學史　臺北　聯經出版社　2011 年 10
　　　月　頁 462—463

842. 王國安　張秀亞的詩與詩觀　2011 年「人文與資訊——全球化、在地化及
　　　創意」學術研討會　臺南　康寧大學人文資訊學院主辦　2011 年
　　　12 月 22 日

分論

◆單行本作品

論述

《西洋藝術史綱》

843. 賴瑞鎣　靈動的藝術大書　文訊雜誌　第 233 期　2005 年 3 月　頁 93—98
844. 賴瑞鎣　靈動的藝術大書　張秀亞全集・藝術史卷　臺南　國家臺灣文學
　　　館　2005 年 3 月　頁 35—45

詩

《水上琴聲》

845. 綠　茵　我讀《水上琴聲》　幼獅文藝　第 31 期　1957 年 5 月　頁 10

《秋池畔》

846. 柳文哲〔趙天儀〕　詩壇散步——《秋池畔》　笠　第 20 期　1967 年 8 月
　　　頁 27
847. 趙天儀　張秀亞《秋池畔》　裸體的國王　臺北　香草山出版公司　1976
　　　年 6 月　頁 192—193

848. 梓　園　　詩人未必以詩名——旅途中讀張秀亞的《秋池畔》　聯合報
　　　1985 年 9 月 25 日　8 版

849. 梓　園　　詩人未必以詩名——旅途中讀張秀亞的《秋池畔》　甜蜜的星光
　　　（下）——憶念張秀亞女士的文學與生活　臺北　光啓文化公司
　　　2003 年 9 月　頁 632—634

850. 梓　園　　詩人未必以詩名——旅途中讀張秀亞的《秋池畔》　張秀亞全
　　　集・資料卷　臺南　國家臺灣文學館　2005 年 3 月　頁 496—498

《我的水墨小品》

851. 夏沙琳　　張秀亞《我的水墨小品》推介　中華日報　1978 年 7 月 3 日　9
　　　版

852. 筱　恩　　推介《我的水墨小品》　中華日報　1979 年 7 月 3 日　9 版

853. 涂靜怡　　愛與美的嚮導——讀張秀亞教授的作品有感　中央日報　1983 年
　　　3 月 24 日　10 版

854. 涂靜怡　　愛與美的嚮導——讀張秀亞教授的作品有感　涂靜怡自選集　臺
　　　北　黎明文化公司　1986 年 9 月　頁 241—246

855. 涂靜怡　　愛與美的嚮導——讀張秀亞教授的作品有感　甜蜜的星光（下）
　　　——憶念張秀亞女士的文學與生活　臺北　光啓文化公司　2003
　　　年 9 月　頁 602—608

856. 〔許燕，李敬主編〕　　《我的水墨小品》　感人的書　臺北　希代出版公
　　　司　1984 年 12 月　頁 287—294

散文
《三色堇》

857. 陳紀瀅　　讀《三色堇》後記[37]　三色堇　臺北　重光文藝出版社　1952 年 6
　　　月　頁 84

858. 陳紀瀅　　讀《三色堇》後記　中央日報　1952 年 7 月 2 日　6 版

859. 陳紀瀅　　重讀《三色堇》後記　三色堇　臺北　爾雅出版社　1981 年 10 月

---

[37]本文後改篇名為〈重讀《三色堇》後記〉、〈三色堇・讀《三色堇》後記〉。

頁 151—153

860. 陳紀瀅　讀《三色菫》後記　甜蜜的星光（下）——憶念張秀亞女士的文學與生活　臺北　光啓文化公司　2003 年 9 月　頁 533—535

861. 陳紀瀅　讀《三色菫》後記　張秀亞全集・散文卷一　臺南　國家臺灣文學館　2005 年 3 月　頁 173—174

862. 張漱菡　我讀《三色菫》　暢流　第 5 卷第 12 期　1952 年 8 月 1 日　頁 27

863. 田　穀　評介《三色菫》　中國語文月刊　第 2 卷第 3 期　1953 年 4 月　頁 21

864. 劉靜娟　陽光的美酒——重讀《三色菫》[38]　中央日報　1981 年 7 月 24 日　12 版

865. 劉靜娟　陽光的美酒——《三色菫》　爾雅　臺北　爾雅出版社　1981 年 7 月　頁 261—263

866. 劉靜娟　陽光的美酒——重讀《三色菫》　甜蜜的星光（下）——憶念張秀亞女士的文學與生活　臺北　光啓文化公司　2003 年 9 月　頁 597—601

867. 劉靜娟　陽光的美酒——重讀《三色菫》　張秀亞全集・資料卷　臺南　國家臺灣文學館　2005 年 3 月　頁 460—463

868. 呂大明　開在心靈潭畔的花朵——讀《三色菫》有感　臺灣新生報　1985 年 6 月 14 日　7 版

869. 丘秀芷　重讀《三色菫》　爾雅人　第 55 期　1989 年 1 月　3 版

870. 丘秀芷　重讀《三色菫》　甜蜜的星光（下）——憶念張秀亞女士的文學與生活　臺北　光啓文化公司　2003 年 9 月　頁 593—596

871. 丘秀芷　重讀《三色菫》　張秀亞全集・資料卷　臺南　國家臺灣文學館　2005 年 3 月　頁 457—459

872. 韓　濤　評《三色菫》——重光文藝出版社出版（爾雅新版）　甜蜜的星

[38]本文後改篇名為〈陽光的美酒——《三色菫》〉。

光（下）——憶念張秀亞女士的文學與生活　臺北　光啓文化公司　2003 年 9 月　頁 567—571

873. 季　薇　愛的光輝——《三色菫》讀後　甜蜜的星光（下）——憶念張秀亞女士的文學與生活　臺北　光啓文化公司　2003 年 9 月　頁 575—579

874. 詹宇霈　絕美的文學品種——張秀亞的《三色菫》　文訊雜誌　第 262 期　2007 年 8 月　頁 53

《牧羊女》

875. 羅傳輝　我讀《牧羊女》　文壇　第 165 期　1974 年 3 月　頁 90—92

876. 羅傳輝　我讀《牧羊女》　張秀亞全集・資料卷　臺南　國家臺灣文學館　2005 年 3 月　頁 473—476

877. 陳宗敏　張秀亞《牧羊女》欣賞　中華日報　1974 年 6 月 10 日　5 版

878. 陳宗敏　《牧羊女》欣賞　甜蜜的星光（下）——憶念張秀亞女士的文學與生活　臺北　光啓文化公司　2003 年 9 月　頁 622—624

879. 陳宗敏　《牧羊女》欣賞　張秀亞全集・資料卷　臺南　國家臺灣文學館　2005 年 3 月　頁 477—479

880. 詹宇霈　放牧生命的情與傷——張秀亞的《牧羊女》　文訊雜誌　第 262 期　2007 年 8 月　頁 54

《凡妮的手冊》

881. 歸　人　評《凡妮的手冊》（上、下）　中央日報　1955 年 4 月 13，20 日　6 版

882. 張　康　我讀《凡妮的手冊》　名著與名家　臺北　大地出版社　1973 年 12 月　頁 57—80

883. 張　康　我讀《凡妮的手冊》　名作家與名著　第 62 期　1984 年 9 月　頁 3—26

884. 張　康　我讀《凡妮的手冊》　愛的輕歌　臺北　論壇出版社　1984 年 9 月　頁 3—27

885. 張　康　　　我讀《凡妮的手冊》　張秀亞全集・散文卷七　臺南　國家臺灣文學館　2005 年 3 月　頁 480—499

886. 詹宇霈　　　以愛之名——張秀亞的《凡妮的手冊》　文訊雜誌　第 262 期　2007 年 8 月　頁 55

《湖上》

887. 歸　人　　　《湖上》　婦友　第 34 期　1957 年 7 月　頁 33—34

888. 林錫嘉　　　我最初的散文天空《湖上》　甜蜜的星光（下）——憶念張秀亞女士的文學與生活　臺北　光啟文化公司　2003 年 9 月　頁 629—631

《愛琳的日記》

889. 金　劍　　　論《愛琳的日記》　婦友　第 61 期　1959 年 10 月　頁 31—32

《少女的書》

890. 錢劍秋　　　《少女的書》序　婦友　第 82 期　1961 年 7 月　頁 7

891. 錢劍秋　　　序　少女的書　臺北　婦友社　1961 年 8 月　頁 1—2

892. 錢劍秋　　　《少女的書》序　張秀亞全集・散文卷二　臺南　國家臺灣文學館　2005 年 3 月　頁 311—312

《北窗下》

893. 歸　人　　　評介《北窗下》　婦友　第 99 期　1962 年 12 月　頁 18—19

894. 朱偉明　　　讀《北窗下》　中央日報　1963 年 9 月 5 日　6 版

895. 筱　恩　　　讀張秀亞《北窗下》　中央日報　1963 年 9 月 5 日　6 版

896. 查芳齡　　　張秀亞《北窗下》與我　中華日報　1976 年 7 月 23 日　9 版

897. 王斐宜　　　林林總總與北窗——《北窗下》讀後感　明道文藝　第 48 期　1980 年 3 月　頁 136—138

898. 郭明福　　　溫柔之必要——重讀《北窗下》有感　中華日報　1983 年 1 月 2 日　10 版

899. 郭明福　　　溫柔之必要——重讀《北窗下》有感　琳琅書滿目　臺北　爾雅出版社　1985 年 7 月　頁 123—126

900. 郭明福　　　溫柔之必要——重讀《北窗下》有感　甜蜜的星光（下）——憶
　　　　　　　　念張秀亞女士的文學與生活　臺北　光啓文化公司　2003 年 9 月
　　　　　　　　頁 625—628

901. 郭明福　　　溫柔之必要——重讀《北窗下》有感　張秀亞全集・資料卷　臺
　　　　　　　　南　國家臺灣文學館　2005 年 3 月　頁 485—487

902. 李　瑋　　　散文回味——三十年來散文暢銷書介紹——《北窗下》　散文季
　　　　　　　　刊　第 1 期　1984 年 1 月　頁 108—109

903. 李　瑋　　　散文回味——三十年來散文暢銷書介紹　甜蜜的星光（下）——
　　　　　　　　憶念張秀亞女士的文學與生活　臺北　光啓文化公司　2003 年 9
　　　　　　　　月　頁 749—751

904. 秦貴修〔秦　嶽〕　　《北窗下》[39]　翰海觀潮　臺北　行政院文建會　1997
　　　　　　　　年 5 月　頁 112—114

905. 秦　嶽　　　沙粒晶瑩世界新——評介張秀亞的《北窗下》　書香處處聞　臺
　　　　　　　　中　臺中市立文化中心　1999 年 6 月　頁 37—39

906. 秦　嶽　　　沙粒晶瑩世界新——評介張秀亞的《北窗下》　張秀亞全集・資
　　　　　　　　料卷　臺南　國家臺灣文學館　2005 年 3 月　頁 488—490

907. 陳曉薔　　　攤破浣溪紗——讀秀亞姐新著《北窗下》　甜蜜的星光（下）—
　　　　　　　　—憶念張秀亞女士的文學與生活　臺北　光啓文化公司　2003 年
　　　　　　　　9 月　頁 574

908. 徐石上　　　詞新句妙《北窗下》　甜蜜的星光（下）——憶念張秀亞女士的
　　　　　　　　文學與生活　臺北　光啓文化公司　2003 年 9 月　頁 635

909. 逸　塵　　　《北窗下》　甜蜜的星光（下）——憶念張秀亞女士的文學與生
　　　　　　　　活　臺北　光啓文化公司　2003 年 9 月　頁 726—727

910. 許芳儒　　　當詩人推開她的窗——以《文心雕龍・物色》析論張秀亞《北窗
　　　　　　　　下》的美文書寫[40]　永不凋謝的三色菫：張秀亞文學研討會論文集

---

[39]本文後改篇名爲〈沙粒晶瑩世界新——評介張秀亞的《北窗下》〉。
[40]本文藉《文心雕龍・物色》評析張秀亞的美文書寫，以再現古典與現代的對話。全文共 5 小節：

臺南　國家臺灣文學館　2005 年 12 月　頁 247—268

911. 重　提　　再讀《北窗下》　文學人　第 11 期　2006 年 5 月　頁 23

912. 金　劍　　用愛貫串作品・文格就是人格──追懷作家張秀亞兼賀《北窗
下》新版發行　中外雜誌　第 502 期　2008 年 12 月　頁 83—85

913. 王瓊慈　　《北窗下》　人間福報　2009 年 3 月 18 日　15 版

914. 劉雅芬　　以詩為文，破體美技──論張秀雅《北窗下》的轉化修辭　2009
張秀亞教授紀念學術研討會　臺北　輔仁大學主辦　2009 年 3 月
18 日

915. 應鳳凰，傅月庵　　張秀亞──《北窗下》　冊頁流轉──臺灣文學書入門
108　臺北　印刻文學生活雜誌出版公司　2011 年 3 月　頁 40—
41

《曼陀羅》

916. 夏沙琳　　夜讀張秀亞的《曼陀羅》　青年戰士報　1976 年 5 月 19 日　11
版

《我與文學》

917. 于德蘭　　重讀母親的《我與文學》　我與文學　臺北　三民書局　2006 年
6 月　頁 1—3

《心寄何處》

918. 王少雄　　讀《心寄何處》　臺灣時報　1972 年 1 月 2 日　9 版

919. 王少雄　　評張秀亞的《心寄何處》　新知識　第 107 期　1976 年 7 月　頁
26

920. 王少雄　　評張秀亞《心寄何處》　甜蜜的星光（下）──憶念張秀亞女士
的文學與生活　臺北　光啓文化公司　2003 年 9 月　頁 742—748

《書房一角》

921. 重　提　　張秀亞的《書房一角》　婦友　第 373 期　1985 年 10 月　頁 41

1.前言；2.〈物色〉的創作論；3.《北窗下》的內容形式；4.散文美學的形成；5.結語。

—42

922. 重　提　張秀亞《書房一角》　甜蜜的星光（下）——憶念張秀亞女士的
　　　　　　文學與生活　臺北　光啓文化公司　2003 年 9 月　頁 706—709

923. 重　提　張秀亞的《書房一角》　張秀亞全集・資料卷　臺南　國家臺灣
　　　　　　文學館　2005 年 3 月　頁 499—502

924. 毛再青　〈張秀亞的《書房一角》〉學術論文綱要　甜蜜的星光（下）——
　　　　　　憶念張秀亞女士的文學與生活　臺北　光啓文化公司　2003 年 9
　　　　　　月　頁 752—756

《人生小景》

925. 小　民　小景繫人生　愛書人　第 83 期　1978 年 8 月　4 版

926. 金　蕾　張秀亞的《人生小景》　民生報　1978 年 10 月 16 日　8 版

《寫作是藝術》

927. 金　劍　評介《寫作是藝術》文集　美學與文學新論　臺北　臺灣商務印
　　　　　　書館　2003 年 10 月　頁 273—275

《湖水・秋燈》

928. 天涯客　猶見「湖水」・猶讀「秋燈」——寄張秀亞先生　中華日報　1979
　　　　　　年 7 月 17 日　11 版

929. 天涯客　猶見「湖水」・猶讀「秋燈」——寄張秀亞先生　九歌雜誌　第 2
　　　　　　期　1979 年 10 月 7 日　4 版

930. 藺　如　抒情小品的創作技巧——談《湖水・秋燈》　臺灣新生報　1979
　　　　　　年 9 月 8 日　12 版

931. 金　劍　張秀亞《湖水・秋燈》讀後感　中央日報　1979 年 10 月 10 日
　　　　　　11 版

932. 金　劍　《湖水・秋燈》讀後感　甜蜜的星光（下）——憶念張秀亞女士
　　　　　　的文學與生活　臺北　光啓文化公司　2003 年 9 月　頁 722—725

933. 金　劍　《湖水・秋燈》讀後感　張秀亞全集・資料卷　臺南　國家臺灣
　　　　　　文學館　2005 年 3 月　頁 506—508

934. 晨　帆　　美好的樂章《湖水・秋燈》[41]　中華日報　1981 年 2 月 11 日　10
版

935. 晨　帆　　美好的樂章——絲絲細語・朵朵凝思—欣聞「湖水」・喜見「秋
燈」　甜蜜的星光（下）——憶念張秀亞女士的文學與生活　臺
北　光啓文化公司　2003 年 9 月　頁 757—760

936. 書　宇　　燃亮記憶的燈盞——讀《湖水・秋燈》創造生活的情趣　九歌雜
誌　第 93 期　1988 年 11 月　3 版

《白鴿・紫丁花》

937. 金　劍　　評《白鴿・紫丁花》散文集　中央日報　1982 年 7 月 1 日　10 版

938. 涂靜宜　　《白鴿・紫丁花》　九歌雜誌　第 120 期　1991 年 2 月　2 版

《海棠樹下小窗前》

939. 唐潤鈿　　好書引介——心靈的花朵　國語日報　1985 年 4 月 9 日　5 版

940. 唐潤鈿　　心靈的花朵　甜蜜的星光（下）——憶念張秀亞女士的文學與生
活　臺北　光啓文化公司　2003 年 9 月　頁 639—641

941. 徐　雁　　來日倚窗前海棠著花未——讀張秀亞女士《海棠樹下小窗前》
博覽群書　1986 年第 11 期　1986 年 11 月　頁 30—31

942. 小　民　　《海棠樹下小窗前》　紫色的歌　臺北　晨星出版社　1987 年 3
月　頁 219—220

《愛的輕歌》

943. 小　民　　最溫馨的聲音——《愛的輕歌》　中華日報　1984 年 12 月 3 日
9 版

《杏黃月》

944. 小　民　　秋收的月亮　紫色的歌　臺北　晨星出版社　1987 年 3 月　頁
221—222

945. 〔李樹平主編〕　　永不褪色的衫子——讀張秀亞的《杏黃月》　中國散文
精品分類鑑賞辭典　南京　南京出版社　1992 年 12 月　頁 17—

---

[41] 本文後改篇名爲〈美好的樂章——絲絲細語・朵朵凝思—欣聞「湖水」・喜見「秋燈」〉。

18

《張秀亞散文精選》

946. 于德蘭　如夢的星光──母親的作品　張秀亞散文精選　臺北　臺灣商務
印書館　2008 年 6 月　〔6〕頁

947. 于德蘭　如夢中的星光──母親張秀亞教授的作品　青年日報　2008 年 7
月 23 日　10 版

948. 于德蘭　如夢中的星光──母親的作品　愛的叮嚀　臺北　文史哲出版社
2011 年 5 月　頁 80─84

949. 岳　農　《張秀亞散文精選》　文學人　第 15 期　2008 年 8 月　頁 173

小說

《珂蘿佐女郎》

950. 尹雪曼　張秀亞的纖巧文字　抗戰時期的現代小說（中國現代文學研究叢
刊）　臺北　成文出版社　1980 年 7 月 10 日　頁 207─216

《尋夢草》

951. 陳範生　《尋夢草》讀後　中央日報　1952 年 11 月 7 日　6 版

952. 陳範生　《尋夢草》讀後　甜蜜的星光（下）──憶念張秀亞女士的文學
與生活　臺北　光啟文化公司　2003 年 9 月　頁 528─530

953. 陳範生　《尋夢草》讀後　張秀亞全集・資料卷　臺南　國家臺灣文學館
2005 年 3 月　頁 464─466

954. 公孫嬿　尋夢與畫夢──論張秀亞女士的《尋夢草》　自由中國　第 9 卷
第 12 期　1953 年 12 月　頁 29，22

955. 公孫嬿　尋夢與畫夢──論張秀亞女士的《尋夢草》　張秀亞全集・資料
卷　臺南　國家臺灣文學館　2005 年 3 月　頁 467─470

956. 司徒衛　張秀亞的《尋夢草》　書評集　臺北　中央文物供應社　1954 年
9 月　頁 59─60

957. 司徒衛　張秀亞的《尋夢草》　五十年代文學評論　臺北　成文出版社
1979 年 7 月　頁 73─74

958. 司徒衛　張秀亞的《尋夢草》　張秀亞全集・資料卷　臺南　國家臺灣文學館　2005 年 3 月　頁 471—472

《感情的花朵》

959. 歸　人　《感情的花朵》　婦友　第 20 期　1956 年 5 月　頁 32—33

960. 鄭夫喜　《感情的花朵》讀後感　文壇　第 172 期　1974 年 10 月　頁 34—38

《那飄去的雲》

961. 黃雅歆　溫暖善良的人性美——評介《那飄去的雲》　在閱讀與書寫之間：評好書 300 種　臺北　三民書局　2005 年 2 月　頁 77

文集

《張秀亞自選集》

962. 金　劍〔崔焰焜〕　評《張秀亞自選集》　青年戰士報　1972 年 10 月 7 日　9 版

963. 金　劍　評《張秀亞自選集》　中華日報（南部版）　1973 年 3 月 26 日　5 版

964. 崔焰焜　評《張秀亞自選集》　作品與作家　臺北　水芙蓉出版社　1974 年 6 月　頁 108—111

965. 崔焰焜　評《張秀亞自選集》　甜蜜的星光（下）——憶念張秀亞女士的文學與生活　臺北　光啓文化公司　2003 年 9 月　頁 737—741

966. 桂文亞　第五十個太陽——《張秀亞自選集》讀後　皇冠　第 228 期　1973 年 2 月　頁 158—159

967. 桂文亞　第五十個太陽——《張秀亞自選集》讀後　橄欖的滋味　臺北　皇冠雜誌社　1977 年 4 月　頁 14—16

968. 桂文亞　《張秀亞自選集》讀後　張秀亞全集・資料卷　臺南　國家臺灣文學館　2005 年 3 月　頁 503—505

969. 唐潤鈿　源遠流長　國語日報　1983 年 11 月 1 日　7 版

970. 唐潤鈿　源遠流長　甜蜜的星光（下）——憶念張秀亞女士的文學與生活

臺北　光啓文化公司　2003 年 9 月　頁 636—638

《張秀亞作品選》

971. 嚴文井　《張秀亞作品選》小引　華人世界　1986 年第 4 期　1986 年 4 月
頁 60

972. 嚴文井　《張秀亞作品選》小引　張秀亞作品選　西安　陝西人民出版社
1987 年 6 月　頁 1—4

973. 嚴文井　《張秀亞作品選》小引　張秀亞全集・散文卷八　臺南　國家臺
灣文學館　2005 年 3 月　頁 44—47

974. 刑良俊　縷縷相思苦織成——讀著名臺灣女作家《張秀亞作品選》　博覽
群書　1988 年第 1 期　1988 年 1 月　頁 21

《甜蜜的星光》

975. 李明伶　永遠的張秀亞——《甜蜜的星光》收錄其文學真情的一生　中華
日報　2003 年 11 月 18 日　8 版

《張秀亞全集》

976. 楊錦郁　美文大師張秀亞，全集出版　聯合報　2005 年 3 月 13 日　C6 版

977. 陳芳明　時間的峰頂——迎接《張秀亞全集》出版　中國時報　2005 年 3
月 21 日　E7 版

978. 〔青年日報〕　《張秀亞全集》新書發表會　青年日報　2005 年 3 月 23 日
10 版

979. 李瑞騰　作家是社會的資產——關於《張秀亞全集》　自由時報　2005 年
3 月 23 日　47 版

980. 〔中國時報〕　《張秀亞全集》發表會　中國時報　2005 年 3 月 24 日
E7 版

981. 王蘭芬　《張秀亞全集》出版，多方匯齊見讀者　民生報　2005 年 3 月 25
日　A13 版

982. 周慧珠　《張秀亞全集》穿越時空七十年　人間福報　2005 年 3 月 25 日
6 版

983. 陳宛茜　　《張秀亞全集》出版，子女慷捐文物，得見一生文學風貌　聯合報　2005 年 3 月 25 日　C6 版

984. 呂方平　　臺灣文學館出版《張秀亞全集》　臺灣日報　2005 年 3 月 28 日　12 版

985. 趙靜瑜　　《張秀亞全集》出版　自由時報　2005 年 3 月 31 日　49 版

986. 洪士惠　　《張秀亞全集》出版　文訊雜誌　第 235 期　2005 年 5 月　頁 100—102

987. 編輯室　　美文大師──《張秀亞全集》出版　文學人　第 11 期　2006 年 5 月　頁 57—59

◆多部作品

《三色菫》、《牧羊女》、《凡妮的手冊》

988. 司徒衛　　十部散文簡介──《三色菫》、《牧羊女》、《凡妮的手冊》　書評續集　臺北　幼獅書店　1960 年 6 月　頁 122—124

《北窗下》、《水仙辭》

989. 仇小屏　　論譬喻修辭中的虛實交流──以張秀亞《北窗下》、《水仙辭》為考察對象[42]　永不凋謝的三色菫：張秀亞文學研討會論文集　臺南　國家臺灣文學館　2005 年 12 月　頁 125—148

單篇作品

990. 李稼麗　　從〈小白鴿〉說起　中國語文月刊　第 11 卷第 2 期　1962 年 8 月　頁 39

991. 鄭明娳　　散文的主要類型〔〈小白鴿〉部分〕　現代散文類型論　臺北　大安出版社　1987 年 6 月　頁 119

992. 易　象　　一首詩的檢討──〈雨後的黃昏〉　自由青年　第 33 卷第 5 期　1965 年 3 月 1 日　頁 17—18

993. 撫萱閣主　　〈回到自然〉　你喜愛的文章　臺北　史地教育出版社　1969

---

[42]本文以「虛實交流」角度分析《北窗下》與《水仙辭》，以探討譬喻修辭理論、現象與美感。全文共 6 小節：1.前言；2.譬喻修辭中虛、實交流的兩個層次；3.第一層次的虛實交流現象之分析；4.第二層次的虛實交流現象之分析；5.譬喻修辭中虛實交流的美感；6.結語。

年 11 月　頁 22

994. 潘琦君　燈下小記〔〈心寄何處〉部分〕　幼獅文藝　第 193 期　1970 年 1 月　頁 39—40

995. 王明書　讀張秀亞著〈千里姻緣〉有感　中華日報　1977 年 7 月 4 日　11 版

996. 文　奇　張秀亞的〈慈湖謁陵〉　婦友　第 274 期　1977 年 7 月　頁 16

997. 文　奇　張秀亞的〈慈湖謁陵〉　湖水・秋燈　臺北　九歌出版社　1981 年 12 月　頁 167—170

998. 朱星鶴　散文選讀——淺析張秀亞的〈星的故事〉　中華文藝　第 112 期 1980 年 6 月　頁 63—65

999. 朱星鶴　淺析張秀亞的〈星的故事〉　甜蜜的星光（下）——憶念張秀亞 女士的文學與生活　臺北　光啓文化公司　2003 年 9 月　頁 583 —585

1000. 朱星鶴　淺析張秀亞的〈星的故事〉　張秀亞全集・資料卷　臺南　國家 臺灣文學館　2005 年 3 月　頁 491—492

1001. 施國英　張秀亞〈星的故事〉　中國現代散文欣賞辭典　上海　漢語大詞 典出版社　1990 年 1 月　頁 588—589

1002. 施國英　張秀亞〈星的故事〉　甜蜜的星光（下）——憶念張秀亞女士的 文學與生活　臺北　光啓文化公司　2003 年 9 月　頁 590—592

1003. 施國英　張秀亞〈星的故事〉　張秀亞全集・資料卷　臺南　國家臺灣文 學館　2005 年 3 月　頁 493—495

1004. 陸惠芳　〈星的故事〉賞析　臺灣散文鑑賞辭典　太原　北岳文藝出版社 1991 年 12 月　頁 268—270

1005. 文曉村　〈秋池畔〉評析　寫給青少年的新詩評析一百首（下）　臺北 布穀出版社　1980 年 8 月　頁 291—293

1006. 文曉村　〈秋池畔〉評析　新詩評析一百首（下）　臺北　黎明文化公司 1981 年 3 月　頁 332—334

1007. 〔康原，王灝編選〕　　　張秀亞〈父與女〉　大家文學選・散文卷　臺中　明光出版社　1981 年 10 月　頁 89—92

1008. 曾進豐　張秀亞〈父與女〉賞析　臺灣文學讀本　臺北　五南圖書公司　2005 年 2 月　頁 110—113

1009. 朱心怡　張秀亞〈父與女〉賞析　國文天地　第 272 期　2008 年 1 月　頁 68—72

1010. 林貞羊　兩篇不同的遊記——〈旅遊漫記〉〔張秀亞〕、〈獨行天下〉〔趙淑敏〕讀後　大華晚報　1982 年 4 月 18 日　10 版

1011. 林清泉　喜讀〈新秋〉　中央日報　1984 年 1 月 31 日　10 版

1012. 蕭　蕭　〈黃蟬花〉編者按語　七十二年詩選　臺北　爾雅出版社　1985 年 6 月　頁 141

1013. 林明德　事外別寄理趣——讀張秀亞的〈種花記〉　臺灣日報　1985 年 6 月 4 日　8 版

1014. 劉福勤　〈種花記〉賞析　臺灣散文鑑賞辭典　太原　北岳文藝出版社　1991 年 12 月　頁 285—287

1015. 林政華　張秀亞的〈種花記〉　耕情集　臺中　臺中市立文化中心　1995 年 6 月　頁 180—283

1016. 林明德　信仰之歌——張秀亞的〈心曲〉讀後　臺灣日報　1985 年 8 月 12 日　8 版

1017. 林明德　信仰之歌——張秀亞〈心曲〉讀後　甜蜜的星光（下）——憶念張秀亞女士的文學與生活　臺北　光啓文化公司　2003 年 9 月　頁 703—705

1018. 沈　謙　第三隻耳朵與第三隻眼睛——評張秀亞〈重來〉　幼獅少年　第 108 期　1985 年 10 月　頁 105—107

1019. 沈　謙　第三隻耳朵與第三隻眼睛——評張秀亞〈重來〉　獨步，散文國：現代散文評析　臺北　讀冊文化公司　2002 年 10 月　頁 27—32

1020. 沈　謙　　第三隻耳朵與第三隻眼睛——評張秀亞〈重來〉　甜蜜的星光
　　　　　　　　（下）——憶念張秀亞女士的文學與生活　臺北　光啓文化公司
　　　　　　　　2003 年 9 月　頁 543—549

1021. 沈　謙　　第三隻耳朵與第三隻眼睛——析論張秀亞〈重來〉的寫作技巧
　　　　　　　　張秀亞全集・資料卷　臺南　國家臺灣文學館　2005 年 3 月　頁
　　　　　　　　480—484

1022. 張俊山　　〈題畫〉賞析　中國新詩鑑賞大辭典　南京　江蘇文藝出版社
　　　　　　　　1988 年 12 月　頁 776—777

1023. 杜　萱　　現代散文的特質與賞析〔〈我愛竹〉部分〕　國文天地　第 44
　　　　　　　　期　1989 年 1 月　頁 93—94

1024. 〔鄭明娳，林燿德主編〕　　〈藝術的沉櫻〉　有情四卷——友情　臺北
　　　　　　　　正中書局　1989 年 12 月　頁 46

1025. 洪富連　　張秀亞〈藝術的沉櫻〉　當代主題散文的研究　高雄　復文圖書
　　　　　　　　出版社　1998 年 4 月　頁 311—314

1026. 張敬銘　　張秀亞少年時代的詩〔〈傍晚〉〕　文訊雜誌　第 57 期　1990
　　　　　　　　年 7 月　頁 73　75

1027. 張敬銘　　張秀亞少年時代的詩〔〈傍晚〉〕　張秀亞全集・資料卷　臺南
　　　　　　　　國家臺灣文學館　2005 年 3 月　頁 435—440

1028. 〔鄭明娳，林燿德選註〕　　〈陽光〉　人生五題——童年　臺北　正中書
　　　　　　　　局　1990 年 8 月　頁 2

1029. 仲金留　　〈往日情懷〉賞析　古今中外朦朧詩鑑賞辭典　鄭州　中州古籍
　　　　　　　　出版社　1990 年 11 月　頁 467—468

1030. 繼　英　　〈往日情懷〉賞析　世界華人詩歌鑑賞大辭典　太原　書海出版
　　　　　　　　社　1993 年 3 月　頁 32—33

1031. 〔鄭明娳，林燿德選註〕　　〈書齋〉　智慧三品／書香[43]　臺北　正中書
　　　　　　　　局　1991 年 7 月　頁 58

---

[43]本文後改篇名為〈智慧三品——書香〉。

1032. 〔鄭明娳，林燿德編選〕　　智慧三品——書香〔〈書齋〉〕　書房的窗子　臺北　正中書局　1991 年 7 月　頁 84—90

1033. 邱憶伶編　〈書齋〉閱讀導引　讀書，大樂事　臺北　正中書局　2009 年 9 月　頁 87

1034. 陸惠芳　〈你去問雨吧〉賞析　臺灣散文鑑賞辭典　太原　北岳文藝出版社　1991 年 12 月　頁 264—266

1035. 陸惠芳　〈油燈碗與花〉賞析　臺灣散文鑑賞辭典　太原　北岳文藝出版社　1991 年 12 月　頁 274—276

1036. 陸惠芳　〈杏黃月〉賞析　臺灣散文鑑賞辭典　太原　北岳文藝出版社　1991 年 12 月　頁 280—282

1037. 潘秀宜整理　張秀亞〈杏黃月〉　中國女性文學研究室學刊　第 1 期　2000 年 3 月　頁 26—27

1038. 江右瑜　〈杏黃月〉賞析　遇見現代小品文　臺北　麥田出版公司　2004 年 1 月　頁 120—122

1039. 段美喬　〈杏黃月〉作品賞析　星光燦爛的文學花園：現代文學知識精華：散文‧詩歌　臺北　雅書堂文化公司　2005 年 2 月　頁 194—197

1040. 劉福勤　〈秋日小札〉賞析　臺灣散文鑑賞辭典　太原　北岳文藝出版社　1991 年 12 月　頁 290—292

1041. 〔編輯部〕　四時感興〔〈秋日小札〉部分〕　階梯作文 2　臺北　三民書局　1999 年 10 月　頁 116—118

1042. 蔣守謙　獨具韻味的情境——讀張秀亞的〈霧〉　語文月刊　1992 年第 9 期　1992 年 9 月　頁 20

1043. 王宗法　尺素納千嬌——讀〈霧〉　臺港文學觀察　合肥　安徽教育出版社　1994 年 11 月　頁 163—165

1044. 葉海煙　動靜兩相宜——張秀亞〈談靜〉賞析　中央日報　1997 年 8 月 28 日　21 版

1045. 葉海煙　動靜兩相宜——張秀亞〈談靜〉賞析　甜蜜的星光（下）——憶念張秀亞女士的文學與生活　臺北　光啓文化公司　2003 年 9 月　頁 586—589

1046. 陳惠齡　現代散文教學情境設計（下）〔〈談靜〉部分〕　國文天地　第 185 期　2000 年 10 月　頁 97—98

1047. 許俊雅　春意永在——讀張秀亞的〈靜〉〔〈談靜〉〕　我心中的歌：現代文學星空　臺北　文史哲出版社　2006 年 6 月　頁 139—141

1048. 蔡孟樺　〈談靜〉編者的話　人間不煙不漫　臺北　香海文化公司　2006 年 9 月　頁 264—265

1049. 巫仁和　談國文科的創造思考教學——張秀亞的〈溫情〉一課爲例　教育實習輔導　第 3 卷第 4 期　1998 年 5 月　頁 37—40

1050. 謝敏玲　〈溫情〉　國語日報　2001 年 6 月 23 日　4，13 版

1051. 景　尼　〈溫情〉不溫情？——張秀亞〈溫情〉中的作者爲何袖手旁觀　國文天地　第 197 期　2001 年 10 月　頁 55—57

1052. 陳義芝　繆思（Muscs）歌唱——臺灣戰前世代女詩人十一家選介〔〈林鳥〉部分〕　中日文學交流——臺灣現代文學會議——座談會論文　臺北　行政院文建會主辦　1999 年 3 月 21—27 日　頁 20—21

1053. 孟　樺　〈不凋的葵花〉講師的話　人間福報　2003 年 9 月 14 日　11 版

1054. 蔡孟樺　〈不凋的葵花〉編者的話　在字句裡呼吸　臺北　香海文化公司　2006 年 9 月　頁 136—137

1055. 〔向陽，林黛嫚，蕭蕭主編〕　〈湖水・秋燈〉賞析　臺灣現代文選　臺北　三民書局　2004 年 5 月　頁 19—20

1056. 〔蕭　蕭編〕　張秀亞〈和紫丁香的明晨之約〉賞析　臺灣現代文選・散文卷　臺北　三民書局　2005 年 6 月　頁 12—14

1057. 田承順　逝去情緣的深情詠嘆調——三首臺灣女詩人愛情詩賞析〔〈夜正年輕〉部分〕　呂梁高等專科學校學報　2005 年第 4 期　2005

年 12 月　頁 3—4

1058. 陳幸蕙　〈傘下〉品味這一帖故事的芬芳　煮飯花：溫馨的親情小品選集
　　　　　臺北　幼獅文化公司　2006 年 3 月　頁 24—25

1059. 陳幸蕙　黎明之歌〔〈愛的又一日〉〕　人間福報　2007 年 6 月 26 日
　　　　　15 版

1060. 林于弘　淺論〈親情〉的寫作技巧　光與影的對話：語文教學新論　臺北
　　　　　蘗研筆墨公司　2008 年 10 月　頁 85—87

1061. 葉　櫓　張秀亞〈琴弦上溜走的故事〉　大海洋詩刊　第 84 期　2012 年
　　　　　1 月　頁 15

1062. 王鈺婷　五〇年代女作家的文學版圖——女性文學陣線之形成——《文學
　　　　　雜誌》與女作家之間的交互辯證——女作家與《文學雜誌》的交
　　　　　會〔〈陰晴〉部分〕　女聲合唱——戰後臺灣女性作家群的崛起
　　　　　臺南　國立臺灣文學館　2012 年 12 月　頁 86—89

多篇作品

1063. 采　羽　論評——試品《現代女詩人選集》〔〈夜正年輕〉、〈籬〉部分〕
　　　　　中華文藝　第 128 期　1981 年 10 月　頁 163—165

1064. 林明德　張秀亞〔〈種花記〉、〈杏黃月〉、〈心曲〉〕　中國現代散文選析
　　　　　2　臺北　長安出版社　1985 年 3 月 15 日　頁 623—646

1065. 葉　櫓　〈名字〉、〈再致黃蟬花〉、〈琴弦上溜走的故事〉賞析　世界華人
　　　　　詩歌鑑賞大辭典　太原　書海出版社　1993 年 3 月　頁 27—32

1066. 王志健　抒情與出征——張秀亞〔〈客至〉、〈題畫〉、〈水上琴聲〉〕　中
　　　　　國新詩淵藪（上）　臺北　正中書局　1993 年 7 月　頁 997—
　　　　　1006

1067.〔亞彬，范希文主編〕　張秀亞〔〈秋月小札〉、〈杏黃月〉〕　中國散文
　　　　　鑑賞文庫・當代卷　天津　百花文藝出版社　1993 年 7 月　頁
　　　　　1151—1156

1068. 林燿德　傳統之軸與前衛之輪——半世紀的臺灣散文面目——文字鍊金術

的密法承傳〔〈創造散文的新風格〉、〈畫片〉部分〕　新世代星空　臺北　華文網　2001 年 10 月　頁 203—206

1069. 袁勇麟，吳惠藍　〈雪〉、〈紫丁香〉賞析　現代散文鑑賞辭典　上海　上海辭書出版社　2003 年 6 月　頁 1046—1047

1070. 張堂錡　導讀：張秀亞〈湖水・秋燈〉、〈竹〉　二十世紀臺灣文學金典・散文卷（第一部）　臺北　聯合文學出版社　2006 年 5 月　頁 186

1071. 陳幸蕙　小詩悅讀（八家）——張秀亞〔〈小白花之二〉、〈愛的又一日〉〕　明道文藝　第 368 期　2006 年 11 月　頁 30—31

1072. 陳幸蕙　〈小白花之二〉、〈愛的又一日〉向星輝斑斕處漫溯　小詩星河：現代小詩選 2　臺北　幼獅文化公司　2007 年 1 月　頁 48

1073. 朱心怡　張秀亞憶父散文評析——兼論與朱自清〈背影〉之比較〔〈父與女〉、〈憶父〉〕[44]　實踐博雅學報　第 14 期　2010 年 7 月　頁 63—89

作品評論目錄、索引

1074. 方美芬　張秀亞研究資料　文訊雜誌　第 194 期　2001 年 12 月　頁 93—98

1075. 〔封德屏主編〕　評論目錄　張秀亞全集・資料卷　臺南　國家臺灣文學館　2005 年 3 月　頁 175—214

1076. 〔封德屏主編〕　張秀亞　臺灣現當代作家評論資料目錄（四）　臺南　國立臺灣文學館　2010 年 11 月　頁 2413—2464

其他

1077. 蘇雪林　讀張譯《回憶錄》　文壇　第 33 期　1963 年 3 月　頁 12—16

1078. 蘇雪林　讀張譯《回憶錄》　張秀亞全集・資料卷　臺南　國家臺灣文學館　2005 年 3 月　頁 509—522

---

[44]本文探討張秀亞〈父與女〉、〈憶父〉二作之文章結構，並比較朱自清〈背影〉的修辭技巧。全文共 5 小節：1.前言；2.寫作的背景；3.父親形象的刻劃；4.與朱自清〈背影〉的比較；5.結論。

1079. 崔焰焜　　關於《論藝術》　作品與作家　臺北　水芙蓉出版社　1974 年 6
　　　　月　頁 116—122

1080. 曾肅雅　　何不點亮蠟燭——讀張秀亞譯《改造世界》有感　教友生活周刊
　　　　第 1586 期　1984 年 12 月 27 日　3 版

國家圖書館出版品預行編目資料

張秀亞 / 封德屏編選. -- 初版. -- 臺南市：臺灣文學
館, 2013.12
　面；　　公分. -- (臺灣現當代作家研究資料彙編；29)
ISBN 978-986-03-9107-7 (平裝)

1.張秀亞 2.作家 3.文學評論

783.3886　　　　　　　　　　　　　　102024034

【臺灣現當代作家研究資料彙編】29

張秀亞

發 行 人／	李瑞騰
指導單位／	文化部
出版單位／	國立台灣文學館
	地址／70041 台南市中西區中正路 1 號
	電話／06-2217201　　　　傳真／06-2218952
	網址／www.nmtl.gov.tw　　電子信箱／pba@nmtl.gov.tw

總 策 畫／	封德屏
顧　　問／	林淇瀁　張恆豪　許俊雅　陳信元　陳義芝　須文蔚　應鳳凰
工作小組／	王雅嫺　杜秀卿　汪黛姈　張純昌　張傳欣　莊雅晴　陳欣怡
	黃寁婷　練麗敏　蘇琬鈞
編　　選／	封德屏
責任編輯／	莊雅晴
校　　對／	王雅嫺　林英勳　莊雅晴　陳欣怡　黃敏琪　黃寁婷　趙慶華　潘佳君
計畫團隊／	財團法人台灣文學發展基金會
美術設計／	翁國鈞・不倒翁視覺創意
印　　刷／	松霖彩色印刷事業有限公司

著作財產權人／國立台灣文學館
本書保留所有權利。欲利用本書全部或部分內容者，須徵求著作財產權人同意或書面授
權，請洽國立台灣文學館研典組（電話：06-2217201）

經銷展售／	國家書店松江門市（02-25180207）
	國立台灣文學館—雪芙瑞文學咖啡坊（06-2214632）
	南大書局（02-23620190）　　　　唐山出版社（02-23633072）
	府城舊冊店（06-2763093）　　　　台灣的店（02-23625799）
	啓發文化（02-29586713）　　　　三民書局（02-23617511）
	草祭二手書店（06-2216872）　　　五南文化廣場（04-22260330）
網路書店／	國家書店網路書店 www.govbooks.com.tw
	五南文化廣場網路書店 www.wunanbooks.com.tw
	三民書局網路書店 www.sanmin.com.tw

初版一刷／2013 年 12 月
定　　價／新臺幣 420 元整
　　　　　第一階段 15 冊新臺幣 5500 元整　第二階段 12 冊新臺幣 4500 元整
　　　　　第三階段 23 冊新臺幣 8500 元整　全套 50 冊新臺幣 18500 元整
　　　　　全套 50 冊合購特惠新臺幣 16500 元整

GPN／1010202802（單本）　　ISBN／978-986-03-9107-7（單本）
　　　1010000407（套）　　　　　　978-986-02-7266-6（套）